Monika Elsler (Hrsg.)

Die Aneignung von Medienkultur

Monika Elsler (Hrsg.)

Die Aneignung von Medienkultur

Rezipienten, politische Akteure und Medienakteure

Bibliografische Information der Deutschen Nationalbibliothek
Die Deutsche Nationalbibliothek verzeichnet diese Publikation in der
Deutschen Nationalbibliografie; detaillierte bibliografische Daten sind im Internet über
<http://dnb.d-nb.de> abrufbar.

1. Auflage 2011

Alle Rechte vorbehalten
© VS Verlag für Sozialwissenschaften | Springer Fachmedien Wiesbaden GmbH 2011

Lektorat: Barbara Emig-Roller | Eva Brechtel-Wahl

VS Verlag für Sozialwissenschaften ist eine Marke von Springer Fachmedien.
Springer Fachmedien ist Teil der Fachverlagsgruppe Springer Science+Business Media.
www.vs-verlag.de

Das Werk einschließlich aller seiner Teile ist urheberrechtlich geschützt. Jede Verwertung außerhalb der engen Grenzen des Urheberrechtsgesetzes ist ohne Zustimmung des Verlags unzulässig und strafbar. Das gilt insbesondere für Vervielfältigungen, Übersetzungen, Mikroverfilmungen und die Einspeicherung und Verarbeitung in elektronischen Systemen.

Die Wiedergabe von Gebrauchsnamen, Handelsnamen, Warenbezeichnungen usw. in diesem Werk berechtigt auch ohne besondere Kennzeichnung nicht zu der Annahme, dass solche Namen im Sinne der Warenzeichen- und Markenschutz-Gesetzgebung als frei zu betrachten wären und daher von jedermann benutzt werden dürften.

Umschlaggestaltung: KünkelLopka Medienentwicklung, Heidelberg
Gedruckt auf säurefreiem und chlorfrei gebleichtem Papier
Printed in Germany

ISBN 978-3-531-17997-1

Inhalt

Andreas Hepp
Vorwort 7

Monika Elsler
Einleitung 9

I. Die Aneignung von Medienkultur durch Rezipierende

Sarah Kumpf
„Es muss was geben, worüber man nachdenken kann."
Die Aneignung von Quality-TV-Serien 19

Monika Elsler
Die Aneignung von Religionsformaten:
kritisch-distanziert und emotional-involviert 35

Lisa Schwarzien
Soziale Vernetzung im Alltag – Die Aneignung von StudiVZ ... 55

Louisa Karbautzki
What are they doing? Eine Untersuchung über das Twittern 73

Martin Schlütter
„Man simuliert ein bisschen so das Beisammensein".
Die Aneignung von internetbasierter Videotelefonie 89

Çiğdem Bozdağ
Online-Kommunikation und Kulturwandel:
Eine Untersuchung in der türkischen Diaspora 103

II. Die Aneignung von Medienkultur durch politische Akteure

Fabian Agel
Konstruktion und Aneignung kollektiver Identitäten:
Eine Untersuchung am Beispiel von Attac Deutschland 123

Eliana Pegorim
Soziale Bewegungen und das Social Web:
Klimawandelkampagnen auf Facebook 137

Olga Mecking
Die Wahrnehmung Europas in deutschen und polnischen
Online-Foren am Beispiel der Europawahl 2009 155

III. Die Aneignung von Medienkultur durch Medienakteure

Stefanie Trümper
Redaktionskultur in Deutschland am Fallbeispiel
der Frankfurter Allgemeinen Zeitung und der Bild-Zeitung 173

Janina Maric
eSport im TV: Fernsehaneignung einer Computerspielkultur 193

Marlis Torka
Die Charakteristik medienkritischer Diskurse:
Wenn Medien über Medien in Medien berichten 215

Über die Autorinnen und Autoren 239

Stichwortverzeichnis 243

Vorwort

Andreas Hepp

Als der Master-Studiengang Medienkultur im Wintersemester 2005/6 an der Universität Bremen eingeführt wurde, war er in dieser Form ein Novum: Thematisch stand und steht in seinem Zentrum die Beschäftigung mit Medienkultur, dies aber nicht in einem sprach- und literaturwissenschaftlichen Sinne, sondern mit einem kommunikations- und medienwissenschaftlichen Zugang. Im Fokus des Studiengangs stehen dabei Themen, die in der klassischen kommunikations- und medienwissenschaftlichen Master-Ausbildung weniger behandelt werden: Der Wandel von Kultur mit der fortschreitenden Mediatisierung unserer Gesellschaften, Globalisierung und transkulturelle Kommunikation, populäre Dimensionen heutiger Medienkulturen, aber auch deren Geschichte und Ästhetik. Die Beschäftigung mit solchen Phänomenen geschieht in der Perspektive einer empirischen Medienkulturforschung. Gemeint ist damit, dass es nicht einfach nur darum gehen kann, theoretisch zu reflektieren, was Medienkulturen auszeichnet. Eine theoretisch geschulte Auseinandersetzung mit Medienkulturen sollte empirisch basiert sein, wobei der Empiriebegriff ein breiter ist: Neben qualitativen und quantitativen Inhaltsanalysen geht es beispielsweise um Rezeptions- und Aneignungsstudien, um Befragungen, Diskurs- und Filmanalysen, aber auch um historisches Quellenstudium, je nach Schwerpunktsetzung der Studierenden. Verbindendes Element ist die Frage, wie sich Medienkulturen und deren Wandel empirisch fassen lassen, welche Methoden der Kommunikations- und Medienwissenschaft dafür auf welche Art und Weise geeignet sind bzw. wie ein bestehendes Instrumentarium bei einer Akzentsetzung auf eine kommunikations- und medienwissenschaftliche Kulturanalyse weiterzuentwickeln ist. Unterrichtet wird eine solche empirisch basierte, kommunikations- und medienwissenschaftliche Beschäftigung mit Medienkultur insbesondere in projektorientierten Veranstaltungen. Diese schließen u. a. ein einjähriges Forschungsseminar ein, in dem sich Studierende mit selbstgewählten Forschungsthemen unter Anleitung intensiv befassen und so erste Erfahrungen in kleinen Forschungsprojekten vor dem „Meisterstück" der Master-Arbeit sammeln. Auch für breite Wahlmöglichkeiten ist gesorgt, die es nicht nur gestatten, zusätzlich und je nach Interesse Wissen beispielsweise in Kulturtheorie, transkulturellen Medien und Medieninformatik zu erwerben. Ganze selbst gewählte Eigenprojekte in Form eines Selbststudienmoduls sind ebenfalls möglich. All dies soll nicht wirklichkeitsfern sein, sondern auf die aktuellen Entwicklungen der Medienbranche bezogen. Deswegen sind verschiedene Lehrende aus der Medienpraxis in den Studiengang einbezogen, insbesondere um konzeptionelles Wissen zu vermitteln.

Nach gut fünf Jahren Master-Studiengang Medienkultur muss man sich fragen: Geht ein solches Konzept auf? Wie ich hoffe, sprechen die Beiträge in diesem Band in dreifacher Hinsicht für sich. Erstens ist die Herausgabe des vorliegenden Buchs das Ergebnis des Selbststudienmoduls von Monika Elsler. In diesem entwickelte sie die Idee, die besten Abschlussarbeiten der ersten drei Jahrgänge des Master-Studiengangs Medienkultur um ein Leitthema herum zu präsentieren. Dies ist die Frage, wie Medienkultur in unterschiedlicher Sicht angeeignet, d. h. zu eigen gemacht und in der Alltagspraxis lokalisiert bzw. artikuliert wird. Es ist ihre Leistung, nicht nur das Buch als solches herausgegeben, sondern auch dieses Leitthema verschiedener Studierender herausgearbeitet zu haben. Zweitens stehen die Beiträge des Bands für eine Angemessenheit des Studiengangskonzepts. So behandeln diese durchweg alle hoch relevante Themen des aktuellen Medienkulturwandels und greifen dabei verschiedene kommunikations- und medienwissenschaftliche Methoden auf sehr eigenständige Weise auf, um die jeweils interessierenden Fragen zu beantworten bzw. die Probleme, um die es geht, weiterzudenken. Drittens schließlich stehen ebenfalls die Berufswege aller Autorinnen und Autoren für sich: Fuß gefasst haben alle in sehr unterschiedlichen Bereichen, die neben klassischen Medieninstitutionen wie Radio Bremen konzeptionelle Bereiche der Medien- und Öffentlichkeitsarbeit und Wissenschaft einschließen.

Insgesamt ist das Buch so ein umfassendes Zeugnis, dass sich eine zugleich forschungs- und praxisorientierte Master-Ausbildung zu Medienkultur lohnt. Alle hier veröffentlichten Artikel sind Beiträge, die es verdient haben, in der Wissenschaft berücksichtigt zu werden.

Bremen im Juli 2011
Andreas Hepp

Einleitung

Monika Elsler

1 Zum Nutzen der „Aneignung von Medienkultur"

Fernsehserien wie *The Mentalist*, Internet-Telephonie beispielsweise per Skype, die Selbstdarstellung von Nichtregierungsorganisationen wie Attac, die Redaktionskultur bei der Bildzeitung und der Frankfurter Allgemeinen Zeitung – all dies gehört zu unserer heutigen Gesellschaft dazu, all dies sind Aspekte von Medienkultur. Was sie für unser Leben bedeuten – genauer: wie Medienkultur angeeignet wird – ist die zentrale Frage, um die der vorliegende Band kreist. In zwölf Aufsätzen werden drei Ebenen der Aneignung von Medienkultur dargestellt: durch Rezipierende, durch politische Akteure und durch Medienakteure.

Da die Beiträge an Phänomenen der Aneignung von Medienkultur ansetzen, handelt es sich bei diesem Buch zum einen in gewisser Hinsicht um einen Praxisband, der beispielsweise Social Network Sites wie Facebook aufgreift, und der anhand von empirischen Material argumentiert. Insofern sei die „Aneignung von Medienkultur" denjenigen empfohlen, die sich für einen Zugriff auf die Ergebnisse von zumeist qualitativen Studien zu aktuellen Phänomenen von Medienkultur interessieren.

Zum anderen zielt das vorliegende Buch auf eine darüber hinausgehende Auseinandersetzung mit Medienkultur an sich ab. In diesem Sinne ist es zudem als Versuch zu verstehen, zur medien- und kommunikationswissenschaftlichen Grundlagenforschung beizutragen, die über eine wirtschaftliche Verwertbarkeit hinaus nach dem Wesen von Medienkultur fragt: Was *ist* Medienkultur? Was *sind* Medienkulturen? Und was kennzeichnet die Menschen, die diese nutzen und innerhalb dieser handeln: als Rezipierende, als politische und als Medienakteure? Das Anliegen dieses Buchs ist also, Medienkultur(en) als Phänomen empirisch zu fassen.

Insofern wird Bezug genommen auf die Forderung der Soziologen Barney G. Glaser und Anselm L. Strauss (2010) im Zusammenhang mit der sogenannten Grounded Theory, auf empirischer Basis zunächst materialbasierte Theorien aufzustellen. Diese wären nach Glaser/Strauss für ein bestimmtes Sachgebiet oder empirisches Feld der Sozialforschung zu entwickeln (2010: 50). Darauf aufbauend wäre das umfassendere Ziel, formale Theorien zu generieren. Diese kennzeichnet, dass sie „für einen formalen oder konzeptuellen Bereich der Sozialforschung" entwickelt werden (Glaser/Strauss 2010: 50). Über diesen Weg, so Glaser und Strauss, könne von einer theorieprüfenden zu einer theoriegenerierenden Forschung übergegangen werden (Glaser/Strauss 2010: 52f.).

So handelt es sich bei den Untersuchungen, die hier vorgestellt werden, um materialbasierte Studien, die insofern „grounded" sind, dass sie in konkreter Empirie gründen. Ihre Leistung ist, dass sie – im Kleinen – materiale Theorien bilden. Es geht hier also darum, diese kleinen materialen Theorien zusammenzubringen, und auf diese Weise deren Teilerkenntnisse dem kommunikations- und medienwissenschaftlichen Fachdiskurs zur Verfügung zu stellen. Hier mögen dann die in diesem Buch vorgestellten Erkenntnisse zur Generierung formaler Theorien beitragen sowie weitere empirische Forschung anregen.

2 Zum zentralen Begriffsrahmen: Aneignung und Medienkultur

Die Schlüsselbegriffe zum Verständnis des vorliegenden Bands sind *Aneignung* und *Medienkultur*. Beginnen wir mit dem Begriff Medienkultur. Dieser verweist darauf, dass Medien und Kultur in einem bestimmten Zusammenhang stehen.

Weit gefasst, ist Kultur als „whole way of life" zu verstehen. Dies ist eine Umschreibung, die dem Kulturforscher Raymond Williams zugeschrieben wird, wobei er dies später als „signifying system" präzisierte, also als Bedeutungssystem (Williams 1981: 208). Insofern kann Kultur mit dem Kultur- und Sozialforscher Stuart Hall „als Summe der verschiedenen Klassifikationssysteme und diskursiven Formationen verstanden werden, die Sprache verwendet, um den Dingen Bedeutung zuzuordnen" (Hall 2002: 108). Diese Bedeutungszuschreibung wiederum ist letztlich das, was Menschen machen, wenn sie miteinander interagieren und kommunizieren: sie setzen sich darüber auseinander, welchen Sinn etwas hat und in welchem Zusammenhang Dinge zueinander stehen.

Kultur ist dabei nicht als statisches Konstrukt zu verstehen, sondern wandelt sich im Zusammenhang mit anderen Prozessen, die das Leben der Menschen ausmachen. Dieser fortlaufende Wandel von Kultur wird von dem Kommunikations- und Medienwissenschaftler Friedrich Krotz als Metaprozess sozialen Wandels bezeichnet (Krotz 2007: 30). Mit Metaprozessen meint Krotz übergreifende Entwicklungen, die sich über einen langen Zeitraum hin erstrecken und vergleichsweise komplex und im Prinzip nicht abgeschlossen sind, also Prozesse wie Globalisierung, Individualisierung und Mediatisierung (Krotz 2007: 27f.). Vor diesem Hintergrund ist unter Mediatisierung von Kultur zu verstehen, dass Kommunikation „immer häufiger, länger, in immer mehr Lebensbereichen und bezogen auf immer mehr Themen in Bezug auf Medien" stattfindet (Krotz 2007: 38). Medien wiederum sind aus kommunikations- und medienwissenschaftlicher Perspektive Kommunikationsmittel, die „intentionale Zeichenprozesse zwischen Menschen über räumliche, zeitliche oder raumzeitliche Distanzen hinweg" ermöglichen (Beck 2007: 78). Der hier gemeinte Medienbegriff ist demnach, entsprechend der Abgrenzung des Kommunikations- und Medienwissenschaftlers Andreas Hepp, nicht vorrangig auf symbolisch generalisierte Medien zu beziehen, und geht zudem über eine biologisch begründete Ebene hinaus (vgl. Hepp 2011: 9). Durch Medien wird also Kommunikation zwischen Menschen möglich, die ohne sie schwer oder gar nicht stattfindet. Vor dem Hintergrund des Wandels von Kultur ist es naheliegend, von heutigen Kulturen als *Medienkulturen* zu sprechen, da deren „primäre Bedeutungsressourcen mittels technischer Kommunikationsmedien vermittelt bzw. zur Verfügung gestellt werden" (Hepp 2008: 124). Kultur ist in einer Medienkultur geradezu auf Medien angewiesen. Medienkulturen wiederum lassen sich aufbauend auf den Kulturbegriff nach Hall als „Verdichtung translokaler Klassifikationssysteme und Formationen der Bedeutungsartikulation" zuspitzen (Hepp 2011: 71, im Original hervorgehoben).

Systematisiert man die Artikulationsebenen von Medienkultur, lässt sich zwischen Produktion, Repräsentation, Aneignung, Identifikation und Regulation unterscheiden (Hepp 2004a: 187, aufbauend auf Johnson 1986; du Gay et al. 1997). All diese Ebenen kommen in den Beiträgen zu dem vorliegenden Buch zum Ausdruck, wenngleich in unterschiedlichem Ausmaß. Hervorstechend ist die Ebene der Aneignung von Medienkultur, die hier aus verschiedensten Perspektiven betrachtet wird: So sprechen wir von der Aneignung von Medieninhalten und von Medientechnologien durch Rezipierende, sowie der Aneignung durch politische Akteure und durch Medienakteure.

Der Begriff *Aneignung* ist „[ü]ber die verschiedenen Verwendungsweisen hinweg [...] insbesondere mit der Medienkulturforschung der Cultural Studies verbunden" (Hepp 2005: 67). Gemeint ist, dass der „Umgang" mit Medien „nicht mit Konzepten einer eindimensionalen Wirkung, Manipulation, oder (individuellen) Gratifikation" gefasst werden kann (Hepp 2005: 67). Vielmehr stellt Aneignung einen „sowohl aktiven als auch kulturell umfassend kontextualisierten Prozess des ‚Sich-zu-Eigen-Machens' [sic] von Medieninhalten dar" (Hepp 2005: 67). Der Umgang mit Medien beginnt also nicht erst im Zuge bzw. nach der Nutzung und Rezeption eines Medientextes oder der Interaktion mit ihm. Aneignung umfasst stattdessen den gesamten Umgang mit Medien in jeder Hinsicht.

Dementsprechend wird hier unterschieden zwischen Rezeption „im Sinne von Lesen, (Fern-)Sehen oder Hören" von Medienprodukten, in Abgrenzung zum „weiteren Gebrauch von Medienprodukten (beispielsweise den Gesprächen über diese)" (Hepp 2004b: 165). Insofern schließt der Begriff Aneignung die Rezeption mit ein. Die Spannweite von Aneignung, wie sie in diesem Buch verstanden wird, beginnt also bei den Rezipierenden von Medieninhalten und bei den Nutzerinnen und Nutzern von Medientechnologien. Sie erstreckt sich zudem auf politische und zivilgesellschaftliche Akteurinnen und Akteure, deren Handeln innerhalb des Bezugsraums von Medienkultur stattfindet, und das dazu in wechselseitiger Prägebeziehung steht. Hinzu kommen die klassischen Produzierenden von Medien, die durch ihr Handeln ebenfalls Medienkultur(en) prägen, sowie selbst auch von Medienkultur(en) geprägt sind.

3 Rezipierende von Medieninhalten und Medientechnologien, politische Akteure, Medienakteure

3.1 Aneignung von Medienkultur durch Rezipierende

Der erste Teil dieses Bands nimmt zunächst Medieninhalte zum Ausgangspunkt, und zeigt auf, wie diese jeweils von Rezipierenden angeeignet werden.

Sarah Kumpf untersucht die Aneignung von US-amerikanischen Quality-TV-Serien in Deutschland. In den vergangenen Jahren haben Serien wie *The Sopranos*, *Six Feet Under* oder *Dexter* neue Maßstäbe gesetzt, was Ästhetik und Narration betrifft, die auch deutsche Fernsehserien und das deutsche Publikum beeinflussen. Sarah Kumpf stellt in ihrem Beitrag vor, wie diese Serien hierzulande rezipiert und angeeignet werden. Dabei stehen die akademischen Rezipierenden solcher Medientexte im Fokus, die sie als „Intellies" bezeichnet. Es zeigt sich, dass die Intellies distinkte Aneignungsmuster aufweisen, die es ihnen ermöglichen, Quality-TV-Serien emotional zu erleben. Dazu gehört, Serien kritisch zu beurteilen, sie im Internet zu rezipieren und die Rezeptionssituation aktiv zu gestalten. Auf diese Weise legitimieren die Intellies vor sich selbst und anderen ihre Rezeption von Fernsehtexten und positionieren sich als Quality-Viewer. Die Aneignung der Serien dient so zu ihrer sozialen und kulturellen Distinktion.

In ihrem Aufsatz zur medienvermittelten Religion stellt Monika Elsler zwei Typen der „Aneignung von Religionsformaten" vor. Als „Religionsformate" fasst sie Sendungen und Artikel, die erstens periodisch veröffentlicht werden, zweitens eine diskursive Struktur haben und drittens redaktionell verantwortet werden – und deren Inhalte um das Thema Religion kreisen. Religionsformate sind also beispielsweise die Sendung *Glaubenssachen* im NDR oder das Ressort *Glauben & Zweifeln* in der Zeit. Diese werden, so das Ergebnis der Studie, entweder kritisch-distanziert oder emotional-involviert angeeignet. Als Kontextfaktoren identifiziert Monika Elsler zum einen die individuelle Religiosität der Befragten, die unabhängig von der religiösen Prägung zu verstehen ist, sowie zum anderen deren Bildungsgrad. Vereinfacht gesagt, hängt ein akademischer Hintergrund mit einer kritisch-distanzierten Aneignung von Religion in den Medien zusammen. Ein nicht-akademischer Hintergrund hingegen geht einher mit einer emotional-involvierten Aneignung. Schließlich weist Monika Elsler auf weitere Einflussgrößen hin, wie Konfession oder religiöse Praktiken.

In einem zweiten Schritt bezieht sich der erste Teil des Bands auf die Aneignung einer konkreten Medientechnologie, beziehungsweise einer Medientechnologie als Ganzem.

Als eine Schnittstelle zwischen der Aneignung von Medieninhalten und Medientechnologien kann der Beitrag von Lisa Schwarzien gesehen werden. Sie untersucht am Beispiel der „Aneignung von StudiVZ", welche Rolle Social Network Sites in der Alltagskommunikation von Studierenden einnehmen. Unter der Verwendung qualitativer Methoden arbeitet sie drei verschiedene Aneignungstypen heraus. Das Prinzip von Castells' Netzwerkgesellschaft wird dabei durch die individuell angefertigten Netzwerkzeichnungen der Befragten auch auf Mikroebene abgebildet.

In dem Beitrag unter der Leitfrage „What are they doing?" blickt Louisa Karbautzki hinter die Nutzerstatistiken und Social-Marketing-Strategien rund um die Web-2.0-Plattform Twitter. Dabei geht sie der Frage nach, ob die Tweets privater Nutzerinnen und Nutzer nur Belangloses erzählen, wie von Kritikern behauptet, oder ob so etwas wie die von den Gründern beschriebene „soziale Alchemie" entsteht. Mit einer Triangulation quantitativer und qualitativer Methoden zeigt Louisa Karbautzki distinktive Nutzungsmuster auf und stößt dabei auf eine besondere Wechselwirkung zwischen kommunikativen und informativen Inhalten. Getwittert wird immer und überall – und zwar immer persönlicher.

Martin Schlütter beschäftigt sich in seinem Aufsatz zur „Aneignung internetbasierter Videotelefonie" mit der Aneignung von Medientechnologien in einem globalen Kontext. In seiner Studie zur Nutzung internetbasierter Videotelefonie zeigt er, wie Nutzende mittels Kommunikationstechnologien Beziehungen aufrechterhalten und sich Formen eines gemeinsamen Alltags schaffen. Anhand der Analyse unterzieht Martin Schlütter zugleich den Domestizierungsansatz und sein Potential zur Konzeptionalisierung von Mediennutzung einer kritischen Prüfung.

In ihrem Beitrag „Online-Kommunikation und Kulturwandel" geht Çiğdem Bozdağ der Frage nach, welchen Einfluss die Aneignung des Internets auf Diasporagemeinschaften und -kulturen hat. Auf Basis einer qualitativen Untersuchung am Beispiel der türkischen Diaspora in Deutschland argumentiert Çiğdem Bozdağ, dass Diasporagemeinschaften vielfältig hinsichtlich ihrer Medienaneignung und ihrer kulturellen Orientierungen sind. Medientechnologien können dazu beitragen, dass eine Vervielfältigung solcher Orientierungen stattfindet, indem Migrantinnen und Migranten durch Medien mehr transkulturelle Angebote und Vernetzungsmöglichkeiten zur Verfügung stehen.

3.2 Aneignung von Medienkultur durch politische Akteure

Im zweiten Teil des Bands geht es um politische Akteure und deren Umgang mit Medien.

Fabian Agel beschäftigt sich in seinem Beitrag mit dem Prozess der „Konstruktion und Aneignung kollektiver Identitäten" im Zeitalter der Globalisierung. Seine zentralen Bezugspunkte sind dabei Überlegungen zu vorgestellten Gemeinschaften und die Bewegungsforschung. Fabian Agel untersucht die kollektive Identität der deterritorialen politischen Gemeinschaft Attac Deutschland, ermittelt ihre zentralen Bestandteile in Form von Narrationsmustern und verortet diese in einem Modell. Dieses Modell beinhaltet die Dimensionen der personalen Identität, der sozialen Identität und der Gruppenidentifikation und verdeutlicht, wie sie über Konstruktions- und Aneignungsprozesse mit der kollektiven Identität einer Gruppe in Verbindung stehen.

Eliana Pegorim untersucht in ihrem Beitrag, wie soziale Bewegungen das Social Web für Mobilisierung und Kampagnen nutzen. Beispielhaft greift sie dazu die Klimawandelkampagnen der NGOs Greenpeace, tcktcktck und 350.org heraus, und zeigt durch eine quantitative Inhaltsanalyse der Facebook-Seiten dieser Bewegungen sowie anhand von Experten-Interviews mit den Administratorinnen und Administratoren, inwieweit und für welche Funktionen Facebook für diese Kampagnen genutzt wird.

In dem Beitrag zur „Wahrnehmung Europas" untersucht Olga Mecking den Bereich europäischer Öffentlichkeit in polnischen und deutschen Online-Foren. Es wird ein Modell europäischer Öffentlichkeit vorgestellt, das die Ebene der Publika sowie die verschiedenen kulturellen Kontexte berücksichtigt, in denen sie kommunizieren. Dabei spielt das Internet eine große Rolle, da diese Kommunikationen hierdurch nicht nur face-to-face stattfinden, sondern auch online. Angebote wie Internetforen erlauben den Nutzerinnen und Nutzern, ihre Meinungen zu äußern und in Diskussion mit anderen zu treten. Dies macht Online-Foren für die Forschung besonders interessant. Zur Untersuchung der polnischen und deutschen Onlineforen führt Olga Mecking eine qualitative Inhaltsanalyse durch, um alle Aspekte der Diskussionen zu Europa erfassen zu können.

3.3 Aneignung von Medienkultur durch Medienakteure

Im dritten Teil dieses Bands schließlich werden die Beziehungen zwischen Medienakteuren und der Aneignung von Medienkultur in den Blick genommen.

Der Beitrag von Stefanie Trümper zur „Redaktionskultur in Deutschland" setzt sich mit der Frage der Spezifika journalistischer Produktionspraktiken in redaktionellen Kontexten auseinander. Auf Basis der Implikationen einer kulturtheoretischen Journalismusforschung leitet sie das Konzept von Redaktionskultur her. Stefanie Trümpers zentrales Argument dabei ist, dass bei der Erforschung der journalistischen Praxis der Fokus auf dem Zusammenwirken der strukturellen Aspekte einer Redaktion, dem Handeln der journalistischen Akteure und den äußeren, kulturellen Einflüssen liegen sollte. Anhand der empirischen Untersuchung der Redaktionskulturen zweier deutscher Tageszeitungen – FAZ und Bild – stellt sie die Anwendbarkeit von Kultur als Methode zur Untersuchung der journalistischen Praxis dar.

Im Beitrag „eSport im TV: Fernsehaneignung einer Computerspielkultur" analysiert Janina Maric die ersten Versuche, Computerspielwettkämpfe im deutschen Fernsehen zu übertragen. Sie stellt fest, dass bisherige Forschung zu Sport in den Medien die Beziehung zwischen Körper und Technologie vernachlässigt. Demzufolge vermittelt Mediensport einen körperzentrierten und männlich konnotierten Leistungsbegriff. In ihrer Inhaltsanalyse arbeitet Janina Maric daher nicht nur zentrale Inszenierungsmuster heraus, sondern fragt darüber hinaus danach, wie die Beziehung zwischen Körper und Technologie im eSport-Fernsehtext verhandelt wird. Sie analysiert und vergleicht dafür drei Fernsehsendungen der Sender Giga digital, DSF und MTV. Für die Diskussion der Ergebnisse werden als Vergleichsfolie wieder Konzepte der Mediensportforschung herangezogen. Janina Maric macht darauf aufmerksam, dass der eSport-Fernsehtext sich zwar Mediensport-Konzepte wie beispielsweise das Schmerzprinzip aneignet, zugleich aber auch widersprüchliches Wissen über die Körper-Technologie-Beziehung produziert, da nicht nur körperzentrierte, sondern auch technologiezentrierte Leistungsbegriffe vermittelt werden.

Marlis Torka stellt in ihrem Beitrag anhand einer Fallstudie die „Charakteristik medienkritischer Diskurse" heraus. Dabei zeigt sie, wie sich medienkritische Berichterstattung in einem intertextuellen und intermedialen Metadiskurs konstituiert und öffentlich kommuniziert wird. Es werden die Inhalte dargelegt, mit denen die Rezipierenden seitens der Medienakteure konfrontiert werden. Dabei geht es um die Aneignungsbedingungen, die Rezipierende medienkritischer Inhalte vorfinden, d. h. nach welchen Diskursmustern – auf den Betrachtungsebenen von Form und Inhalt – sich medienkritische Berichterstattung abbildet und welche intertextuellen und -medialen Bezüge innerhalb derselben bestehen.

4 Danksagung

Dieses Buch zur „Aneignung von Medienkultur" ist im Zusammenhang des Master-Studiengangs Medienkultur an der Universität Bremen entstanden, der am Institut für historische Presseforschung, Kommunikation und Medien (IPKM) angesiedelt ist. Aus ausgewählten herausragenden Abschlussarbeiten wurden über einen Zeitraum von einem Jahr die vorliegenden Aufsätze entwickelt. Das letztlich entstandene Buch ist durch vielfältige Unterstützung ermöglicht worden.

Zunächst danke ich Andreas Hepp dafür, dass er sich nicht nur vom ersten Augenblick an von dem Vorhaben überzeugt zeigte, sondern es zudem während der Vorbereitung, Entstehung und beim Abschluss sowohl mit Rat als auch mit Tat sehr hilfreich begleitete, sowie das Vorwort beitrug. Zudem danke ich allen Autorinnen und Autoren dafür, dass sie mir ihre Texte anvertraut und sich an dem arbeitsreichen, wenngleich fruchtbaren Reviewing-Prozess beteiligt haben. In diesem Zusammenhang gilt der Dank auch denjenigen, die die Master-Arbeiten, auf denen die hier vorgestellten Aufsätze beruhen, betreut und begutachtet haben, und teilweise darüber hinaus bei der Überarbeitung der Texte hilfreich zur Verfügung standen: Andreas Breiter, Michael Brüggemann, Maren Hartmann, Andreas Hepp, Marco Höhn, Jan Schmidt, Anke Offerhaus, Jeffrey Wimmer. Darüber hinaus danke ich Cindy Roitsch (ZeMKI) für weitere Korrekturen. Auch für die inspirierenden Diskussionen im Gesamtzusammenhang des Studiums – sei es in den Seminaren des Master-Studiums oder auch in den Forschungskolloquien des ZeMKI, die die Wahrnehmung für den kommunikations- und medienwissenschaftlichen Diskurs vielfach erweitert haben –, möchte ich allen Beteiligten danken. Außerdem danke ich den Mitgliedern des Verbandes der Freien Lektorinnen und Lektoren (VFLL e.V.) für wiederkehrenden kollegialen Rat. Zudem danke ich Barbara Emig-Roller vom Verlag für Sozialwissenschaften dafür, sich auf dieses vergleichsweise ungewöhnliche Buchprojekt eingelassen und es betreut zu haben. Nicht zuletzt danke ich euch, Jakob, Milan und Paula, dass ihr mir den Freiraum ermöglicht und gewährt habt, dieses Buch herauszugeben.

Literatur

Beck, Klaus (2007): Kommunikationswissenschaft. Konstanz: UVK.
Glaser, Barney G./Strauss, Anselm L. (2010): Grounded Theory. Strategien qualitativer Forschung. Bern: Huber. 3. Aufl.
Hall, Stuart (2002): Die Zentralität von Kultur. Anmerkungen zu den kulturellen Revolutionen unserer Zeit. In: Hepp, Andreas/Löffelholz, Martin (Hrsg.): Grundlagentexte zur transkulturellen Kommunikation. Konstanz: UVK, 95–117.
Hepp, Andreas (2004a): Netzwerke der Medien: Medienkulturen und Globalisierung. Reihe Medien – Kultur – Kommunikation. Wiesbaden: VS.
Hepp, Andreas (2004b): Cultural Studies und Medienanalyse. Eine Einführung. Wiesbaden: VS, 2. Aufl.
Hepp, Andreas (2005): Kommunikative Aneignung. In: Mikos, Lothar/Wegener, Claudia (Hrsg.): Qualitative Medienforschung. Ein Handbuch. Konstanz: UVK, 67–79.
Hepp, Andreas (2008): Kulturtheorie in der Kommunikations- und Medienwissenschaft. In: Winter, Carsten/Hepp, Andreas/Krotz, Friedrich (Hrsg.): Theorien der Kommunikations- und Medienwissenschaft. Grundlegende Diskussionen, Forschungsfelder und Theorieentwicklungen. Wiesbaden: VS, 113–137.
Hepp, Andreas (2011): Medienkultur. Die Kultur mediatisierter Welten. Wiesbaden: VS.
Krotz, Friedrich (2007): Mediatisierung: Fallstudien zum Wandel von Kommunikation. Reihe Medien – Kultur – Kommunikation. Wiesbaden: VS.
Williams, Raymond (1981): Culture. London: Fontana.

I. Die Aneignung von Medienkultur durch Rezipierende

„Es muss was geben, worüber man nachdenken kann." Die Aneignung von Quality-TV-Serien

Sarah Kumpf

1   Fernsehserien als „guter Geschmack"

Fernsehserien sind Thema bei wissenschaftlichen Kongressen genauso wie auf Studentenpartys oder in den Feuilletons deutscher Tageszeitungen. Selbst wer täglich mehrere Stunden mit der Rezeption von Serien verbringt, wird nicht schräg angeschaut, sondern erntet sogar in der *Frankfurter Allgemeinen Zeitung* verständnisvolle Zustimmung (Kämmerlings 2010). Die Aneignung von Serien ist zu einem Zeichen des „guten Geschmacks" geworden und trägt zur sozialen und kulturellen Distinktion der Rezipierenden bei.

In der Tradition der Cultural Studies werden die Rezipierenden von Medieninhalten nicht als passive Opfer der Medien gesehen, sondern als aktiv Gestaltende. Sie eignen sich Medien und Medientexte aktiv an und weisen ihnen Bedeutung zu. Aneignung geht dabei über die eigentliche Rezeptionssituation hinaus und beinhaltet jedes Handeln und Erleben, das mit Serien verbunden ist. Somit ist die Aneignung von Fernsehserien eine kulturelle Praktik, die in der Alltagswelt der Rezipierenden lokalisiert ist.

Im aktuellen Forschungsdiskurs um Fernsehserien stehen die sogenannten Quality-TV-Serien und die Rezipierenden solcher Serien, die sogenannten Quality-Viewer, im Vordergrund. Selbige sind auch Gegenstand der qualitativ angelegten Studie, die in diesem Beitrag vorgestellt wird. Untersucht werden akademische Rezipierende US-amerikanischer Quality-TV-Serien in Deutschland, die Intellies.

Der Begriff vereint die Aspekte „intellektuell", wegen des Bildungsgrads der Befragten; „intelligent", weil den Befragten Serien mit Anspruch wichtig sind; „telly", kurz für television; sowie „in-telly", also Fernsehen, das gerade in Mode ist.[1] Die leitende Forschungsfrage ist, inwiefern die Aneignung der Serien zur sozialen und kulturellen Distinktion der Intellies beiträgt.

2   Forschungsstand: Quality-TV-Serien und Quality-Viewer

Zunächst ist es wichtig, kurz zu beleuchten, was hier unter Quality-TV-Serien verstanden wird. So kann verdeutlicht werden, wie diese zur Distinktion der Quality-Viewer beitragen.[2] Eine abschließende Definition von Quality-TV-

---

[1] Zum Selbstbild der Intellies vgl. Kumpf 2011.
[2] Serie bedeutet hier immer eine Mischform von Serial und Series, die auf einen wöchentlichen Ausstrahlungsrhythmus angelegt ist. Die täglichen Soap Operas und Telenovelas sind

Serien oder Quality-TV ist noch nicht gefunden. Es herrscht jedoch weitgehender Konsens, dass sich diese Serien durch besondere inhaltliche und produktionstechnische Charakteristika auszeichnen. Bereits 1996 stellte Robert Thompson fest: „[P]eople just seemed to know it when they saw it" (Thompson 1996: 12f.). Er definiert zwölf Charakteristika, darunter beispielsweise, dass Quality-TV-Serien komplexere Drehbücher hätten als andere Serien, kontroverse Thematiken aufgreifen und ein höher gebildetes Publikum anziehen (Thompson 1996: 13ff.). Auch heute kennzeichnen sich Quality-TV-Serien vor allem dadurch, dass sie ihr Publikum dazu animieren, sich mit dem Programm näher zu beschäftigen, um weitergehende Wahrheiten über das Leben und die Gesellschaft zu finden (Cardwell 2007: 26). Diese Qualitäten spricht Sarah Cardwell anderen Fernsehtexten wie Soap Operas oder Sitcoms ab. Außerdem betont Cardwell die hohe Produktionsqualität und ein bestimmtes visuelles Gefühl, das durch sorgfältige, innovative Kameraarbeit und Nachbearbeitung erreicht wird. Für sie ist das Besondere an Quality-TV-Serien, wie sich dort die Themen und der ästhetische Stil miteinander verbinden (Cardwell 2007: 26). Ähnlich wie Thompson definiert Cardwell Quality-TV aus einer allgemeinen Beobachtung heraus, also ohne empirische Grundlage. Dies ist bisher bezeichnend für den aktuellen Forschungsdiskurs und zeigt, wie wichtig empirische Forschung in diesem Bereich ist.

Quality-TV in seiner heutigen Form wird meist als anglo-amerikanisches Phänomen verstanden, für das zwei Faktoren besonders wichtig waren: erstens die legislativen Veränderungen auf Grundlage des Telecommunications Act und zweitens die technologischen Veränderungen durch die Digitalisierung. Durch den Telecommunications Act verlagerte sich der Wettbewerb vom Massenpublikum zu Nischenprogrammen (Nelson 2007: 44). Sascha Seiler (2008) betont: Ohne die Restriktionen der Networks könne man heute in Serien sprachlich und thematisch „so frei arbeiten wie im Kino oder, ja im Roman" (Seiler 2008: 7). Wie aktuelle Beispiele zeigen, haben die behandelten Themen in der Tat eine große Bandbreite: vom Doppelleben eines Serienmörders (*Dexter*), über das Zusammenleben von Menschen und Vampiren (*True Blood*) bis hin zum Leben in den 1960er Jahren (*Mad Men*), um nur einige aktuelle Beispiele zu nennen.

Begleitet wurde diese Verlagerung des Programmfokus von den Entwicklungen der digitalen Technologien, die es für das Fernsehen möglich gemacht haben, unter ähnlichen Bedingungen zu produzieren wie beim Film (Nelson 2007: 43). Kennzeichnend für Quality-TV-Serien ist darum eine ähnliche Ästhetik wie im Film. Aus diesem Grund ziehen sie auch ein ganz bestimmtes Publikum an, das sich als besonders empfindet und deshalb verschiedene kulturelle Güter auswählt, um diesen Status zu sichern (Nelson 2007: 44). Die Fernsehse-

---

dementsprechend nicht Gegenstand dieser Arbeit. Die Begriffe Serie und Fernsehserie werden synonym verwendet. Zur Definition von Serien vgl. beispielsweise Geraghty 1981, Hickethier 1991, Hickethier 2001, Mikos 1994.

rien bestätigen also den Habitus der Rezipierenden, indem sie sich von gewöhnlichen Fernsehtexten abheben.

Der Begriff des Habitus geht auf Pierre Bourdieu zurück. Er geht davon aus, dass die Gesellschaft stark von Klassen geprägt ist und dass jede Klasse ihren eigenen Habitus hat. Dabei ist der Habitus gleichzeitig „*Erzeugungsprinzip* objektiv klassifizierbarer Formen von Praxis und *Klassifikationssystem*" (Bourdieu 1987: 277, Hervorhebung im Original). Der Habitus hat also eine Doppelfunktion: Einerseits bringen Subjekte aufgrund ihres Habitus klassifizierbare Praxisformen und Werke hervor. Andererseits führt der Habitus dazu, dass das Individuum Formen und Produkte auf bestimmte Weise unterscheidet und bewertet, also einen bestimmten Geschmack ausprägt (Bourdieu 1987: 278). Der Habitus dient somit der sozialen Distinktion des Individuums und leistet dabei zwei Dinge: Einerseits manifestiert sich in ihm ein eigener Lebensstil und andererseits grenzt man sich damit von anderen ab.

An dieser Stelle setzt die Kritik an der Quality-TV-Diskussion an: So gehe es weniger um formale oder inhaltliche Unterschiede zu herkömmlichen Fernsehtexten. Vielmehr gehe es darum, dass sich die Rezipierenden selbst als Quality-Viewer positionieren. Denn im Diskurs um Quality-TV-Serien geht es vor allem um die „Qualität", die diese Serien im Vergleich zu anderen Medientexten auszeichnet. Die Vorstellung davon, was „Qualität" ausmacht, ist jedoch kulturell konstruiert und darum abhängig von Zeit, Ort und Kontext. Diskurse um „Qualität" sind deshalb vor allem Legitimationsdiskurse, die verhandeln, was gesellschaftlich akzeptabel oder erwünscht ist.

So sind auch Vorstellungen davon, was „guter Geschmack" ist, niemals natürlich oder universell, sondern immer in sozialen Erfahrungen verwurzelt (Jenkins 1992: 16). Geschmack wird so zu einem Mittel, um soziale Distinktionen beizubehalten und die Identität der Klassen zu formen (Jenkins 1992: 16). Durch einen bestimmten Geschmack positioniert man sich entsprechend seines gesellschaftlichen Stands, denn: „Der Geschmack ist die Grundlage alles dessen, was man hat – Personen und Sachen –, wie dessen, was man für die anderen ist, dessen, womit man sich selbst einordnet und von den anderen eingeordnet wird" (Bourdieu 1987: 104). Geschmack ist demnach geprägt von Machtstrukturen, weswegen die Dichotomie der vermeintlichen „Hochkultur" gegenüber dem vermeintlich „kulturell Wertlosen" umkämpft ist. Die Auswahl, die Rezipientinnen und Rezipienten unter anderem bei Medientexten treffen, geschieht somit nicht zufällig, sondern ist bestimmt von ihrem Habitus. Welche Fernsehserie man gern sieht, ist demnach keine individuelle Entscheidung, sondern sagt etwas über die eigene Positionierung in der Gesellschaft aus.

Der Diskurs um Quality-TV-Serien ist vor allem ein Diskurs darüber, ob es auch in akademischen Kreisen akzeptabel ist, fernzusehen bzw. Medientexte zu rezipieren. Die Bezeichnung Quality-TV-Serien oder Quality-TV sagt darum mehr über die Rezipierenden aus als über die Medientexte selbst. So ist beispielsweise Cardwell (2007) der Ansicht, dass sich die Rezipierenden von Quality-TV mehr mit dem Programm beschäftigen als diejenigen, die Non-Quality-TV rezipieren. Quality-TV bringe die Rezipierenden in eine aktive Position, die man einnimmt, wenn man ein kritisches Urteil abgibt (Cardwell 2007: 27). Somit hätten Quality-TV-Serien im Gegensatz zu anderen Fernsehserien eine anregende Wirkung und würden kritische Urteile der Rezipierenden hervorrufen. Cardwell hebt diese Serien damit auf die Stufe von „Hochkultur" und legitimiert so die intellektuelle Beschäftigung mit ihnen. Deswegen werden Rezeption und Aneignung von Quality-TV-Serien zur akzeptierten kulturellen Praxis. Damit fällt die selbstironische Haltung weg, die sonst nötig ist und sogar erwartet wird, wenn gebildete Angehörige der Mittelschicht zugeben, Soap Operas oder Reality-Programme zu sehen (Bury 2008: 195). Die Rezeption von Quality-TV-Serien muss also nicht länger wie beispielsweise bei *Dallas* damit gerechtfertigt werden, dass man sie nur rezipiert, um sich über ihre „schlechte Qualität" lustig zu machen (Ang 1985: 97). Quality-TV bringt auf diese Weise Quality-Viewer überhaupt erst hervor.

Wie Rhiannon Bury (2008) feststellt, legitimieren Rezipierende ihre Zugehörigkeit zu einer bestimmten kulturellen Klasse gerade durch die Fähigkeit, ästhetische Standards eines Medientextes wahrzunehmen und wertzuschätzen (Bury 2008: 195). Der Diskurs um Quality-TV-Serien ist damit ein Diskurs um die Legitimation, Fernsehserien genussvoll zu rezipieren, ohne sich emotional und intellektuell von ihnen zu distanzieren. Doch welche Aneignungsmuster bringt diese Art der Aneignung hervor? Dies ist die forschungsleitende Frage der im Folgenden vorgestellten empirischen Untersuchung.

3 Forschungsdesign

Die Grundlage der vorliegenden Studie sind zehn qualitative Leitfadeninterviews. Die Wahl fiel auf eine qualitative Methode, da zu den Rezipierenden aktueller Fernsehserien noch nicht viele Erkenntnisse vorliegen. Für eine explorative Studie schien darum eine Methode geeignet, die nicht auf Hypothesen zurückgreift, die *ex ante* gebildet werden (Keuneke 2005: 254). Zudem sollten die Befragten die Gelegenheit erhalten, die Zusammenhänge ihrer Serienrezeption selbst zu erklären, was mit einer standardisierten Methode nicht möglich gewesen wäre.

In den Leitfaden flossen vornehmlich theoretische Überlegungen zu den folgenden Themenbereichen ein: Serienbiographie, Rezeptionssituationen im Alltag, Identität und Identifikation, Bedeutung, Veränderungen, deterritoriale Vergemeinschaftungen, Positionierung zu Fankulturen, intertextuelle Zusammenhänge und Aneignung, Fankultur, Besitz im Zusammenhang mit Serien, formale Aspekte der Serien sowie demographische Daten wie zum Beispiel Alter, Beruf oder Schulbildung.

Auf verschiedene Aufrufe per E-Mail, Aushänge in Videotheken und Postings in Foren von Facebook und StudiVZ meldeten sich insgesamt 26 potentielle Interviewpartnerinnen und -partner. Auf Grundlage des theoretischen Samplings (Krotz 2005: 192) wurden aus diesen fünf Männer und fünf Frauen in folgender Zusammensetzung ausgewählt und befragt: eine Schülerin, eine Abiturientin im Praktikum, vier Studierende, eine Kindertherapeutin, eine Mediengestalterin, ein Polizist und ein Hochschuldozent. Die Befragten waren zwischen 17 und 41 Jahren alt. Die 17-jährige Schülerin sowie der 41-Universitätsdozent nahmen dabei die Extrempositionen ein. Die anderen Befragten waren zwischen 22 und 32 Jahren alt. Gemeinsam war allen Befragten, dass sie Abitur haben. Außer der Hebammen-Praktikantin hatten außerdem alle ein Hochschulstudium abgeschlossen, beziehungsweise studieren noch. Die Ergebnisse beziehen sich deshalb explizit auf akademisch gebildete Rezipierende von Quality-TV-Serien. Aufgrund ihrer Gemeinsamkeiten und ihrem ausgeprägten Selbstbild wird diese Gruppe hier als Intellies bezeichnet.

Im Vergleich zu den anderen Interviews unterschieden sich die Interviews mit der Schülerin und dem Dozenten in Verlauf und Inhalt stark. Während die Schülerin wesentlich weniger reflektiert war als die anderen Befragten, äußerte sich der Dozent noch reflektierter. Im Vergleich zu den übrigen Befragten waren diese beiden Fälle so andersartig, dass sie in der Auswertung nicht berücksichtigt wurden. Die Auswertungsgrundlage bildeten somit acht qualitative Leitfadeninterviews. Die Interviews wurden wörtlich transkribiert und anschließend im Sinne der Grounded Theory zunächst offen und dann axial kodiert.

4 Vier Aneignungsmuster der Intellies

Die Aneignung der Intellies von Quality-TV-Serien kennzeichnet sich durch vier distinkte Muster: Die Intellies beurteilen Serien kritisch, rezipieren Serien jenseits des Mediums Fernsehen, gestalten die Rezeptionssituation aktiv und erleben die Serienwelt emotional.

4.1 Serien kritisch beurteilen

Als akademische Rezipierende beschäftigen sich die Intellies intellektuell mit Serien. Sie betonen in den Interviews, wie wichtig ihnen eine aktive Haltung bei der Aneignung der Serien ist. Außerdem haben sie sehr genaue Vorstellungen davon, welche „Qualitätskriterien" Serien erfüllen müssen. So sollten Serien thematisch besonders sein, emotional realistisch, intelligent witzig, erzählerisch überraschend sowie ästhetisch anspruchsvoll. Diese Kriterien decken sich weitgehend mit den vorher besprochenen Kriterien von Thompson (1996) und Cardwell (2007). Es scheint hier also einen Konsens darüber zu geben, was „Qualität" ausmacht.

Thematisch besonders ist für die Intellies, was sich vom Alltäglichen unterscheidet. Serien müssen etwas Neues bieten, sonst „kann man auch einfach auf die Straße gehen" und auf die Serien verzichten (Jonas, 26, Biologie-Student). Dabei versprechen sich die Intellies von den Serien mehr als reine Unterhaltung: „Es muss was geben, worüber man nachdenken kann. Worüber man so ein bisschen philosophieren kann" (Simon, 23, Physik-Student). Die Intellies fordern also genau die Art von Aktivierung, die auch Cardwell (2007) als Merkmal von Quality-TV-Serien benennt.

Wie Ien Ang (1985) bereits bei *Dallas* gezeigt hat, legen Rezipientinnen und Rezipienten Wert darauf, dass Serien emotional realistisch sind. Dabei kann das Setting exotisch sein, der Rest sollte jedoch so sein, „wie es im realen Leben ist" (Christoph, 30, Polizist). Für die Intellies müssen Serien emotional nachvollziehbar bleiben. Als Genre überzeugt die Serie die Intellies besonders, weil man die Charaktere kennenlernt: „mit der Zeit weiß man dann halt ganz genau, […] was die Person gerade denkt (Nina, 24, Meteorologie-Studentin). Damit geht einher, dass Seriencharaktere nicht zu perfekt sein dürfen, denn dies empfinden die Intellies als gekünstelt: „Also, die waren so witzig und schlagfertig, so kann überhaupt kein Mensch sein" (Elisabeth, 32, Kindertherapeutin). Wenn die Serie emotional realistisch ist, lassen sich die Intellies gerne mitreißen und freuen sich darauf „einzutauchen in deren Welt […]. Das ist eigentlich das Tolle daran" (Lina, 22, Hebammen-Praktikantin). Es sei dann so, als ob man „eine Parallelwelt beobachtet" (Nina, 24, Meteorologie-Studentin).

Diese Parallelwelt ist der Beschreibung der Befragten zufolge intelligent witzig, also nicht nach dem Motto: „Klamauk und alle anderen kriegen einen auf die Nase, so einen Schiet, das finde ich nicht so pralle" (Christoph, 30, Polizist). Vielmehr erwarten die Intellies skurrilen Humor, der „halt so ein bisschen anders ist" (Simon, 23, Physik-Student). Serien sollten sich also durch Humor auszeichnen, der die Intellies auch intellektuell anspricht und sich von anderen Medientexten abhebt.

Die Intellies erwarten von einer guten Serie auch, dass sie erzählerisch abwechslungsreich ist und sich nicht wiederholt. Deshalb werden Serien mit dem Fortschreiten der Staffeln in den Augen der Intellies nicht besser. Sie rechnen sogar damit, dass Serien schlechter werden: „Also ich hab noch keine Serie erlebt, die nicht abnimmt, die nicht schlechter wird" (Elisabeth, 32, Kindertherapeutin). Sie freuen sich deshalb darüber, wenn eine Serie ein angemessenes Ende findet: „Ja, das Tolle ist, dass, wenn eine Geschichte […] über eine Staffel hinweg aufgebaut wird und der Charakter dann *endlich* die Lösung findet oder das macht, was er schon längst hätte tun sollen" (Jonas, 26, Biologie-Student). Sobald eine Serie in Verdacht gerät, nur noch für kommerzielle Zwecke ausgeschlachtet und künstlich verlängert zu werden, geht auch die Besonderheit der Serie für die Intellies verloren und damit auch das Distinktionsmerkmal. Sie verfolgen die Serie nicht weiter.

Intellies schauen Serien, weil es „Spaß macht, sich das anzuschauen" (Maren, 28, Mediengestalterin). Viel hängt bei diesem Spaß für die Intellies vom ästhetischen Erscheinungsbild der Serie ab. An US-amerikanischen Serien schätzen sie, dass sie ästhetisch anspruchsvoll sind. Ihnen gefällt der „Look" der Serien. Zudem spielt Musik für die Intellies eine große Rolle, „um sich 'reinfinden zu können [...], einfach da loszulassen, [...] dass es ein Gefühl in einem auslöst" (Maren, 28, Mediengestalterin). Die Musik ermöglicht es den Intellies, noch tiefer in die Serien einzutauchen.

Gerade was diese ästhetischen Aspekte angeht, schneiden deutsche Serien bei den Intellies schlecht ab. Doch auch die anderen genannten Qualitätskriterien können deutsche Serien nicht erfüllen. Sie sind nach Meinung der Intellies thematisch durchschnittlich, emotional klischeehaft, platt witzig, erzählerisch vorhersehbar sowie ästhetisch langweilig. Es ist also nicht verwunderlich, dass die Intellies keine deutschen Serien rezipieren.

4.2 Serien jenseits des Mediums Fernsehen rezipieren

Die Intellies wenden sich jedoch nicht nur von deutschen Serien als Medientexten ab. Auch als Medium spielt das deutsche Fernsehen bei den Intellies keine Rolle mehr. Dies kommt gleichfalls dem Habitus der Intellies entgegen, schließlich steht das Fernsehen gemeinhin eher für „leichte Unterhaltung" und nicht für „Hochkultur".[3] Bei den Intellies gibt vor allem aber praktische Gründe, warum sie dem Fernsehen als Medium den Rücken kehren. Erstens laufen die Serien der Intellies kaum im deutschen Fernsehen. Zweitens ziehen es die Intellies generell vor, ihre Serien auf Englisch zu rezipieren und drittens ist es ihnen wichtig, ihren Rezeptionsrhythmus selbst zu bestimmen.

Das Rezeptionsmedium Nummer eins ist für die Intellies darum das Internet, denn die meisten Serien, „die laufen bei uns gar nicht. Oder die fangen an und setzen die dann wieder ab" (Lina, 22, Hebammen-Praktikantin). Diese Frustration mit dem Fernsehen ist es, die die Intellies überhaupt dazu gebracht hat, Serien im Internet zu sehen, was dann wiederum schnell zum Selbstläufer wird: Auf den Websites, auf denen die Intellies die Serien herunterladen oder als Online-Stream nutzen, stoßen sie auf neue Serien, die sie dann im Internet rezipieren. Alle zusätzlichen Angebote zu Serien wie Foren oder Hintergrundinformationen finden sie ebenfalls im Internet. Begünstigt wird die Rezeption im Internet dadurch, dass die Intellies Computer-affin sind und sich sehr selbstverständlich im Internet bewegen.

---

[3] Darauf hat beispielsweise der amerikanische Kabelsender Home Box Office (HBO) seine gesamte Werbekampagne ausgerichtet und konnte Gewinn ziehen „from cultural snobbery around television as it sets out to appeal to the college-educated audience who supposedly do not watch TV" (McCabe/Akass 2008: 85).

Als intellektuell stimulierend empfinden es die Intellies außerdem, die Serien in der Originalsprache zu rezipieren, also auf Englisch. Dies erhöht gleichzeitig die Distinktion der Serienaneignung, denn schließlich spricht in Deutschland nicht jede/r fließend Englisch. Den Intellies geht bei der Übersetzung zu viel verloren: „Es ist meistens fürchterlich übersetzt, gerade witzige Sachen, die kriegst du nicht gut ins Deutsche rübergezogen" (Jonas, 26, Biologie-Student). Auf Deutsch verlieren die Serien den humorvollen Witz, den die Intellies schätzen und damit auch an Authentizität. Dank ihrer formal hohen Bildung ist es für die Intellies kaum ein Problem, Serien auf Englisch zu rezipieren. Im Gegenteil: „Ja, ich glaube, mein Englisch ist auch viel besser geworden, dadurch, dass ich so viele Serien gucke" (Jonas, 26, Biologie-Student). Durch den gefühlten Bildungswert von Serien ist es für die Intellies noch legitimer, sich mit selbigen zu befassen.

Den Intellies ist außerdem wichtig, dass sie sich ihre Serienrezeption nicht vom Rhythmus des Fernsehens fremdbestimmen lassen möchten. Sie möchten in ihrer Wahl der Rezeptionszeit und des Rezeptionsorts stets das Gefühl der Kontrolle behalten. Trotzdem bleiben sie gebunden an den Zwang der Serie, denn „wenn ich weiß, dass es eine neue Folge gibt, dann muss ich die auch sofort gucken. Dann könnt' ich jetzt nicht aushalten, noch einen Tag zu warten [...], das könnt' ich nicht" (Lina, 22, Hebammen-Praktikantin). Dank des Internets können die Intellies zwar noch entscheiden, zu welcher Tageszeit ihnen die Rezeption am besten passt. Sie wollen jedoch auf jeden Fall so schnell wie möglich wissen, wie es weitergeht.

Deshalb zeigt sich eine weitere Strategie der Serienrezeption, die grundlegende Prinzipien der Serienstruktur verändert. Die Intellies rezipieren teilweise überhaupt keine aktuellen Serien mehr, sondern nur vollständig gesendete Staffeln oder sogar vollständig abgedrehte Serien. Denn „dann kann *ich* mir einteilen, wie viele ich an einem Tag gucke, wann ich an einem Tag gucke und ob ich zwischendrin eventuell noch mal eine andere Serie gucke" (Sven, 24, Soziologie-Student). Diese Art der Rezeption verändert die Wahrnehmung einzelner Serien: So „ziehen sich einige Serien nicht mehr über Jahre, sondern nur noch über ein, zwei Monate, wo ich sie dann durch hatte" (Maren, 28, Mediengestalterin). Die emotionale Bindung der Intellies an einzelne Serien nimmt dadurch ab. Die Rezeption der Serien aber wird zu einem intensiveren Erlebnis.

4.3   *Die Rezeptionssituation gestalten*

Weil die Intellies sich Serien mit Hilfe des Internets beschaffen und sie auf dem Computer rezipieren, hat dies auch Auswirkungen darauf, wie sie ihre Rezeptionssituation gestalten.

Die Aneignung von Serien ist für die Intellies ein persönlicher und privater Erfahrungsraum, denn sie können die Rezeptionssituation in mehrerlei Hinsicht aktiv gestalten. Mit ihren Laptops können sie den Ort ihrer Rezeption selbst wählen. Bezüglich der Dimension Zeit markiert die Serienrezeption den Übergang von Arbeit zu Freizeit. Überdies können die Intellies die Serien ihrer Stimmung entsprechend auswählen. Für die Intellies befindet sich der Erfahrungsraum Serie online, denn sie rezipieren Serien als Online-Stream im Internet. Sie sind also für die Rezeption auf ihren Computer mit Internetzugang angewiesen. Das Internet ist für sie eine Selbstverständlichkeit. Doch auch diejenigen, die Serien von Filehostern herunterladen, rezipieren Serien meist auf ihrem Computer. Denn „für mich ist das zu umständlich, die auf DVD zu brennen und die dann zu gucken oder so" (Sven, 24, Soziologie-Student). Der Computer oder der Laptop sind für die Intellies deshalb das Zentrum ihrer Serienrezeption. Der Vorteil dabei ist, dass der Laptop und damit auch die Serie mit ins Bett genommen werden können. Und genau dies tun die Intellies auch gelegentlich, „gerade wenn es so vor dem Schlafengehen ist" (Simon, 23, Physik-Student). Gerade dadurch wird die Serienrezeption zu etwas sehr Privatem: „Für mich ist es halt so das abends Buch, wenn du halt ins Bett gehst und mal entspannen möchtest oder so" (Sven, 24, Soziologie-Student). Der Laptop, auf dem die Fernsehserie abgespielt wird, dringt damit in einen Bereich vor, der früher dem Buch vorbehalten war.

Für die Intellies ist es normal, Serien im Alltag allein zu rezipieren. Ausnahmen sind lediglich Menschen, denen sie sehr nahe stehen, also beispielsweise Mitbewohner, Geschwister oder Partnerinnen und Partner. Diese Menschen haben sie dann auch bei der Serienrezeption gerne um sich. Die gemeinsame Serienrezeption verbindet; sie „fördert so das WG-Leben" (Jonas, 26, Biologie-Student). Doch nicht jede Serie möchte man mit jedem teilen, denn „manche Folgen gucke ich sehr gerne auch alleine" (Maren, 28, Mediengestalterin). Für die Intellies ist das Allein-Rezipieren noch immer der Normalfall, was zudem auch positiv bewertet wird. Schließlich sind Serien in der knapp bemessenen Freizeit auch ein Raum, in dem die Intellies Zeit für sich haben, gerade weil sich bei ihnen Freizeit und Arbeit immer mehr durchmischen.

Denn die Intellies arbeiten in Bereichen, in denen Arbeit und Freizeit nicht immer einfach zu trennen sind. Die Serien markieren für die Intellies das Ende des Arbeitstages. Sie schauen Serien dann, „wenn ich mit meinem ganzen Kram fertig bin" (Lina, 22, Hebammen-Praktikantin). Wenn alles erledigt ist, sind Serien gut, um in Ruhe den Tag „sacken [zu] lassen" (Sven, 24, Soziologie-Student). Oft ist dabei auch wichtig, mehr als eine Folge am Stück zu rezipieren. Simon schaut gern mehrere Stunden hintereinander, „weil es ja so gestrickt ist, weil man wissen möchte, wie es weitergeht" (Simon, 23, Physik-Student). So verlängert sich das Gefühl, in einer „Parallelwelt" zu sein (Nina, 24, Meteorologie-Studentin). Eine Welt, die für die Intellies nicht nur reine Fiktion ist, sondern ein Ort, zu dem sie heimkommen können. So wird die Serienwelt für die Intellies insgesamt zu einem Rückzugsraum im Alltag. Diese Privatheit ist wichtig, um Serien emotional erleben zu können.

4.4 Die Serienwelt emotional erleben

Der Schlüssel zur Serienaneignung der Intellies ist das emotionale Erleben. Das heißt, sie untersuchen Serien nicht nur auf einer intellektuellen Ebene, sondern lassen auch Gefühle in Bezug auf die Serien zu. Dies unterscheidet die Intellies von der Ästhetik der Distanzierung, die nach Bourdieu (1989) charakteristisch ist für die Zugehörigkeit zur Oberschicht. Zu dieser auch als bourgeoise Ästhetik (Jenkins 1992: 18) bezeichneten Betrachtungsweise gehört es, sich vor allem mit der Form zu beschäftigen und nicht mit den Charakteren mitzuleiden.

Was es für die Intellies heißt, Serien emotional zu erleben, zeigt sich in drei Bereichen: erstens daran, dass die Intellies bei der Rezeption der Serien emotional involviert sind; zweitens daran, dass sich an ihre tatsächliche Serienrezeption Folgehandlungen anschließen; und drittens daran, dass die Intellies in Bezug auf Serien Identitätsarbeit leisten.

In der Rezeptionssituation erleben die Intellies die Gefühle der Seriencharaktere mit. Sie sind emotional involviert: „Also wenn man sich dann da so 'reinversetzt, dann klar, ärgert man sich auch über Sachen oder freut sich über Sachen" (Lina, 22, Hebammen-Praktikantin). Wichtig für die Intellies ist, dass sie das emotionale Erleben von Serien zulassen und genießen. Es ist für sie jedoch auch klar, dass dieses emotionale Erleben immer ein „Sofort-Gefühl" bleibt: „[D]as begleitet mich dann auch nicht über den Tag hinweg" (Nina, 24, Metoerologie-Studentin). Sie grenzen sich deutlich davon ab, dass dies länger andauern könnte und beschränken ihre Gefühle auf die eigentliche Rezeptionssituation.

Für die weiblichen Intellies können diese Gefühle auch sehr stark werden. Sie haben kein Problem damit, wenn sie in der Rezeptionssituation weinen müssen. Für die männlichen Intellies gilt das nicht: „Also, wenn was Trauriges passiert, bist du natürlich auch betroffen. Ich denke, darauf spielen die auch an, aber nicht so, dass ich da jetzt in Tränen oder so ausbreche" (Sven, 24, Soziologie-Student). Dass die männlichen Intellies nicht weinen, muss nicht zwangsläufig daran liegen, dass sie die Serien emotional weniger erleben als die weiblichen Intellies. Vermutlich werden hier eher andere kulturelle Konventionen sichtbar bzw. spielt vielleicht auch das Geschlecht der Interviewerin eine Rolle.

Grundsätzlich haben sowohl die männlichen als auch die weiblichen Intellies strenge Grenzen, wie weit ihre emotionale Involvierung in die Serie gehen darf. Wenn beispielsweise eine Staffel zu Ende geht oder eine Serie abgedreht ist, sind sie zwar traurig, aber es ist „jetzt nicht so, dass ich dann irgendwie am Boden zerstört bin und völlig fertig" (Lina, 22, Hebammen-Praktikantin). Serien dürfen im Vergleich zu anderen Dingen in ihrem Leben nicht *zu* viele Emotionen hervorrufen.

Im Anschluss an die eigentliche Rezeption führt das serienbezogene Handeln der Intellies dazu, dass sich ihr emotionales Erleben von Serien über die Rezeptionssituation hinaus verlängert. Dies ist unter anderem auch ein Kennzeichen dafür, dass es sich bei den Intellies um Fans von Fernsehserien handelt. Sie haben bereits ein ansehnliches Wissen in Bezug auf Serien angehäuft und teilen dieses Wissen mit anderen. Das Spektrum reicht bei den Intellies vom Nacherleben allein über das Nacherleben mit anderen bis hin zu weitergehenden Folgehandlungen mit Bezug auf Serien.

Für die Intellies ist es wichtig, Serien mit anderen zu teilen: „Man sucht halt Gleichgesinnte, um mit denen dann darüber zu reden" (Lina, 22, Hebammen-Praktikantin). Denn nur Gleichgesinnte verstehen die Anspielungen, die sich auf Serien beziehen. Solche Scherze oder Sprüche zielen dabei einzig auf die Verständigung mit anderen Gleichgesinnten ab. Denn „ich würde jetzt nicht 'ne Serie zitieren, nur weil ich die Sache, die da jemand gesagt hat, besonders clever fand" (Nina, 24, Meteorologie-Studentin). Diese Bemerkungen sind ein Code, der dem Gegenüber versichert, dass man das gleiche Insiderwissen teilt und stärkt so das Gefühl der Zusammengehörigkeit.

Dieses geteilte Nacherleben ist so wichtig für die Intellies, dass sie im Zweifelsfall auch nachhelfen: „Also, teilweise habe ich dann Leute aus dem Freundeskreis auch so lange genervt, bis sie angefangen haben, die Serie zu gucken" (Nina, 24, Meteorologie-Studentin). So können sie gemeinsam mit anderen die Serien nacherleben. Für das geteilte Nacherleben bieten sich Freundinnen und Freunde sowie Partnerinnen und Partner an. Wenn es im Freundeskreis niemanden gibt, mit dem die Intellies Serien teilen können, füllen Foren diese Lücke: „wenn ich da von irgendwelchen anderen Leuten, die ihren Senf dazu abgegeben haben, das durchlese, dann habe ich das Gefühl, ich tausche mich aus" (Elisabeth, 32, Kindertherapeutin).

Dass die Intellies Foren nutzen, heißt jedoch nicht unbedingt, dass sie selbst etwas zur Diskussion beitragen. So sind sie beispielsweise auf Facebook oder StudiVZ in Gruppen eingetreten, die ihre Lieblingsserie zum Thema haben. Meist reicht es ihnen schon, diese Gruppe sichtbar in ihrem Profil zu haben: „Einfach nur um zu zeigen, dass ich diese Serie [...] gut finde" (Maren, 28, Mediengestalterin). Mit ihrer Zugehörigkeit zur Gruppe zeigen sie nur, dass sie die Serie kennen und schätzen. In vielen Gruppen scheint dies der Hauptgrund für die Existenz der Gruppe zu sein: „Also, es gibt so einige, wo im Prinzip keiner was schreibt, die man nur so auf der Pinnwand hat, um zu zeigen: ‚Ja, ich gucke diese Serie!'" (Nina, 24, Meteorologie-Studentin). Ähnlich wie bei den Insider-Kommentaren versichern sich die Intellies so ihrer Zugehörigkeit zu einer bestimmten Vergemeinschaftung von Serienrezipierenden. Serien werden für die Intellies auf diese Weise zu Distinktionsmerkmalen im Social Web. Die Pinnwand übernimmt den Platz einer gut sortierten, repräsentativen Bibliothek, die zeigt, wie belesen ihr Besitzer oder ihre Besitzerin ist. Serien werden so für die Intellies zu einem Teil ihrer Identität und ins Alltagsleben integriert. Die

Serienrealität wird zu einem Teil der eigenen Realität, Serien werden zu einem Baustein der eigenen hybriden Medienidentität.[4] Die Intellies suchen aktiv nach Parallelen zwischen ihrem eigenen Leben und dem Leben, das in den Serien dargestellt wird. Je nach ihrer thematischen Voreingenommenheit finden sie dort die Themen, die sie auch in ihrem Leben beschäftigen.[5] So sieht Christoph beispielsweise in allen Männerfreundschaften, die in Serien dargestellt werden, Parallelen zu sich und seinem besten Freund: „Ganz ehrlich, *Scrubs*, diese beiden, das ist auch, was Robin und ich, dieses Bescheuerte, dieses Ausklinken und einfach nur abspacken, einfach nur abspacken und Blödsinn machen" (Christoph, 30, Polizist). Elisabeth analysiert als Kindertherapeutin in Serien sofort die Beziehungen der Seriencharaktere zueinander. Außerdem rezipiert sie Serien, die auch thematisch mit Psychoanalyse oder Psychotherapie zu tun haben. Die Serie *In Treatment* hat ihr beruflich schon weitergeholfen: „[Das] fand ich einfach auch für meinen Job grandios. Weil der halt einfach super war in der Gesprächsführung und so was hat man ja kaum. Man darf ja nicht dabei sein in Therapien" (Elisabeth, 32, Kindertherapeutin).

Andererseits schätzen die Intellies an Serien, dass sie dort Dinge erleben können, die sie im „echten" Leben niemals tun könnten: „Nichtstun, in einer Bar 'rumhängen, mit dem Motorrad durch die Landschaft düsen, mit der Wumme in der Landschaft 'rumknallen" (Jonas, 26, Biologie-Student). Die Intellies können so teilhaben an einem Leben, das sie reizt, aber niemals ihres sein wird. Oder auch eine Beziehung ausleben, die sie in Wirklichkeit niemals haben wollen würden: „Er [*Dr. House*] ist so der einsame Wolf, den nie jemand kriegt und der sich keinem öffnen kann. […] Und ich mein, also, als Frau wünscht man sich ja, so einen Mann zu zähmen, ne? (lacht)" (Elisabeth, 32, Kindertherapeutin). Es fällt auf, dass es gerade die Frauen sind, die besonders darauf achten, ob es einen Mann in der Serie gibt, der ihnen gefällt. Im Gegensatz dazu spielen die weiblichen Charaktere für die männlichen Intellies keine Rolle.[6]

5 Serienaneignung als Distinktionsmerkmal

Waren Fernsehserien früher noch eine „No-go-Area" für Akademikerinnen und Akademiker, sehen diese hier heute „eine neue Avantgarde am Werk" (Kluger zitiert nach Kämmerlings 2010). Die Intellies gehören einer Generation an, die selbstbewusst mit Computern umgeht und sich selbstverständlich im Internet bewegt. Sie sind zwar nicht mit dem Internet aufgewachsen, aber sehr gut damit

---

[4] Zu Medienidentität vgl. Hepp 2006.
[5] Zur thematischen Voreingenommenheit vgl. Charlton/Neumann-Braun 1992.
[6] Ähnlich wie bei dem Aspekt des Themas Weinens (Kapitel 4.4), könnte auch hier vermutet werden, dass sich die männlichen Intellies vor einer weiblichen Interviewerin nicht offen über die Frage äußern, welche Bedeutung weibliche Charaktere in Serien für sie haben.

vertraut und können es für ihre Zwecken einsetzen. Ihre Aneignung von Serien ist geprägt vom Internet. Mit ihren flexiblen, oft unregelmäßigen Arbeitszeiten oder als Studierende ist es für die Intellies undenkbar, sich an feste Sendezeiten zu halten. Charakteristisch für ihre Rezeption ist, dass diese so selbstbestimmt wie möglich ist.

Der Einfluss des Internets zeigt sich auch in der Gestaltung der Rezeptionssituation. Der Computer als Endgerät des Internets ist hier eine private Angelegenheit, denn vor dem Laptop sitzen die Intellies lieber allein. Nur nahestehende Menschen wie Geschwister, Mitbewohner oder Partnerinnen und Partner dürfen in der Rezeptionssituation dabei sein. Gewöhnlich teilen die Intellies erst nach der Rezeption Gedanken und Gefühle mit anderen und erleben Serien so gemeinsam mit anderen nach. Die Serie nimmt hier einen Platz ein, den früher vielleicht Romane innehatten, die vor dem Zubettgehen gelesen wurden. Interessanterweise spielt der Besitz von Serien-DVDs für die Intellies nur eine untergeordnete Rolle. Sie besitzen zwar DVDs, jedoch nur ausgewählte. An einer materiellen Präsentation ihres gesamten Serienwissens sind die Intellies nur geringfügig interessiert. Die Bibliothek mit Klassikern, die Eindruck schinden, ersetzen die Intellies durch ihre Mitgliedschaft in Facebook- oder StudiVZ-Gruppen, die auf eine ähnliche Art sichtbar machen, was die Intellies kennen und schätzen. Die Aneignung von Fernsehserien, insbesondere von Quality-TV-Serien, ist für die Intellies also geprägt von Individualität und Selbstbestimmtheit. Diese Art der Aneignung macht es ihnen möglich, Serien emotional zu erleben.

Die Aneignung der Serien geht über die Rezeptionssituation hinaus. Die Intellies beziehen Serien in ihre Identitätskonstruktion ein und verhandeln Themen und Probleme ihres eigenen Lebens mit Hilfe ihrer Serienwelt. Gerade weil die Intellies die Serien als „kulturell wertvoll" empfinden, lassen sie es zu, dass diese in ihrem Leben eine große Rolle spielen. Außerdem erlauben sie sich, Parallelen zwischen sich und den Seriencharakteren sowie den dargestellten Situationen zu ziehen. Bei anderen Serien ist dies nicht der Fall, weil die Intellies sich verpflichtet fühlen, auf intellektuelle Distanz zu gehen. Die empfundene Qualität der Serien ist also einerseits Grund und andererseits Voraussetzung dafür, dass die Intellies es sich überhaupt erlauben, emotional in Quality-TV-Serien involviert zu sein. Mit den Quality-TV-Serien haben sie so für sich emotional realistische Serien gefunden, die ihr Lebensgefühl widerspiegeln. Es ist somit offenkundig, dass es für die Intellies sehr wichtig ist, ihre Aneignung von Quality-TV-Serien mit der Bezeichnung „Qualität" zu verbinden.

Inwiefern die Quality-TV-Serien als eigenständiges Phänomen überhaupt existieren, kann hier nicht abschließend geklärt werden. Jede Forschung zum Thema bewegt sich an der Grenze des Legitimationsdiskurses, den sowohl Rezipierende als auch Forscherinnen und Forscher bewusst oder unbewusst führen.

Literatur

Ang, Ien (1985): Watching Dallas. Soap Opera and the Melodramatic Imagination. London: Methuen.

Bourdieu, Pierre (1987): Die feinen Unterschiede. Kritik der gesellschaftlichen Urteilskraft. Frankfurt am Main: Suhrkamp.

Bourdieu, Pierre (1989): The Aristocracy of Culture. In: Media, Culture & Society 1989. 2. 225–254.

Bury, Rhiannon (2008): Praise You Like I Should: Cyberfans and Six Feet Under. In: Leverette, Marc/Ott, Brian L./ Buckley, Cara Louise (Hrsg.): It's not TV. Watching HBO in the Post-Television Era. New York u. a.: Routledge.

Cardwell, Sarah (2007): Is Quality Television Any Good? Generic Distinctions, Evaluations and the Troubling Matter of Critical Judgement. In: McCabe, Janet/Akass, Kim (Hrsg.): Quality-TV. Contemporary American Television and Beyond. London u. a.: I.B. Tauris, 19–34.

Charlton, Michael/Neumann-Braun, Klaus (1992): Medienkindheit, Medienjugend. Eine Einführung in die aktuelle kommunikationswissenschaftliche Forschung. München: Quintessenz.

Geraghty, Christine (1981): The Continuous Serial – a Definition. In: Dyer, Richard et. al. (Hrsg.): Coronation Street. London: British Film Institute, 9–26.

Hepp, Andreas (2006): Transkulturelle Kommunikation. Konstanz: UVK.

Hickethier, Knut (1991): Die Fernsehserie und das Serielle des Fernsehens. Lüneburg: Universität Lüneburg.

Hickethier, Knut (2001): Film- und Fernsehanalyse. Stuttgart u. a.: Metzler.

Jenkins, Henry (1992): Textual Poachers. Television Fans & Participatory Culture. London: Routledge.

Kämmerlings, Richard (2010): Das Fernsehen schaut uns an. Frankfurter Allgemeine Zeitung Nr. 132, Freitag, 11.6.2010, 40. http://www.faz.net/s/RubBE163169B4324E24BA92AAEB5BDEF0DA/Doc~EF4DE6164972A43729D1FB632961FC191~ATpl~Ecommon~Scontent.html [20.6.2010].

Keuneke, Susanne (2005): Qualitatives Interview. In: Mikos, Lothar/Wegener, Claudia (Hrsg.): Qualitative Medienforschung. Ein Handbuch. Konstanz: UVK, 254–267.

Krotz, Friedrich (2005): Neue Theorien entwickeln. Eine Einführung in die Grounded Theory, die Heuristische Sozialforschung und die Ethnographie anhand von Beispielen aus der Kommunikationsforschung. Köln: Halem.

Kumpf, Sarah (2011): „Ich bin aber nicht so ein Freak." Distinktion durch Serienaneignung. In: Eichner, Susanne/Mikos, Lothar/Winter, Rainer (Hrsg.): Transnationale Serienkultur: Theorie, Ästhetik, Narration und Rezeption neuer Fernsehserien. Wiesbaden: VS (in Vorbereitung).

McCabe, Janet/Akass, Kim (2008): It's Not TV, It's HBO's Original Programming. Producing Quality-TV. In: Leverette, Marc/Ott, Brian L./ Buckley, Cara Louise (Hrsg.): It's Not TV. Watching HBO in the Post-Television Era. New York u. a.: Routledge.

Mikos, Lothar (1994): Es wird dein Leben! Familienserien im Fernsehen und im Alltag der Zuschauer. Münster: MAkS Publikationen Münster.

Mikos, Lothar/Winter, Rainer (2009): Call for Papers. Contemporary Serial Culture: Quality-TV Series in a New Media Environment. http://www.rainer-winter.net/index.php?option=com_content&task=view&id=246&Itemid=6 [16.11.2009].

Nelson, Robin (2007): Quality-TV Drama. Estimations and Influences Through Time and Space. In: McCabe, Janet/Akass, Kim (Hrsg.): Quality-TV. Contemporary American Television and Beyond. London u. a.: I.B. Tauris, 38–51.

Seiler, Sascha (2008): Abschied vom Monster der Woche. Ein Vorwort von Sascha Seiler. In: Seiler, Sascha (Hrsg.): Was bisher geschah. Serielles Erzählen im zeitgenössischen amerikanischen Fernsehen. Köln: Schnitt, 6–9.

Thompson, Robert J. (1996): Television's Second Golden Age. From Hill Street Blues to ER. New York: Continuum.

Winter, Rainer (1995): Der produktive Zuschauer. Medienaneignung als kultureller und ästhetischer Prozeß. München: Quintessenz.

Die Aneignung von Religionsformaten: kritisch-distanziert und emotional-involviert

Monika Elsler

1   Zur Vielfalt der medienvermittelten Religion

Religion begleitet die Menschheit seit Tausenden von Jahren. Sie umfasst, folgt man dem Lyriker Thomas S. Eliot, ähnlich wie Kultur „the whole way of life" (Eliot 1972: 31). Während über bestimmte Kulturen angesichts der sogenannten Mediatisierung zunehmend von Medienkulturen gesprochen wird (vgl. Hepp 2008: 124), ist Religion in gewisser Hinsicht schon immer mediatisiert gewesen (vgl. Rüpke 2007: 27)[1]. Heutige mediatisierte Religion ist auf verschiedenen Ebenen festzustellen, darunter individuelle religiöse Praktik, oder auch religiöse Vergemeinschaftungsformen von Religion. In diesem Aufsatz geht es um die Ebene der Repräsentation von Religion.

Ein Beispiel dafür sind Verkündigungssendungen wie Radio- und Fernsehgottesdienste, oder auch predigtähnliche Sendungen wie das *Wort am Sonntag* (ARD). Verkündet wird hier unterschiedlich offensichtlich das Wort Gottes, also die christliche Botschaft.

Ein weiteres Beispiel ist die anlassbezogene Berichterstattung. Hier wird zu aktuellen Ereignissen und Problemen, die mit Religion zu tun haben, in den Medien berichtet. Dazu zählen einerseits Medienereignisse wie der katholische Weltjugendtag oder der Deutsche Evangelische Kirchentag. Andererseits zählen dazu Skandale wie der Missbrauch an kirchlichen, aber auch reformpädagogischen Schulen, und Kopftuch-/Kruzifixdiskussionen.

Ein anderes Beispiel besteht in populärkulturellen Formen. Hierzu gehören Spielfilme wie die Verfilmung der *Passion Christi,* aber auch Fernsehserien wie *Die Simpsons*, oder der Erfahrungsbericht von Hape Kerkeling über seine Pilgerreise auf dem Jakobsweg *(Ich bin dann mal weg).*

Redaktionelle Formate schließlich, die sich schwerpunktmäßig mit Religion als Thema beschäftigen, stellen ein weiteres Beispiel dar. Dazu gehören Sendungen wie *Glaubenssachen* (NDR Kultur) oder *Tag für Tag* (Deutschlandradio). Die Wochenzeitung Die Zeit widmet seit Ostern 2010 unter der Überschrift *Glauben und Zweifeln* eine ganze Seite pro Ausgabe der Religion. Das Ressort werde „offen sein für alle Facetten der spirituellen Suche", so das Ver-

---

[1]   Erinnert sei beispielsweise an die Zehn Gebote oder die Gutenberg-Bibel. Mediatisierung von Religion ist hier konkreter vor dem Hintergrund von Massenmedien bzw. Individualkommunikation zu verstehen, die erst in den letzten Jahrzehnten zunehmend an Bedeutung gewonnen haben (vgl. dazu Hjarvard 2008: 11).

sprechen (di Lorenzo 2010: 1). Für die „notwendige Skepsis" wird mit dem Namen der verantwortlichen Redakteurin gebürgt (di Lorenzo 2010: 1).

Religion in den Medien muss also differenziert betrachtet werden: Dazu gehört nicht nur die Verkündigung von religiösen Botschaften, sondern auch die Thematisierung von Religion im weiteren Sinne. Im Unterschied zu religiösen Sendungen und zu anlassbezogener Berichterstattung behandeln also Religionsformate, wie sie im vorliegenden Beitrag genannt werden, Religion diskursiv, periodisch und mit einer gewissen religiösen Neutralität.

Der Fokus liegt hier darauf, welche Bedeutung solche Sendungen oder Ressorts für die Menschen haben, die sie hören, schauen oder lesen. Um dies zu untersuchen, stehen im Zentrum dieser Studie die Menschen, die Religionsformate rezipieren. Die Forschungsfrage, die diese Untersuchung leitet, lautet dementsprechend: Wie setzen sich Rezipierende von Religionsformaten mit medienvermittelter Religion auseinander?

2 Zu Religiosität und Religionsformaten: Interesse und Zugehörigkeit, private und öffentliche Religion

Um den Rahmen dieser Untersuchung verständlich zu machen, wird zunächst ein Blick auf die zentralen Begriffe rund um Religion geworfen. Anschließend werden Religionsformate und religiöse Formate begrifflich bestimmt.

2.1 *Religiosität: Interesse an Religion und religiöses Interesse*

In Europa war über Jahrhunderte hinweg klar, was unter Religion zu verstehen ist, nämlich die *una ecclesia sancta*. Religion wurde, vereinfacht ausgedrückt, als gleichbedeutend mit der einen heiligen katholischen und apostolischen Kirche gesehen. Diese bestimmte zwar das Leben der Menschen in vielen Bereichen, war jedoch klar als religiöse Institution abgrenzbar.

Mittlerweile konstatiert Pierre Bourdieu eine Auflösung des Religiösen: „Heutzutage [ist] nicht mehr so recht zu erkennen, wo der Herrschaftsbereich der Geistlichen eigentlich endet" (Bourdieu 2009: 244). Als Erklärungsfaktor nennt Bourdieu das steigende Bildungsniveau. So habe das Auftreten „neuer religiöser Sekten mit starkem intellektuellen Einschlag" damit zu tun, dass mehr und mehr Menschen „der persönliche Zugriff zu der kulturellen Produktion, zu der spirituellen Autogestion, möglich wurde" (Bourdieu 2009: 248). Dies wirke sich auch auf religiöse Rituale aus, die „immer stärker intellektualisiert" seien, „immer verbaler, das heißt reduziert auf Worte" (Bourdieu 2009: 248). Religiöse Rituale verändern sich also dahingehend, dass sie zunehmend aus einer intellektuellen Auseinandersetzung mit Religion bestehen.

Für die vorliegende Untersuchung bedeutet dieser Hinweis, dass das Rezipieren von Religionsformaten möglicherweise als religiöse Praktik zu verstehen ist: Das Hören, Schauen, Lesen von Religionsformaten wäre dann beispielsweise vergleichbar mit der Teilnahme an Gottesdiensten oder einer Zwiesprache mit einer höheren Instanz. Im Umkehrschluss könnte die Intellektualisierung von Religion zudem bedeuten, dass das Erleben von Glauben stattdessen in den Hintergrund rückt – zugunsten eines anderen Interesses an Religion? Laut zweier Studien interessieren sich in Deutschland etwa ein Viertel der Menschen sehr für religiöse Themen, rund die Hälfte etwas, und ein weiteres Viertel nicht (vgl. Köcher 2009: 801; Bertelsmann Stiftung 2008: 275)[2]. Ein grundsätzliches Interesse an Religion besteht also bei der Mehrheit der Bevölkerung[3]. Daneben beschäftigen sich weitere Untersuchungen mit religiösen Zugehörigkeiten[4]. Aus diesen Untersuchungen geht hervor, dass das Interesse an Religion nicht unbedingt mit der Zugehörigkeit zu einer Religionsgemeinschaft korreliert. In welchem Zusammenhang steht dann das Interesse an Religion, bzw. das religiöse Interesse, bzw. die religiöse Zugehörigkeit mit der Aneignung von medienvermittelter Religion?

In seinem Buch „Religion in the Media Age" (2006) berichtet Stewart M. Hoover von einer qualitativen Befragung US-amerikanischer Familien, ihrer Medienrezeption und ihrer Religiosität. Er erarbeitet neun Kategorien zur Medienrezeption der Befragten: It moved me; It inspired me; It leads me to think or behave; It informs me; I want to identify with it; It describes me; I describe myself using it; I want to contest/reject/endorse it sowie I use it to talk with my kids or others about values and morality (Hoover 2006: 208). Hoovers Kategoriensystem bezieht sich also auf Aussagen über die Beziehung zwischen Menschen und Medien, die geprägt ist durch Religiosität. Dies ist ein wichtiger Hinweis darauf, wie die Aneignung von Religionsformaten erfasst und gedeutet werden kann: als Beziehungssystem, in das Alltagsbezüge gleichermaßen wie individuelle Religiosität einbezogen werden müssen. Doch was ist heute unter Religiosität zu verstehen? Hier wird die Entwicklung von institutionalisierter zu individueller Religiosität interessant.

Thomas Luckmann richtet mit seinem Konzept von der „Unsichtbaren Religion" die Aufmerksamkeit von kirchlicher auf privatisierte Religiosität. Die Normen der traditionellen religiösen Institutionen seien zu einem „‚offiziellen' […] Modell der Religion" erstarrt (Luckmann 1991: 132). Nach Luckmann ist es also nicht zeitgemäß, Religion durch eine Realdefinition zu bestimmen. Denn die erwähnten Normen eignen sich nicht länger als „Gradmesser", um die Funktion von Religion in der heutigen Gesellschaft einzuschätzen (Luckmann

---

[2] Vereinfachende Zusammenfassung der Ergebnisse des Religionsmonitors 2008 (Bertelsmann Stiftung 2008: 275) und des Instituts für Demoskopie Allensbach im Jahr 2006 (Köcher 2009: 801).
[3] Für eine Auseinandersetzung mit dem Interesse an Religion bzw. mit religiösem Interesse vgl. auch Ebertz 2008, Nassehi 2008, Wohlrab-Sahr 2008, Ziebertz 2008.
[4] Vgl. Kirchenamt der EKD 2003 (für eine kritische Auseinandersetzung mit dieser Typologie vgl. Kretzschmar 2007), sowie Hemel 2006, Polak 2002, Roof 2001, und Ziebertz 2000.

1991: 132). Um Religion gerecht zu werden, müsse der Begriff anders bestimmt werden. Religion, so Luckmann, „wurzelt in einer grundlegenden anthropologischen Tatsache" (Luckmann 1991: 108). Luckmann hat also ein funktionalistisches Religionsverständnis. Mit diesem Fokus konstatiert er, dass Religion nicht länger nur kirchlich, sondern vor allem privatisiert ist (Luckmann 1991: 179). Das ist die zentrale These Luckmanns zu Religion. In diesem Sinne also ist Religion unsichtbar geworden. Wie Hubert Knoblauch in Bezug auf die Diskussion um Luckmanns Privatisierungsthese konstatiert, ließe sich zwar folgern, dass Religion nicht nur unsichtbar wird, sondern verschwindet: „Dass die Religion schwindet, wurde zu einem Gemeinplatz nicht nur in der soziologischen Forschung" (Knoblauch 2009: 15). Nach Knoblauch wird Luckmann jedoch missverstanden: „So sieht schon Luckmann die ‚unsichtbare Religion' keineswegs als Ende, sondern vielmehr als Umwandlung der Religion" (Knoblauch 2009: 26). Umwandlung meint hier, dass Religion anders verstanden werden muss, damit Religiosität verstanden werden kann.

Aufbauend auf Luckmann entwickelt Knoblauch dazu sein Konzept von der „Populären Religion" (2009). Knoblauch weist diesem Begriff eine doppelte Bedeutung zu. Zum einen ist Religion wieder „populär" geworden: In den unterschiedlichen Kreisen und Diskursen gilt sie als „‚hoffähig', akzeptiert und sogar chic" (Knoblauch 2009: 193). Wer sich für Religion interessiert und sie als relevant für die heutige Gesellschaft anerkennt, ist auf der Höhe der Zeit. Zum anderen zeichnet sich die populäre Religion durch ihren „populärkulturellen Grundzug" aus (Knoblauch 2009: 193). Insofern ist Religion heute nicht zwingend privat, sondern aufgrund von Verbreitung und Präsentation durch Medien auch öffentlich. Knoblauch bezeichnet die Medien aus diesem Grund als einen „Institutionsbereich", der die populäre Religion wesentlich mitträgt (Knoblauch 2009: 200). Religion ist damit geprägt durch die (Massen-)Medien.

Zusammengefasst bedeutet das: Religion ist in der heutigen Gesellschaft nicht mehr mit institutionalisierter Religion gleichzusetzen. Dabei ist sie privatisiert in dem Sinne, dass die Bedeutungszuweisung individuell und nicht länger institutionalisiert erfolgt. Gleichzeitig ist sie öffentlich, indem sie mediatisiert ist. Sowohl Verbreitung als auch Sinngebung von Religion ist demnach heute im Zusammenhang mit der Mediatisierung von Gesellschaft zu verstehen.

Vor diesem Hintergrund lässt sich klären, mit welchem Religionsverständnis in dieser Studie gearbeitet wird. Definitionen von Religion werden, wie bereits angedeutet wurde, im Diskurs verschiedener wissenschaftlicher Disziplinen ausgehandelt, die sich mit Religion beschäftigen[5]. Deswegen bietet sich je nach Erkenntnisinteresse eine andere Art von Religionsdefinition an[6]. Hier wird eine

---

[5] Einen Überblick über die Entwicklung der kommunikations- und medienwissenschaftlichen Auseinandersetzung mit Religion bieten beispielsweise Hoover und Lundby 1997, sowie Hoover 2006.

[6] Zur Unterscheidung verschiedener (Religions-)Definitionen vgl. Schlieter 2010: 22ff.

in den Gesellschaftswissenschaften bevorzugte Nominaldefinition (vgl. Schlieter 2010: 22) verwendet. Definiert wird dabei nicht, was Religion ist, sondern was man in einem bestimmten Kontext darunter versteht. Die Stärke dieser Art von Definition besteht darin, nur ein „Set von Merkmalen" zu bestimmen, das an Ergebnisse der historischen oder empirischen Forschung angepasst werden kann (Schlieter 2010: 22). Ein solches Set von Merkmalen stellt beispielsweise Edgar Wunder (2005) als sogenanntes Grundmodell von Religion zusammen. Demnach basiert eine Religion auf einem Mythos; hat ein differenziertes Sinnsystem entwickelt, das anthropozentrisch und anthropomorph strukturiert ist; impliziert eine Dopplung der Welt; führt zu einer Kosmisierung; und der Möglichkeit der Reduktion von Kontingenz; stiftet Identität; leitet die Lebensführung; und lebt von Evidenzerlebnissen (Wunder 2005: 50ff.).

Für den Zweck dieser Untersuchung wird angenommen, dass sich mit diesem Religionsverständnis die in den Religionsformaten thematisierten Religionen fassen lassen. Religiosität wäre demzufolge, vereinfacht ausgedrückt, die individuelle Umsetzung eines religiösen Sinnkonstruktes in dem Sinne, dass Religion eine Relevanz zugeschrieben wird. Das wird hier als Interesse an Religion bezeichnet. Eine konkrete Ausprägung von Religiosität wäre der Glaube als Fürwahr-Halten von Religion, wohinter sich ein religiöses Interesse verbirgt. Angenommen wird, dass eine Untersuchung zur Aneignung von Religionsformaten auch dazu aufschlussreich ist, in welchem Zusammenhang Religiosität und Aneignung stehen.

2.2 Religionsformate als Form von medienvermittelter Religion

Religionsformate stellen eine Form der gesamten medienvermittelten Religion dar. Mit medienvermittelter Religion ist zunächst die Vermittlung religiöser Inhalte mittels Medien durch kirchliche Institutionen gemeint, also beispielsweise Fernsehgottesdienste. Dies wird hier als religiöse Formate gefasst. In Abgrenzung davon bedeutet der Begriff Religionsformate die Thematisierung von Religion als Gegenstand medialer Berichterstattung.

Der Begriff „Format" ist in Anlehnung an die Begriffsbildung von „Fernsehformaten" bei Gerd Hallenberger (2009: 155ff.) zu verstehen. Format meint hier also das zugrunde liegende Konzept, das mediumsübergreifend an dem Inhalt „Religion" festgemacht wird. Somit basiert diese Studie nicht auf einem eindimensionalen Mediumsbegriff, sondern auf einer transmedialen Perspektive auf mediatisierte Religion. Gemeinsam ist religiösen Formaten und Religionsformaten, dass sie in Deutschland über Massenmedien verbreitet werden[7] (zur Definition von Massenmedien vgl. Maletzke 1963: 32, sowie ergänzend Burkart

---

[7] Hinzu kommen bei religiösen Formaten kirchlich-christliche Sender wie Bibel-TV, die von den Befragten in dieser Untersuchung ebenfalls erwähnt werden.

2002: 169). Nichtsdestotrotz unterscheiden sich Religionsformate und religiöse Formate jedoch wesentlich. Beispielsweise sind Fernsehgottesdienste als religiöse Formate anzusehen, die „im unmittelbaren Zusammenhang mit der Ausübung des jeweiligen Bekenntnisses oder dem Verkündigungsauftrag stehen" (Gilles 2000: 51)[8]. Ein Fernsehgottesdienst ist also keine Dokumentation eines religiösen Rituals, sondern stellt das religiöse Ritual selbst dar. Unter religiösen Formaten werden neben Fernsehgottesdiensten auch das *Wort zum Sonntag* und Meditationssendungen verstanden sowie Fachbeiträge der Kirchenredaktionen (Kottlorz 2005: 2365f.). Religiöse Formate sind also entweder direkt als Verkündigung angelegt oder sie werden von religiösen Institutionen produziert beziehungsweise verantwortet. Der Begriff religiöse Formate ist mediumsübergreifend zu verstehen. So sind neben Rundfunksendungen auch Printformen wie beispielsweise die evangelische Zeitschrift Chrismon, die katholische Zeitschrift Communio oder das unabhängige Magazin Publik-Forum sowie Gemeindeblätter gemeint.[9]

Religionsformate sind im Kontext der allgemeinen Medienberichterstattung über Religion zu sehen. So bilden „[r]eligiös konnotierte Themen [...] seit der unmittelbaren Nachkriegszeit einen Schwerpunkt des bundesrepublikanischen Journalismus" (Hannig 2009: 33). Beispielsweise richtete die Wochenzeitung Die Zeit wie erwähnt im Frühjahr 2010 ein eigenes Ressort zu Religion ein. Denn das „enorme Interesse an den Weltreligionen, an den Fragen nach dem Sinn des Lebens und den Werten, die eine Gesellschaft heute zusammenhalten" brauche „vielleicht neue Foren" (di Lorenzo 2010: 1). Unter der Überschrift *Glauben und Zweifeln* wird Religion seitdem in jeder Ausgabe an einer festen Stelle thematisiert. Religionsformate kann man demnach mediumsübergreifend wie folgt definieren:

Erstens handelt es sich um Sendungen in Radio und Fernsehen, die in regelmäßigen Abständen einen festen Sendeplatz haben oder zumindest als Themenserie angelegt sind. Oder es sind Ressorts in Zeitungen und Zeitschriften, die in regelmäßigen Abständen an gleicher Stelle erscheinen oder zumindest als Themenserie angelegt sind. Nicht dazu gehören also zum Beispiel Sonderberichterstattung zu religiösen Großveranstaltungen wie dem Deutschen Evangelischen Kirchentag oder dem katholischen Weltjugendtag. Religionsformate behandeln zweitens religiöse Themen diskursiv. Diskursiv meint hier, dass pro Sendung beziehungsweise Ressort regelmäßig mehr als eine Person zu Wort kommt, beispielsweise durch Interviews oder durch verschiedene Autorinnen und Autoren. Drittens sind Religionsformate als redaktionelle, von kirchlichen Institutio-

---

[8] Für einen geschichtlichen Überblick vgl. auch Kluger 2007: 187ff.
[9] Zur Problematik, dass die Kirchenredaktionen gleichzeitig kirchlichen und journalistischen Ansprüchen gerecht werden müssen, vgl. Bieger 2006: 139, sowie bezogen auf private Fernsehsender Fischer 2006: 147ff.

nen unabhängige Medientexte angelegt. Sie werden also nicht etwa von der katholischen oder evangelischen Kirche herausgegeben. Stattdessen werden sie von Verlagshäusern oder Sendeanstalten verantwortet, die einem durch Gesetzgebung oder eigene Satzung vorgegebenen Bildungsauftrag beziehungsweise Anspruch an Meinungsvielfalt folgen.

Die Definition von Religionsformaten umfasst demzufolge drei Kriterien: Die Sendungen/Artikel werden periodisch veröffentlicht, haben eine diskursive Struktur und werden redaktionell verantwortet. Beispiele für Religionsformate sind entsprechend dieser Definition das Ressort *Glauben und Zweifeln* (Die Zeit), die Radiosendungen *Religion und Gesellschaft* (Nordwestradio) und *Glaubenssachen*[10] (NDR Kultur) sowie die Fernsehsendung *Gott und die Welt* (ARD).

3 Zum Interesse an Religion in den Medien: Problemzentrierte Interviews und Grounded Theory

Die Erhebung der Daten erfolgte mittels Problemzentrierter Interviews nach Andreas Witzel (1982). Das heißt, dass mit den Befragten Gespräche geführt wurden, in deren Mittelpunkt die Aneignung von Religionsformaten stand. Dazu wurden die vier Instrumente Kurzfragebogen, Leitfaden, Tonaufzeichnung und Postscriptum eingesetzt (Witzel 1982: 89ff.).

Um der wie dargestellt angenommenen differenzierten Religiosität gerecht zu werden, wurde bereits bei dem Aufruf zur Teilnahme an der Studie möglichst breit vorgegangen. So wurde beispielsweise über die Redaktionen aufgerufen, über persönliche Kontakte, über Postings in Sozialen Netzen und über Aushänge in Gemeinden, aber auch in einschlägigen Buchhandlungen und Kurszentren. Als Gratwanderung erwies sich, den Aufruf zu der Studie möglichst offen zu formulieren, um möglichst viele potentielle Interview-Partnerinnen und -Partner anzusprechen. Deswegen wurde nicht etwa von der „Rezeption von Religionsformaten" gesprochen, da es sich weder bei Rezeption noch bei Religionsformaten um Begriffe handelt, die alltagssprachlich eingeführt sind. Sondern es wurde vage nach einem „Interesse an Religion in den Medien" gefragt.

Für eine Teilnahme an der Studie kamen erstens Menschen infrage, die mindestens ein Religionsformat bewusst und wiederkehrend rezipieren. Zweitens sollte, um der Grundannahme der Binnendifferenzierung nachzugehen, eine größtmögliche inhaltliche Varianz der Befragten erzielt werden. Insgesamt kamen 28 potentielle Kontakte zustande, von denen insgesamt neun für ein Interview ausgewählt wurden. Grundlage für die Entscheidung für das jeweilige Interview war nach dem Theoretical Sampling die Frage: „*Welchen* Gruppen

---

[10] Die Sendung *Glaubenssachen* im NDR (Religionsformat) ist nicht zu verwechseln mit der gleichnamigen der Deutschen Welle, für die evangelische und katholische Senderbeauftragte verantwortlich zeichnen (religiöses Format).

oder Untergruppen [...] wendet man sich bei der Datenerhebung *als nächstes zu?"* (Strauss 1998: 70, i. O. hervorgehoben, vgl. auch Krotz 2005: 191f.). Der Erhebungszeitraum erstreckte sich von Ende November 2010 bis Ende Januar 2011.

Die Befragten haben folgende Berufe: eine Soziologie-Doktorandin, ein emeritierter Professor für Sportpädagogik, eine Kirchenverwaltungsangestellte, eine Buchhändlerin in Rente, eine Familientherapeutin, eine Ethnologie-Studentin, ein Lektor für Religionspädagogik, ein Bildhauer und eine Mediatorin und Supervisorin. Es handelt sich also um sechs Frauen und drei Männer. Sie waren zum Erhebungszeitpunkt zwischen 22 und 76 Jahren alt. Darunter sind vier Protestanten (zwei evangelisch-lutherisch, zwei evangelisch-uniert), eine Katholikin, ein Konfessionsloser (ehemals katholisch), eine Agnostikerin (formal noch katholisch), eine Jüdin (mit jüdisch/evangelischem Hintergrund) sowie eine Person, die einer Freikirche angehört (ehemals evangelisch).

Die transkribierten Interviews wurden entsprechend der Grounded Theory zunächst offen, dann axial und schließlich selektiv kodiert (Strauss 1998: 94ff.). Auf dieser Grundlage ergab sich ein komplexes Bild der Aneignung von medienvermittelter Religion, das mittels Typenbildung systematisiert wurde (in Anlehnung an Kelle/Kluge 2010: 91ff.).

4 Zur Aneignung von Religionsformaten: kritisch-distanziert und emotional-involviert

Bei der Untersuchung zur Aneignung von Religionsformaten wurden zwei unterschiedliche Muster der Aneignung deutlich: *kritisch-distanziert* und *emotional-involviert*. Diese zeigen sich, wenn man die Rezeption von Religionsformaten eingebettet in die Aneignung von Religion in den Medien insgesamt betrachtet. Mit einbezogen ist also auch die Rezeption von religiösen Formaten.

Kennzeichnend für die kritisch-distanzierte Aneignung von Religion in den Medien ist ein vornehmlich analytisches Interesse an Religion als Phänomen. Deswegen lehnen diese Rezipierenden religiöse Formate eher ab. Religionsformate hingegen nehmen sie als Möglichkeit der intellektuellen Auseinandersetzung mit Religion wahr.

Ein vornehmlich persönlicher Bezug zu Religion ist charakteristisch für die emotional-involvierte Aneignung von Religion in den Medien. Deswegen sehen diese Rezipierenden religiöse Formate als Möglichkeit, Glauben zu erleben. Über Religionsformate wird ihr Horizont als gläubiger Mensch erweitert.

Alle Befragten zeichnet aus, dass sie den Kirchen kritisch gegenüberstehen. Das bedeutet, dass die Einstellung gegenüber religiösen Institutionen getrennt von der individuellen Religiosität zu betrachten ist: Wer gläubig ist, steht der Kirche trotzdem kritisch gegenüber. Die Bezeichnungen „kritisch" und „emotional" beziehen sich also nicht auf Kritik an den Kirchen, sondern auf das Glaubensverständnis, das die Befragten haben. „Distanziert" und „involviert" wiederum bezieht sich auf die Medienaneignung, also darauf, ob und wie die Befragten über Religionsformate und religiöse Formate Glauben erleben. Von der Gemeinsamkeit hinsichtlich Kritik an Kirche als Institution abgesehen, lassen sich die Befragten – tendenziell – einem der beiden Aneignungstypen zuordnen. Das heißt, die einzelnen Befragten weisen nicht unbedingt alle Merkmale des jeweiligen Typs auf[11]. In der Mehrzahl der Ausprägungen stimmen sie jedoch überein und lassen sich damit von dem jeweils anderen Typ abgrenzen. So weisen die Soziologie-Doktorandin, der emeritierte Professor für Sportpädagogik, die Ethnologie-Studentin, der Bildhauer und der Lektor für Religionspädagogik insgesamt mehr Merkmale der kritisch-distanzierten Aneignung auf. Sie werden daher als *Kritisch-Distanzierte* bezeichnet. Die Kirchenverwaltungsangestellte, die Buchhändlerin in Rente, die Familientherapeutin und die Mediatorin und Supervisorin hingegen weisen insgesamt mehr Merkmale der emotional-involvierten Aneignung auf, weshalb sie *Emotional-Involvierte* genannt werden.

Berücksichtigt man die soziodemographischen Merkmale der Befragten, so lässt deren Alter keine eindeutigen Schlüsse auf den Aneignungstyp zu. Auch wenn man das Alter nicht auf die bloße biologische Komponente reduziert, sondern berücksichtigt, dass die beiden jüngsten Befragten noch in Ausbildung sind, die mittleren Jahrgänge derzeit im Berufsleben stehen und die ältesten Befragten nicht mehr erwerbstätig sind, ist ein Rückschluss auf den Aneignungstyp nicht möglich.

Auffallend ist außerdem, dass auch die religiöse Prägung in Kindheit und Jugend keine Aussage zulässt über die jeweilige Art der Aneignung. Es ist charakteristisch für alle Befragten, dass sie ihre Religiosität nicht auf biographische Prägung zurückführen, sondern auf individuelle Entwicklung.

Insofern liegt der Schlüssel zum Verständnis, worin sich die Art der Aneignung begründet, in der jeweils eigenen Auseinandersetzung mit Religion und Glaube, also der individuellen Religiosität. Daneben scheinen auch Ausbildungsgrad und ausgeübter Beruf in Zusammenhang mit der Religiosität und damit der Art der Aneignung zu stehen. Vereinfacht gesagt, hängt ein akademischer Hintergrund mit einer kritisch-distanzierten Aneignung von Religion in den Medien zusammen. Ein nicht akademischer Hintergrund hingegen geht einher mit einer emotional-involvierten Aneignung.

Da nach Bourdieu eine „sehr enge Beziehung zwischen den kulturellen Praktiken [...] und dem schulischen oder Bildungskapital [...] sowie der sozialen Herkunft besteht" (Bourdieu 1987: 34), lässt sich dieser Zusammenhang möglicherweise über die Zugehörigkeit zu einem bestimmten gesellschaftlichen Mi-

---

[11] Aneignungstypen stellen nach Udo Kelle und Susann Kluge grundsätzlich heterogene Gruppierungen dar (Kelle/Kluge 2010: 95). Die Zuordnung der Befragten zu einem der beiden Typen erfolgte daher danach, ob sie den jeweiligen Typ hinsichtlich möglichst vieler Ausprägungen repräsentieren (Kelle/Kluge 2010: 95).

lieu erklären. Diese Zugehörigkeit beeinflusst das gesamte Auftreten eines Menschen wesentlich. Bourdieu nennt dies den Habitus[12], der beispielsweise die Art bestimmt, zu sprechen, sich zu kleiden oder eben auch: Glauben zu erleben und sich mit Religion auseinanderzusetzen. So erklärt sich auch der intellektuelle Anspruch, den die Kritisch-Distanzierten an Medientexte stellen und den sie mit ihrer Dichotomie von hohem und niedrigem Niveau verbinden. Es handelt sich um zugeschriebene Merkmale, keine absoluten. Diese stellen für die Befragten Kriterien dar, anhand derer sie die vermeintliche Qualität von Medientexten ausmachen, abhängig von ihrem – mit Bourdieus Wort – „Geschmack" (Bourdieu 1987: 104). Dies weitergedacht, wäre auch die Distanziertheit der Befragten als ästhetische Distanzierung nach Bourdieu zu verstehen (Bourdieu 1987: 68ff.), also die Ablehnung, Glauben – über die Rezeption medienvermittelter Religion – zu erleben. Bezogen auf die Aneignung von Religion trifft dies jedoch nur auf mediatisierte Formen von Religion zu. Denn es finden sich auch unter den Kritisch-Distanzierten Befragte, die Glauben beispielsweise in Gemeinschaft erleben. Die ästhetische Distanzierung darf also, auf Grundlage des jetzigen Standes dieser Untersuchung, nur bezogen auf die Aneignung von medienvermittelter Religion verstanden werden.

4.1 Die Kritisch-Distanzierten

Der Schlüssel, um die Unterschiede zwischen den beiden Aneignungstypen kritisch-distanziert und emotional-involviert zu verstehen, liegt darin, wie die Befragten *Glauben bekennen*.

Rational: Ich lebe nach der Pascal'schen Wette

Glaube rational zu bekennen, bedeutet, abzuwägen und sich letztlich für die Annahme zu entscheiden, dass es so etwas wie einen Gott gibt. Darin besteht die sogenannte Pascal'sche Wette. Sich hinsichtlich seines Glaubens auf Blaise Pascal zu beziehen, meint, darauf zu setzen, „dass das, was dieser Jesus aus Nazareth verkündet hat, dass das zutrifft" (Prof. emer. Sportpädagogik, ev.-luth., 76 J.). Die Pascal'sche Wette besteht für diesen Befragten darin: „[W]enn sich dann herausstellen sollte, [...] dass es diesen Gott vielleicht doch nicht gibt", hat man zumindest nichts verloren. Es gibt also viel zu gewinnen und nichts zu verlieren. Insofern handelt es sich um eine Art rationales Glaubensbekenntnis.

---

[12] Bourdieu definiert Habitus als „*Erzeugungsprinzip* objektiv klassifizierbarer Formen von Praxis und *Klassifikationssystemen* [...] dieser Formen. In der Beziehung dieser beiden den Habitus definierenden Leistungen: der Hervorbringung klassifizierbarer Praxisformen und Werke zum einen, der Unterscheidung und Bewertung der Formen und Produkte (Geschmack) zum anderen, konstituiert sich die *repräsentierte soziale Welt*, mit anderen Worten der *Raum der Lebensstile*" (Bourdieu 1987: 277f., i. O. hervorgehoben).

Kritisch: Ich zweifle zwar auch, aber insgesamt glaube ich

Kritisch gegenüber seinem Glauben zu sein, bedeutet, Zweifel zu akzeptieren: „Ich bin dann irgendwann zu der Erkenntnis gekommen, dass der Zweifel sozusagen eine Schwester des Glaubens ist" (Lektor Religionspädagogik, ev., 61 J.). Entsprechend bezeichnet sich der Befragte selbst als „kritische[n] Kirchgänger". Glaubenszweifel überwinden die Kritisch-Distanzierten also dadurch, dass sie sie als Teil ihres Glaubens zulassen.

Agnostisch: Ich glaube, da ist was, aber ich weiß nicht genau was

Daneben ist auch ein agnostisches Verständnis von Glauben charakteristisch für die Kritisch-Distanzierten. Das bedeutet, die Existenz transzendenter Prinzipien nicht zu bestreiten, jedoch keine Aussagen darüber treffen zu können, welches Prinzip man für sich gelten lässt: „Ich lehn' das ja nicht strikt ab, oder sag', dass da nichts ist. Ich kann mir das durchaus vorstellen, dass da was ist" (Ethnologie-Studentin, agn., 22 J.).

Sich nicht zu einem Glauben bekennen, bedeutet auch die Freiheit, sich für Religion im Allgemeinen zu interessieren. Typisch für die Kritisch-Distanzieren ist, dass sie etwas *über Religion wissen* wollen.

Die Welt verstehen wollen: durchdrungen von Religion bis in jede Faser

Religion wird von den Kritisch-Distanzierten als wesenhafter und prägender Bestandteil von Gesellschaft wahrgenommen. Zum Beispiel das Christentum: „Wir können das alles Quatsch finden und den Religionsgründer durchgeknallten Esoteriker nennen. Kann man. Aber ge*prägt* hat es uns 2000 Jahre lang" (Bildhauer, konfessionslos, 71 J.). Und damit begründet dieser Befragte auch die Rezeption von Religionsformaten: „Allein das Interesse an diesem Teil der Welt, in der ich lebe, das führt mich dahin, dass ich [diese Sendungen] immer spannend finde". Religionsformate zu rezipieren, bedeutet also, sich mit Religion als prägendem Faktor einer Gesellschaft auseinanderzusetzen.

Sich Wissen über Religion aneignen

Wissen über Religion eignen sich die Kritisch-Distanzierten unter anderem durch die Rezeption von Religionsformaten an. An den Möglichkeiten der Rezeption von Religionsformaten ist für eine Befragte „die Entwicklung so interessant, dass man sich plötzlich mit anderen Religionen auseinandersetzen kann. Auch mit der eigenen" (Ethnologie-Studentin, agn., 22 J.). Entscheidend ist also die individuelle Perspektive auf die Auseinandersetzung mit Religion. Religiosität äußert sich hier also nicht in persönlichem Glauben, also *religiösem Interesse*, sondern darin, sich Wissen über Religion anzueignen, also in einem *Interesse an Religion*.

Medienrezeption im Alltag steuern: Podcasts abonnieren

Typisch für die Kritisch-Distanzierten ist zudem, dass sie das Wo und Was der Rezeption bestimmen. Religionsformate in Radio oder Fernsehen laufen nicht unbedingt zu den Zeiten, zu denen es ihnen passt. Alternativ können sie auf Podcasts zurückgreifen, sei es im Abonnement per RSS-Feed oder App, oder auch nach der Ausstrahlung über eine Mediathek: „Das find' ich sehr interessant und wirklich hilfreich, dass ich auf ältere, frühere Sendungen zurückgreifen kann. Über einen langen Zeitraum" (Lektor Religionspädagogik, ev., 61 J.). Zu dieser zeitlichen Unabhängigkeit kommt eine örtliche: „[I]ch hab sie halt auf dem iPod. Je nachdem, wo ich bin. Wenn ich unterwegs bin, hör' ich sie unterwegs. Aber dann, wenn es zeitlich reinpasst" (Soziologie-Doktorandin, jüd., 25 J.).

Sich von den zeitlichen und örtlichen Vorgaben von Medienangeboten unabhängig zu machen, ist dabei immer im Gesamtzusammenhang der Medienrezeption zu betrachten: Ich weiß gar nicht, wie viele Podcasts ich abonniert habe. Es ist bei mir inzwischen eher so, dass ich mir mein eigenes Programm zusammenstellen kann, so wie ich das möchte" (Soziologie-Doktorandin, jüd., 25 J.). Die Kritisch-Distanzierten nutzen Podcasts etc. also nicht nur für Religionsformate, sondern auch für andere Sendungen, die sie rezipieren.

Eine Sendung neben der Haushaltsarbeit verfolgen

Die Kritisch-Distanzierten rezipieren Religionsformate, aber auch andere Medieninhalte, vorrangig nebenbei. Das Verfolgen von Religionsformaten neben der Haushaltsarbeit bedeutet, den Haushalt zu erledigen und diese als lästig empfundenen Tätigkeiten dadurch aufzuwerten: „Wenn ich meine verfluchte Hausarbeit mache, dann hör' ich Deutschlandfunk" (Bildhauer, konfessionslos, 71 J.). Radiohören ist dann „sozusagen Unterhaltung, läuft nebenbei ab. Das ist selten so, dass ich mich nur hinsetzen würde, um einen Podcast zu hören" (Soziologie-Doktorandin, jüd., 25 J.). Religionsformate nebenbei zu verfolgen, hat dabei keinen untergeordneten Wert, ist also keine Nebensache. Die Kritisch-Distanzierten empfinden es im Gegenteil so, dass es ihnen sogar leichter fällt, Informationen aufzunehmen, wenn sie nebenbei etwas zu tun haben: „Wenn ich zum Beispiel abwasche und 'ne Doku gucke, dann kann ich mich gleichzeitig auf den Text konzentrieren und wasche nebenbei ab" (Ethnologie-Studentin, agn., 22 J.).

4.2   Die Emotional-Involvierten

Auch bei den Emotional-Involvierten zeigt sich, dass sie *Glauben* auf eine für sie charakteristische Weise *bekennen*.

Spirituell: Ich glaube an eine geistige Welt

Typisch für die Emotional-Involvierten ist, sich zu Spiritualität zu bekennen. Das bedeutet, ganz einfach an die Existenz einer höheren Macht zu glauben. beispielsweise an Engel: „Also ich gehöre zu den Menschen, die eigentlich im ständigen Kontakt sind. Nennen wir es Gott. Die geistige Welt. Mein Engel" (Familientherapeutin, freik., 58 J.). Die Befragte glaubt also daran, dass es eine geistige Welt gibt, was für sie nicht im Widerspruch dazu steht, christlich zu sein. In der Freikirche, der sie sich zugehörig fühlt, kann sie beide Glaubensrichtungen verbinden.

An der katholischen Mediatorin und Supervisorin (kath., 55 J.) zeigt sich, dass Spiritualität in diesem Sinne keine religiöse Zugehörigkeit darstellt, sondern eher eine Station in der Religionsbiographie: Über „die kontemplative Richtung", „eben über diese Kurve", habe sie letztlich zurück zur katholischen Kirche gefunden. Ein spirituelles Glaubensverständnis lässt sich für die Emotional-Involvierten also durchaus mit einem christlichen Glauben vereinen.

Persönlich: Ich spüre die Hand von Jesus auf meiner Schulter

An Gott zu glauben, bedeutet auch, eine Vorstellung von der Beziehung zu ihm zu haben. Dazu gehört auch eine Vorstellung von Gott als Person: „Jesus ist mir wichtig. Jesus ist mir ganz, ganz wichtig. [...] Und ich bemüh mich ..., mit ihm den Weg durchs Leben zu gehen" (Buchhändlerin in Rente, ev., 74 J.). Jesus ist also ein Begleiter auf dem Lebensweg. Verbildlichen lässt sich dies anhand einer Ikone, die die Buchhändlerin in Rente einmal gesehen und deren Symbolik sie für sich angenommen hat: „[M]anchmal greife ich auf meine eigene rechte Schulter und vertraue darauf, dass unter meiner Hand jetzt grad die Hand von Jesus liegt. So (Befragte zeigt auf ihre Schulter)". Ein persönliches Glaubensverständnis äußert sich also in einer personifizierten Beziehung zu Gott beziehungsweise Jesus.

Religiöse Formate: Da bin ich wirklich richtig dabei

Vor diesem Hintergrund ist verständlich, dass es den emotional-involvierten Befragten auch um ein persönliches Erfahren von Glauben geht. Dies bezieht sich nicht auf die Rezeption von Religionsformaten, sondern geschieht – neben dem Zwiegespräch mit Gott und dem Feiern des Gottesdienstes in Gemeinschaft – bei der Rezeption von religiösen Formaten.

Für die Emotional-Involvierten lässt sich Glaube beim Schauen von Fernsehgottesdiensten und beim Hören von Radiogottesdiensten erleben. Medial vermittelte Gottesdienste werden als ebenso wirklich wahrgenommen wie vor Ort in der Kirche erlebte Gottesdienste:

> [J]a, da ist dann 'ne Möglichkeit, dass ich an 'nem Sonntagmorgen um zehn Uhr bei NDR Info den Gottesdienst mit... ich sage: „miterlebe, mitfeiere". Nicht nur so „ich les' dann was nebenbei oder wisch' Staub" oder so was. Sondern da bin ich dann wirklich dabei und nehme mir diese ruhige Stunde. [...] Ja, und wenn die Hörerinnen und Hörer angesprochen werden von dem Pastor, dann sag' ich „Ja, da bin ich". Auch ich bin die Gemeinde. (Buchhändlerin in Rente, ev., 74 J.)

Um Glaube zu erleben, müssen die Emotional-Involvierten nicht immer am Gottesdienst am Sonntagmorgen teilnehmen. Denn auch religiöse Formate wie die Radiosendung *Moment mal* – eine kurze Andacht am Nachmittag (NDR 2) – sind „so kleine Sterne im Alltag für mich" (Kirchenverwaltungsangestellte, ev.-luth., 45 J.). So lässt sich Glaube für die Emotional-Involvierten über die Rezeption religiöser Formate im Alltag erleben.

Alltag von Medienrezeption steuern lassen: Programmheft studieren

Im Gegensatz dazu, die Medienrezeption entlang des Alltags zu organisieren, steht das Vorgehen, den Alltag von der Mediennutzung steuern zu lassen. Dadurch erhält der Alltag der Emotional-Involvierten eine Struktur, die durch die zeitlichen, aber auch technischen Vorgaben der Medien bestimmt ist:

> Ich benutze sehr häufig das Radio. Das steht auch in verschiedenen Räumen meiner Wohnung. Und da bin ich aufmerksam und notiere mir auch schon am Morgen im Programm, was mich interessiert" (Buchhändlerin in Rente, ev., 74 J.).

Das Radio hat für sie also eine so große Bedeutung, dass sie nicht nur in mehreren Zimmern Radiogeräte aufgestellt hat, gewissermaßen ihre Wohnung davon strukturiert ist. Zusätzlich strukturiert sie auch ihren Tagesablauf entsprechend dem Radioprogramm.

Die Tagesstruktur, die durch die Medienrezeption vorgegeben ist, wird jedoch nicht als einengend, sondern als wohltuend empfunden: „Dass ich nicht noch entscheiden muss. Dass ich nicht noch ... was weiß ich, überlegen muss, oder wählen muss. [...] Dann tut es mir auch gut, wenn der Sonntag ein Stück weit strukturiert ist" (Mediatorin und Supervisorin, röm.-kath., 55 J.).

Sich auf das Hören/Schauen einer Sendung konzentrieren

Eine Sendung konzentriert zu verfolgen, bedeutet, dass sich die Emotional-Involvierten für die Rezeption hinzusetzen und währenddessen keinen anderen Tätigkeiten nachzugehen:

> Also, ich höre *Glaubenssachen* nicht, indem ich so durch die Wohnung gehe und hier mal einen Satz höre, und dann tapp, tapp, tapp, in dem nächsten Raum noch mal drei Sätze, und dann wieder weiter. Sondern ich höre es konzentriert. (Buchhändlerin in Rente, ev., 74 J.)

Dies ist in Zusammenhang damit zu sehen, die Rezeption über das Programmheft zu organisieren: Haben die Emotional-Involvierten eine Sendung ausgewählt, nehmen sie sich auch die Zeit dafür, sie dann zu verfolgen, wenn sie ausgestrahlt wird. Entsprechend wird die Rezeption vorbereitet: „Ich richte auch den Sonntagmorgen so ein, dass ich um 8.40 Uhr in der Küche sitze und nichts weiter vorhabe, sondern 20 Minuten konzentriert zuhöre" (Buchhändlerin in Rente, ev., 74 J.). Die Rezeption verläuft also sowohl in der Vorbereitung als auch während des Hörens bewusst und zielgerichtet.

Habitualisierung: In den Sonntag kommen

Unklar ist, ob die Rezeption von Religionsformaten als religiöse Praktik angesehen werden kann. Sowohl die Kritisch-Distanzierten als auch die Emotional-Involvierten verneinen dies eher. Vielmehr kann die Rezeption von Religionsformaten einfach Genuss bereiten:

> Ich find' die Stunde zwischen acht und neun, die find' ich einfach sehr schön. Dass man Musik hat, die zum Sonntag gehört, die Kantaten, die zum entsprechenden Sonntag gehören, irgendwie find' ich das schön. Je älter ich werde, umso schöner finde ich das. (Mediatorin und Supervisorin, röm.-kath., 55 J.)

So schildert die emotional-involvierte Mediatorin und Supervisorin ihren Sonntagmorgen mit der Radiosendung *Glaubenssachen* (NDR Kultur). Dies stellt für sie ein „In-den-Sonntag-Kommen" dar. Zwar schildert der kritisch-distanzierte Bildhauer dies ähnlich. Nichtsdestotrotz unterscheidet er auf Nachfrage zwischen einem habitualisierten Sonntagmorgen einerseits und einer tatsächlichen religiösen Praktik andererseits: „Nee, das ist kein Ersatz für Religion. Überhaupt nicht" (Bildhauer, konfessionslos, 71 J.).

Rezeption von Religionsformaten wird von den Befragten also nicht als Religionsersatz angesehen. Dennoch geht die Mediatorin und Supervisorin (kath., 55 J.) durchaus davon aus, „dass diese *Glaubenssachen* [...] 'ne Art Predigtersatz sind. In 'ner nichtelegischen Form, nicht so moralisierend". Sie ordnet die Sendung stattdessen auf einer sachlicheren Ebene ein als beispielsweise einen Radio- oder Fernsehgottesdienst. Den Unterschied zu einer richtigen Predigt beschreibt die Kirchenverwaltungsangestellte (ev.-luth., 45 J.) genauer: „Das [*Glaubenssachen*] ist ja nicht in Form einer Predigt. Also das ist, wie soll ich das sagen, eine Abhandlung. Die greifen ein Thema auf und darüber referiert jemand, da gibt es aber nichts drumherum". Allerdings, so die Mediatorin und Supervisorin (kath., 55 J.), sei bei *Glaubenssachen* „manches sehr, sehr sinnlich gestaltet, mit 'nem Text dazwischen, ein Gedicht, das zitiert wird, einer Geschichte zum Einstieg". Die Sendung bietet ihr also auch auf der Gefühlsebene eine durchaus befriedigende Ansprache.

Inwiefern dies als erlebter Glaube gewertet werden kann, muss hier offenbleiben. Herrmann (2007) spricht davon, dass „die Semantiken dieser Bereiche", also Medienerfahrung und Religionserfahrung, „deutlich geschieden sind" (Hermann 2007: 310). Das bedeutet, dass „Medienerfahrungen, die in der Perspektive eines funktionalen Religionsverständnisses religiös gedeutet werden können, [...] in aller Regel von den sie artikulierenden Individuen nicht als religiös verstanden" werden (Herrmann 2007: 310). In der subjektiven Konstruktion der religiösen Erfahrung, so deutet sich auch in dieser Studie zur Aneignung von Religionsformaten an, scheint die Rezeption von Religionsformaten nicht als religiöse Praktik wahrgenommen zu werden. Weitere Hinweise hierzu sind im erhobenen Material nicht zu finden. Um genauer zu ergründen, ob und inwiefern Rezeption von Religionsformaten als religiöse Praktik gesehen werden kann, scheint es sinnvoll, bei einer anschließenden Studie Religionsformate im Hinblick auf Einzelmedien zu untersuchen. Dadurch ließe sich beispielsweise herausfinden, inwiefern dieser Aspekt dem jeweiligen Medium geschuldet ist. Dies ist im Rahmen dieser Untersuchung jedoch nicht möglich, da hier Religionsformate mediumsübergreifend gefasst wurden.

5 Die Aneignung von Religionsformaten weiterdenken: Konfessionen und religiöse Praktiken

Gezeigt wurde ein komplexes Bild von der Aneignung medienvermittelter Religion. Allen Befragten gemeinsam ist, dass sie – unabhängig von ihrer jeweiligen Religionsbiographie – eine individuelle Religiosität entwickelt haben. In den Interviews wurden fünf verschiedene Glaubensverständnisse geäußert: spirituell, persönlich, kritisch, rational sowie agnostisch. Diese Glaubensverständnisse ließen sich wiederum zu zwei Hauptgruppen zusammenfassen: emotional und kritisch. Die Religiosität der Befragten ist also entweder von einem emotionalen oder einem kritischen Verständnis geprägt.

Die Befragten unterscheiden sich in einem weiteren Aspekt. So zeigt sich bei einem Teil der Befragten ein distanziertes Verhältnis zu Religionsformaten, vor allem aber zu religiösen Formaten: Ihre Auseinandersetzung mit Religionsformaten ist geprägt von – vorwiegend positiven – Bewertungen. Das Kriterium, das sie anlegen, ist ihr intellektueller Anspruch an Medientexte. Gleichzeitig verweigern sie sich religiösen Formaten deutlich. Denn die Rezeption von Verkündigungssendungen entspricht nicht ihrem Selbstbild als einem unabhängigen, kritischen Individuum, das in der Auseinandersetzung mit Religion vor allem am Wesen von Religion interessiert ist. Religion behandeln die Kritisch-Distanzierten als Untersuchungsgegenstand, den sie als höchst relevant für die Gesellschaft erachten, in der sie leben. Sie unterscheiden dabei allerdings zwischen Religion als Phänomen und ihrem teilweise vorhandenen eigenen Glauben. Die Rezeptionssituation organisieren sie entlang ihrem Alltag, und wenden dazu mitunter gezielte Such-, Auswahl- und Archivierungsstrategien an. Das kritische Verständnis von Religiosität und die distanzierte Haltung gegenüber der Auseinandersetzung mit medienvermittelter Religion vereinen sich also zu einer kritisch-distanzierten Aneignung von Religionsformaten.

Im Gegensatz dazu ist der andere Typ der Befragten zu sehen. Bezogen auf Religionsformate halten diese sich, so der Eindruck, mit einer Bewertung eher zurück. Dies gilt auch für die Bewertung religiöser Formate. Denn das Kriterium, das sie anlegen, besteht anders als bei den Kritisch-Distanzierten, nicht in der Dichotomie „hohes" versus „niedriges" intellektuelles Niveau. Zwar beschreiben sie sich selber als an Religion interessiert, jedoch nicht an einer allzu intellektuellen Auseinandersetzung damit. Hingegen freuen sie sich, wenn sie aus der Rezeption von Religionsformaten Bezüge zu ihrem eigenen Alltag herstellen können. Die Bewertung von Religionsformaten seitens dieser Befragten besteht deswegen darin, dass sie – vergleichsweise wertfrei – den weiteren Blick der Religionsformate auf Religion schätzen. Entsprechend gelangen die Befragten über die Rezeption von Religionsformaten auch selber zu einem weiteren Horizont hinsichtlich ihrer eigenen Religion und auch anderen Religionen. Die Rezeptionssituation gestalten sie anhand der zeitlichen, aber auch technischen Vorgaben des jeweiligen Mediums. Insofern integrieren sie die Rezeption in ihren Alltag. Allerdings geht dies nicht so weit, dass sie Sendungen auch für ein erneutes Rezipieren verwahren. Hieran zeigt sich, inwiefern die Rezeption dem Medienangebotsalltag angepasst ist. An religiöse Formate gehen sie eher unbefangen heran. Denn wenn sie Verkündigung für sich überhaupt zulassen, unterscheiden sie nicht zwischen beispielsweise Gottesdiensten in der Kirche und Fernseh- beziehungsweise Radiogottesdiensten. Entscheidend ist für diesen Typ der Befragten nicht die Ästhetik oder das Medium der Verkündigung, sondern die Ansprache ihrer Person in der Verkündigung. Deshalb ist für sie ein guter Radio- oder Fernsehgottesdienst einer, bei dem sie sich angesprochen fühlen und bei dem sie beteiligt, involviert sind. Ein emotionales Glaubensverständnis geht also einher mit einer involvierten Auseinandersetzung mit medienvermittelter Religion. Insofern kann man bei diesen Befragten von einer emotional-involvierten Aneignung sprechen.

Bezogen auf bestehende Typologien von Religionszugehörigkeiten bedeuten die Ergebnisse dieser Studie, dass jene zu kurz greifen würden, wenn es um die Aneignung von Religionsformaten geht. Denn die Feinheiten der hier vorgestellten Unterschiede zwischen den beiden Aneignungstypen würden damit nicht erfasst, da die Beziehung der Befragten zu den Formaten nicht untersucht würde. Insofern geht die hier vorgestellte Typologie dadurch, dass die Medienaneignung einbezogen wurde, über eine Unterscheidung nach einem bloßen Ausmaß von Religiosität hinaus.

Nichtsdestotrotz zeigt sich, dass die Art der Religiosität durchaus entscheidend ist für den jeweiligen Aneignungstyp. Diese Beobachtung ist relevant, wenn man umgekehrt versucht, die vorgestellte Typologie an bestehende Medienaneignungstypologien rückzubinden. So spielt beispielsweise das Habitus-Konzept, mithilfe dessen die vorgestellte Typologie teilweise erklärt wurde, zwar auch in Untersuchungen eine Rolle, bei denen an inhaltlich gänzlich verschiedenen Formaten angesetzt wurde, siehe beispielsweise die Studie von Sarah Kumpf (2011) zur ästhetischen Distanzierung bei der Aneignung von Quality-TV-Serien. Vor dem Hintergrund der Inhalte der Religionsformate und religiösen Formate jedoch ist auch die vorgebrachte Religiosität der Befragten von Bedeutung, um die Art der Aneignung einzuordnen.

Religionsformate und religiöse Formate wurden für den Zweck dieser Untersuchung aus einer transmedialen Perspektive heraus mediumsübergreifend gefasst. Dies stellte sich an einigen Stellen als problematisch heraus. So bleibt offen, inwieweit Unterschiede auf das jeweilige Format oder aber auf das jeweilige Medium zurückzuführen sind. Dies gilt sowohl für die Auseinandersetzung mit medienvermittelter Religion, also das Bewerten von religiösen Formaten und Religionsformaten, als auch für das rezeptionsbezogene Handeln, insbesondere bei den religiösen und habitualisierten Praktiken. Dies wäre bei einer weiterführenden Untersuchung zu berücksichtigen. Die erste Anschlussfrage wäre entsprechend: Welche Rolle spielt das jeweilige Medium bei der Aneignung von medienvermittelter Religion? Zu vermuten ist, dass Religionsformate und religiöse Formate im Radio und Fernsehen hinsichtlich religiöser Praktik näher beieinander liegen, als es bei den Printmedien der Fall ist.

Spannend wäre zudem, Interviews mit Menschen weiterer Konfessionen beziehungsweise Religionen zu führen. Eine zweite Anschlussfrage könnte sich daher damit beschäftigen, welchen Einfluss die religiöse beziehungsweise konfessionelle Zugehörigkeit auf die Rezeption von Religionsformaten hat. Das heißt, eignen sich beispielsweise Musliminnen und Muslime sowie Jüdinnen und Juden Religionsformate unterschiedlich an? Diese beiden Anschlussfragen beziehen sich auf die Aneignung von medienvermittelter Religion und würden eine Vertiefung der vorgestellten Studie bedeuten.

Literatur

Bieger, Eckhard (2006): Religion im digitalen Fernsehen. Technische Entwicklungen und Kriterien für kirchliche Entscheidungen. In: Hömberg, Walter/Schmolke, Michael/Stenert, Ute (Hrsg.): Communicatio Socialis, 39 (3), 133–143.
Bourdieu, Pierre ([1982] 2009): Die Auflösung des Religiösen. In: Schultheis, Franz/Egger, Stephan: (Hrsg.): Religion. Schriften zur Kultursoziologie 5. Bd. 13. Konstanz: UVK, 243–249.
Bourdieu, Pierre (1987): Die feinen Unterschiede. Kritik der gesellschaftlichen Urteilskraft. Frankfurt am Main: Suhrkamp.
Burkart, Roland (2002): Kommunikationswissenschaft. Wien/Köln/Weimar: Böhlau.
di Lorenzo, Giovanni (2010): ZEIT für Wagnisse. Glauben und Zweifeln, Geschichte, Die Zeit der Leser. In: Die Zeit, Nr. 14, 31. März 2010, 1.
Ebertz, Michael N. (2008): Je älter, desto frömmer? Befunde zur Religiosität der älteren Generation. In: Bertelsmann Stiftung (Hrsg.): Religionsmonitor 2008. Gütersloh: Bertelsmann Stiftung. 2. Aufl.
Eliot, Thomas S. (1972): Notes towards the Definition of Culture. London: Faber & Faber.

Fischer, Ulrich (2006): Was senden die eigentlich? Kirchliche Fernsehsender in Deutschland. In: Hömberg, Walter/Schmolke, Michael/Stenert, Ute (Hrsg.): Communicatio Socialis, 39 (3), 144–155.

Hallenberger, Gerd (2009): Fernsehformate und internationaler Formathandel. In: Hans-Bredow-Institut (Hrsg.): Internationales Handbuch Medien. Baden-Baden: Nomos, 155–163. 28. Aufl.

Hemel, Ulrich (2006): Religionsphilosophie und Philosophie der Religiosität. Ein Zugang über die Typologie religiöser Lebensstile. In: Angel, Hans-Ferdinand (Hrsg.): Religiosität: Anthropologische, theologische und sozialwissenschaftliche Klärungen. Stuttgart: Kohlhammer, 92–115.

Hepp, Andreas (2008): Kulturtheorie in der Kommunikations- und Medienwissenschaft. In: Winter, Carsten/Hepp, Andreas/Krotz, Friedrich (Hrsg.): Theorien der Kommunikations- und Medienwissenschaft. Grundlegende Diskussionen, Forschungsfelder und Theorieentwicklungen. Wiesbaden: VS, 113–137.

Hepp, Andreas (2011): Medienkultur. Die Kultur mediatisierter Welten. Reihe Medien – Kultur – Kommunikation. Wiesbaden: VS (im Erscheinen).

Herrmann, Jörg (2007): Medienerfahrung und Religion. Eine empirisch-qualitative Studie zur Medienreligion. Göttingen: Vandenhoeck & Ruprecht.

Hjarvard, Stig (2008): The mediatization of religion. A Theory of the Media as Agents of Religious Change. In: Northern Lights 8, Bristol: Intellect, 9–26.

Hoover, Stewart M. (2006): Religion in the Media Age. New York: Routledge.

Hoover, Stewart M./Lundby, Knut (Hrsg.)(1997): Rethinking Media, Religion, and Culture. Thousand Oaks/London/New Delhi: Sage.

Kelle, Udo/Kluge, Susann (2010): Vom Einzelfall zum Typus. Fallvergleich und Fallkontrastierung in der qualitativen Sozialforschung. Wiesbaden: VS, 2. überarb. Aufl.

Kirchenamt der EKD (Hrsg.) (2003): Kirche – Horizont und Lebensrahmen. Weltsichten, Lebensstile, Kirchenbindung. Vierte EKD-Erhebung über Kirchenmitgliedschaft. http://www.ekd.de/download/kmu_4_internet.pdf [01.03.2011]

Kluger, Florian (2007): Wenn im Fernsehen die Glocken läuten. Wissenschaftlicher Diskurs und Positionen zum Verhältnis von Gottesdienst und Rundfunk. Einblick und Überblick. In: Liturgisches Jahrbuch 57, 187–204.

Knoblauch, Hubert (2009): Populäre Religion. Auf dem Weg in eine spirituelle Gesellschaft. Frankfurt am Main/New York: Campus.

Kottlorz, Peter (2005): Entwicklung, Funktion, Präsentationsformen und Texttypen religiöser Sendungen im deutschen Fernsehen. In: Burkhardt, Armin et al. (Hrsg.): Handbücher zur Sprach- und Kommunikationswissenschaft. Bd. 15. Berlin u. a.: de Gruyter Mouton, 2363–2368.

Köcher, Renate (2009) (Hrsg.): Kirche und Glaubensfragen. In: Köcher, Renate (Hrsg.): Allensbacher Jahrbuch der Demoskopie 2003–2009. Bd. 12. Berlin: de Gruyter, 801–829.

Kretzschmar, Gerald (2007): Kirchenbindung. Praktische Theologie der mediatisierten Kommunikation. Göttingen: Vandenhoeck & Ruprecht.

Krotz, Friedrich (2005): Neue Theorien entwickeln. Eine Einfü hrung in die Grounded Theory, die Heuristische Sozialforschung und die Ethnographie anhand von Beispielen aus der Kommunikationsforschung. Kö ln: Halem.

Kumpf, Sarah (2011): „Es muss was geben, worüber man nachdenken kann." Die Aneignung von Quality-TV-Serien durch akademische Quality-Viewer. In: Elsler, Monika (Hrsg.): Die Aneignung von Medienkultur. Wiesbaden: VS, 19–33.

Luckmann, Thomas (1991): Unsichtbare Religion. Frankfurt am Main: Suhrkamp. 1. Aufl. (Nachdr.).

Maletzke, Gerhard (1963): Psychologie der Massenkommunikation. Hamburg: Hans-Bredow-Institut.

Nassehi, Armin (2008): Erstaunliche religiöse Kompetenz. Qualitative Ergebnisse des Religionsmonitors. In: Bertelsmann Stiftung (Hrsg.): Religionsmonitor 2008. Gütersloh: Bertelsmann Stiftung. 2. Aufl.

Polak, Regina (Hrsg.) (2002): Megatrend Religion? Neue Religiosität in Europa. Ostfildern: Schwaben.

Bertelsmann Stiftung (Hrsg.) (2008): Religionsmonitor 2008. Gütersloh: Bertelsmann Stiftung. 2. Aufl.

Roof, Wade C. (2001): Spiritual Marketplace. Baby Boomers and the Remaking of American Religion. Princeton: Princeton University. 3. Aufl.

Rüpke, Jörg (2007): Religion medial. In: Malik, Jamal/Rüpke, Jörg/Wobbe, Theresa (Hrsg.): Religion und Medien. Vom Kultbild zum Internetritual. Münster: Aschendorff, 19–28.

Schlieter, Jens (2010): Was ist Religion? Texte von Cicero bis Luhmann. Stuttgart: Reclam.

Strauss, Anselm L. (1998): Grundlagen qualitativer Sozialforschung. München: Fink. Unv. Nachdruck d. 2. Aufl.

Williams, Raymond (1981): Culture. London: Fontana.

Witzel, Andreas (1982): Verfahren der qualitativen Sozialforschung. Überblick und Alternativen. Frankfurt am Main: Campus.

Wohlrab-Sahr, Monika (2008): Das stabile Drittel jenseits der Religiosität. Religionslosigkeit in Deutschland. In: Bertelsmann Stiftung (Hrsg.): Religionsmonitor 2008. Gütersloh: Bertelsmann Stiftung. 2. Aufl.

Wunder, Edgar (2005): Religion in der postkonfessionellen Gesellschaft. Ein Beitrag zur sozialwissenschaftlichen Theorieentwicklung in der Religionsgeographie. In: Reihe Sozialgeographische Bibliothek Bd. 5. Franz Steiner: Stuttgart.

Ziebertz, Hans-Georg (2000): Hungry for Heaven? Was glauben Schülerinnen und Schüler. In: Groß, Engelhard/König, Klaus (Hrsg.): Religiöses Lernen der Kirchen im globalen Dialog. Münster: Lit, 375–383.

Ziebertz, Hans-Georg (2008): Gibt es einen Tradierungsbruch? Befunde zur Religiosität der jungen Generation. In: Bertelsmann Stiftung (Hrsg.): Religionsmonitor 2008. Gütersloh: Bertelsmann Stiftung. 2. Aufl.

Soziale Vernetzung im Alltag – Die Aneignung von StudiVZ

Lisa Schwarzien

1 Einleitung

> StudiVZ ist eigentlich ja ein total verbreitetes Thema, also man kommt mittlerweile als Student schon fast gar nicht drumherum, als täglich sozusagen darüber zu reden. (Carlos, 25 Jahre, Lehramt)

Soziale Online-Netzwerke sind aus dem Alltag junger Menschen kaum noch wegzudenken. Im aktuellen medialen Diskurs steht zwar vor allem die wirtschaftliche Bedeutung von Social Network Sites im Vordergrund, doch kann auch diese nicht ohne einen Blick auf die Nutzerinnen und Nutzer und deren unterschiedliche Arten der Aneignung erfasst werden. Im Herbst 2005, etwa zeitgleich mit dem Beginn meines Master-Studiums der Medienkultur an der Universität Bremen, begann mit der Gründung von StudiVZ eine vollkommen neue Ära der Vernetzung unter (deutschen) Studierenden. Als Thema meiner Abschlussarbeit zweieinhalb Jahre später wählte ich daher eine empirische Untersuchung der kommunikativen Vernetzung unter Studierenden am Beispiel der Aneignung von StudiVZ – die im genannten Zeitraum meistgenutzte Social Network Site in Deutschland.

Der Begriff „Social Network Sites" umfasst StudiVZ, Facebook und alle weiteren

> webbasierten Services, die Individuen ermöglichen, ein (halb-)öffentliches Profil innerhalb eines eingebundenen Systems zu konstruieren sowie eine Liste anderer Nutzer festzulegen, mit denen sie eine Verbindung eingehen und denen wiederum die eigenen Verbindungen innerhalb des Systems angezeigt werden (Boyd/Ellison 2007: 211).

Seit dem Erhebungszeitraum (Dezember 2007 bis Februar 2008) vervielfachte sich die Mitgliederzahl von StudiVZ, sodass aus fünf Millionen Mitgliedern im Februar 2008 nach StudiVZ-Angaben nun 17,4 Millionen Nutzerinnen und Nutzer registriert sind (Stand: Januar 2011). Allein diese quantitative Entwicklung zeigt, dass das Thema keineswegs an Aktualität eingebüßt hat. Da sich die Nutzung von Social Network Sites jedoch nicht allein in Zahlen abbilden lässt, wurde in der hier vorgestellten Studie versucht, der kommunikativen Vernetzung mittels qualitativer Methoden auf den Grund zu gehen.

Vernetzung meint hier den Wandel sozialer Beziehungen durch aktives Handeln, das sich beispielhaft in der Aneignung und Nutzung von StudiVZ manifestiert. Der Begriff der „Vernetzung" – noch eher als der des „Netzwerks" – impliziert einen Prozess. Die etymologische Bedeutung des Netz-Werkens, die im englischen Begriff „net working" noch eindeutiger wird, spiegelt eben diese Aktivität wider. Netzwerke und Vernetzung sind also nicht nur als gesellschaftliche Strukturen, sondern als Handlungsstrategien anzusehen und können somit als „Kulturtechnik der Postmoderne" (in Anlehnung an Böhme et al: 2004) bezeichnet werden. In der hier vorgestellten Forschungsarbeit standen also verstärkt Fragen nach Unterschieden in der Aneignung sowie nach der Bedeutung von StudiVZ für die alltägliche Mediennutzung, für Kommunikationsgewohnheiten und damit einhergehende Vernetzungsstrategien im Fokus.

2 Forschungsstand: Soziale Vernetzung im Zeitalter digitaler Medien

Einer britischen Studie zufolge gab es im August 2007 in Deutschland etwa 15,5 Millionen Social-Network-Site-Registrierte, die etwa 47 Prozent der deutschen Online-Nutzer und -Nutzerinnen ausmachten (vgl. Comscore 2010). Nur zwei Jahre später wurden bereits doppelt so viele Registrierte bei StudiVZ, Facebook und Co. in Deutschland gezählt (vgl. Nielsen 2010). Laut einer Umfrage von April 2010 gehören in Deutschland bereits sieben Social Network Sites zu den 20 meistbesuchten Websites (vgl. Pusch: 2010). Dieses neuartige Phänomen, das in der jährlichen ARD/ZDF-Online-Studie im Jahr 2007 erstmals in Deutschland differenziert thematisiert wurde, hat es heute sogar bis in die Kinos geschafft (z. B. „The Social Network" 2010, unter der Regie von David Fincher).

StudiVZ wurde im Oktober 2005 von den befreundeten Studenten Dennis Bemmann (Humboldt-Universität Berlin) und Ehssan Dariani (Universität St. Gallen) gegründet. Letzterer war bei einem Praktikum in den USA auf das im Jahr zuvor gegründete Facebook aufmerksam geworden. Ein halbes Jahr nach dem Start zählte StudiVZ im März 2006 bereits 3.000 Mitglieder und das Gründerteam wurde um Michael Brehm verstärkt. Im November 2006 expandierte die StudiVZ Ltd. mit StudiQG (Frankreich), EstudiLN (Spanien und Lateinamerika), StudiLN (Italien) und StudentIX (Polen) zwar europaweit, jedoch auf die Nutzerzahlen bezogen weniger erfolgreich als in Deutschland. Nachdem diverse Unternehmen und Gesellschafter in StudiVZ investiert hatten, wurde es im Januar 2007 für angeblich 85 Millionen Euro zu 100 Prozent von Holtzbrinck Networks übernommen (vgl. Kaube 2007). Die Websites StudiVZ sowie MeinVZ und SchülerVZ, die sich an Absolventinnen und Absolventen bzw. Schülerinnen und Schüler richten, werden heute von der VZnet Netzwerke Ltd. in Berlin betrieben. Nach Angaben von StudiVZ besteht das Ziel darin, „die Netzwerkkultur an europäischen Hochschulen zu fördern, die Anonymität an den Hochschulen zu senken und eine intuitiv bedienbare Plattform zu bieten, auf der sich Studierende sowie studentische Initiativen kostenlos zu überwiegend lokalen Campusthemen organisieren und austauschen können" (StudiVZ 2010).

Wie lässt sich die schnelle Verbreitung der Social Network Sites erklären? Aus der oben erwähnten ARD/ZDF-Online-Studie geht hervor, dass sich die

Nutzung von Social Networks am stärksten von der anderer Web-2.0-Anwendungen (z. B. Wikis, Weblogs, Podcasts, Foto- und Videocommunities) unterscheidet (vgl. Haas et al. 2007: 219). Während diese frühen interaktiven Web-2.0-Angebote in gewisser Hinsicht Verlagerungen von schon bestehenden Medienformen auf das Internet darstellen, werden für Social Network Sites „die geringsten Überschneidungen mit klassischen Medien gesehen" (ebd). Ein Blick auf den Forschungsstand von computervermittelter Kommunikation und Vernetzung zeigt jedoch, dass viele Theorien keineswegs neuartig sind.

In der frühen Internetforschung wurde anfänglich zumeist von dem Konzept der „virtuellen Gemeinschaft" ausgegangen (vgl. beispielsweise Rheingold 1998) und computergestützte Kommunikationsformen mit teils utopischen und übertrieben enthusiastischen Erwartungshaltungen verknüpft. Das Konzept der „Netzwerk-Gesellschaft", das sich Anfang des 21. Jahrhunderts in der Kommunikations- und Medienwissenschaft etablierte, löste die bis dato vorherrschende Dichotomie zwischen „real" und „virtuell" nahezu auf. Manuel Castells führte 2003 in seinen Ausführungen zum „Aufstieg der Netzwerkgesellschaft" (vgl. Castells 2003) das Konzept der „Konstruktion realer Virtualität" im Gegensatz zum bislang verwendeten Begriff der „virtuellen Realität" ein. „Reale Virtualität" impliziere, dass Online-Kommunikation nicht als „unwirklich" angesehen werde, sondern dass sie „vielmehr auf einer anderen Wirklichkeitsebene [funktioniere]" (ebd. 410). Dass „auf dem Weg zu einer Netzwerk-Sozialität" die bisher verwendeten Konzepte von Virtualität und Gemeinschaft überdacht werden müssen, verdeutlicht auch Andreas Wittel in seinem kritischen Aufsatz über die Netzwerk-Gesellschaft (vgl. Wittel 2006): Aufgrund einer techno-deterministischen Perspektive werde kultureller Wandel mit technologischer Veränderung zumeist nicht verbunden. In Bezug auf den in früherer Forschung verwendeten Gemeinschaftsbegriff bemerkt Wittel, dass dieser noch an traditionellen Wertesystemen orientiert sei und somit transkulturelle Perspektiven sowie Phänomene wie Globalisierung und damit einhergehender Deterritorialisierung (der Medienkommunikation) nicht integriere.

Auch die Erweiterung von Benedict Andersons fundamentaler These über „imagined communities" (Anderson 1983) durch Silverstone, dass alle Gemeinschaften virtuelle Gemeinschaften seien (vgl. Silverstone zit. nach Hepp 2008: 132), hebt den Begriff der Virtualität auf eine neue Ebene und weist ihm eine Bedeutung fernab einer Opposition des Realen zu. Auf ähnliche Weise argumentieren Barry Wellman und Nancy Baym, dass „,virtuelle Gemeinschaften' ‚physischen Gemeinschaften' nicht notwendig entgegengesetzt sind" (Wellman zit. nach Castells 2003: 408).

> It is too often forgotten that in much – perhaps even most – CMC [computer mediated communication] however, anonymity is not an issue, as people are corresponding with people they also know offline and building online selves that are richly contextualized in their offline social networks. (Baym 2006: 68)

Eben diese Bedeutung von Offline-Beziehungen haben Danah Michele Boyd und Nicole Ellison bei der Untersuchung von Social Network Sites beobachtet: „These relationships may be weak ties, but typically there is some common offline element among individuals who friend one another, such as a shared class at school" (Boyd/Ellison 2007: 221). Als eine der führenden Forscherinnen auf diesem Gebiet betreibt Boyd bereits seit mehreren Jahren wissenschaftliche Untersuchungen von Social Network Sites (z. B. über „Friendster" 2004).

Ein für die Hintergründe dieser Studie mindestens ebenso wichtiger Begriff ist der der Medienaneignung. Von zentraler Bedeutung für die Auseinandersetzung mit Aneignungsprozessen und Mediennutzung ist das Alltagsleben (vgl. Hepp 2004: 357ff.). Aneignung beschreibt dabei einen Prozess, der über die reine Nutzung eines Mediums bzw. Rezeption eines Medieninhalts hinausgeht und seine Integration ins Alltagsleben und die damit verbundene Bedeutung fasst. Im aktuellen wissenschaftlichen Diskurs wird eine durch die Technologie bestimmte Perspektive kritisiert und stattdessen hervorgehoben, dass „Nutzer die Technologie durch die Art und Weise formen, wie sie täglich mit ihr leben" (Bakardjieva 2005: 38), also wie sie sich die Medien zu eigen machen – eben aneignen. Diese „geteilte Welt", die „We-Relations", zeichnen sich durch verschiedene Ebenen von Nähe, Tiefe und Anonymität aus (vgl. ebd: 42), die sich vor allem in der medienvermittelten Kommunikation bemerkbar machen. Die Untersuchung der Aneignung von StudiVZ fokussiert daher neben konkreten Inhalten und Funktionen auch die Einbeziehung und den Einfluss auf individuelle Kommunikationsgewohnheiten.

3 Methodik

3.1 Theoriefindung und Typenbildung mittels Grounded Theory

Bei der hier angewendeten Forschungsmethodik wurde eine qualitative Herangehensweise gewählt. Als wissenschaftliche Methode mit „notwendiger methodischer Strenge" (Strauss/Corbin 1996: 39) bot sich die Grounded Theory an, die sich vor allem für qualitative Forschungen mit kleinem Datenkorpus eignet. Der bei der Grounded Theory fokussierte Theoriefindungsprozess korrespondierte hier besonders gut mit der Aktualität des Forschungsgegenstands. Es können aufgrund der geringen Datenmenge jedoch lediglich Tendenzen aufgezeigt werden. Dennoch dient die vorliegende Forschung dazu, sich dem Gegenstand aus einer medienkulturellen Perspektive zu nähern, und sie markiert möglicherweise einen Ausgangspunkt für weitere Forschung(en).

Die Erhebung erstreckte sich über einen Zeitraum von Mitte Dezember 2007 bis Anfang Februar 2008. Die Rekrutierung der Interviewpartnerinnen und -partner erfolgte über StudiVZ selbst. Mithilfe der Funktion „Kennst du schon?", bei der allen Nutzenden an der rechten Seite im eigenen Profil drei StudiVZ-Mitglieder der gleichen Universität angezeigt werden, konnte eine erste Zufallsauswahl erfolgen und ein breites Spektrum an verschiedenen Nutzenden erreicht werden. Die Materialgrundlage der Analyse stellen schließlich elf semistrukturierte Leitfadeninterviews (von sechs männlichen und fünf weiblichen Studierenden der Universität und der Hochschule Bremen im Alter zwischen 20 und 33 Jahren) dar. Nach der Transkription wurden die Interviews „offen codiert" (Glaser/Strauss zit. nach Krotz 2005: 172), also die aus dem Material gewonnenen Konzepte auf einem höheren Abstraktionsniveau zu Kategorien verdichtet. Dabei wurde nur induktiv vorgegangen, sodass das Kategorienschema erarbeitet und nicht von früheren Forschungsergebnissen (deduktiv) abgeleitet wurde. Schließlich ergaben sich neun Themenbereiche (Kategorien), die jeweils in zwei bis drei Antwort-Ausprägungen unterteilt wurden:

1. Erfahrung im Umgang mit Computer-Netzwerken (vor, seit, ausschließlich StudiVZ)
2. Eintrittsmotivation (Sozialer Druck, Neugier/Interesse am Phänomen, neue Kontakte)
3. Informationsquellen über StudiVZ (Mundpropaganda, Medienberichte, Mix aus beidem)
4. Nutzungsaktivität (steigende, abnehmende, allgemein geringe Aktivität)
5. Kontakte (alle offline-Kontakte, offline- und neue online-Kontakte, ausgewählte Freunde)
6. Kommunikationsmodi (E-Mail-Ersatz, Massenverteiler, Infoquelle, Spontankommunikation)
7. Selbstdarstellungsformen (expressiv, zurückhaltend, kontrolliert vermeidend)
8. Datenpreisgabe (naiv offenbarend, bewusst offen, skeptisch anonymisiert)
9. Abhängigkeit von StudiVZ (bedingt verzichtbar, ersetzbar)

3.2 Netzwerk als Theorie und Methode: Egozentrierte Netzwerkkarten

Der Netzwerkbegriff sollte in dieser Studie nicht nur als theoretisches Modell, sondern gleichzeitig als Bestandteil der Methodik verstanden werden, um Beziehungs- und Interaktionsprozesse in Bezug auf Medienkommunikation darzustellen. Von den Befragten wurden sogenannte „offene egozentrierte Netzwerkkarten" (Bernardi et al. zit. nach Hollstein 2006: 365) angefertigt. Diese sind ergänzend zu den Interviews zu sehen, da sie helfen, „das um eine fokale Person, das Ego, herum verankerte soziale Netzwerk" (Jansen 2006: 80) abzubilden. Bei der Anfertigung wurde ein größtmöglicher Freiraum gewährt, um jeweils das persönliche Beziehungsgeflecht darstellen zu können. Mithilfe der Netzwerkkarten konnte so über die Aneignung von StudiVZ hinaus die kommunikative Vernetzung der Studierenden erforscht werden und die Aneignung von StudiVZ im Kontext anderer Kommunikationsmedien über verschiedene Fälle hinweg verglichen werden.

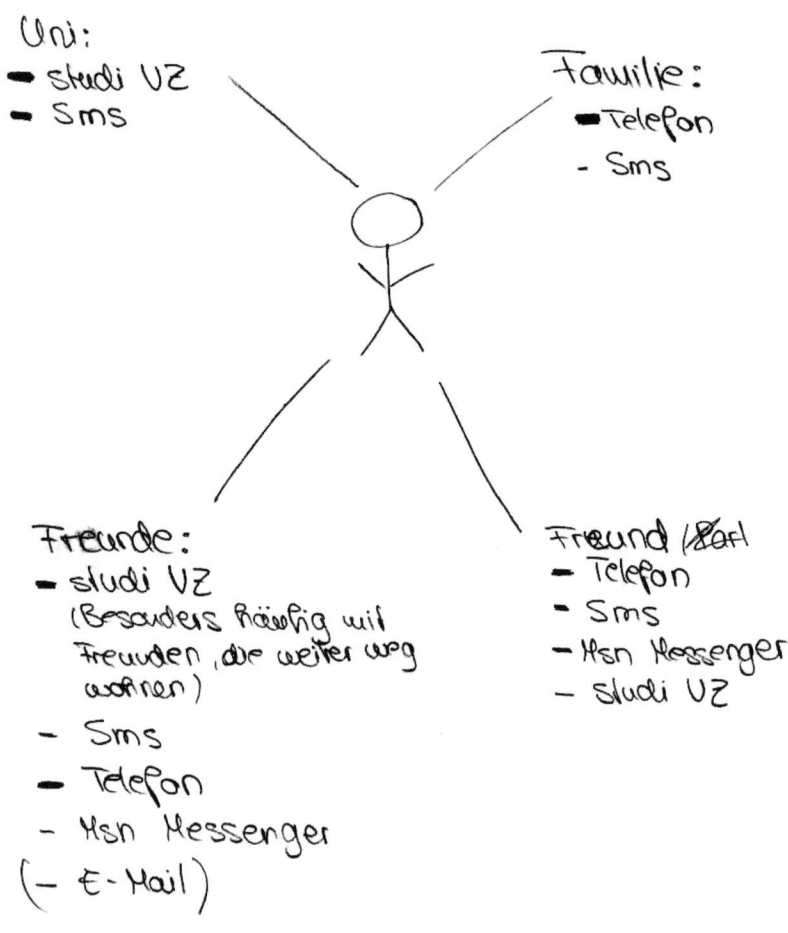

Abbildung 1: Netzwerkzeichnung Katja, 21, Lehramt

4 Analyse: Netzwerker im Social Network – Eine Aneignungs-Typologie für StudiVZ

Auch wenn sich in der Befragung sehr unterschiedliche Äußerungen über die Aneignung von StudiVZ ergaben, sind vorab einige Gemeinsamkeiten festzuhalten: Größtenteils waren die Studierenden erst für das Studium nach Bremen gezogen, vor allem die Mehrheit der Erstsemester-Studierenden (sechs der elf Befragten) wohnte erst seit wenigen Monaten in Bremen. Nahezu alle Interview-Partner und -Partnerinnen verfügten über einen Internetanschluss zu Hause und waren täglich online; ausschließlich zwei Befragte verfügten aufgrund ihrer neuen Wohnsituation noch über keinen (eigenen) Internetzugang. Die Nutzung von StudiVZ fand primär zu Hause statt, manche loggten sich gelegentlich auch an der Universität oder bei Freunden ein. Konsens war, dass der sogenannte Nachrichtendienst von StudiVZ für persönliche und vertrauliche Mitteilungen der Pinnwandfunktion vorgezogen wurde. Allen befragten Nutzern war außerdem eine tendenziell große Akzeptanz für kommerzialisierte StudiVZ-Seiten und darauf geschaltete Anzeigen gemein, was zumeist mit einer routinierten Internetnutzung und Gewöhnung an Werbung im Internet erklärt werden kann.

Auf Basis der Netzwerkzeichnungen können trotz ihrer noch so unterschiedlichen Darstellungs- und Strukturierungsweisen Rückschlüsse auf die Bedeutung von StudiVZ im Alltag der befragten Studierenden geschlossen werden. Für einige zählt StudiVZ zu den primären Kommunikationskanälen für Kommilitoninnen und Kommilitonen, aber auch für enge Freunde und Freundinnen (siehe Abbildung 1). Aus anderen Netzwerkzeichnungen geht hervor, dass StudiVZ vor allem zur Kommunikation mit Kommilitonen und Bekannten genutzt, für enge Freunde jedoch eher (Mobil-)Telefon und SMS StudiVZ vorgezogen wird (siehe Abbildung 2).

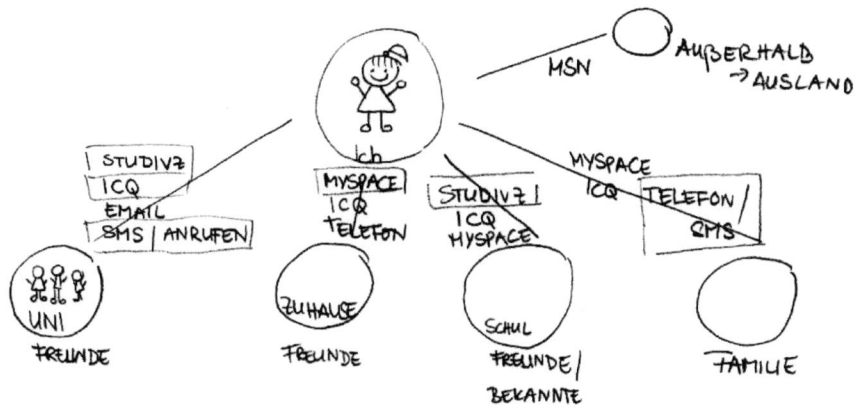

Abbildung 2: Netzwerkzeichnung Pia, 20, Psychologie

Das von den Interviewten beschriebene Medienverhalten und die Analyse der Netzwerkzeichnungen zeigen, dass StudiVZ für alle eine Rolle bei ihrer alltäglichen kommunikativen Vernetzung spielt. Die Unterschiede, die sich nur anhand einer qualitativen Bearbeitung herausarbeiten lassen, bestehen darin, welche Inhalte sie wie, weshalb und mit welchen Personen kommunizieren sowie welche Inhalte und Angebote von StudiVZ die Befragten selbst in Anspruch nehmen oder kritisieren. In Bezug auf das Netzwerken über und mit StudiVZ konnte über die elf Fälle hinweg anhand der Ausprägungen eine Aneignungstypologie herausgearbeitet werden, die die folgenden Typen unterscheidet: die zentrierten, die dezentrierten und die selektiven Netzwerker (vgl. Tabelle 1). Da es sich bei Aneignungstypen um vielschichtige und eher heterogene Typen handelt, wurden die Fälle ausgewählt, die den gebildeten Typus hinsichtlich möglichst vieler Merkmalsausprägungen repräsentieren (vgl. Kelle/Kluge 1999: 95). Die einzelnen Fälle weisen dabei nicht unbedingt alle Merkmale des jeweiligen Typus auf, stimmen aber in der Mehrheit der Ausprägungen überein und lassen sich von anderen Fällen abgrenzen.

Tabelle 1: Aneignungstypen und ihre Ausprägungen, eig. Darst.

Kategorien	Zentrierte Netzwerker	Dezentrierte Netzwerker	Selektive Netzwerker
1. Erfahrung mit Social Networks	ausschließlich StudiVZ	vor/seit StudiVZ auch andere	vor/seit StudiVZ auch andere
2. Eintrittsmotivation	sozialer Druck	Neugier o. Suche neuer Kontakte	Interesse o. sozialer Druck
3. Info-Quellen zu StudiVZ	nur Mundpropaganda	Mundpropaganda u. Medien	großes Wissen durch Medien
4. Nutzungsaktivität	steigend o. abnehmend	meist steigend	allgemein gering
5. Kontakte	alle offline-Kontakte	offline- und neue online-Kontakte	ausgewählte Freunde/Bekannte
6. Kommunikationsmodi	E-Mail-Ersatz, Spontankomm.	E-Mail, Infoquelle, Massenverteiler	ergänzend zu E-Mail
7. Selbstdarstellungsformen	expressiv oder zurückhaltend	tendenziell expressiv	kontrolliert vermeidend
8. Datenpreisgabe	naiv offenbarend	bewusst offen	bewusst offen o. anonymisiert
9. Abhängigkeit von StudiVZ	bedingt verzichtbar	verzichtbar, da ersetzbar	verzichtbar, da wenige Kontakte

4.1 Die zentrierten Netzwerker

> Es sind auch immer mehr und wenn man lange nicht drin war, dann verpasst man auch was, hab ich das Gefühl. Also alle kommunizieren darüber und du bist dann da nicht drinne, also da fehlt was. (Katja, 21, Lehramt)

Die *zentrierten Netzwerker* zeichnet ein primäres Interesse an StudiVZ aus. Tendenziell sind sie weder vor noch seit ihrer StudiVZ-Mitgliedschaft einem anderen Social Network beigetreten. Ihr zentrales Netzwerk wird in StudiVZ abgebildet und aufrechterhalten, da eine große Mehrheit ihrer Freunde und Bekannten ebenfalls dort Mitglied sind. Über diese haben sie auch zum ersten Mal von StudiVZ erfahren, sodass ein durch die Freunde ausgeübter sozialer Druck die Hauptmotivation ihrer Anmeldung bei StudiVZ darstellt:

> Ich bin eigentlich durch meine ganzen Freunde dazugekommen, die immer gesagt haben: Geh da doch mal hin, ich will dir auch mal da schreiben oder so was, sodass ich dann irgendwann gesagt hab: Okay, ich geh dann ins StudiVZ. (Carolin, 21, Kunst und Kulturwissenschaft)

In Bezug auf den Aktivitätsgrad ist eine eher heterogene Nutzung festzustellen. So nutzen die *zentrierten Netzwerker* StudiVZ seit der Anmeldung weniger, sobald sie sich mit so gut wie allen Freunden dort vernetzt haben. Da aber StudiVZ auch zu einem wichtigen asynchronen Kommunikationsmedium für enge und nicht in der Nähe lebende Freunde geworden ist und zusätzlich zum Zeitvertreib genutzt wird, kann die Aktivität auch zunehmen.

> Eher in den Abendstunden, wenn ich dann so nach Hause komme, dann ist meistens so der erste Gang zum Kühlschrank, gucken was zu essen da ist ((lacht)), Essen machen und in der Zeit, wo das so vor sich hin kocht, irgendwie E-Mails checken und meistens ist dann auch Zeit für StudiVZ ((lacht)). (Jessica, 22, Kunst und Kulturwissenschaft)

Gelegentlich loggen sich die *zentrierten Netzwerker* auch in kollektiver physischer Anwesenheit anderer Nutzerinnen und Nutzer bei StudiVZ ein, was ebenfalls für eine Nutzung als Zeitvertreib spricht. Jessicas Beschreibung über ihre alltägliche Nutzung zeigt, dass StudiVZ im Alltag bereits eine feste Rolle eingenommen hat. Die E-Mail-Nutzung wird durch den StudiVZ-Nachrichtendienst weitestgehend ersetzt und nur bei sehr wichtigen oder langen Nachrichten in Anspruch genommen. Dies unterscheidet die *zentrierten Netzwerker* deutlich von den anderen Nutzertypen, die StudiVZ weniger stark in Alltagsabläufe integriert haben.

Die *zentrierten Netzwerker* sind bezüglich ihrer Selbstdarstellung entweder expressiv oder zurückhaltend, versuchen jedoch nicht, Selbstdarstellung zu vermeiden. Da sie sich hauptsächlich durch Mundpropaganda über StudiVZ informieren und kein besonderes Interesse an Berichterstattung sowie kaum Wissen durch Medien festzustellen ist, stehen sie Fragen zu Datenschutz und Privatsphäre relativ unkritisch gegenüber und offenbaren viele persönliche Daten in StudiVZ. Mit vielen Freunden und Bekannten sind die *zentrierten Netzwerker* ausschließlich über StudiVZ vernetzt, weshalb sie einen Wegfall von StudiVZ wegen eines möglichen Kontaktverlusts bedauern würden. Sie beschreiben sich selbst als in gewisser Weise abhängig von StudiVZ, sodass es für sie nur bedingt verzichtbar ist.

4.2 Die dezentrierten Netzwerker

> Da kann man schon 'ne Hierarchie bilden, die basiert ganz simpel darauf, wo man die meisten Kontakte hat, das wäre dann StudiVZ. Und das ist mir auch nicht immer lieb so, denn ich halte Facebook tatsächlich für die interessantere Plattform, aber dort sind viele Kontakte, die ich im StudiVZ habe, nicht angemeldet und deswegen ist StudiVZ klar auf der Nummer eins, würde ich sagen, wobei ich auch täglich bei Facebook reinschaue, weil da dann auch Kontakte sind, die im deutschen nicht dabei sind. (Holger, 24, Politikwissenschaft)

Die *dezentrierten Netzwerker* zeichnen sich dadurch aus, dass sie neben StudiVZ auch andere Social Network Sites und Internetdienste zur kommunikativen Vernetzung nutzen, bei denen sie bereits vorher Mitglied waren oder mit denen sie sich schon zuvor auseinandergesetzt haben. Durch entsprechende Vorerfahrung haben die *dezentrierten Netzwerker* auch bereits eine gewisse Routine im Umgang mit Social Network Sites entwickelt oder sich spätestens seit ihrer StudiVZ-Mitgliedschaft auch bei anderen angemeldet. Ihr Beitritt zu StudiVZ geschah daher nicht auf sozialen Druck hin, sondern eher aus persönlichem Interesse am Phänomen bzw. dem Bedarf, das eigene Netzwerk zu erweitern. In Bezug auf Informationsquellen sind sie eher heterogen, also sowohl durch Mundpropaganda als auch durch Medien informiert. „Das tolle an StudiVZ ist, die brauchen im Grunde ja auch keine Werbung, also jeder Student ist quasi eine wandelnde Werbeplattform, also jeder läuft herum und macht ja automatisch schon Werbung dafür" (Carlos, 25, Lehramt).

Die Nutzung hat sich aufgrund eines viralen Effekts gesteigert: Es entsteht eine Art Kontaktspirale, bei der eine gesteigerte Nutzung aufgrund der zunehmenden Kontakte in StudiVZ zu beobachten ist, die sich wiederum steigert, da aufgrund der häufigen Nutzung wiederum verstärkt weitere alte Bekannte gefunden werden und immer mehr Möglichkeiten bestehen, sich mit den „Freunden" seiner „Freunde" zu vernetzen. Die StudiVZ-Kontaktliste (tendenziell mehr als 150 Kontakte) entspricht weitestgehend dem gesamten Freundes- und Bekanntenkreis. Dabei fällt auf, dass sich die *dezentrierten Netzwerker* über StudiVZ stärker mit Kommilitonen und Kollegen als mit engen Freunden vernetzen. Es ist außerdem eine Tendenz zu neuen Online-Kontaktierungen über StudiVZ zu beobachten:

> Als ich wusste, dass ich nach Bremen komme, bin ich dann erstmal der Gruppe „Psychos in Bremen" beigetreten und dadurch hab ich dann auch richtig also vor Studienbeginn schon viele Leute kennengelernt, mit denen geschrieben und so. Bei dieser Orientierungswoche hab ich mich dann auch schon mit ein paar getroffen. (Pia, 20, Psychologie)

Was die Kommunikationsformen angeht, so sind die *dezentrierten Netzwerker* sehr vielseitig und sehen StudiVZ als partiellen Ersatz für andere Medien, nutzen die Plattform aber auch für Distribution (z. B. Einladungen oder Massen-Nachrichten) sowie Information (z. B. in Gruppendiskussionen). Mit einer weitestgehend bewusst offenen Haltung gegenüber der Preisgabe ihrer Daten betreiben sie eine expressive Selbstdarstellung in StudiVZ.

> Die Leute sind in ihrer scheinbaren Sicherheit, also man ist ja zuhause in seinen eigenen vier Wänden, offenbart sich dann aber dennoch der ganzen Welt oder zumindest der gesamten Nutzergruppe des StudiVZs ((lacht)). (Holger, 24, Politikwissenschaft)

Da dieser Typus durch seine dezentrale Vernetzung nicht auf StudiVZ beschränkt ist und über verschiedene Dienste mit seinen Freunden vernetzt ist, stellen sich die *dezentrierten Netzwerker* als relativ unabhängig dar, sodass sie StudiVZ für verzichtbar halten und eher nicht bereit wären, für die Nutzung zu zahlen.

4.3 Die selektiven Netzwerker

> Das ist jetzt nicht so, dass ich zuhause sitz und denk „ach loggst dich mal ein und guckst, was du da machen kannst." […] Also es ist eher für mich doch ja so 'ne kleine Art Visitenkarte, aber auch ein Kommunikationskanal, zusätzlich ja zu E-Mail und anderen Sachen. (Ralf, 28, Digitale Medien)

Für die Charakterisierung der *selektiven Netzwerker* hat sich die Erfahrung mit anderen Social Networks als relativ irrelevant herausgestellt. Ähnlich wie die *dezentrierten Netzwerker* sind sie entweder bereits vor oder spätestens seit StudiVZ mit anderen Social Network Sites in Berührung gekommen. Tendenziell erfolgte der Beitritt zu StudiVZ aus persönlichem Interesse am Phänomen, teilweise auch dem sozialen Druck nachgebend.

> Also am Anfang hatte ich das Gefühl ((lacht)), war es so ein Sport, quasi Leute zu suchen, die man vielleicht zuletzt in der Grundschule gesehen hat. Ich hatte nachher auch irgendwie so das Gefühl, dass es so ein Wettbewerb war: „Wer hat mehr Freunde?" (Thomas, 28, Global Management).

Die *selektiven Netzwerker* sind gut über aktuelle Entwicklungen bei StudiVZ informiert und verfolgen die Medienberichterstattung mit Interesse. Ihre Nutzungsaktivität hat seit der Anmeldung abgenommen oder war von Anfang an relativ gering, sodass sie StudiVZ durchschnittlich einmal wöchentlich nutzen. Bei den *selektiven Netzwerkern* sind nicht alle Freunde in StudiVZ vertreten, sie verfügen daher tendenziell nur über eine relativ kurze Kontaktliste in StudiVZ. Dies wirkt sich auch auf Formen der Selbstdarstellung aus. Als Kommunikationskanal wird StudiVZ eher ergänzend (und nicht ersetzend) gesehen, gelegentlich zur Informationsbeschaffung oder auch als Distributionskanal genutzt. Selbstpräsentation spielt für die *selektiven Netzwerker* nur eine geringe Rolle, was sich in ihrer Zurückhaltung bis hin zur Vermeidung von Selbstdarstellung zeigt.

> Die, die das sehen, kennen mich ja eigentlich auch, also für die muss ich ja nichts reinstellen, was sie wissen müssten sozusagen. […] Wo alle immer sagen, sie wollen irgendwie nichts

preisgeben von sich und da darf keiner was wissen. Und im StudiVZ ist dann das komplette Profil, alle Gruppen sind ausgefüllt irgendwie ((lacht)). (Jessica, 22, Kunst und Kulturwissenschaft)

Bei ihrer Datenpreisgabe geben sie sich bewusst offen. Sich der kritischen Diskurse über Datenschutz im Internet stets bewusst, schließen sie auch eine Anonymisierung ihres Profils nicht aus. Gerade weil sie eher wenige Kontakte in StudiVZ haben und sich selten einloggen, zeigen sich die *selektiven Netzwerker* auf die Datenpreisgabe bezogen unbesorgt. Da dieser Typus StudiVZ nur sehr gezielt als ergänzende Kommunikationsplattform für ausgewählte Freunde neben anderen Kommunikationskanälen wie E-Mail, Instant Messaging und Telefon nutzt, ist es für sie absolut verzichtbar. Zeitvertreib durch die StudiVZ-Nutzung spielt für die *selektiven Netzwerker* so gut wie keine Rolle, was sich unter anderem in einer auf die eigene Person beschränkte Nutzung im Gegensatz zu den *zentrierten Netzwerkern* begründet.

Die persönlichen Merkmale der Befragten wie Alter, Geschlecht und Studienhintergrund erweisen sich für die *dezentrierten Netzwerker* als nicht signifikant. Bei den *zentrierten Netzwerkern* hingegen ist eine gewisse Tendenz zu jüngeren Personen und Studienanfängern zu erkennen. Die könnte dadurch erklärt werden, dass deren soziale Netzwerke – beispielsweise durch Beginn des Studiums, den damit einhergehenden Kontakten zu neuen Personen sowie die veränderte Lebenssituation und geografische Distanzen – noch nicht so etabliert sind wie die älterer Studierender. Die den *selektiven Netzwerkern* zugeordneten Aussagen stammen tendenziell von älteren Befragten (>28 Jahre), die sich durch ihre noch so unterschiedlichen Studiengänge (z. B. Global Management, Medizinische Informatik und Digitale Medien) auch beruflich mit computergestützter Vernetzung konfrontiert sehen.[1]

4.4 StudiVZ als Spiegel einer Netzwerk-Gesellschaft?

Vor allem in den sehr ausdifferenzierten Kategorien *Kommunikationsmodi* und *Selbstdarstellungsformen* werden die von Wittel beschriebenen Merkmale einer Netzwerk-Sozialität (vgl. Wittel 2006: 184) erkennbar: Individualisierungsprozesse finden parallel zu Vernetzung und Vergemeinschaftung statt. Des Weiteren lassen sich auch die typischen Merkmale wie Einbettung in Technologie, Kurzlebigkeit und Intensität (ebd.) bei der Aneignung von StudiVZ finden: Von mehreren Befragten wurde beispielsweise der informative Austausch mit Fremden über die Gruppenfunktion als „kurzfristig intensiv" bezeichnet. Dies deckt sich auch mit den Erkenntnissen von Christian Stegbauer, der am Beispiel von „Strukturalistischer Internetforschung" die Flüchtigkeit von Gruppenbeziehun-

---

[1] Diese Verallgemeinerungen beziehen sich aufgrund des kleinen Materialkorpus nur auf diese Forschungsarbeit und bedürfen der Überprüfung durch weitere qualitative und quantitative Forschungen.

gen und Diskussionsgruppen in größeren Sozialräumen aufzeigt (vgl. Stegbauer/Rausch 2006: 49). Zudem manifestiert sich in der Beschreibung von StudiVZ als Zeitvertreib und angenehmer Ablenkung vom Studium die „Angleichung von Arbeit und Spiel" (Wittel 2006: 184):

> Also ich finde es eigentlich ne ganz gute Art zu kommunizieren. Es ist einfach, ich find eigentlich gut, dass es das gibt, dass ich jetzt auch da drin bin. Muss mich da halt selber zusammenreißen, dass ich da nicht abgelenkt werde, aber es ist auch immer ein guter Zeitvertreib, wenn man Langeweile hat, dann sitzt man davor und guckt halt so 'n bisschen rein. (Katja, 21, Lehramt)

Anhand der Netzwerkkarten konnte zusätzlich zu den Interviews verdeutlicht werden, dass die hier befragten Studierenden zwar allgemein auf ein ähnliches Medienrepertoire zurückgreifen, sich die einzelnen Medien jedoch für die Kommunikation mit verschiedenen Bezugsgruppen unterschiedlich aneignen.

Was Manuel Castells bezüglich „interpersoneller Sozialnetzwerke" (Castells 2003: 410) bereits vor dem Aufkommen der ersten Social Network Sites bemerkte, trifft in erstaunlich hohem Maße auf diese zu: Die „Überwindung von Entfernungen zu niedrigen Kosten" (ebd.), die bereits in der Internetkommunikation an sich angelegt ist, erfährt durch die breiten Kommunikations-, Distributions- und Publikationsmöglichkeiten von StudiVZ in Kombination mit Breitbandinternet und Flatrate-Verträgen eine Bedeutungssteigerung. Kommunikationskanäle, wie der Nachrichtendienst bei StudiVZ, werden besonders für die Kommunikation mit entfernt lebenden Bezugspersonen gewählt, unter anderem auch wegen geringer bis hinzu gar keinen Kosten im Vergleich zu anderen Medien. Nach Castells ermöglichen interpersonelle Sozialnetzwerke „Mitgliedschaft in vielen Teilgemeinschaften" (ebd.). Diese Vermutung wird in StudiVZ durch die Gruppen belegt, über die StudiVZ-Nutzer ihre Zugehörigkeit zu unbegrenzt vielen Gemeinschaften oder Teilnetzwerken ausdrücken.

Unter der „Privatisierung der Soziabilität" fasst Castells den „Umbau der Sozialnetzwerke um die Einzelperson herum, zur Entwicklung personeller Gemeinschaften in physischer Form ebenso wie online" (ebd.) zusammen. Auch diese Beobachtung lässt sich durch Untersuchungen von Social Network Sites bestätigen: Boyd konnte 2007 am Beispiel Facebook aufzeigen, dass im Gegensatz zur frühen Internetkommunikation heute über Social Network Sites eher bereits bestehende soziale Netzwerke abgebildet werden. Zu ähnlichen Ergebnissen gelangte die detaillierte Analyse der Kontakte der StudiVZ-Nutzer: Neben einigen neuen Kontakten bzw. „Online-Freundschaften" entstehen StudiVZ-Kontakte größtenteils aus schon bestehenden „Offline-Bekanntschaften" und nur in wenigen Fällen entwickeln sich Offline-Beziehungen aus den online initiierten Freundschaften.

4.5 Soziales Kapital: Die Stärke der „schwachen Bindungen"

Im Vergleich zu E-Mail und Instant Messaging ist die Anzeige der eigenen Kontakte und die Verbindungen zwischen den Kontakten ein neuartiges Merkmal von Social Network Sites. In diesen Vernetzungen von Social-Network-Nutzerinnen und -Nutzern kann ein soziales Kapital gesehen werden (vgl. Jan Schmidt 2006, Ellison et al. 2007), das laut Pierre Bourdieu ökonomischer, kultureller und symbolischer Art sein kann (vgl. Bourdieu 1983 zit. nach Schmidt 2006: 52). Als symbolisches Kapital könnte bei StudiVZ beispielsweise die veröffentlichte Kontaktliste gesehen werden, die neben der Zahl der „Freunde" auch deren Universitäten im In- und Ausland anzeigt. So profilieren sich StudiVZ-Mitglieder beispielsweise über ihre weltweite Vernetzung. Als ökonomisches Kapital könnte man in Bezug auf StudiVZ die Vernetzungen über die Lehrveranstaltungen bezeichnen, die den Mitgliedern durch den Austausch von Erfahrungen und Daten einen Mehrwert verschaffen. Für Werbetreibende, deren Bedeutung für StudiVZ hier nicht berücksichtigt wurde, stellen die zahlreichen Daten eine optimale Basis für die Konfiguration personalisierter Werbung dar. Das kulturelle Kapital ist bei StudiVZ gewissermaßen in den Funktionen zu sehen, die gemeinsame Interessen, Standpunkte und Humor zum Ausdruck bringen.

Bei den *dezentrierten* sowie bei den *selektiven Netzwerkern* wird deutlich, dass soziales Kapital nicht quantitativ zu messen ist, sondern vor allem einen qualitativen Wert darstellt. Diesen Nutzertypen geht es nicht primär darum, sich mit möglichst Vielen zu vernetzen, sondern für sie ist wichtig, mit wem (*selektiv*) bzw. über welche Plattformen (beruflich/privat/lokal) sie sich vernetzen (*dezentriert*).

Bei StudiVZ und Social Network Sites im Allgemeinen haben vor allem die „schwachen Bindungen" eine zentrale Bedeutung:

> For college students, many of whom have moved away for the first time, the ability to stay in touch with these high school acquaintants may illustrate most clearly the „strength of weak ties" outlined by Granovetter […]. (Ellison et al. 2007: 1163 f.)

Anhand der Netzwerkkarten konnte festgestellt werden, dass die Mehrheit der Befragten mit dem Kontakt zu Bekannten oder alten Schulkameraden über „schwache Bindungen" verfügt, während nur in wenigen Fällen zusätzlich Beziehungen zu Familienmitgliedern und engen Freunden über StudiVZ gepflegt werden. Die Netzwerkkarten gaben zu erkennen, dass für diese „strong ties" alternative Kommunikationskanäle bestehen, während der Kontakt zum weniger engen Personenkreis zum Teil nur über StudiVZ besteht und ohne diese Plattform verloren ginge. Diese Beobachtung deckt sich mit wissenschaftlichen Erkenntnissen zu Medienwandel und sozialen Beziehungen, wie es beispielsweise Caroline Haythornthwaite hinsichtlich „Social Networks and Internet Connectivity Effects" demonstriert:

If there is a change in a group-wide medium, those who are strongly tied, because they maintain their tie through several media and because they are motivated to continue communicating, can carry on through other media. (Haythornthwaite 2005: 138)

Ergänzend zu starken und schwachen Bindungen führt Haythornthwaite die „latent ties theory" ein. Durch das technologisch bedingte Potenzial des Internets werde nun die Möglichkeit für vernetzte Verbindungen geschaffen, die vorher latent schon existierten, aber noch nicht sozial aktiviert waren (vgl. ebd.: 137). Im Fall StudiVZ könnten diese vor allem in dem Re-Kontaktieren ehemaliger Klassenkameradinnen und -kameraden gesehen werden, zu denen der Kontakt meist nach dem Schulabschluss und der damit einhergehenden geografischen Zerstreuung abbrach. Es bleibt jedoch fraglich, ob in der Vernetzung mit alten Schulbekanntschaften tatsächlich ein soziales Kapital in Form von „valuable sources of new information and resources" (Ellison et al. 2007: 1164) zu sehen ist.

5 Fazit

Die vorgestellte Studie zeigte, dass StudiVZ von Studierenden auf unterschiedliche Weise ganz individuell angeeignet und mehr oder weniger stark in schon bestehende Kommunikationsgewohnheiten integriert wird. Niemand von den hier befragten Studierenden stellte einen Typus in Reinform dar, doch anhand der Äußerungen und Netzwerkkarten kristallisierten sich drei Aneignungstypen heraus: die *zentrierten Netzwerker*, die StudiVZ sehr schnell antizipiert haben und nahezu ausschließlich für die Alltagskommunikation nutzen; die *dezentrierten Netzwerker*, die StudiVZ durchaus sehr intensiv nutzen, jedoch aufgrund von hoher Aktivität bei anderen Social Network Sites weniger auf StudiVZ angewiesen sind; und schließlich die *selektiven Netzwerker*, die Social Network Sites ohnehin nur für ausgewählte Aktionen nutzen.

Daneben hat die Untersuchung der Aneignung von StudiVZ gezeigt, dass parallel zu Individualisierungsprozessen vorrangig Vergemeinschaftung geschieht und ermöglicht wird. Es kann angenommen werden, dass sich Social Network Sites im Allgemeinen nicht nur aufgrund der technologischen Bedingungen so schnell verbreitet haben, sondern auch weil sie den Bedürfnissen von „locker geknüpften und räumlich zerstreuten Netzwerken" (Wellman 2002: 151) gerecht zu werden scheinen: Sie machen die sozialen Netzwerk-Geflechte sichtbar, ermöglichen verschiedene Funktionen zur Kommunikation und Kontaktpflege und sie bieten eine Plattform zum Darstellen und Austauschen von Erfahrungen (z. B. über Verlinkungen, Fotos und Videos).

Durch die unmittelbare Verknüpfung von Person und Studienort (und wahlweise Heimatort) in StudiVZ wird ebenso die Bedeutung des Lokalen erkennbar. Wenngleich StudiVZ auch eine „Vielfalt von translokalen – also: ortsübergreifenden – Kommunikationsbeziehungen eröffnet" (Hepp: 2008), erscheint die „Reichweite zum Globalen" eher begrenzt. Dies zeigt sich unter anderem an den verschiedenen zur StudiVZ Ltd. gehörigen nationalen Studentennetzwerken in Spanien, Frankreich und Polen, die untereinander nicht verbunden und auf einen (nationalen) Sprachraum begrenzt sind.

Während in StudiVZ ein lokales, regionales oder nationales Potenzial (beispielsweise durch Aufrufe für Flashmobs, politische Protestbewegungen) gesehen werden kann, ist ein globales Potenzial eher bei Facebook zu vermuten. Während im Erhebungszeitraum diese US-amerikanische Social Network Site noch kaum eine Rolle in Deutschland spielte (Facebook wurde hier nur von zwei Befragten überhaupt erwähnt), hat sich Facebook mittlerweile auch unter deutschen Studierenden etabliert und stellt aktuell eine der am schnellsten wachsenden Social Network Sites in Deutschland dar (vgl. Hoffmann 2010). Heute wäre es daher wissenschaftlich relevant, diese Koexistenz der verschiedenen Social Network Sites zu untersuchen, um Unterschiede in der Aneignung identifizieren zu können. Außerdem wären auch Aspekte wie die zunehmend mobile Nutzung sowie Kompatibilität und Synchronisierungsmöglichkeiten unterschiedlicher Web-2.0-Plattformen mit Social Network Sites (z. B. mit Blogs, Microblogging-Diensten wie Twitter und Videoplattformen wie YouTube) zu untersuchen. In Bezug auf die Aneignung stellen sich auch folgende Fragen: Wie werden StudiVZ und Facebook in Zukunft bezüglich sich verändernder Privatsphäre-Einstellungen und der Nutzung persönlicher Daten durch Werbetreibende angeeignet? Können dabei möglicherweise kulturelle Unterschiede ausgemacht werden?

Social Network Sites zeichnen sich gleichermaßen durch ihre Technologie wie auch durch ihre Inhalte aus und verdeutlichen so die kaum trennbaren und ineinandergreifenden Prozesse, die den „Kreislauf der Medienkultur" (Hepp 2004: 187) beschreiben: Die Gesamtheit der Nutzerinnen und Nutzer produziert die Inhalte in Form von Text, Bild und Video, bestimmt über die Repräsentation der Informationen, reguliert deren Sichtbarkeit, kontrolliert Wert und Qualität, eignet sich die zur Verfügung gestellten Inhalte sowie die technischen Hilfsmittel an und nimmt dadurch Einfluss auf Neuerungen und Weiterentwicklungen, die Betreiber zur Verfügung stellen. Unter Berücksichtigung der aktuellen wissenschaftlichen und medialen Diskurse um Social Networks wird am Beispiel des hier vorgestellten Aneignungsspektrums von StudiVZ deutlich: Zum einen werden Social Network Sites als Instrument für kommunikative Vernetzung genutzt und können als Spiegelbilder persönlicher Netzwerke und der heutigen Netzwerk(er)gesellschaft angesehen werden. Andererseits nehmen sie auch Einfluss auf gesellschaftliche Strukturen und prägen diese.

Literatur

Bakardjieva, Maria (2005): Internet Society. The Internet in Everyday Life. London u. a.: SAGE.

Baym, Nancy K. (2006): Interpersonal Life Online. In: Lievrouw, Leah A./Livingstone, Sonia (Hrsg.): Handbook of new media: social shaping and social consequences of ICTs. Updated Student Edition. London u. a.: SAGE, 62–76.

Böhme, Hartmut et al. (2004): Netzwerke. Eine Kulturtechnik der Moderne. Köln und Weimar: Böhlau.

Boyd, Danah M./Ellison, Nicole B. (2007): Social-Network-Sites: Definition, History, and Scholarship. Journal of Computer-Mediated Communication, Vol. 13 (1), 210–230.

Castells, Manuel (2003): Das Informationszeitalter I. Der Aufstieg der Netzwerkgesellschaft. Opladen: Leske+Budrich.

Comscore (2010): U.K. Social Networking Site Usage Highest in Europe, http://www.comscore.com/Press_Events/Press_Releases/2007/10/UK_Social_Networking [20.02.2011].

Ellison, Nicole B. et al. (2007): The Benefits of Facebook „Friends": Social Capital and College Students' Use of Online Social Network Sites. Journal of Computer-Mediated Communication Vol. 12 (4), 1143–1168.

Haas, Sabine et al. (2007): Web 2.0: Nutzung und Nutzertypen. In: Media Perspektiven 8/2007, 215–222.

Haythornthwaite, Caroline (2005): Social Networks And Internet Connectivity Effects. In: Information, Communication & Society Vol. 8 (2), June 2005, 125–147.

Hepp, Andreas (2004): Die Aneignung translokaler Ressourcen. In: Hepp, Andreas/Vogelgesang, Waldemar (Hrsg.): Netzwerke der Medien. Medienkulturen und Globalisierung. Wiesbaden: VS.

Hepp, Andreas (2008): Medienkommunikation und deterritoriale Vergemeinschaftung: Medienwandel und die Posttraditionalisierung von translokalen Vergemeinschaftungen. In: Hitzler, Ronald et al. (Hrsg.): Posttraditionale Gemeinschaften. Theoretische Bestimmungen und ethnographische Bestimmungen. Wiesbaden: VS, 132–150.

Hoffmann, Daniel (2010): Social Media Nutzerzahlen und Trends in Deutschland 1/2010, Social Media Blog, 22.04.2010. http://www.socialmedia-blog.de/2010/04/social-media-nutzerzahlen-und-trends-in-deutschland/ [20.02.2011].

Hollstein, Betina (2006): Qualitative Methoden und Netzwerkanalyse – ein Widerspruch? In: Hollstein, Betina/Straus, Florian (Hrsg.): Qualitative Netzwerkanalyse. Konzepte, Methoden, Anwendungen. Wiesbaden: VS, 11–36.

Jansen, Dorothea (2006): Einführung in die Netzwerkanalyse. Grundlagen, Methoden, Forschungsbeispiele. 3. überarb. Auflage, Wiesbaden: VS.

Kaube, Jürgen (2007): Studenten treibt es ins Netz. F.A.Z., 09.01.2007, Nr. 7/31. http://www.faz.net/-00oq6n [31.10.2010].

Kelle, Udo/Susann Kluge (1999): Vom Einzelfall zum Typus. Fallvergleich und Fallkontrastierung in der qualitativen Sozialforschung. Opladen: Leske+Budrich.

Krotz, Friedrich (2005): Neue Theorien entwickeln. Eine Einführung in die Grounded Theory, die Heuristische Sozialforschung und die Ethnographie anhand von Beispielen aus der Kommunikationsforschung. Köln: Halem,

Nielsen (2010): Led by Facebook, Twitter, Global Time Spent on Social Media Sites up 82% Year over Year, http://blog.nielsen.com/nielsenwire/global/led-by-facebook-twitter-global-time-spent-on-social-media-sites-up-82-year-over-year/ [20.02.2011].

Pusch, Albert (2010): Soziale Netzwerke sterben – das Social Web nicht, Social Media Blog, 30.04.2010. http://www.socialmedia-blog.de/2010/04/ [31.10.2010].

Schmidt, Jan (2006): Weblogs. Eine kommunikations-soziologische Studie. Konstanz: UVK.

Stegbauer, Christian/Alexander Rausch (2006): Strukturalistische Internetforschung: Netzwerkanalysen internetbasierter Kommunikationsräume. Wiesbaden: VS.

Strauss, Anselm/Corbin, Juliet (1996): Grounded Theory: Grundlagen qualitativer Sozialforschung. Weinheim: Beltz.

StudiVZ (2010): Über uns – Daten und Fakten, http://www.studivz.net/l/about_us/1/ [20.02.2011].

Wellman, Barry et al. (2002): The Networked Nature of Community: Online and Offline. In: IT & Society, Volume 1, Issue 1, 151–165.

Wittel, Andreas (2006): Auf dem Weg zu einer Netzwerk-Sozialität. In: Hepp, Andreas et al. (Hrsg.): Konnektivität, Netzwerk und Fluss. Konzepte gegenwärtiger Medien-, Kommunikations- und Kulturtheorie. Wiesbaden: VS, 163–188.

What are they doing? Eine Untersuchung über das Twittern

Louisa Karbautzki

1 Nutzungsmuster und Nutzertypologie privater Twitter-Nutzerinnen und -Nutzer

Im *Web 2.0* wurden neue Formen der *Medienaneignung* geschaffen, in denen Rezeption und Produktion vereint werden: Jeder kann Inhalte veröffentlichen, mitgestalten, bewerten, sich vernetzen etc. So verschwimmen die Grenzen zwischen Nutzung und Produktion und machen Raum für eine neue Generation von sogenannten *Produsern*. Ein Beispiel dafür ist *Twitter,* eine der am stärksten wachsenden Plattformen unter den Web-2.0-Angeboten und damit auch eine der bekanntesten. 2006 begann es mit der simplen Frage „What are you doing?" und einem Textfeld mit 140 Zeichen. Angesichts der oft scheinbar banalen Antworten erntet Twitter seitdem nicht nur Lob, sondern auch viel Unverständnis. Mittlerweile hat Twitter jedoch eine sehr große Reichweite und verspricht, mit der Reformulierung der Frage hin zu „What's happening?" das Weltgeschehen in Echtzeit zu aggregieren.

Damit einhergehend nimmt auch das wissenschaftliche Interesse zu. Seit dem Durchbruch der Plattform steigt die Anzahl der Veröffentlichungen von Artikeln und Studien zum Phänomen *Twitter* – vor allem mit Fokus auf Nutzungszahlen und marketingrelevante Erkenntnisse. Denn Twitter ist als Marketingtool für Unternehmen sowie Politik und Unterhaltungsindustrie zu einem festen Bestandteil geworden. Doch wie wird Twitter privat genutzt? Sind die einzelnen sogenannten *Tweets* bloß eine Ansammlung von Belanglosigkeiten, oder handelt es sich um soziale Alchemie, wie die Gründer es nennen? Und bilden sich in ihrer Gesamtheit Nutzungsmuster heraus, die auf eine differenziertere Nutzertypologie schließen lassen?

Mit einer qualitativen Analyse der Inhalte und einer quantitativen Analyse der formalen Eigenschaften der Tweets von privaten Twitternutzerinnen und -nutzern über einen Zeitraum von einem Monat wurde versucht, eine Antwort auf diese Frage zu finden.

2 Neues Internet, neue Nutzer

Will man sich wissenschaftlich mit dem Phänomen Twitter befassen, kommt man um eine Auseinandersetzung mit einem der populärsten Schlagworte des Internets in den letzten Jahren nicht herum: das Web 2.0. Wie es mit Schlagworten nun einmal so ist, prallt hier eine Vielzahl von Sichtweisen aufeinander, die noch zu keiner gemeinsamen Definition gefunden haben. Vielmehr sind Diskurse darüber zu beobachten, ob es überhaupt einen „diskreten Versionssprung" (Schmidt 2008: 20) von einem *Web 1.0* zu einem Web 2.0 gab (O'Reilly 2005). Oder ob die Entwicklungen von Konzepten und Technologien, die eine unmittelbare Manipulation von Webinhalten ermöglichen, nicht doch fließend sind und ob man das Ganze nicht sowieso besser *Social Web* nennen sollte – schließlich sind es doch Menschen, die dieses Web kollaborativ gestalten (Guenther/Schmidt 2008: 168f.).

Festzuhalten ist, dass Angebote, die zum Web 2.0 oder Social Web gezählt werden, als Plattformen zu verstehen sind, die es Menschen grundsätzlich ermöglichen, ohne hohe Einstiegshürden Inhalte zu kreieren, zu veröffentlichen, zu ergänzen und zu vernetzen. Zu welchem Grad sie dies tun, bleibt ihnen dabei selbst überlassen. Über offene Programmierschnittstellen können Inhalte und Angebote miteinander kombiniert werden und so wiederum neuartige Inhalte und Angebote generieren – sogenannte Mashups (vgl. Remix-Begriff von O'Reilly 2005).

Dieses neue Verständnis von dem, was Webangebote wie Blogs, Wikis, Social Networks etc. leisten können, schafft auch eine neue Form von Nutzerinnen und Nutzern, die die Grenze zwischen Medienrezeption und -produktion aufheben: die Produser – eine Wortschöpfung als Kombination aus den englischen Begriffen „producer" und „user" (Bruns/Jacobs 2008: 6). Jedoch sind die Arten der Nutzung und Aneignung sehr verschieden: Jan Schmidt fasst diese in „Identitäts-, Beziehungs- und Informationsmanagement" (Schmidt 2008: 23f.) zusammen. Gerhards, Klingler und Trump (2008: 136f.) unterscheiden hingegen zwischen produzierenden und kommunizierenden Web-2.0-Nutzern. Auch das Gefälle zwischen aktiven und passiven Nutzern ist noch groß (Haas et al. 2007: 222, Heil/Piskorski 2009). Zu den Aktiven zählen vor allem Jugendliche und junge Erwachsene, die „friendship-driven" agieren und so zum Erfolg von Social Networks wie Facebook beitragen (Fisch/Gscheidle 2008: 358, Schmidt et al. 2009: 9).

2.1   Twitter: Zwischen sozialer Alchemie und Belanglosigkeit

Twitter ist eines der Web-2.0-Angebote, das sich derzeit offenbar keine Sorgen um einen Nachschub an Produsern machen muss. Im Jahr 2009, als diese Studie entstand, verging kaum eine Woche, in der Twitter nicht in einer Schlagzeile auftauchte und seinen Bekanntheitsgrad erhöhte: Im Sommer zum Beispiel in Form von Kontroversen um die frühzeitige Veröffentlichung von Wahlergebnissen (Reißmann 2009). Die Meinungen über Sinn und Unsinn der Plattform divergieren, wie es bei einem so erfolgreichen Phänomen wohl der Fall sein muss. Twitter-Mitgründer Biz Stone nennt das, was auf seiner Plattform stattfindet, „soziale Alchemie" (Sixtus 2007), Kritiker schimpfen es „Klowand des

Internets" (Uehlecke 2009). Clive Thompson schreibt in einem Online-Artikel des US-Magazins Wired:

> Twitter is the app that everyone loves to hate. [...] Individually, most Twitter messages are stupefyingly trivial. But the true value of Twitter – and the similarly mundane Dodgeball, a tool for reporting your real-time location to friends – is cumulative. The power is in the surprising effects that come from receiving thousands of pings from your posse. (Thompson 2007)

Tatsache ist, dass sich der Trend, individuelle Updates über Twitter zu versenden und empfangen, bisher durchaus durchsetzen konnte. Mit 1.448 Prozent Wachstum war Twitter zwischen Mai 2008 und Mai 2009 die am schnellsten wachsende Web-2.0-Plattform (Nielsen 2009).

Auf die Frage eines Twitternutzers, wie er seinem Chef Twitter erklären soll, bot Sascha Lobo, Autor, Werbetexter und in den Medien so etwas wie ein Web-2.0-Star, folgende Lösung an: „Sag ihm, Twitter ist eine Mischung aus Bloggen, Chatten & SMS an alle" (Lobo 2008). Tatsächlich kann der Microblogging-Dienst alle diese Eigenschaften in sich vereinen. Rund um die Frage „What's Happening?" (bis zum 19. November 2009 „What are you doing?" [Stone 2009b]) veröffentlichen Nutzer persönliche Statusmeldungen von maximal 140 Zeichen Länge als Antwort auf diese Frage.

Twittern stammt vom Englischen „(to) twitter" und bedeutet übersetzt soviel wie „schnattern" oder „zwitschern". Mitgründer Jack Dorsey erklärt in einem Interview, dass dieser Ausdruck genau der richtige war, um die kurzen Statusmeldungen zu erfassen:

> The whole bird thing: bird chirps sound meaningless to us, but meaning is applied by other birds. The same is true of Twitter: a lot of messages can be seen as completely useless and meaningless, but it's entirely dependent on the recipient. So we just fell in love with the word. (Sarno 2009)

Wer twittern will, registriert sich mit einem Pseudonym und einer E-Mail-Adresse und kann dann Statusnachrichten (Tweets[1]) auf der Plattform veröffentlichen. Ob diese für alle oder nur für ausgewählte Abonnenten (Follower) sichtbar sind, liegt in der Hand der Registrierten. Laut Biz Stone twittern etwa 90 Prozent der Nutzenden öffentlich (Sixtus 2007).

Ursprünglich war Twitter als „broadcast medium" gedacht – Nutzerinnen und Nutzer sendeten Nachrichten an alle und empfingen Nachrichten, die sie interessierten. Die unterschiedlichen Tweet-Typen und Kommunikationsstrukturen, die man jetzt beobachten kann, wurden von den Nutzern selbst entwickelt:

> One of the many ways that users shaped the evolution of Twitter was by inventing a way to reply to a specific person or specific message. This syntax – the @username [...] was completely

---

[1] Im Folgenden wird der Begriff Tweet mit Ausnahme der statistischen Diskussion verschiedener Tweet-Typen als Sammelbegriff für alle Arten von Updates auf Twitter verwendet.

invented by users and we didn't build in to until it already became popular and then we made it easier. (Williams 2007)

Neben *Messages* (öffentliche Tweets an eine Person) und *Replies* (öffentliche Antworten auf einen Tweet) kamen so mit der Zeit auch *Direct Messages* (private Tweets zwischen zwei Personen) und *Retweets* (sozusagen eine Weiterleitung an alle) hinzu. Zu den weiteren Entwicklungen in der Twitter-Community gehören außerdem sogenannte *Hashtags*. Dies sind in der Regel Kürzel, die mit einem vorangestellten Rautezeichen in die Tweet-Texte eingefügt werden (z. B. #btw09 für Tweets zur Bundestagswahl 2009), was eine thematische Suche über alle Tweets anhand ihrer Hashtags ermöglicht. Ebenso haben sich *Kurz-URLs* etabliert für die platzsparende Unterbringung von Links und Bildern sowie Traditionen wie der *Music Monday* für Musiktipps oder der *Follow Friday*, an dem interessante Nutzer empfohlen werden.

2.2 Erste Schritte in der Web-2.0- und Twitter-Forschung

Das Web 2.0 ist für die Wissenschaft immer noch ein vergleichsweise junges Forschungsfeld (erste Begriffsdefinition von DiNucci 1999, Verbreitung erst mit O'Reilly 2004). So ist die Zahl der Studien vergleichsweise überschaubar, wenn man von der traditionellen Mediennutzungs- und Mediennutzerforschung absieht (vgl. ARD/ZDF-Onlinestudie 2009, Oehmichen 2007). Im Mittelpunkt der Web-2.0-Forschung stehen bisher vor allem Social Networks (Fisch/Gscheidle 2008, Schmidt et al. 2009) und Blogs (Krauss 2008) mit Fokus auf Netzwerkdynamiken (Cardon/Aguiton 2007), Journalismus (Schmidt/Frees/Fisch 2009) und Marketing (Brand Science Institute 2009, Jackson/Yates/Orlikowski 2007, Zerfaß/Boelter 2005).

Ein Blick auf die bisherigen Studien zum Phänomen Twitter zeigt, dass die Twitter-Forschung noch in den Kinderschuhen steckt – verständlich, denn Twitter ist noch jung und beschäftigt erst seit 2008 die Menschen und Medien in dem Maße, dass auch die Wissenschaft nachzieht. Nutzerstatistiken (z. B. Fox/Zickuhr/Smith 2009, Pfeiffer 2009b) und Ansätze in der Netzwerkanalyse (z. B. Handley 2009, Heil/Piskorski 2009, Hubermann/Romero/Wu 2008) sind Beispiele für die erste wissenschaftliche Auseinandersetzung mit der Web-2.0-Plattform. Darüber hinaus beschäftigen sich zumeist selbsternannte Marketing- und Social-Media-Experten bereits mit der Veröffentlichung von Artikeln mit Tipps und Tricks zur Einbindung von Twitter in die Mediaplanung (z. B. Berns/Henningsen 2009, Morris 2009). Eine inhaltliche Auseinandersetzung mit dem, was die neuen Produser alltäglich auf Twitter generieren, beschränkt sich bisher auf Statistiken der *Trending Topics*, isolierte Berichterstattungen um außerordentliche Ereignisse wie die Flugzeuglandung im Hudson River (vgl. Krums 2009) oder die Diskussion um Tweets von Stars (vgl. Drotschmann 2009, Sutter 2009).

Dass sich die Fachwelt bisher noch nicht mit den Nutzungsgewohnheiten einfacher Twitternutzerinnen und -nutzer befasst hat, mag auch daran liegen, dass ihre Inhalte immer noch dem Generalverdacht der Belanglosigkeit unterliegen. Die wachsende Popularität der Plattform spricht jedoch dafür, dass hier subjektiv durchaus Bedeutungsvolles geschaffen wird. Genau an dieser Stelle setzt diese Untersuchung an und wirft einen ersten genaueren Blick auf die produzierten Inhalte alltäglicher Nutzung.

3 Auf der Suche nach Mustern und Typen

Die Theorieentwicklung dieser Studie beginnt mit der Annahme, dass es wie bei Web-2.0-Angeboten im Allgemeinen (vgl. Haas et al. 2007) auch bei Twitter im Speziellen verschiedene *Nutzungsmuster* und weitergehende *Nutzertypen* gibt. Um sie erstmals zu erfassen, werden unterschiedliche Aspekte der Twitter-Aneignung mittels eines *Methodenmixes* betrachtet.

Das empirische Material für diese Analyse stellen 5042 Tweets von 14 deutschsprachigen, öffentlich zugänglichen Profilen im Zeitraum von einem Monat dar. Die Auswahl der Nutzerinnen und Nutzer erfolgte nach mehreren Kriterien: Die Tweets sollten überwiegend in deutscher Sprache verfasst sein, die Nutzer mussten im Analysezeitraum (August 2009) aktiv sein und sollten eine gewisse Relevanz im Twitter-Netzwerk aufweisen. Als „focal points" (Schmidt 2008: 32) im Netzwerk verdichten solche Nutzer Inhalte und sind somit besonders entscheidend für eine Diskussion von Nutzungsmustern und -typen. Als Quellen wurden zwei unabhängige Ranglisten aus dem deutschsprachigen Raum herangezogen (Schröder 2009, Pfeiffer 2009a), die ihren Fokus bereits auf diese Art von Nutzer legen.

Die qualitative Analyse der Tweets erfolgte in Anlehnung an die klassische *Zusammenfassung* nach Mayring (2000: 58). Dafür war es notwendig und gleichzeitig angemessen, die Anzahl der betrachteten Tweets pro Nutzer auf die jeweils ersten 50 im betrachteten Zeitraum zu reduzieren. Einerseits konnte eine frühe inhaltliche Wiederholung von Themenfeldern beobachtet werden, die später den Kategorienkorpus darstellen sollten. Andererseits mussten viele Tweets im Kontext gelesen werden (vgl. Explikation nach Mayring 2000: 58). Die Kürze der Tweets führt weiterhin zu einer Art von Selbstparaphrasierung. Die Tweets enthielten also kaum „ausschmückende, wiederholende, verdeutlichenden Wendungen" (Mayring 2000: 62), sodass der Analyseschritt der *Paraphrasierung* ausgelassen bzw. mit der *Generalisierung* zusammengeführt werden konnte. Nach der anschließenden *Reduktion* nach (1.) Accounts und (2.) Themen konnten sechs Kategorien bestimmt werden.

Für die Quantifizierung der erarbeiteten Kategorien wurden nur die nach der ersten Reduktion gültigen 733 Analyseeinheiten kodiert. Datengrundlage aller anderen statistischen Merkmale sind alle 5042 Tweets der 14 Profile. Zu den Merkmalen gehören der Tweet-Typ, Datum und Uhrzeit, Twitter-Klienten, den

Text ergänzende Elemente wie Hashtags, Links oder Bilder sowie die Nutzungsintensität. Neben der Berechnung von reinen Häufigkeitsverteilungen wurden die verschiedenen Merkmalsausprägungen untereinander mittels Kreuztabellen und Signifikanztests (Chi-Quadrat-Test, vgl. Brosius (2005)) auf eventuelle Zusammenhänge und Abhängigkeiten überprüft.

4 What they are doing

4.1 Worüber getwittert wird

Nach Durchsicht aller in die qualitative Analyse einfließenden 733 Tweets der Twitter-Nutzerinnen und -Nutzer konnten insgesamt sechs unterschiedliche inhaltliche Kategorien gebildet werden. Diese sind in ihrer Benennung an die für die Tweets typische grammatikalische Kurzform angelehnt. Die Reihenfolge stellt hierbei keine Rangfolge dar – die Benennung erfolgte in Reihenfolge der Entdeckung der Kategorie bzw. Ausdifferenzierung der Unterkategorie.

K1 bin unterwegs: Twitter-Nutzende sind unterwegs und halten das, was sie dabei erleben, in ihrer Timeline fest. Anlass, um vom Unterwegssein zu erzählen, ist dabei nicht unbedingt die große Reise in andere Städte oder Länder. Schon die Fahrt mit dem Bus, der Spaziergang durch die Nachbarschaft oder das Abendprogramm in Bars, Theatern etc. sind erwähnenswert.

K2 bin digital/K2.1 bin digitaler Mediennutzer/K2.2 bin in der Netzkultur: Twitter-Nutzende setzen sich auf vielfache Weise mit ihrer digitalen Welt auseinander. Viele Tweets handeln von digitalen Diensten, Software, Hardware und dem Umgang mit diesen Dingen. Über diese praktische Ebene hinaus zeigt sich in den Tweets auch eine übergreifende Beschäftigung mit dem Digitalen im Diskurs der Gesellschaft. Als Teil der sogenannten Netzkultur – eine internationale Subkultur, die sich im Internet manifestiert – interessieren sich Twitter-Nutzende insbesondere für Themen, die Dynamiken des Internets und dessen Rolle in der Gesellschaft betreffen.

K3 bin reflexiv: Auch die Reflexion über Twitter gehört zum Alltag der Twitter-Nutzenden. Dabei werden die Plattform selbst, Tools, das Twittern an sich und weitere Themen rund um Twitter kommentiert.

K4 bin politisch: Daneben gehören politische Tweets zum Repertoire der Twitter-Nutzenden. Sie äußern sich dabei zu netzrelevanten Themen, aber auch zu allgemeinen Belangen. Mit Hilfe von Hinweisen auf Informationen in Form von Kommentaren, Artikeln, Videos etc. bilden sie in einem oftmals kritischen Ton den politischen Diskurs auf Twitter.

K5 bin privat/K5.1 bin persönlich/K5.2 bin gesprächig: Eine der quantitativ umfangreichsten Kategorien ist die der privaten Tweets. Also Tweets, in denen die Nutzer persönlich werden und von ihren Eigenschaften, ihrer Freizeit, ihren Wünschen und Missgeschicken erzählen und in denen sie persönliche Gespräche mit anderen über solche Themen führen.

K6 bin informativ/K6.1 bin Beobachter/K6.2 bin hilfreich: In diesen Tweets dreht sich hingegen alles um andere Menschen, beobachtete Geschehnisse und Fakten. Diese werden von Twitter-Nutzenden nicht nur bloß dargestellt, oftmals tun sie sich als Experten hervor, sprechen Empfehlungen aus und bieten Tipps sowie Problemlösungen an.

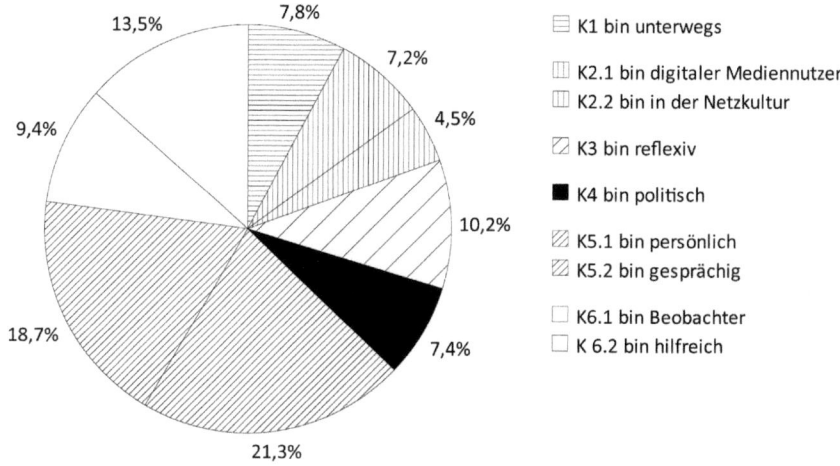

Abbildung 1: Inhalte der Tweets, n = 733, eig. Darst.

Die Betrachtung der Statistiken zur inhaltlichen Orientierung der Tweets zeigt, dass alle untersuchten Nutzerinnen und Nutzer einen deutlichen Fokus auf *private* (K5) und *informative* (K6) Inhalte setzen (vgl. Abb. 1). Sie machen nicht nur in der Gesamtbetrachtung mehr als die Hälfte aller Tweets aus, sondern auch in fast allen Einzelstatistiken der Nutzer. Ein einzelner Nutzer stellt eine Ausnahme dar, ist aber mit insgesamt 46,5 Prozent Tweets in beiden Kategorien nicht weit von dieser Marke entfernt. Unterschiede sind dann allerdings in den Verteilungen in den Unterkategorien erkennbar. Bei den meisten Nutzern lassen sich zumindest in einer der beiden Hauptkategorien Schwerpunkte in einer Unterkategorie beobachten, wie bei einem Nutzer, dessen *private* Tweets sich aus sechzehn *persönlichen* und vier *gesprächigen* zusammensetzen und dessen *informative* Tweets aus drei *beobachtenden* und sieben *hilfreichen* bestehen. Beide Kategorien sind jedoch eher übergreifende Sammelbecken von verschiedensten Themen, sodass die Beteiligung an diesen Diskussionen zu einem Teil natürlich ist. In den thematisch stärker fokussierten Kategorien (K1–K4) lassen sich dann deutliche Unterschiede erkennen. Sowohl die allgemeine Häufigkeit der Tweets als auch die Homogenität der Nutzung nehmen hier ab. Dies wurde besonders in der Kategorie der *politischen* Tweets deutlich, die im Wesentlichen von zwei Nutzern getragen werden. Nicht jedes der hier betrachteten Profile zeigt die gleichen Interessen und so variiert die Nutzungsintensität innerhalb der thematisch eng fokussierten Kategorien teilweise sehr stark.

4.2 Wie getwittert wird

Twitter-Nutzerinnen und -Nutzer scheinen vor allem daran interessiert, originäre Inhalte in Tweets zu veröffentlichen (vgl. Abb. 2). Dem gegenüber stehen die Replies (25,7 Prozent), deren Nutzung mit Blick auf die Einzelstatistiken sehr differenziert ausfällt. Offenbar haben viele Nutzer hier gefestigte Netzwerke, in denen sie sich kommunikativ bewegen. Von vielen werden sie aber auch nur am Rande genutzt.

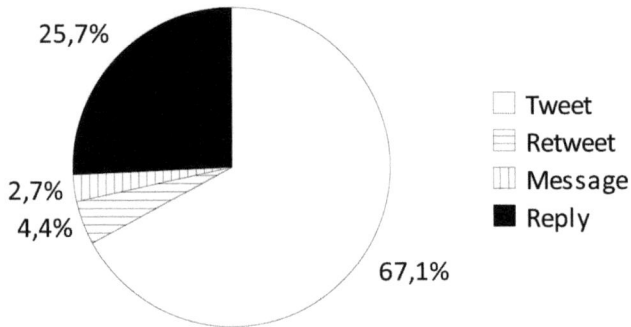

Abbildung 2: Tweet-Typen, n = 5042, eig. Darst.

Gleichzeitig ist zu beobachten, dass nur 2,7 Prozent der Status-Updates Messages sind. Betrachtet man die zur inhaltlichen Analyse herangezogenen Referenznachrichten, wird aber deutlich, dass Messages in mindestens 51,4 Prozent der Fälle (n = 185) Auslöser für die Unterhaltung sind.[2] Da die untersuchten Profile zu den populärsten im deutschen Twitter-Netzwerk zählen, mangelt es ihnen nun nicht an Kontakten, die ihre Aktivität vorantreiben. Es ist in dieser Dimension sogar wahrscheinlich, dass sie die von Hubermann, Romero und Wu (2008: 5) beschriebene Follower-Sättigung erreicht haben und das Verhältnis von Tweets und Replies somit weniger auf Follower-Dynamiken als auf persönliche Nutzungsinteressen auf Twitter zurückzuführen ist.

4,4 Prozent der untersuchten Tweets sind schließlich *Retweets*. Bei der Betrachtung inhaltlicher Tendenzen verschiedener Tweet-Typen zeigen sie vor

---

[2] 16,8 Prozent der Referenztweets konnten nicht überprüft werden, da sie von Nutzenden mit nicht öffentlich zugänglichen Twitter-Profilen verfasst wurden.

allem eine deutlich erhöhte Frequenz politischer und informativ-hilfreicher Inhalte.

4.3 Wann getwittert wird

Ein Blick auf die Tweet-Frequenz pro Stunde im Tagesverlauf deutet bereits auf eine Zunahme in Richtung Abend hin. Bei der Zusammenfassung in Tageszeiten von Sechs-Stunden-Blöcken wird dieses Wachstum offensichtlich (vgl. Abb. 3).

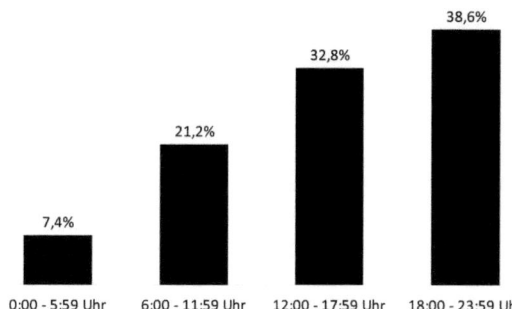

Abbildung 3: Tweets nach Tageszeiten, n = 5042, eig. Darst.

Den Anstieg der Tweet-Zahlen von der ersten zur zweiten Tageshälfte haben alle Nutzerinnen und Nutzer gemeinsam, wenn auch nicht immer so gleichmäßig wie im Gesamtschnitt. Für die meisten Nutzer lässt sich außerdem eine Kerntageszeit bestimmen, zu der sie besonders aktiv sind.

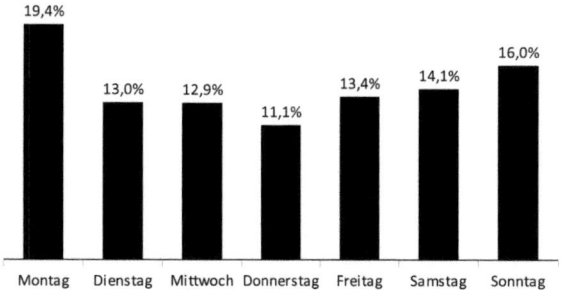

Abbildung 4: Tweets nach Wochentagen, n = 5042, eig. Darst.

Die Verteilung der Tweets im Verlauf einer Woche (vgl. Abb. 4) zeigt, dass die Twitter-Nutzenden einander besonders am Montag viel zu erzählen haben. Für die Hälfte der Nutzer ist dies der Tag der höchsten Aktivität und auch für die andere Hälfte ist er immer noch unter den zwei bis drei aktivsten Tagen. Donnerstag ist der Tag der geringsten Aktivität: tatsächlich ist dies für neun Nutzer der Tag mit den wenigsten oder zweit-wenigsten Tweets. In Richtung Wochenende nimmt die Aktivität wieder leicht zu. Betrachtet man die Wochenstatistiken der einzelnen Nutzer, fällt auf, dass mit Ausnahme einer tendenziellen Montags-Aktivität und Donnerstags-Inaktivität nur wenige deutliche Gemeinsamkeiten gefunden werden können. Alle Nutzer scheinen mit Blick auf die wöchentliche Aktivität einen sehr individuellen Rhythmus entwickelt zu haben.

4.4 Wo getwittert wird

Auffallend in der Betrachtung der genutzten Twitter-Klienten ist vor allem die Vielfalt der Angebote, die wahrgenommen werden. Insgesamt wurden 41 verschiedene Quellen für Tweets gezählt. Alle Nutzerinnen und Nutzer haben von mindestens drei bis zu fünfzehn verschiedenen Diensten Updates an Twitter gesendet, wobei sie sich meist auf jeweils zwei bis drei Klienten fokussierten.

Insgesamt zeigen alle eine deutliche Affinität zur mobilen Twitter-Nutzung. 55,4 Prozent der untersuchten Tweets wurden mobil gesendet, 41,9 Prozent vom Desktop. Dabei verzichten jedoch selbst diejenigen mit einer intensiven Mobilnutzung nie ganz auf Desktop- oder Webanwendungen. Wie die Statistiken zur zeitlichen Dimension der Nutzung gezeigt haben, twittern fast alle Nutzer zu verschiedensten Tageszeiten. Das ist praktisch nur möglich, wenn sie im Alltag jederzeit Updates an die Plattform senden können. Betrachtet man die Dynamik zwischen Klienten und Tageszeiten, kann man so z. B. auch feststellen, dass die nächtliche Twitter-Aktivität, die überdurchschnittlich häufig von Samstag auf Sonntag zu beobachten ist, signifikant mit der Nutzung von mobilen Klienten zusammenhängt, was die Vermutung nahe legt, dass hier tatsächlich vom Aufenthaltsort des jeweiligen Abendprogramms getwittert wird.

4.5 Womit getwittert wird

Tweets bestehen nicht immer nur aus Texten, sondern können darüber hinaus ein oder mehrere ergänzende Elemente enthalten (vgl. Tabelle 1).

Ergänzende Inhalte werden insgesamt weniger häufig und tendenziell themenbezogen verwendet. So werden 9,6 Prozent der Tweets über die eigene Person und 17,7 Prozent der Tweets über besuchte Orte oder Veranstaltungen mit *Bildern* illustriert und hilfreiche Themen in 51,8 Prozent der Fälle mit weiterführenden Links erläutert. Die Verwendung von *Hashtags* ist hingegen breiter gefächert. Interessant ist hier die Ausprägung in reflexiven Nachrichten (28,9 Prozent dieser Tweets enthalten Hashtags). Anscheinend ist es den Nutzerinnen und Nutzern ein Anliegen, die Diskussion um die Plattform, auf der sie sich bewegen, durch solche Verknüpfungen anzureichern. Zudem bleibt anzumerken, dass sich mitunter auch verschiedene ergänzende Elemente in einem

Tweet finden können (vgl. Prozent der Fälle, Tabelle 1). Ein Blick auf die Einzelstatistiken zeigt wieder große Unterschiede: Die meisten Nutzenden machen meist von den einen oder anderen Elementen mehrfach Gebrauch, nie aber von allen gleich viel. Ebenso gibt es auch Nutzende, die nur sehr selten Tweets mit *nur Text* versenden.

Tabelle 1: Häufigkeiten von Tweet-Elementen, n = 5042, eig. Darst.

	Antworten		
	N	Prozent	Prozent der Fälle
Link	817	14,4%	16,2%
Bild	311	5,5%	6,2%
Mention (Erwähnung eines anderen Profils)	517	9,1%	10,3%
Hashtag	945	16,7%	18,7%
Nur Text	3081	54,3%	61,1%

4.6 Wie häufig getwittert wird

Während der Datenerhebung wurde deutlich, dass es gewisse Unterschiede in der Nutzungsintensität unter den Nutzerinnen und Nutzern gibt. Um zu untersuchen, ob diese Unterschiede Einfluss auf andere Merkmale haben, wurden die Profile in zwei Gruppen aufgeteilt: acht Profile mit weniger als 248 Tweets und sechs mit mehr als 409 Tweets im Analysezeitraum. Betrachtet man nun einige Merkmale noch einmal in Hinblick auf diese Unterscheidung, lassen sich drei Tendenzen beobachten:

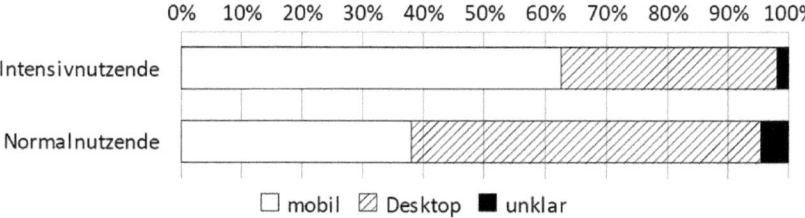

Abbildung 5: Klient-Typen Intensiv- (n=3557) und Normalnutzender (n=1485), eig. Darst.

Intensivnutzende sind mobiler als Normalnutzende. Intensivnutzende twittern nicht nur deutlich häufiger mobil als Normalnutzende (vgl. Abb. 5), sondern der

Signifikanztest zeigt, dass die Nutzungshäufigkeit in Abhängigkeit vom Twitter-Klienten zu sehen ist. Diese Beobachtung stimmt mit den Ergebnissen einer Studie des PEW-Forschungszentrums überein, nach der sich die Wahrscheinlichkeit der Twitter-Nutzung mit dem Zugang zum mobilen Internet erhöht (Fox/Zickuhr/Smith 2009: 3ff.).

Die zweite Tendenz ist inhaltlicher Art. Die normale Nutzung steht in Zusammenhang mit dem Twittern von politischen und hilfreichen Tweets sowie Tweets über die digitale Mediennutzung. Intensivnutzende twittern dahingegen zwar nicht um ein Vielfaches häufiger als Normalnutzende privat, jedoch tritt diese Kombination deutlich häufiger auf als statistisch erwartet. Hier stellt sich die Frage, warum solch ein inhaltlicher Umschwung stattfindet. Eine Möglichkeit ist, dass die vermutlich etablierteren Netzwerke der Intensivnutzenden genau jene Interaktionen anregen, die eine solche Beschäftigung mit der privaten Darstellung und Kommunikation erfordern.

Eine weitere Beobachtung, die im Zusammenhang mit der Nutzungsintensität gemacht werden kann, ist, dass Intensivnutzende signifikant und deutlich häufiger am Abend twittern als Normalnutzende: 72,9 Prozent der Tweets, die zwischen 18:00 Uhr und 23:59 Uhr gesendet werden, stammen von Intensivnutzenden.

4.7 Der Versuch einer Nutzertypologie

Die Auswertung der verschiedenen inhaltlichen und statistischen Merkmale hat gezeigt, dass es eine Reihe von übergreifenden Mustern in der privaten Twitter-Nutzung gibt. Doch sind diese Muster auch in den einzelnen Nutzerprofilen vorzufinden?

Bei der vergleichenden Betrachtung der prägnantesten Merkmale der Nutzerinnen und Nutzer werden die zuvor aufgezeigten Muster oftmals wieder erkennbar. Beispielsweise fällt auf, dass diejenigen mit nicht-privaten Schwerpunkten in den Unterkategorien Normalnutzende sind, oder dass gesprächige Nutzende entsprechend häufiger Replies senden als jene mit anderen inhaltlichen Schwerpunkten. Auch wird die große Varianz in der zeitlichen Nutzungsdimension und der Verwendung von ergänzenden Inhalten noch einmal deutlich. Allerdings fällt auch auf, dass sich nur entlang weniger Merkmale tatsächliche Häufungen von Gemeinsamkeiten verfolgen lassen, die eine umfassende Typisierung der Nutzenden möglich machen würde.

Nutzende mit Fokus auf Gesprächs-Tweets (K5.2) haben zwar alle gemeinsam, dass sie viele Replies schreiben. Danach teilt sich die Gruppe aber auf: in eine Gruppe mit zwei Nutzenden, die vornehmlich nachmittags desktopgebunden twittert und eine zweite Gruppe mit drei Nutzenden, von denen zwei noch abends mobil aktiv sind und zu den Intensivnutzenden zählen, von denen einer dann aber durch die normale Nutzung herausfällt. Annähernd durchgängige Häufungen von Gemeinsamkeiten wie bei den Gesprächen lassen sich nur schwer ausmachen. Startet man von anderen Merkmalen, verlaufen und überschneiden sich die weiteren Merkmale noch häufiger. Fünf Nutzende mit vielen Retweets haben so noch einen informativen Schwerpunkt (K6) gemeinsam und vier von ihnen twittern häufig desktopgebunden, aber unter den anderen Merkmalen lassen sich keine durchgängigen Gemeinsamkeiten mehr erkennen. Noch schwieriger gestaltet sich die Suche nach Gemeinsamkeiten ausgehend von ergänzenden Tweet-Elementen oder Wochentagen.

Der Ansatz einer Nutzertypologie kann also nur auf einer höheren Ebene über die Muster erklärt und nicht an den hier betrachteten Nutzenden festgemacht werden. Als Mittelpunkt vieler Muster stellte sich in der statistischen Betrachtung immer wieder die Unterscheidung zwischen persönlichen und themenbezogenen oder informativen Schwerpunkten heraus. Das Spannungsverhältnis zwischen diesen beiden Eigenschaften definiert den Charakter der Twitter-Nutzung am umfassendsten und erinnert an die z. B. von Schmidt definierten Arten der Produsage, die er in Identitäts-, Beziehungs- und Informationsmanagement unterteilt (Schmidt 2008: 23f.). Bei Twitter verschwimmen die Grenzen zwischen Schmidts Identitäts- und Beziehungsmanagement jedoch in dem Zusammenwirken von persönlichen Inhalten (K5.1), die Beziehungen erst generieren, und Gesprächen (K5.2), die diese Beziehungen weiter festigen.

5 Fazit

Die konzeptionellen und technischen Entwicklungen des Internets, die mit dem Begriff Web 2.0 umschrieben werden, haben neue Möglichkeiten der Partizipation geschaffen. Mit nur ein paar Klicks schaffen die neuen Produser Inhalte und Kontakte. Die Grenzen zwischen Rezeption und Produktion verschwimmen.

Twitter stellt als junge, populäre Plattform ein Paradebeispiel des Web-2.0-Gedankens dar. Ein Blick in die Entwicklungsgeschichte von Twitter hat gezeigt, dass sie wesentliche Aspekte der Plattform in Aneignungsprozessen selbst geformt haben.

Die Beschäftigung mit den Texten privater Twitter-Nutzerinnen und -Nutzer, die bislang nur wenig Aufmerksamkeit erhielten, hat verschiedene Dinge gezeigt: So trivial einzelne Tweets auch erscheinen mögen – die qualitative Betrachtung hat nachgewiesen, dass es übergreifende, inhaltliche Schwerpunkte gibt. Neben den beiden Kernkategorien der persönlichen und informativen Tweets konzentrieren sich die Nutzenden auf Erzählungen von unterwegs sowie auf digitale, politische und reflexive (Twitter-bezogene) Themen.

In der quantitativen Betrachtung zeigen sich deutliche Muster und Zusammenhänge zwischen verschiedenen inhaltlichen und formalen Merkmalen. Diese Muster können vor allem rund um die Inhalte, Tweet-Typen und -Klienten erfasst werden. Es lässt sich feststellen, dass eine Wechselbeziehung besteht zwischen kommunikativen und informativen Nutzungsformen, die man über entsprechende Inhalte, Tweet-Typen und ergänzende Elemente beschreiben kann. Die zeitliche Dimension der privaten Nutzung zeigt, von einigen Ausnahmen abgesehen, dass Twitter die privaten Nutzer durch den gesamten Alltag begleitet. Die hohe Mobilität der Nutzer dürfte ein entscheidender Faktor für diese kontinuierliche Nutzung sein. Schließlich kann man in der Betrachtung der divergierenden Nutzungsintensität eine Bewegung der Intensivnutzenden beobachten: Ihr inhaltlicher Fokus driftet von informativen Aspekten zur Auseinandersetzung mit Privatem auf Twitter.

Eine deutliche Nutzungstypologie lässt sich aus diesen Ergebnissen allerdings nicht definieren. Die Gegenüberstellung der stärksten Merkmalsausprägungen aller Nutzenden verdeutlicht, dass auf dieser Betrachtungsebene oder in diesem Sampling keine stringenten, übergreifenden Muster existieren.

Der nächste Schritt für eine weiterführende Auseinandersetzung mit der Aneignung von Twitter sollte sicherlich eine Erweiterung der Betrachtung um die Ebene der Rezeption sein. Mithilfe einer repräsentativen Befragung oder qualitativen Interviews mit den hier analysierten Nutzenden könnten so nicht nur Unklarheiten dieser Auswertung, sondern auch neue Aspekte der privaten Twitter-Aneignung geklärt werden: Wie nehmen Nutzende ihre Aktivität selbst wahr? Warum nutzen sie Twitter? Und wie integrieren sie den Dienst in ihren Alltag?

Bis dahin verbleibt die Erkenntnis, dass sich die private Twitter-Nutzung im Kontext vieler Tweets nicht ganz so belanglos darstellt, wie es auf den ersten Blick scheinen mag. Im Gegenteil: im Hinblick auf die intensive persönliche und kommunikative Praktik ist sie womöglich sogar ein Werkzeug für soziale Alchemie.

Literatur

ARD/ZDF-Onlinestudie (2009): http://www.ard-zdf-onlinestudie.de/ [17.11.2009].
Berns, Stefan/Henningsen, Dirk (2009) Der Twitter Faktor: Kommunikation auf den Punkt gebracht. Göttingen: Businessvillage.
Brand Science Institute (2009): Marketer erfolglos im Social Web – Erste deutsche Studie zu Misserfolgsfaktoren. http://www.openpr.de/news/364395/Marketer-erfolglos-im-Social-Web-Erste-deutsche-Studie-zu-Misserfolgsfaktoren.html [18.11.2009].
Brosius, Felix (2005): SPSS 8: Kreuztabellen. http://www.molar.unibe.ch/help/statistics/SPSS/16_Kreuztabellen.pdf [12.03.2011].
Bruns, Axel/Jacobs, Joanne (2008): Introduction. In: Bruns, Axel./Jacobs, Joanne (Hrsg.): Uses of Blogs. New York: Peter Lang. 1–8.
Cardon, Dominique/Aguiton, Christophe (2007): The Strength of Weak Cooperation: an Attempt to Understand the Meaning of Web 2.0. In: Communications & Strategies, No 65, 1/2007. 51–65.
DiNucci, Darcy (1999): Fragmented Future. http://www.cdinucci.com/Darcy2/articles/Print/Printarticle7.html [07.11.2009].
Drotschmann, Mirko (2009): Lies mal, wer da zwitschert! http://www.stuttgarter-zeitung.de/stz/page/2254871_0_9223_-twittern-lies-mal-wer-da-zwatschert-.html [23.11.2009].
Fisch, Martin/Gscheidle, Christoph (2008): Mitmachnetz Web 2.0: Rege Beteiligung nur in Communitys [sic]. In: Media Perspektiven, 7/2008, 356–364.

Fox, Susannah/Zickuhr, Kathryn/Smith, Aaron (2009): Twitter and Status Updating, Fall 2009. http://www.pewinternet.org/Reports/2009/17-Twitter-and-Status-Updating-Fall-2009.aspx [04.11.2009].

Gerhards, Maria/Klinger, Walter/Trump, Thilo. (2008): Das Social Web aus Rezipientensicht: Motivation, Nutzung und Nutzertypen. In: Zerfaß, Ansgar/Welker, Martin/Schmidt, Jan (Hrsg.): Kommunikation, Partizipation und Wirkungen im Social Web. Grundlagen und Methoden: Von der Gesellschaft zum Individualismus. Köln: Halem. 129–148.

Guenther, Tina/Schmidt, Jan (2008): Wissenstypen im „Web 2.0" – eine wissenssoziologische Deutung von Prodnutzung im Internet. In: Willems, Herbert (Hrsg.): Weltweite Welten. Internet-Figurationen aus wissenssoziologischer Perspektive. Wiesbaden: VS, 167–187.

Haas, Sabine et al. (2007): Web 2.0: Nutzung und Nutzertypen. In: Media Perspektiven, 4/2007, 215–222.

Handley, Ann (2009): Inside The Minds of Twitter Users. http://mashable.com/2009/04/22/twitter-attitudes/ [03.06.2009].

Heil, Bill/Piskorski, Mikolaj (2009): New Twitter Research: Men Follow Men and Nobody Tweets. http://blogs.harvardbusiness.org/cs/2009/06/new_twitter_research_men_follo.html [19.11.2009].

Huberman, Bernardo A.; Romero, Daniel M.; Wu, Fang (2008): Social Networks that matter: Twitter under the microscope. In: First Monday, Vol. 14 No. 1–5. http://firstmonday.org/htbin/ cgiwrap/bin/ojs/index.php/fm/article/view/2317/2063 [04.11.2009].

Jackson, Anne/Yates, Joanne/Orlikowski, Wanda (2007): Corporate Blogging: Building community through persistent digital talk. In: Proceedings of the 40th Hawaii International Conference on System Sciences 2007, 80–89.

Krauss, Susanne (2008): Weblogs als soziale Netzwerke: Eine qualitative Beziehungsanalyse. In: Zerfaß, Ansgar/Welker, Martin/Schmidt, Jan (Hrsg.): Kommunikation, Partizipation und Wirkungen im Social Web. Grundlagen und Methoden: Von der Gesellschaft zum Individualismus. Köln: Halem, 327–347.

Krums, Janis (2009): http://twitter.com/#!/jkrums/status/1121915133.

Lobo, Sascha (2008): http://twitter.com/#!/saschalobo/statuses/778666676.

Mayring, Philipp (2000): Qualitative Inhaltsanalyse. Grundlagen und Techniken. Weinheim: Dt. Studienv.

Morris, Tee (2009): All a Twitter: A Personal and Professional Guide to Social Networking With Twitter. Infianapolis: Que Pub.

Nielsen (2009): Twitter Grows 1,448% Over Last Year; Time on Site Up 175%. http://blog.nielsen.com/nielsenwire/wp-content/uploads/2009/06/nielsen_pr_090619.pdf [19.11.2009].

Oehmichen, Ekkehardt (2007): Die neue MedienNutzerTypologie MNT 2.0. In: Media Perspektiven, 5/2007, 226–234.

O'Reilly, Tim (2005): What Is Web 2.0. Design Patterns and Business Models for the Next Generation of Software. http://oreilly.com/lpt/a/6228 [07.11.2009].

Pfeiffer, Thomas (2009a): Deutsche Top 100. http://webevangelisten.de/deutsche-top-100/ [13.09.2009].

Pfeiffer, Thomas (2009b): Twitterumfrage. http://twitterumfrage.de/dtu1.php [19.11.2009].

Reißmann, Ole (2009): Wahlergebnisse sickerten vorab auf Twitter durch. http://www.spiegel.de/netzwelt/web/0,1518,645907,00.html [10.11.2009].

Sarno, David (2009): Twitter creator Jack Dorsey illuminates the site's founding document. http://latimesblogs.latimes.com/technology/2009/02/twitter-creator.html [15.11.2009].

Schmidt, Jan (2008): Was ist neu am Social Web? Soziologische und kommunikationswissenschaftliche Grundlagen. In: Zerfaß, Ansgar/Welker, Martin/Schmidt, Jan (Hrsg.): Kommunikation, Partizipation und Wirkungen im Social Web. Grundlagen und Methoden: Von der Gesellschaft zum Individualismus. Köln: Halem, 18–40.

Schmidt, Jan/Frees, Beate/Fisch, Martin (2009): Themenscan im Web 2.0. In: Media Perspektiven, 2/2009, 50–59.

Schmidt, Jan et al. (2009): Heranwachsen mit dem Social Web. Zur Rolle von Web 2.0-Angeboten im Alltag von Jugendlichen und jungen Erwachsenen. http://www.hans-bredow-institut.de/webfm_send/367.

Schröder, Jens (2009): Die Deutschen Twittercharts (Nr. 15 / Juni 2009). http://www.popkulturjunkie.de/wp/?p=4414 [13.09.2009].

Sixtus, Marius (2007): 40: Biz Stone über Twitter und soziale Alchemie. http://www.elektrischerreporter.de/index.php/site/film/52/ [11.11.2009].

Stone, Biz (2009): What's Happening? http://blog.twitter.com/2009/11/whats-happening.html [19.11.2009].

Sutter, John D. (2009): Ashton Kutcher challenges CNN to Twitter popularity contest. http://www.cnn.com/2009/TECH/04/15/ashton.cnn.twitter.battle/index.html [23.11.2009].

Thompson, Clive (2007): Clive Thompson on How Twitter Creates a Social Sixth Sense. http://www.wired.com/techbiz/media/magazine/15-07/st_thompson [04.11.2009].

Uehlecke, Jens. (2009): Schluss mit dem Geschnatter. http://www.zeit.de/zeit-wissen/2009/04/Kiosk-Schluss-Mit [03.06.2009].

Williams, Evan (2009): Evan Williams on listening to Twitter users. http://www.ted.com/talks/evan_williams_on_listening_to_twitter_users.html [30.11.2009].

Zerfass, Ansgar/Boelter, Dietrich (2005): Die neuen Meinungsmacher. Weblogs als Herausforderung für Kampagnen, Marketing, PR und Medien. Graz: Nausner & Nausner.

„Man simuliert ein bisschen so das Beisammensein". Die Aneignung von internetbasierter Videotelefonie

Martin Schlütter

1 Einleitung

„Überall zusammen sein" (Skype 2010), „Verbindet Menschen" (MSN 2010) – zwei Slogans, mit denen die Videotelefonie-Anbieter Skype Technologies und Microsoft ihre Produkte bewerben. Die Werbebotschaften von Herstellern sind naturgemäß vollmundig. Der Technikoptimismus, der aus den verschiedenen Werbetexten von Videotelefonie-Anbietern hervorscheint, mag angesichts der Geschichte des Phänomens Videotelefonie dennoch verwundern, stellt sich diese doch als eine Geschichte des Scheiterns dar. Verschiedene seit den 1930er Jahren in mehreren Ländern gestartete Versuche, die damals meist als Bildtelefon beschriebene Technik breitenwirksam zu popularisieren, blieben ohne nennenswerten Erfolg. Das Beispiel Videotelefonie macht deutlich, dass technische Voraussetzungen und Möglichkeiten nur sehr bedingt etwas über die Art der Nutzung, die Akzeptanz der Nutzenden und damit letztlich über den Erfolg einer Technologie aussagen.

Im Rahmen eines tiefgreifenden Mediatisierungsprozesses bedeutet Kommunikation heute zunehmend Medienkommunikation. Zugleich beschreibt Mediatisierung eine Entgrenzung der Medienkommunikation in räumlicher, zeitlicher, sozialer und sinnbezogener Weise (Krotz 2007: 33f; 94), sodass Videotelefonie heute in verschiedenen Kontexten immer häufiger ihre Anwendung findet – von der Betreuung von Senioren, im Bildungssektor bis hin zur Telepathologie. Vor allem im privaten Kontext der alltäglichen Nutzung ist Videotelefonie dank leistungsstarker Computer und Internetverbindungen zu einer Kommunikationsoption geworden.

Doch wie gestaltet sich ihre Nutzung? In welchen Zusammenhängen wird Videotelefonie privat genutzt? Welchen Bedürfnissen entspricht die Nutzung und wie wirkt sie sich auf Kommunikationsprozesse aus? Welche Strategien und Übereinkünfte entwickeln Nutzende im Umgang mit ihr? In dieser Studie geht es darum, aufzuzeigen, wie und unter welchen Bedingungen sich Nutzende Videotelefonie in ihrem Alltag zu eigen machen.

2 Videotelefonie als Gegenstand der Kommunikations- und Medienwissenschaft

Die Bezeichnungen Bildtelefonie, Videokonferenz und Videotelefonie werden oft synonym gebraucht, klare Abgrenzungen finden sich in der Literatur zum

Thema nicht. Für die Verwendung des Begriffs Videotelefonie spricht, dass er sich im Zusammenhang mit internetbasierten Applikationen zunehmend etabliert hat. Dass dies auch im Rahmen der Alltagssprache geschieht, zeigt auch das Datenmaterial, das dieser Studie zugrunde liegt. Eine grobe Definition des Begriffs kann sich dabei an der von Guido Kopp verwendeten Definition zur audiovisuellen Fernkommunikation orientieren. Von Videotelefonie kann somit gesprochen werden, wenn

> wenigstens zwei räumlich getrennte Individuen [...] ihre sprachlichen, parasprachlichen und nonverbalen Handlungen in [...] technisch vermittelter, potentiell gleichzeitiger und wechselseitiger, auditiver und visueller Wahrnehmungs- und Steuerungstätigkeit vollziehen. (Kopp 2004: 43)

Videotelefonie wird als technisches Medium und eigenständige interpersonale Telekommunikationstechnologie verstanden. Diese relativ oberflächlich erscheinenden Definitionsversuche und die begriffliche Unschärfe verweisen auf das eingangs erwähnte breite Nutzungsspektrum von Videotelefonie.

Als Forschungsgegenstand stößt Videotelefonie in verschiedenen Disziplinen auf Interesse, was zu unterschiedlichen Fragestellungen, Betrachtungsweisen und Ergebnissen führt.[1] Im Mittelpunkt der kommunikations- und medienwissenschaftlichen Forschung steht dabei oft die Frage, wie sich die Technik auf den Kommunikationsprozess auswirkt. Exemplarisch kann dazu die explorative Studie von Guido Kopp angeführt werden, da sie Ähnlichkeiten zu anderen Studien und Untersuchungen aufweist.

Kopp beschreibt das Phänomen als eigenständige Kommunikationsform mit spezifischen eigenen Wahrnehmungs- und Realisierungsbedingungen (Kopp 2004: 52). In einem Laborversuch sollten sich hauptsächlich einander unbekannte Probanden über vorgegebene Themen mittels audiovisueller Fernkommunikation verständigen, sowie bestimmte Aufgaben lösen. In der Studie werden so wichtige konstitutive Elemente audiovisueller Fernkommunikation beschrieben.

Eine Besonderheit ist dabei der Blickkontakt, der wohl in jeder Studie zum Thema zur Sprache kommt: Ein direkter Blickkontakt wie in der Face-to-Face-Kommunikation ist bei der Videotelefonie nicht möglich. Videotelefonierende können entweder in die Kamera oder auf den Monitor schauen. Kopp spricht von einem „one-way-direction-gaze" (Kopp 2004: 165). Dazu kommen weitere technisch bedingte Reduktionen der Wahrnehmungsbedingungen: Durch die Zweidimensionalität des übertragenden Bildes sind räumliche Phänomene und dreidimensionale Bewegungen nur schwer erfassbar. Dies gilt insbesondere für Mikroereignisse, wie feine Gestik und Mimik, sowie für leichte Veränderungen in der Intensität der Sprache (Kopp 2004: 147). Technisch bedingt sind auch Zeitverzögerungen, die die Sprechenden einander etwa häufiger ins Wort fallen lassen und den Sprecherwechsel beeinflussen. Als den Kommunikationsprozess

---

[1] Für einen ausführlichen historischen Überblick vgl. Kopp 2004.

verzögerndes Merkmal beschreibt Kopp auch das Kontrollbild, das bei den geläufigen internetbasierten Videotelefonieprogrammen üblich ist und mithilfe dessen die Sprechenden sich selbst sehen und das sie vom Kommunikationsgeschehen ablenkt (Kopp 2004: 181).

Kopp beschreibt die audiovisuelle Fernkommunikation als von einer beidseitigen Wahrnehmungsunsicherheit geprägt, da jeder Teilnehmende eigene exklusive Ereignisbereiche hat. Es sei denn, es handelt sich um mehrere Teilnehmende vor einem Kamerasystem. Es gibt somit in diesem Sinne keine kommunikative Handlung, die gemeinsam wahrgenommen wird (Kopp 2004: 86).

Welche Bedeutung den von Kopp ermittelten Merkmalen audiovisueller Kommunikation beizumessen ist, darüber lässt sich streiten. Wie auch bei Katja Weinigs ähnlich gelagerter Studie (1996) basieren seine Ergebnisse hauptsächlich auf Versuchen mit Erstanwendern (Kopp 2004: 174). Die von ihm angegebenen Eigenschaften der audiovisuellen Fernkommunikation, die in den Versuchen oft Missverständnisse, Verzögerungen und Beeinträchtigungen des Kommunikationsprozesses zur Folge hatten, müssen bei intensiverer Nutzung also keineswegs zu der beschriebenen beidseitigen Wahrnehmungsunsicherheit führen. Diese besteht nur potentiell. Denn Kopp räumt selbst ein, dass sich Gesprächskonventionen entwickeln müssen und die Handhabung einer neuen Kommunikationsform erlernt werden muss (Kopp 2004: 147). So kann davon ausgegangen werden, und die Ergebnisse der Empirie in dieser Studie zeigen dies deutlich, dass viele der Probleme, mit denen Erstanwendende hadern, im Laufe der Nutzung in den Hintergrund treten. Auch beim Telefonieren etwa mussten erst Konventionen wie zum Beispiel solche zur Gesprächseröffnung und zur Verbalisierung von Nichtsprachlichem entwickelt werden. Ähnliche Vorgänge, wie etwa die Einschätzung des kommunikativen Potentials von Bild- und Tonebene oder Mittel zur Kompensation des fehlenden Blickkontakts, müssen auch bei der Videotelefonie im Prozess der Aneignung geleistet werden. Denn „jedes Medium der Kommunikation erfordert nicht nur technikbezogene Anpassungsleistungen, sondern auch die Ausformung und Koordination spezifischer [...] Regeln" (Höflich 1996: 82).

Die Auswertung von drei Studien zur Nutzung von Multimediaanwendungen in der geschäftlichen Zusammenarbeit, die Tang und Isaacs (1993) vornehmen, deutet beispielsweise in eine andere Richtung als Kopps Ergebnisse. Im Gegensatz zu reglementierten Laborversuchen resultieren ihre Ergebnisse aus einer mehrwöchentlichen Beobachtung von bereits bestehenden Arbeitsgruppen und deren Umgang mit Videotelefonie in ihrem wirklichen Arbeitsumfeld (Tang/ Isaacs 1993: 193). Die beobachteten Personen sehen Videotelefonie hier auch nicht als von Wahrnehmungsunsicherheit geprägt an, sondern betonen die Bereicherung des Kommunikationsprozesses durch die Videoebene (Tang/Isaacs 1993: 192).

Die verschiedenen Ergebnisse unterschiedlicher Studien deuten darauf hin, dass die Methode oder der Versuchsaufbau und die eingesetzte Videotelefonie-Technik, die über die Zeit rasante Entwicklungen erfahren hat, Einfluss auf die Resultate haben. Dies muss bei Vergleichen berücksichtigt werden.

Es reicht jedenfalls nicht, Videotelefonie als eigenständige Kommunikationsform zu definieren und mediumsspezifische Merkmale zu identifizieren, um Aussagen über die Nutzungsbedingungen in der Praxis zu machen. Aktuelle Forschungen, die über technische Aspekte, Gesprächsanalyse und Laborversuche hinausgehen, gibt es jedoch kaum. Auch hier zeigt sich, dass die Beschäftigung mit Medien der interpersonalen Kommunikation in der Kommunikations- und Medienwissenschaft vergleichsweise ein Schattendasein fristet.

Vom Domestizierungsansatz zur Aneignung

Um Videotelefonie im Kontext der alltäglichen Nutzung theoretisch einzubetten, ist es hilfreich, auf den von Roger Silverstone, Eric Hirsch und David Morley ab Mitte der 1980er entwickelten Domestizierungsansatz und dessen Weiterentwicklungen zurückzugreifen (Silverstone/Hirsch/Morley 1992).

Der Ansatz thematisiert, wie Kommunikationstechnologien Bedeutung erlangen, indem sie in das alltägliche Leben der Nutzenden integriert werden, dieses beeinflussen und so über die Mikroebene des persönlichen Handelns im Haushalt auch Wandlungsprozesse auf der Makroebene hervorbringen können. Anders als bei technik-deterministischen Modellen geschieht dies in Aushandlungsprozessen, die diskontinuierlich ablaufen können und auch revidierbar sind. Die Bedeutung von Kommunikationstechnologien für die Nutzenden liegt somit weniger in der Technologie selbst und lässt sich über Design und Marketing so auch nur bedingt antizipieren, sondern wird prozessual verhandelt. Rezeption als Bedeutungszuweisung heißt dabei nicht, dass dies individuell und völlig frei geschieht. Sie hängt vielmehr mit sozialen Strukturen und kulturellen Konstrukten wie etwa Gender und den damit einhergehenden habitualisierten Handlungsweisen zusammen.

Für die ursprüngliche Begründung des Domestizierungsansatzes ist, wie der Name sagt, der Begriff des Haushalts, aber auch der der Familie zentral. Der Haushalt als „Moral Economy" (Silverstone et al. 1992: 19), in der gleiche Wertvorstellungen geteilt werden, gilt als die Zelle, in der neue Kommunikationstechnologien entweder angenommen oder zurückgewiesen werden. Vereinfacht gesagt kann Domestizierung analog zum Zähmen eines Tieres verstanden werden (Hartmann 2009: 305). Oder wie Katie Ward es ausdrückt: „[It is] a struggle between the user and technology, where the user aims to tame, gain control, shape or ascribe meaning to the artefact" (Ward 2006: 149f.).

Wie jeder Ansatz ist auch der Domestizierungsansatz ein Kind seiner Zeit. Heute, in Zeiten mobiler Medien sowie sozialer und räumlicher Mobilität der Nutzenden, wirkt der Fokus des Ansatzes auf Haushalt und Familie anachronistisch. Durch sich gegenseitig beeinflussende Metaprozesse der Individualisierung, Globalisierung und Mediatisierung ist der gemeinsame Haushalt nicht mehr der primäre Rezeptionsraum von Medien. Gerade das Medium Videotelefonie macht dies anschaulich und zeigt so die Schwachstellen des Domestizierungsansatzes auf.

So entwickelt Maria Bakardjieva (2006) ihre Kritik am Domestizierungsansatz aus ihren eigenen Erfahrungen mit der Videotelefonie. Sie schildert die Installation von Soft- und Hardware sowie das Verinnerlichen der medienspezifischen kommunikativen Regeln als herausfordernde Lernprozesse (Bakardjieva 2006: 63), ganz so wie es der Domestizierungsansatz beschreibt. Doch dies findet nicht im gemeinsamen familiären Haushalt statt, sondern wird von den Familienmitgliedern, die verstreut über den Globus leben, räumlich getrennt bewerkstelligt. Gemeinsamkeit wird überhaupt erst durch die Technologie der Videotelefonie möglich: „This allows us to create a shared lifeworld, even if only for a limited duration and with curtailed sensual engagement" (Bakardjieva 2006: 63). Videotelefonie wird zur geteilten Medienerfahrung der Globalisierung.

Was bleibt also heute noch vom Domestizierungsansatz übrig? Die Annahme, dass Medien zu einem gewissen Grad offen sind für verschiedene Nutzungsweisen und von unterschiedlichen sozialen Gruppen in unterschiedlicher Weise genutzt werden, ist auch ohne den Verweis auf Haushalt und Familie fruchtbar. An die Stelle des Haushalts als Referenzrahmen der Mediennutzung lässt sich das Konzept des Alltags setzen. Der Begriff des Alltags ist weiter zu fassen als der des Haushalts und wird der Vielfältigkeit und Komplexität verschiedener Mediennutzungssituationen damit eher gerecht. Anstelle von Domestizierung lässt sich dann von Aneignung sprechen. Aneignung ist dabei nicht an einen bestimmten Ort bzw. ein *Domus* gebunden und findet auch nicht unbedingt in erster Linie innerhalb der Institution Familie statt.

> Der Ausdruck der Aneignung bezeichnet die Artikulationsebene von Medienkultur, die den Prozess des aktiven „Sich-Zu-Eigen-Machens" von Medienkultur als Lokalisierung im Alltag fasst. (Hepp 2008: 126)

Insofern ist Aneignung ein Wechselspiel zwischen den alltäglichen Strukturen, in denen sich Bedürfnisse, Zugehörigkeiten und Konventionen widerspiegeln und den technisch-materiellen Voraussetzungen, die eine Kommunikationstechnologie mit sich bringt.

3 Methodisches Vorgehen

Die Analyse internetbasierter Videotelefonie als alltägliche Praktik muss ihrem Gegenstand mit entsprechender Methodik beggenen. Da die Aneignung internetbasierter Videotelefonie bisher wenig erforscht ist, bietet sich ein qualitativ-exploratives Forschungsdesign an.

Dieser Studie liegen neun leitfadenbasierte Interviews zugrunde, die zwischen Dezember 2009 und Februar 2010 geführt wurden. Weil Aneignung auf der Ebene der alltäglichen Nutzung stattfindet, wurden die Interviews mit zwei Nutzungsbeobachtungen in Kombination mit der Methode des Lauten Denkens verbunden, die in der gewohnten Nutzungsumgebung der Beobachteten durchgeführt wurden.

Nach der Transkription erfolgte die Kategorisierung des Materials in Anlehnung an die Grounded Theory, um „die Entdeckung von Theorie aus systematisch gewonnenen und analysierten Daten" (Glaser/Strauss 2005: 11) zu ermöglichen. Um die Anonymität der Interviewten zu gewährleisten, wurden ihre Namen in der Ergebnisdarstellung durch frei erfundene ersetzt.

4   Ergebnisdarstellung

Im Folgenden werden die wichtigsten Ergebnisse der Studie dargestellt. Die Gliederung orientiert sich dabei an den aus dem Material gebildeten Kategorien, die hier im Sinne der Fragestellung miteinander in Zusammenhang gebracht werden.

4.1   „Wenn mit Übersee geskypet wird" – Nutzungskonstellationen von Videotelefonie

Aneignung ist ein sozialer Prozess, der über die individuelle Mediennutzung hinausgeht, indem er auf Zugehörigkeiten zu bestimmten Gruppen verweist. Beschäftigt man sich mit der Aneignung internetbasierter Videotelefonie, ist es demnach interessant zu wissen, welche Nutzungskonstellationen sich im Gebrauch von Videotelefonie ergeben. Diese reichen bei den für diese Studie Interviewten von der Nutzung mit nur einer speziellen Person bis hin zur Nutzung mit verschiedenen Kontakten und Personengruppen.

Wichtig für das Zustandekommen von Videotelefonie-Nutzung sind zwei Faktoren: Erstens eine emotionale Nähe zum Gesprächspartner, wie es Tanja Schmitz zum Ausdruck bringt, wenn sie sagt: „Weil ich wirklich [...] mit den Leuten [...] über Skype telefoniere, die [...] sehr eng sind für mich". Mit einer Ausnahme erwähnen alle Interviewten Kontakte, zu denen sie eine starke emotionale Bindung empfinden. Alle Interviewten nennen daher auch nur eine überschaubare Anzahl an Videotelefonie-Partnern, obwohl ihre Kontaktliste in Skype mitunter viel mehr Kontakte zählt.

Zweitens ist für die private Videotelefonie, die in dieser Studie im Mittelpunkt steht, eine längerfristige geografische Trennung für die Nutzung wichtig. Wie die Auswertung der Nutzungskonstellationen zeigt, scheint Videotelefonie ein reines Distanzmedium zu sein. Dies wird von den Interviewten offenbar auch als selbstverständlich angesehen. Fritz Röpke verwendet etwa die Formulierung: „wenn [...] mit Übersee geskypet wird". Im Vordergrund dieser Äußerung steht nicht die Person, die kontaktiert wird, sondern die geografische Distanz. Die subjektiv empfundene längerfristige Abwesenheit einer Person, zu der eine starke emotionale Bindung besteht, ist eine typische Bedingung für Videotelefonie-Nutzung im privaten Kontext.

Tabelle 1: Nutzungskonstellationen von Videotelefonie, eig. Darst.

Nutzende	Videotelefonie-Kontakte
Sylvie Falk (27), Referendarin	Ausschließlich mit ihrem Freund, mit dem sie in einer Fernbeziehung lebt.
Fritz Röpke (59), Vertreter	Mit seiner Tochter, deren Mann und Kind, die in Neuseeland leben. Gezielte Nutzung von Videotelefonie mit mehreren Teilnehmern auf beiden Seiten.
Tanja Schmitz (27), Referendarin	Mit ihrem Vater, wenn dieser geschäftlich in Asien ist; mit ihrer Cousine, die in Neuseeland lebt; mit entfernt lebenden Freunden.
Natascha Bogdanow (30), Multijobberin	Mit entfernt lebenden Freunden.
Anna Berg (16), Schülerin	Während eines Schüleraustauschs mit ihren Eltern, Verwandten und Freunden. Gezielte Videotelefonie mit mehreren Teilnehmern auf einer Seite.
Gabriela de Souza (28), Studentin	Mit in Brasilien lebenden Freunden und Verwandten.
Thomas Wildmann (27), Geschäftsstellenleiter	Mit seiner entfernt lebenden Schwester und Freunden; mit seiner Freundin, wenn sie sich im Ausland aufhielt.
Georg Matejovski (34), Architekt	Mit entfernt lebenden Freunden und Verwandten, mit Geschäftskontakten. Gezielte Nutzung von Video-telefonie mit mehreren Teilnehmern auf einer Seite.
Peter Nienhaus (67), Pensionär	Keine Videotelefonie-Nutzung; VoIP mit seinem Sohn, wenn dieser im Ausland arbeitet.

Die geografische Distanz zwischen den Gesprächspartnern ist bei den Interviewten auf Migrations- und Mobilitätsprozesse zurückzuführen, die ihre Ursprünge in der Globalisierung, Individualisierung und Ökonomisierung verschiedener Lebensbereiche haben. Geografische Mobilitätsprozesse sind zwar kein neues Phänomen. Im Rahmen eines verschärften Konkurrenzdrucks und globaler Vernetzung finden sie heute jedoch öfter und größere Distanzen umspannend statt. Zwischenmenschliche Beziehungen auf große Distanzen bedürfen dabei entsprechender Kommunikationsmedien wie Videotelefonie, um erhalten werden zu können.

Das Datenmaterial zeigt, dass die Befragten Videotelefonie oft auf Empfehlung von oder gemeinsam mit zukünftigen Videotelefonie-Partnern nutzen. Die Aneignung von Videotelefonie stellt sich somit nicht als ein rein individueller Prozess dar, sondern geschieht im Zusammenspiel mit den Gesprächspartnern.

Betrachtet man die Nutzung von Videotelefonie, fallen insbesondere Nutzungskonstellationen ins Auge, bei denen mit mehr als einer Person vor jeder Kamera gleichzeitig videotelefoniert wird. Fritz Röpke beispielsweise videotelefoniert gemeinsam mit seiner Frau, seinen Kindern und zum Teil auch mit seinen Eltern mit der in Neuseeland lebenden Tochter, deren Mann und ihrem Kind. Durch Videotelefonie werden so vier Generationen vereint. Technisch vermittelt entsteht jene „shared lifeworld" (Bakardjieva 2006: 63), die als Kompensation zur realen Begegnung herhalten muss.

4.2 „Um sich näher beieinander zu fühlen" – Nutzungsmotive

Die Software Skype, die alle Interviewten zur Zeit der Datenerhebung nutzten, muss insofern als Hybridmedium verstanden werden, da sie neben der Videotelefonie auch Chat bzw. Videochat ermöglicht. Im Folgenden wird explizit nur auf die Nutzungsmotive für die Videotelefonie-Funktion eingegangen.

Die Firma Skype Technologies bietet mit ihrer Software Skype Videotelefonie von Computer zu Computer gebührenfrei an. Für einige Nutzende ist die Gebührenfreiheit ein Hauptmotiv zur Nutzung. Wurde Videotelefonie bisher als Distanzmedium theoretisiert, so muss dies auch unter dem Aspekt der Gebührenfreiheit betrachtet werden. Will man mit einem Familienmitglied im Ausland telefonieren und deckt die herkömmliche Telefonflatrate dies nicht ab, wird Skype oft als Alternative genutzt. Für andere Interviewte ist der Kostenaspekt weniger entscheidend bzw. im Laufe der Nutzung in den Hintergrund getreten. Für sie ist Videotelefonie alltägliche Praktik, von der sie oft Gebrauch machen.

Die Analyse der Nutzungskonstellationen hat gezeigt, dass Videotelefonie zwischen emotional eng verbundenen Personen auf geografische Distanz Verwendung findet. Dahinter steht das Bedürfnis, diese Entfernung zu überwinden.

> Das ist schon eigentlich – was Tolles. Gerade wahrscheinlich für Paare, weil dann sieht man, wie der andere gerade aussieht, was er anhat und/ Weiß nicht, man sieht ja auch noch viel besser so die Mimik und Gestik des Gesichts und so was man ja so am Telefon/ Klar das nimmt man auch wahr durch die Worte aber/ Man fühlt sich schon näher beieinander. Man kann sich/ Man simuliert ein bisschen so das Beisammensein. (Sylvie Falk)

Mit dieser Aussage wird Videotelefonie in ihrer Intensität in die Nähe des persönlichen Treffens gerückt. Im Vordergrund steht dabei die visuelle Ebene von Videotelefonie, über die sich eine persönliche Atmosphäre und letztlich Nähe auf Distanz aufbauen lässt:

> Ja weil erstmal die Gestik und Mimik noch übertragen wird – und es ist auch ein bisschen persönlicher, also es ist schon was anderes zu telefonieren wenn du jemanden siehst, also mit jemanden zu sprechen, wenn du ihn siehst, als wenn du einfach nur den anderen hörst. (Georg Matejovski)

Gabriela de Souza präzisiert diese *Andersartigkeit* von Videotelefonie:

> Also das, das ist schon anders ne, das ist schon ein bisschen wie wenn man sich trifft. °Ein bisschen.° Und wenn man – nur chattet dann kann man/ also kann man nicht sehen. Man kann nur/ also die gewöhnlichen Sachen fragen, aber wenn man sieht, dann kann man wirklich so – mehr erfahren vielleicht. (Gabriela de Souza)

Videotelefonie verschafft den Nutzenden durch die Bildebene ein Mehr an Informationen. Ausdruck, Mimik, Gestik und weitere Bewegungsabläufe werden ebenso sichtbar wie die Kleidung der Videotelefonierenden und die Räumlichkeit, in der sie sich befinden. Das visuell Wahrnehmbare unterliegt dabei jedoch immer den Bedingungen der technischen Leistungsfähigkeit, sodass längst nicht jedes Wimpernzucken oder das neue Poster an der Zimmertür vom Gegenüber registriert wird. Trotzdem nimmt die visuelle Ebene eine große Bedeutung ein:

> Jetzt ist ja unsere Enkeltochter geboren, ne und dann ist man natürlich nen bisschen häufiger – im Internet gewesen, ne und hat dann gesagt, komm wir wollen die Kleine ma sehen, ne. War natürlich auch toll äh/ Man hat ja dann – quasi ne Stunde lang nur das Baby angeguckt ohne das man jetzt großartig viel erzählt hat ((lacht)) Ja, war schon schön. (Fritz Röpke)

Das von den Großeltern getrennt aufwachsende Neugeborene, das weder sprechen noch schreiben kann, wird für sie erst durch Videotelefonie in Echtzeit erfahrbar. Die geografische Distanz soll mittels audiovisueller Nähe überbrückt werden. Hinter diesem Wunsch steht auch das Motiv, die eigene Familie beständig zu konstituieren. Die Großeltern wollen am Aufwachsen ihres Enkels teilhaben, ihm bewusst sein und sich als eine Familie beschreiben. Was sonst über Besuche und allgemein persönliche Kontakte gelingt, wird in Zeiten der Globalisierung medial substituiert.

Videotelefonie ermöglicht eine „andere Qualität" (Georg Matejovski), da Bild, Ton und die Synchronizität von beiden zu einer höheren Informationsdichte führen. Dadurch wird bis zu einem gewissen Grad auch die Partizipation am Alltag des Gegenübers ermöglicht. Dies gelingt dadurch, dass alltägliches Handeln, wie Zähneputzen oder Nahrungsaufnahme, sichtbar gemacht wird. Durch diese Partizipation kann Nähe in der Distanz aufgebaut werden.

Die Defizite der audiovisuellen Übertragung sind den Gesprächspartnern dabei stets bewusst. Seien dies fehlende Berührungen oder allgemein, weil „ja jeder dann doch wiederum in seiner eigenen Welt" ist (Sylvie Falk). Da das Getrenntsein permanent sichtbar bleibt, bringt die Videotelefonie auch neue Probleme:

> Die sind jetzt letztes Jahr hier im Urlaub gewesen - - obwohl sie eigentlich ihren Urlaub dazu nutzen wollten, Neuseeland kennenzulernen, haben sie gesagt, äh ne das Heimweh ist einfach

zu groß. Ja, vielleicht liegt's ja auch an Skype. Das man dann eben – sieht, was zu Hause los ist. (Fritz Röpke)

Videotelefonie verweist jederzeit sichtbar auf die Trennung zwischen den Kommunizierenden. Wenn Sylvie Falk von der Simulation von Beisammensein spricht, dann ist dies als ein aktives *So-tun-als-ob* zu interpretieren, wobei beide Gesprächsparteien versuchen, über die offensichtliche räumliche Trennung hinwegzusehen.

4.3 „Automatisch hat man viel mehr zu sagen" – Gesprächscharakteristika

Die Motivation zur Nutzung wirkt sich auf den Aufbau und die Eigenschaften der Videotelefonie-Gespräche aus. Wenn ein Hauptmotiv für die Nutzung von Videotelefonie der Wunsch ist, dem Gesprächspartner trotz geografischer Distanz nah zu sein und an seinem Alltag zu partizipieren, mündet dies in eine bestimmte Art von Gesprächsführung. Natascha Bogdanow sagt, auf den Unterschied zwischen Telefonat und Videotelefonat angesprochen, dazu:

> Also ich weiß nicht ob man über andere Sachen spricht, aber irgendwie – würde ich sagen - - man spricht schon länger, ich weiß nicht, so ein Gespräch entwickelt sich einfach besser, wenn man einander auch sehen kann. Ich hatte bis jetzt den Eindruck. Weil man nicht nur die Stimme hört, sondern auch das Gesicht sieht. Ist schon was anderes. Ist irgendwie/ Automatisch hat man viel mehr zu sagen. (Natascha Bogdanow)

Das Videotelefonie-Gespräch ist meist nicht zielgerichtet und dauert länger als ein Telefonat, was zu einem gewissen Grad auch auf den Aspekt zurückzuführen ist, dass es kostenlos ist.

Die Bedeutung von Videotelefonie mittels Skype, wie auch die Inadäquatheit herkömmlicher Begrifflichkeiten zur Charakterisierung eines Videotelefonie-Gesprächs, manifestiert sich in der Wortwahl der Nutzer. So bedienen sich einige Befragte des Neologismus' *skypen*, wenn sie von Videotelefonieren über Skype sprechen.

Betrachtet man die Videotelefonie-Kommunikation, ist die Bildebene besonders von Interesse, weil sie neue Gesprächsthemen anregen kann und so das Gespräch beeinflusst. Durch das Bild kann das Aussehen der Gesprächsteilnehmer thematisiert werden oder die Räumlichkeiten, in denen sie sich befinden. Die Gesprächspartner zeigen sich gegenseitig Dinge, wodurch sie nicht zuletzt spielerisch die kommunikativen Möglichkeiten von Videotelefonie ausloten.

Die Partizipation am Alltag des Gesprächspartners gelingt dabei zum einen über den nicht zielgerichteten Aufbau der Gespräche, die Verankerung regelmäßiger Videotelefonie-Anrufe im Alltag der Gesprächspartner, sowie darüber, dass der Gesprächspartner meist in seiner alltäglichen Umgebung und bei der Ausübung gewöhnlicher Tätigkeiten wahrgenommen wird.

Nebenbeitätigkeiten müssen sich ins Gespräch einbinden lassen als gemeinsame Tätigkeiten wie Essen oder Fotos anschauen. Allein ausgeführte Nebenbeitätigkeiten, wie etwa Internetrecherchen, lenken vom Gespräch ab und sorgen für Konflikte unter den Nutzenden. Die Gesprächspartner treffen dazu auch Arrangements, wie es Sylvie Falk bezüglich der Absprachen mit ihrem Freund ergänzt, durch die beiden Zeit für Nebenbeitätigkeiten eingeräumt wird:

> Dann kann man sich einfach nur nebenbei so ein bisschen zugucken und einander begleiten, so als würde man sich quasi vorspielen als würde man doch voreinander sitzen, als wäre der andere da. (Sylvie Falk)

Dies verweist erneut darauf, dass Nähe auf Distanz von den Gesprächsteilnehmern aktiv hergestellt werden muss, indem sie sich auf die Illusion eines Beisammenseins einlassen.

4.4 Zwischen Wunsch nach Nähe und Schutz der Privatsphäre – Strategien zur Grenzziehung

> This is to speak of communications technologies as having the simultaneous capacity to articulate together that which is separate [...] but, by the same token, to transgress the [...] boundary which protects the privacy [...] of the home from the flux and threat of the outside world. (Morley 2007: 87)

Durch Videotelefonie lässt sich potentiell Intimität zwischen den Gesprächsteilnehmenden herstellen. Wo Nutzende ihre Privatsphäre offenbaren, müssen sie zugleich Strategien entwickeln, diese vor ungewollten Einblicken zu schützen.

Dies ist zum einen bereits durch die Architektur von Skype vorgegeben: So müssen Kontaktanfragen bestätigt werden, bevor man miteinander kommunizieren kann. Auch wenn das Material darauf hinweist, dass sich in der Nutzung von Videotelefonie Konventionen herausgebildet haben, die regeln, dass Videotelefonieanrufe nur nach vorheriger Absprache unter einander Bekannten getätigt werden, sind Vorgehensweisen seitens der Nutzenden notwendig, um sich vor situativ unerwünschten Kommunikationsanfragen zu schützen. Als unpassend werden Videotelefonate zum Beispiel dann eingeordnet, wenn Nutzende sich in dem Moment als visuell nicht präsentabel empfinden.

Durch aktiv angewandte Strategien der Grenzziehung entziehen sich die Nutzenden unpassenden Videotelefonaten. Dazu gehört beispielsweise die Reglementierung der Nutzungszeit oder die Verwendung verschiedener Onlinestatus. Diese Grenzziehungs-Strategien werden insbesondere angewendet, um die Selbstbestimmung über die alltäglichen Zeitstrukturen zu wahren. So grenzen sich die Nutzenden etwa auch in Arbeitsphasen von Kommunikationsanfragen aus dem privaten Bereich ab. Dies verweist auf die problematische Begrifflichkeit des privaten Kontexts in einer flexibilisierten Arbeitswelt, in der die Grenzen zwischen Arbeit und Freizeit immer weniger institutionalisiert sind, sondern von den Individuen selbst ausgehandelt werden müssen.

4.5 Haushalt und Videotelefonienutzung

Nahezu alle Interviewten haben einen Laptop mit integrierter Kamera und WLAN-Karte sowie integriertem Mikrofon und Lautsprecher. Sie sind also theoretisch räumlich mobil. Trotzdem nutzen sie Videotelefonie in der Mehrzahl ausschließlich zu Hause. Das Videotelefonieren von zu Hause aus dient dabei dem Schutz der Privatsphäre. Eine Nutzung in der Öffentlichkeit widerspricht in vielen Fällen der Nutzungsmotivation, dem Gesprächspartner nah zu sein und gemeinsam eine Sphäre der Intimität zu schaffen. Eine Nutzung von zu Hause aus fördert auch das Bedürfnis nach Teilhabe am Alltag des Gesprächspartners, da sich ein Großteil alltäglicher Praktiken dort abspielt. Ein Zusammenhang zwischen Nutzungsmotiv und Nutzungsort findet sich auch bei Fritz Röpke, der erzählt, Videotelefonie mit seiner Familie im Wohn- oder Kaminzimmer zu nutzen. Wie ein echtes Familientreffen findet so auch das durch Videotelefonie ermöglichte Wiedersehen in den größten zentralen Zimmern des Hauses statt.

Nun könnte man meinen, das Ergebnis, dass Videotelefonie hauptsächlich von zu Hause aus stattfindet, bestätige die Annahmen des Domestizierungsansatzes, der Mediennutzung als ein Phänomen der häuslich-familiären Sphäre verortet. Dem kann angesichts des Datenmaterials jedoch in mehrerer Hinsicht widersprochen werden. Zum einen findet Videotelefonie zwar oft, aber nicht ausschließlich von zu Hause aus statt. Zum anderen beruht die Anwendung von zu Hause aus auf einer Wahlentscheidung der Nutzenden und ist nicht zwangsläufig an dieses gebunden, wie im Domestizierungsansatz vorausgesetzt.

Zuhause und Haushalt sind darüber hinaus nicht eindeutig gleichzusetzen. Ob die Austauschschülerin Anna Berg, die Studentin Gabriela de Souza oder die Lehramtsreferendarinnen Sylvie Falk und Tanja Schmitz – für sie alle ist bzw. war der Haushalt, in dem sie Medien nutzen, als ein Übergang zu kennzeichnen. Haushalte und Konstellationen des Zusammenlebens ändern sich mitunter häufig, weshalb der Begriff des Zuhauses längst nicht nur an der aktuellen Wohnsituation und der Materialität des Haushalts festzumachen ist. Die Wandelbarkeit von Wohnkonstellationen, wie sie sich zum Beispiel anhand von Wohngemeinschaften zeigt, widerspricht darüber hinaus dem Konzept einer geschlossenen moralischen Ökonomie des Haushalts.

Skype-Videotelefonie ist zudem ein persönliches und personalisiertes Kommunikationsmittel, auf das jeder Nutzer von seinem persönlichen Computer zugreift. Anders als beim gemeinsam genutzten Festnetztelefon verfügt meist jeder Nutzende trotz eines gemeinsamen Haushalts über einen eigenen Account. Auch eine permanente Platzierung im Haushalt, wie sie der Domestizierungsansatz vorsieht, findet aufgrund mobiler Computer nicht statt.

4.6 „F: Na, was machste? B: Hä?" – Umgang mit technischen Beeinträchtigungen

Videotelefonie auf dem heutigen Stand der Technik konfrontiert die Nutzenden mit einer Reihe technischer Herausforderungen und Beeinträchtigungen, die sich auch auf den Kommunikationsprozess auswirken können. So wie die Nutzer aktiv Strategien zur Abgrenzung ihrer Privatsphäre und ihrer zeitlichen Selbstbestimmung entwickeln müssen, bedarf es auch Strategien und Lösungsansätze zum Umgang mit den technischen Problemen und Limitierungen, die die internetbasierte Videotelefonie bisweilen mit sich bringt. Dies bedeutet etwa, dass sich die Gesprächspartner durch Nachfragen immer wieder gegenseitig versichern, dass sie gehört werden. Darüber hinaus werden in teils aufwändigen Testverfahren die Einstellungen von Audio- und Videooptionen evaluiert und optimiert. Mit der nötigen „Disziplin" (Fritz Röpke) werden die veränderten Bedingungen des Sprecherwechsels erlernt, die sich aus der verzögerten Übertragung ergeben. Um das „eye contact dilemma" (Schulte 2003: 44) zu überlisten, wird mit dem Verschieben des Videofensters experimentiert. Oder es werden Absprachen getroffen, dass die Gesprächspartner von Zeit zu Zeit in die Kamera starren, um dem Gegenüber die Illusion eines Augenkontakts zu geben. In vielerlei Hinsicht werden so aus den Erfahrungen mit den Restriktionen der Technik kreativ Handlungsstrategien entwickelt, die als Aneignungsprozesse zu beschreiben sind.

5 Fazit: Videotelefonie als kulturelle Praktik

Als Ergebnis dieser Studie kann die Nutzung von Videotelefonie als kulturelle Praktik beschrieben werden, deren Möglichkeiten, Verwendungsweisen und Regeln in kreativer Weise unter den Nutzenden gemeinsam im alltäglichen Gebrauch angeeignet werden. Die Beschreibung als kulturelle Praktik betont dabei, dass sich Nutzungsweisen von Videotelefonie nur bedingt durch die Technologie ergeben, sondern vielmehr durch die Nutzenden selbst kreiert werden und somit stets wandelbar bleiben. Aneignung bedeutet dabei auch, dass Nutzende Technologien in den eigenen Gedankenkosmos mit ihren Wertvorstellungen, Erklärungs- und Selbstbeschreibungskonzepten integrieren.

Videotelefonie als kulturelle Praktik zu verstehen, heißt zudem, dass Aneignungsprozesse diskursiv durch sozial-kulturelle Machtstrukturen geprägt werden. Um solche hegemonialen Diskurse deutlicher auch in der Nutzung von Videotelefonie aufzeigen zu können, bedarf es jedoch eines Forschungsdesigns, das über den Anspruch dieser Studie hinausgeht. Die hier durchgeführte Studie versteht sich in dem Sinne als explorativ, als dass sie einen notwendigen Überblick über verschiedene Ausprägungen alltäglicher privater Nutzung von Videotelefonie gibt. Um noch stärker die Unterschiede und Spezifika in der Aneignung verschiedener sozialer Gruppen offen legen zu können, wäre eine anschließende Studie sinnvoll, die den Kontext der privaten Nutzung weiter auf bestimmte soziale Gruppen hin präzisiert.

Literatur

Bakardjieva, Maria (2006): Domestication Running Wild. From the Moral Economy of the Household to the Mores of a Culture. In: Berker, Thomas et. al. (Hrsg.): Domestication of Media and Technology. Berkshire: Open University, 62–79.

Glaser, Barney G./Strauss, Anselm (2005): Grounded Theory. Strategien qualitativer Forschung. Bern: Huber.

Hartmann, Maren (2009): Roger Silverstone. Medienobjekte und Domestizierung. In: Hepp et. al. (Hrsg.): Schlüsselwerke der Cultural Studies. Wiesbaden: VS, 304–315.

Hepp, Andreas (2008): Kulturtheorie in der Kommunikations- und Medien-wissenschaft. In: Hepp et. al. (Hrsg.): Theorien der Kommunikations- und Medienwissenschaft. Grundlegende Diskussionen, Forschungsfelder und Theorieentwicklungen. Wiesbaden: VS, 113–137.

Höflich, Joachim R. (1996): Technisch vermittelte interpersonale Kommunikation. Grundlagen. Organisatorische Medienverwendung. Konstitution „Elektronischer Gemeinschaften". Opladen: Westdt.

Kopp, Guido (2004): Audiovisuelle Fernkommunikation. Grundlagen der Analyse und Anwendung von Videokonferenzen. Wiesbaden: VS.

Krotz, Friedrich (2007): Mediatisierung. Fallstudien zum Wandel von Kommunikation. Wiesbaden: VS.

Morley, David (2007): Home Territories. Media, Mobility and Identity. Oxfordshire: Routledge.

MSN (2010): Willkommen bei Messenger: http://messenger.live.de [04.07.10].

Schulte, Olaf A. (2003): Blick zurück nach vorn: Das „eye contact dilemma" und andere Problemfelder der Videokonferenzforschung. In: Döring et. al. (Hrsg.): Connecting Perspectives. Videokonferenz. Beiträge zu ihrer Erforschung und Anwendung. Aachen: Shaker, 43–55.

Silverstone, Roger/Hirsch, Eric/Morley, David (1992): Information and Communication Technologies and the Moral Economy of the Household. In: Roger Silverstone et. al. (Hrsg.): Consuming Technologies. Media and Information in Domestic Spaces. London u.a: Routledge, 15–31.

Skype (2010): Überall zusammen sein: http://www.skype.com/intl/de/home [04.07.10].

Tang, John C./Ellen Isaacs (1993): Why Do Users Like Video? Studies of Multimedia-Supported Collaboration. In: Computer Supported Cooperative Work. Volume 1, 163–196.

Ward, Katie (2006): The Bald Guy Just Ate an Orange. Domestication, Work and Home. In: Berker, Thomas et. al. (Hrsg.): Domestication of Media and Technology. Berkshire: Open University, 145–164.

Weinig, Katja (1996): Wie Technik Kommunikation verändert. Das Beispiel Videokonferenz. Münster: Lit.

Online-Kommunikation und Kulturwandel: Eine Untersuchung in der türkischen Diaspora

Çiğdem Bozdağ

1 Einleitung

Die Globalisierung der Kommunikations- und Informationstechnologien steht in einem engen Zusammenhang damit, wie Menschen die Welt und sich selbst wahrnehmen. Individuen sind heute nicht mehr nur mit lokalen und nationalen, sondern auch mit transnationalen Diskursen und Repräsentationen konfrontiert, die bei der Konstruktion von Identitäten eine wichtige Rolle spielen (Hepp 2003: 103f.). Infolgedessen verschwinden die traditionellen Referenzpunkte der Identifikation jedoch nicht zwangsläufig, sondern werden Teil komplexerer, vielschichtigerer Prozesse der Identitätskonstruktion. Menschen sind einerseits zunehmend mit mehr Angeboten für ihre kulturelle Positionierung konfrontiert, werden aber andererseits bei ihrer Selbstfindung durch ihre lokalen und nationalen Umgebungen sowie ihre ethnische Herkunft beeinflusst.

Diasporakulturen stellen eine Form der nationenübergreifenden, hybriden Kulturen dar. Bei der Konstruktion von diasporischen Kulturen und Identitäten spielen Medien eine große Rolle. Zum einen übermitteln sie kulturelle Ressourcen über nationalstaatliche Grenzen hinweg. Zum anderen ermöglichen sie grenzenübergreifende diasporainterne Kommunikation, was für die Konstruktion der Diasporagemeinschaften von erheblicher Bedeutung ist. Diasporische Identitäten und Kulturen werden diesbezüglich von den Entwicklungen der Kommunikationstechnologien beeinflusst und transformiert (Silverstone/Georgiou 2003: 7f.). Dieser Zusammenhang kann in Bezug auf die alltägliche Aneignung dieser Medientechnologien als Wandlungsprozess beschrieben werden.

Der vorliegende Aufsatz basiert auf einer qualitativen Studie, die als Abschlussarbeit im Master-Studiengang Medienkultur der Universität Bremen durchgeführt wurde. Die leitende Frage der Studie ist: Wie eignen sich türkische Migrantinnen und Migranten in Deutschland das Internet an und wie verändern sich Diasporakulturen durch die Aneignung dieser Kommunikationstechnologie? Anhand von Fallbeispielen wird in diesem Aufsatz die Rolle des Internets für Kulturwandel in der deutschtürkischen Diaspora in Deutschland aufgezeigt.

Laut dem Migrationsbericht des Bundesamtes für Migration und Flüchtlinge 2008 leben über 2,5 Millionen Menschen mit türkischem Migrationshintergrund in Deutschland. Sie stellen hierzulande die größte Migrantengruppe dar (Migrationsbericht 2008: 215). Viele Deutschtürken führen ein transkulturell geprägtes Leben, indem sie in zwei Ländern Eigentum besitzen, teilweise doppelte Staatsangehörigkeiten haben, sich kontinuierlich mit der deutschen und der türkischen

Kultur auseinandersetzen und Medien aus beiden Ländern nutzen. Das Internet spielt heute eine Rolle bei der Aufrechterhaltung solch nationenübergreifender Kommunikationsnetzwerke von Migrantinnen und Migranten.

In den folgenden Abschnitten werden zuerst der theoretische Rahmen, die Konzeptionalisierung der Diasporagemeinschaften und die Rolle der Medien für deren Entstehung erläutert und diskutiert. Abschnitt 3 beschäftigt sich mit der Methodik der hier dargestellten Forschung sowie ihrer Reflexion. Die Forschungsbefunde über die Internetaneignung der deutschtürkischen Diaspora werden in Abschnitt 4 entlang der entwickelten Analysekategorien beschrieben. Im letzten Abschnitt werden Tendenzen des Kulturwandels in der deutschtürkischen Diaspora durch die Internetaneignung diskutiert und Fragen für künftige Forschung formuliert.

2 Diasporagemeinschaften und das Internet

2.1 *Diaspora: Begriffsklärung*

Der Begriff Diaspora stammt aus dem Griechischen und bedeutet Zerstreuung (Mayer 2005: 8). Die seit einiger Zeit gehäufte Nutzung des Begriffs in der Kulturwissenschaft weist auf eine Neuorientierung innerhalb der Migrationsforschung hin (Mayer 2005: 7f.). Die Nutzung des Begriffs Diaspora anstelle von postkolonialen Identitäten deutet an, dass sich die Globalisierung der Kultur „nicht allein vor dem Hintergrund der Geschichte von Kolonialisierung und Widerstand und damit primär über die Kategorien von Peripherie und Metropole angehen lässt" (Mayer 2005: 7). In der postkolonialen Perspektive werden Diasporaangehörige häufig als vermeintlich passive kulturelle Opfer wahrgenommen, die mit dem Dilemma der zwei Welten konfrontiert sind (Sinclair/Cunningham 2000: 14). Erst seit kurzer Zeit werden die komplexeren Prozesse der aktiven Aushandlung, des Widerstandes und der Adaptation bei der Konstruktion der diasporischen Identitäten in der Migrationsforschung anerkannt. Migrantinnen und Migranten nutzen Kommunikationstechnologien in einem dialektischen Prozess, wodurch sie ihre kulturellen Identitäten in einer hybriden Weise re-definieren und die Dichotomie der Kulturen des Herkunftslandes und des Migrationslandes überwinden (Sinclair/Cunningham 2000: 14).

Diasporagemeinschaften entstehen im Spannungsfeld lokaler, nationaler und transnationaler Kontexte und verschiedener Machtbeziehungen. Die Konstruktion von diasporischen Identitäten ist dadurch ein soziopolitischer Prozess, in dem Dialog, Aushandlung und Diskussionen darüber stattfinden, wer der Diasporagemeinschaft zugehört und was es heißt, dazuzugehören (Tsagarousianou 2004: 60). Die heutigen Diasporas schaffen sich zudem ein kollektives Bewusstsein als Diaspora*gemeinschaften* (Tsagarousianou 2004: 60, Cohen 1997: 23ff.). Sie sind in dieser Hinsicht als vorgestellte Gemeinschaften zu begreifen, deren gemeinsamer Sinnhorizont jenseits von nationalen Grenzen liegt (Hepp 2003: 103,

Tsagarousianou 2004: 59f.). Nach Anderson (2006) sind Mitglieder solch vorgestellter Gemeinschaften durch Mythen einer gemeinsamen Vergangenheit und Gefühle der Zusammengehörigkeit in einer diskursiven Weise miteinander verbunden (Anderson 1983: 6f.). Anders als Nationen werden Diasporas jedoch nicht in Bezug auf ein bestimmtes Territorium imaginiert. In Anbetracht ihrer geografischen Verstreutheit handelt es sich vielmehr um deterritorialisierte Gemeinschaften (Hepp 2003: 101ff.). Medien spielen eine große Rolle bei den Prozessen der Vorstellung von Diasporagemeinschaften sowie von Nationen, da sie die Repräsentationen der translokalen Gruppen als Gemeinschaften vermitteln, was ohne technische Vermittlung nicht nachvollziehbar wäre.

In den klassischen Definitionen des Diasporabegriffs, beispielsweise in den häufig zitierten Arbeiten von Safran (1991) oder Cohen (1997), wird die Bedeutung der Identifikation mit der Herkunftskultur betont (Tsagarousianou 2004: 54). Eine solch starke Identifizierung mit dem Herkunftsland ist jedoch nicht selbstverständlich, jedenfalls nicht bei heutigen Diasporas (Mayer 2005: 11ff.; Tsagarousianou 2004: 60). Die Beziehung zum Herkunftsland wird in einem soziopolitischen Prozess kontinuierlich ausgehandelt, re-konstruiert und re-artikuliert. Bei diesen Prozessen sind Medientechnologien von großer Bedeutung, weil die Kommunikation mit dem Herkunftsland in vielen Situationen vorwiegend nur medienvermittelt möglich wird.

2.2 Medienaneignung im diasporischen Alltag

Mediennutzerinnen und -nutzer nehmen aktiv an Prozessen der Bedeutungsproduktion teil, indem sie sich Medieninhalte aneignen, etwa sich mit diesen kritisch und aktiv auseinandersetzen (Sinclair/Cunningham 2000: 14f.). Ähnlich werden die Bedeutungen von neuen (Kommunikations-)Technologien von ihren Nutzern interpretiert und ausgehandelt (Silverstone 2005: 14). Dass sich die Rezipierenden Medientexte und -technologien aktiv aneignen, bedeutet wiederum nicht, dass die Medienaneignung von sozialen Strukturen absolut unabhängig stattfindet. Vielmehr finden diese Aushandlungsprozesse und Bedeutungsproduktionen verankert in bestimmten sozialen und kulturellen Kontexten sowie im Alltag der Mediennutzer statt (Sinclair/Cunningham 2000: 14ff., Silverstone/Georgiou 2003: 9f.). Diasporagemeinschaften werden von den jeweiligen politischen, historischen und kulturellen Kontexten und von medial vermittelten Images und Bedeutungen beeinflusst (Gillespie 1995: 2). Dies ist jedoch kein einseitiger Zusammenhang. Vielmehr beeinflussen Diasporas die Repräsentationen in Medien durch ihre kritischen Interpretationen und konstruieren so selbst neue Identitätsformen.

Neue Kommunikationstechnologien führen nicht nur zu Verdichtungen in Zeit und Raum, sondern ermöglichen auch die Entstehung von neuen Räumen, wodurch entfernte Lokalitäten zusammengebracht und synchronisiert werden (Tsagarousianou 2004: 62). In diesem Sinne bieten sie Mitgliedern von Diasporagemeinschaften einen gemeinsamen Rahmen für ihre Erfahrungen. Dies ist für Prozesse der Gemeinschaftsbildung und Identifikation äußerst wichtig (Tsagarousianou 2004: 63, Gillespie 2002). Gillespie (1995) behandelt in ihrem einflussreichen Werk Television, Ethnicity and Cultural Change, wie das indische und englische Fernsehen sowie Videokassetten allgemein eine gemeinsame kulturelle Ressource für die Punjab-Jugendlichen in Southall darstellen, die anhand von Diskussionen über diese Medientexte mit anderen Diasporaangehörigen ihre Zugehörigkeit, ihre Moralvorstellungen oder die traditionellen Geschlechterrollen aushandeln.

Sowohl die kritischen Interpretationen der Medientexte als auch die Entwicklungen in den Medientechnologien führen zum Kulturwandel in der Diaspora (vgl. Robins/Aksoy 2003, et al.). Robins und Aksoy (2003) haben zum Beispiel die Bedeutung der Einführung des Satellitenfernsehens im Leben türkischer Migranten in England untersucht. Sie argumentieren, dass durch die Nutzung des türkischen Fernsehens via Satellit die türkischen Migranten der Banalität des Alltags in der Türkei näher kämen, wodurch die mythischen Vorstellungen über das Herkunftsland in Frage gestellt würden (Robins/Aksoy 2003: 8ff.). Die nostalgische Vorstellung von „da und damals" (there and then) wandelt sich durch die Banalität von „hier und jetzt" (here and now) bzw. durch die Vermittlung von alltäglichen Repräsentationen des Heimatlandes.

Diasporas und andere Gruppen in der Gesellschaft experimentieren mit neuen Technologien und interpretieren und transformieren ihre Nutzungsweisen sowie ihre Bedeutungen weiter (Georgiou 2006: 142). Zugleich werden diese Gruppen selbst durch die Adaption von Technologien verändert. Die Transformationen in den Kommunikationsstrukturen und der Kulturwandel von Diasporas sind also nicht als unmittelbare Folgen bestimmter Technologien zu verstehen, sondern abhängig von sozialen und kulturellen Kontexten (Silverstone 2005: 13ff.).

2.3 Forschungsstand: Internet und Diaspora

Die Internetnutzung von Migrantinnen und Migranten in Deutschland wurde in den letzten Jahren häufig durch quantitative Forschungen untersucht. Beispielsweise war in der von der ARD/ZDF-Medienkommission beauftragten Studie zur Mediennutzung von Migranten die Internetnutzung ein wichtiger Aspekt der Analyse (Simon 2007: 426). Im Rahmen dieser Studie wurden insgesamt 3010 Menschen mit türkischem, griechischem, serbischem, montenegrischem und russischem Migrationshintergrund befragt. Die Studie zeigt, dass das Internet besonders für die jüngeren Migranten eine wichtige Rolle spielt, z. B. als Brücke zum Herkunftsland. Eine weitere umfangreiche Befragung zur Mediennutzung von Migranten wurde von der AGF/GfK-Fernsehforschung durchgeführt (vgl. Klingler/Kutteroff 2009). Dabei wurden 2072 Menschen mit Migrationshintergrund befragt. Die Studie betrachtet die Mediennutzung (inklusive Internetnutzung) von Migranten in einer milieuorientierten Perspektive. Dabei wird festgestellt, dass 53 Prozent der Migranten das Internet mindestens mehrmals wöchentlich nutzen, und dass es viele Gemeinsamkeiten im Medienverhalten von Migranten und deutscher Bevölkerung gibt. Migranten werden heute auch in anderen Studien berücksichtigt, die sich mit der allgemeinen Mediennutzung in Deutschland beschäftigen (siehe bspw. Lins 2009 und dort die Studie „N(ONLINER) Atlas").

Qualitative Studien zur Medienaneignung von Migranten gibt es vor allem im Bereich der Fernsehnutzung (vgl. Gillespie 1995, Robins/Aksoy 2001 & 2003, Weiß/Trebbe 2001). Es sind zumindest im deutschsprachigen Raum in jüngerer Zeit einige qualitative Forschungen entstanden, die sich mit Internetaneignung bzw. mit Medienaneignung im Allgemeinen beschäftigen (siehe z. B. Murt 2008, Kissau 2008, Düvel 2010, Hepp/Bozdag/Suna 2010).

Die hier dargestellte empirische Studie zielt darauf ab, durch ein qualitatives Vorgehen Einblicke in das Thema Internetaneignung in der Diaspora zu geben sowie Überlegungen zum Verhältnis von Aneignung von Medientechnologien und Kulturwandel in der Diaspora anzustellen.

3 Methodik

Der Alltag in heutigen Gesellschaften ist geprägt durch medienbezogene Prozesse der Bedeutungsproduktion, die durch die Interaktion einzelner Individuen miteinander und mit Informations- und Kommunikationstechnologien stattfinden (Silverstone 2005: 5). Die Untersuchung der Bedeutungsproduktion im Alltag schließt zwar quantitative Methoden nicht aus. Durch eine qualitative Studie können die Komplexität dieses Prozesses und die Zusammenhänge im Alltag jedoch detaillierter beschrieben werden. Dementsprechend handelt es sich bei der hier skizzierten Untersuchung um eine qualitative Fallstudie zur Internetaneignung in der türkischen Diaspora in Deutschland, die mittels Methoden der Grounded Theory umgesetzt wurde. Die Grounded Theory basiert auf einem zyklischen Verfahren. Während der Auswertung werden Teiltheorien entwickelt, die durch die erhobenen Daten immer wieder in Frage gestellt und weiterentwickelt werden (Krotz 2005: 161ff.).

Weil die Nutzerperspektive und Aneignung im Vordergrund dieser Analyse stehen, wurden im Rahmen der Studie qualitative Interviews durchgeführt. Die Interviewpartnerinnen und -partner sollten nicht von den Fragen gesteuert werden, sondern einen gewissen Freiraum haben, sich selbst darzustellen und das auszudrücken, was für sie wichtig ist (Froschauer/Lueger 2003: 15ff.). Es wurden deswegen halbstrukturierte Interviews mit möglichst offenen Fragen anhand eines Leitfadens durchgeführt. Der Leitfaden für die Interviews bestand nicht aus vorformulierten Fragen, sondern aus für die Internetaneignung in der Diaspora relevanten Themenbereichen, die teilweise mit Hilfe der existierenden Fachliteratur vorbereitet wurden. Der Leitfaden wurde dabei im Lauf des Forschungsprozesses entsprechend dem Erkenntnisgewinn überarbeitet und weiterentwickelt.

Die hier dargestellte Studie ist zwar auf Fallstudien beschränkt und repräsentiert nicht das gesamte Feld, soll aber dazu dienen, einen Einblick in das Forschungsfeld zu ermöglichen und weitere Forschungen zu dem Thema anzuregen. Bei der Auswahl der Interviewpartnerinnen und -partner wurde auf eine gewisse Vielfalt bezüglich der Aspekte sozialer Hintergrund, Geschlecht, Alter, Beruf, Bildung, Generation und Mediennutzungsverhalten Wert gelegt (siehe Tabelle 1). Es wurden so acht Interviews zwischen 23 und 78 Minuten Länge geführt, aufgezeichnet und anschließend transkribiert.

Tabelle 1: Übersicht über die Interviewpartnerinnen und -partner, eig. Darst.

Name	Geschlecht/ Alter	Bildung	Beruf	Interview-Sprache
Ayse	w/47	Grundschulabschluss	Hausfrau	Türkisch
Hakan	m/26	Gymnasialabschluss	Student (Informatik)	Deutsch
Kemal	m/27	Realschule	Servicekraft bei Ikea	Deutsch
Leman	w/36	Berufsausbildung als Kosmetikerin	Eigenes Kosmetikstudio	Deutsch
Mehmet	m/30	Diplom Kulturwissenschaft	Doktorand	Deutsch
Seda	w/17	Gymnasium	Schülerin	Deutsch
Tülay	w/26	Gymnasium	Studentin (Informatik & Pädagogikstudium)	Deutsch
Yeliz	w/40	Berufsausbildung in Elektronik an der Fachhochschule	Reisebüroleiterin	Türkisch

Das gesamte Interviewmaterial wurde in einer systematischen Weise nach den Prinzipien des offenen Kodierens ausgewertet (siehe Krotz 2005: 172ff.). Dabei wurden die Aussagen der Interviewten in verschiedene abstraktere Codes oder Konzepte eingeordnet. Diese Codes waren dabei nicht vorformuliert, sondern wurden aus den Interviewtexten heraus entwickelt. Die Konzepte, die immer wieder vorkamen und gemeinsame Hintergründe hatten, wurden weiter allgemeinen (Ober-)Kategorien zugeordnet. Auf diese Weise ergaben sich die folgenden Kategorien: *Tagesablauf, kulturelle Orientierung, massenmediale Inhalte im Internet, kommunikative Vernetzung* und *Sprache*.

4 Internetaneignung im Alltag der türkischen Migranten

Bei näherer Betrachtung der Internetaneignungsmuster der Deutschtürkinnen und Deutschtürken zeigt sich, dass die Fragen, *wie* und *wann* das Internet benutzt wird, mit dem individuellen Hintergrund der jeweiligen Person hinsichtlich Ausbildung, Geschlecht, Beruf, Tagesablauf und Medienkompetenz zusammenhängen. Die kulturelle Orientierung hat dabei großen Einfluss auf die Auswahl der Medieninhalte aus dem Herkunfts- bzw. Migrationsland oder aus weiteren Kontexten.

4.1 Medienaneignung im Tagesablauf

Alltagsroutinen von Menschen, die mit der Familien-, Berufs- oder Bildungssituation zusammenhängt, haben großen Einfluss darauf, wie *Medienaneignung im Tagesablauf* stattfindet. Beispielsweise ist Ayse (w, 47) Hausfrau und benutzt über den Tag hinweg verschiedene Medien. Sie erzählt, dass sie das „Telefon nicht von [ihrem] Ohr runterbekommt". Zudem hat sie ihren Computer immer an, hört teilweise Online-Radiosender nebenbei, schaut nach Kochrezepten, sucht Informationen z. B. über Kosmetik und Gesundheit, liest Zeitungen oder chattet per MSN. Yeliz (w, 40) arbeitet dagegen den ganzen Tag in ihrem eigenen Reisebüro, in dem Medien für die tägliche Kommunikation mit Kunden und Geschäftspartnern eine große Rolle spielen. Insgesamt finde sie durch ihren Job nicht die Zeit, sich zusätzlich mit dem Internet zu beschäftigen. Leman (w, 36) hat auch einen stressigen Arbeitsalltag und muss sich tagsüber neben ihrem Job um ihren Sohn kümmern. Sie benutzt kaum Medien für ihren Beruf als Kosmetikerin, nur wenn sie Anfragen über die Website ihres Kosmetikstudios bekommt oder nach Informationen über Kosmetikprodukte sucht. Abends ist sie meistens erschöpft und schaut dann oft türkische Serien im Fernsehen. „Im Moment, weil es Sommerzeit ist und weniger Serien laufen", kann sie sich abends mehr mit anderen Sachen beschäftigen, was ein gutes Beispiel dafür ist, wie Medien die Alltagsroutinen von Menschen beeinflussen können.

Migrantinnen und Migranten entwickeln tägliche Medienroutinen, die im Laufe der Zeit relativ stabil bleiben und ihren Alltag strukturieren. Beispielsweise liest Hakan (m, 26) morgens regelmäßig türkische und deutsche Zeitungen im Internet und Kemal (m, 27) deutsche Online-Zeitungen. Nach der Arbeit setzt sich Kemal abends wieder an den Computer, um seine E-Mails zu checken, ein bisschen zu lesen und zu chatten. Wenn Hakan abends nach Hause kommt, entspannt er sich meistens durch Fernsehschauen mit seiner Familie, weil er an der Uni sowieso den ganzen Tag vor dem Laptop an seiner Abschlussarbeit arbeitet. Diese Beispiele zeigen, wie Medienaneignung in die Alltagsroutinen von Menschen eingebettet ist und zugleich ihre Alltagsstrukturen beeinflussen.

4.2 Kulturelle Orientierung

Die *kulturellen Orientierungen* der Diasporamitglieder sind durch Prozesse der kontinuierlichen Auseinandersetzung mit den Kulturen des Herkunftslandes und des Migrationslandes geprägt. Diese duale kulturelle Orientierung bildet das entscheidende Charakteristikum der Diasporagemeinschaften. Migrantinnen und Migranten, die als Diasporaangehörige bezeichnet werden, haben dementsprechend einen Bezug zu beiden Kulturen, wenn auch die Intensität der Identifizierung mit der Herkunftskultur bzw. Kultur des Migrationslandes variiert. Ausgehend von den Analyseergebnissen dieser Studie kann dabei von einer Vielfalt der kulturellen Orientierungsmuster der Deutschtürkinnen und Deutschtürken gesprochen werden. Beispielsweise gibt es jene, die sich stark an ihrem Herkunftsland orientieren und sich mit der Herkunftskultur identifizieren. So sieht sich Tülay (w, 26) als „Türkin" und interessiert sich sehr für die Geschehnisse, Politik und Geschichte in der Türkei. Ähnlich ist Ayse (w, 47) begeistert von der Türkei und der türkischen Kultur. Sie sagt beispielsweise, dass sie in ihrem Urlaub nur in die Türkei fliegt: „Türkei reicht mir. Also, es sollte bisschen türkische Musik zu meinen Ohren kommen, es sollte mir dann gefallen". Für Ayse spielen außerdem die ethnischen Konflikte im Herkunftsland eine wichtige Rolle. Sie distanziert sich von „Kurden und Arabern", deren „Lebensstile ganz anders" sind, weil sie sich „nicht entwickeln" können. Insgesamt bedeutet eine starke Identifizierung mit dem Herkunftsland nicht unbedingt eine Distanzierung von der deutschen Gesellschaft. Umgekehrt identifizieren sich Menschen, die sich von der deutschen Gesellschaft abgrenzen, nicht unbedingt mit der Herkunftskultur.

Demgegenüber lässt sich bei einigen Interviewten eine stärkere Identifikation mit der Kultur des Migrationslandes sowie eine Distanzierung von der Herkunftskultur feststellen. Beispielsweise hat Kemal (m, 27) „sehr wenig Bezug zur Türkei und so vor allem zur türkischen Kultur". Er wird aber wiederum im Alltag von anderen als „Türke" bezeichnet und muss sich daher mit seiner Herkunft auseinandersetzen:

> Dadurch dass ich Migrant bin, oder Migrantenkind besser gesagt, bin ich in zwei Welten groß geworden. Ich bin zwar hier geboren und aufgewachsen, ich würde mich auch als Deutscher bezeichnen, also von meiner, einfach von meiner, von meiner Einstellung her und von meinem, von meinem Wissen, dass ich hier geboren bin. [Andererseits] bin ich es aber auch nicht also, weil mein Name und meine Ursprung, meine Herkunft, meine Eltern mich dann irgendwo als Türken kennzeichnet. (Kemal, m, 27)

Anhand dieser Aussage ist zu sehen, dass sich Diasporaangehörige kontinuierlich mit den Kulturen des Herkunfts- und Migrationslandes auseinandersetzen, nicht zuletzt auf Grund sozialer Erwartungen an ihre Herkunft. Während Kemal (m, 27) dieses Spannungsverhältnis zwischen zwei Kulturen eher als negativ wahrnimmt und sich von der Herkunftskultur distanziert, befinden sich viele zwischen den oben dargestellten Polen und nehmen ihre Situation eher als positiv wahr. Beispielsweise sind Seda (w, 17), Tülay (w, 26), Hakan (m, 26) oder Leman (w, 36) sowohl mit türkischen und anderen Migranten als auch mit Deutschen gleichermaßen vernetzt. Tülay sagt, dass sie sich „in jeder Kultur wohl" fühlt und sich „das Schönste raus[pickt]". Sie fügt hinzu, dass sie „kein Problem mit anderen Kulturen" hat, „solange man auf vernünftiger Basis miteinander redet."

Die kulturelle Orientierung ist nicht essentiell, also statisch, sie verändert sich in kontinuierlichen Prozessen der situativen Identifikation. Zudem entsteht nach einer Migration *kein* linearer Prozess der kulturellen Anpassung, in dem sich Menschen im Laufe der Jahre von ihrer Herkunftskultur distanzieren und sich der Kultur des Migrationslandes annähern. Es gibt Interviewpassagen, in denen die Interviewten von einer subjektiv wahrgenommenen Veränderung ihrer kulturellen Orientierung sprechen. So erzählt Mehmet (m, 30), dass er sich als Jugendlicher eher von der türkischen Kultur distanziert hat. Er vermutet, dass dies gerade daran lag, dass „seine Eltern immer wollten", dass er sich damit beschäftigt. Als er aber vor einigen Jahren „so offen für neue Sachen", z. B. neue Musik war, war „die Türkei natürlich am nächsten dran." Für Mehmet bilden Medien wie DVDs, Bücher, Websites und Zeitungen die wichtigsten Ressourcen seiner Herkunftskultur, wie es für viele Diasporaangehörige der Fall ist. In diesem Sinne ist die kulturelle Orientierung ein wichtiger Einflussfaktor bei der Medien- bzw. Internetaneignung der Diasporaangehörigen. Man kann auch hier wieder nicht von einem kausalen Effekt sprechen, sondern vielmehr von einer wechselseitigen Beziehung. Die kulturelle Orientierung hat Einfluss darauf, welche Medieninhalte sich Diasporaangehörige aneignen bzw. an welchen kommunikativen Netzwerken sie teilnehmen. Auf der anderen Seite haben diese Medieninhalte wiederum Einfluss drauf, wie Menschen sich kulturell orientieren.

Wie bereits erwähnt, repräsentiert diese Studie, bedingt durch den Umfang des empirischen Materials, nicht das gesamte Feld der Medienaneignung und kulturellen Identität in der türkischen Diaspora. Weitere Forschungen beschäftigen sich mit der Beziehung zwischen kultureller Identität und Medienaneignung aus einer breiteren Perspektive (siehe bspw. Hepp/Bozdag/Suna 2010 & 2011).

4.3 Inhalte der Massenmedien

Die sogenannten traditionellen *Massenmedien* spielen immer noch eine erhebliche Rolle im Alltag von Migrantinnen und Migranten. Beispielsweise wird das Fernsehen von fast allen Interviewpartnerinnen und -partnern als wichtigstes Medium erwähnt, wenn es um Entspannung oder die gemeinsame Mediennutzung in der Familie geht. Zeitungen sind für viele die wichtigste Quelle für Nachrichten, sowohl aus dem Migrations- als auch aus dem Herkunftsland. Viele schauen sich Kinofilme an, wenn sie abends mit ihren Freunden gemeinsam etwas unternehmen wollen. Während die Relevanz der Inhalte traditioneller Massenmedien sich durch die Internetaneignung wenig verändert, differieren die Art und Weise, wie diese Inhalte angeeignet werden.

Beispielsweise benutzen einige Interviewte Fernseh- und Radiosender durch Livestreaming im Internet. Für Tülay (w, 26), die über keinen Satellitenanschluss verfügt, ist dies die einzige Möglichkeit, zu Hause Fernsehsender aus der Türkei sehen zu können. Auch für diejenigen, die einen Satellitenanschluss haben, entsteht durch Livestreaming die Möglichkeit, kleine Sender zu nutzen, die über Satellit nicht verfügbar sind. Besonders die jeweiligen Lokalmedien in ihren Herkunftsländern sind für Deutschtürken von Interesse. Yeliz (w, 40) und ihr Mann hören in ihrem Reisebüro Radiosender aus der Türkei, z. B. „Alem fm und so was, oder Bursa, Trabzon Schwarzmeersender [...] nebenbei, wenn es ruhig ist". Hakan (m, 26) berichtet, beim Hören eines türkischen lokalen Radiosenders aus seiner Heimatstadt beinahe das Gefühl zu haben, dort zu sein:

> Das war glaub' ich, Sultan Radio oder so was keine Ahnung. Das habe ich mal angehört, ist so, ist nicht schlecht dafür. Da fühlt man sich gleich irgendwie, als ob man jetzt in der Türkei ist, ne? Hört man jetzt gleich direkt live [...], Radio aus der Türkei. (Hakan, m, 26)

Zudem benutzen viele der Interviewpartnerinnen und -partner Websites, wo sie Videos von Fernsehinhalten oder Filmen aus verschiedenen Ländern finden. Beispielsweise besucht Hakan (m, 26) solche Websites, wenn er spät von der Uni nach Hause kommt und es für die Fernsehserien bereits zu spät ist. Durch den Online-Zugang zu Fernsehinhalten verändert sich die Art und Weise, wie diese rezipiert werden. Beispielsweise nutzt Tülay (w, 26) die Website diziizle.net, um sich türkische Serien anzuschauen. Sie schaut „auf der Webseite von Kral TV" einzelne Musikvideos in der Reihenfolge an, die ihr am besten gefällt. Seda (w, 17) schaut ihre Serien bei Youtube, wenn sie „eine Folge verpasst" hat. Den Nutzenden wird durch das Internet ein flexiblerer Umgang mit Inhalten von Massenmedien ermöglicht, indem Vidoewebsites zur Archivierung und zeitunabhängigen Aneignung von Fernsehinhalten und Filmen dienen.

Nicht nur Fernsehinhalte, sondern auch die meisten Zeitungen und Zeitschriften sind mittlerweile online zugänglich. Die Nutzung von Online-Medienportalen, die entweder die Web-Adressen der türkischen Medien beinhalten oder die wichtigsten Nachrichten anderer Medien zusammenfassen, sind bei vielen Deutschtürkinnen und -türken beliebt.[1] Hinzu kommt, dass durch das Internet auch die türkischen Zeitungen oder Zeitschriften verfügbar sind, die nicht in Deutschland herausgegeben werden, da ihre Produktion sich finanziell nicht lohnt. Beispielsweise hat Mehmet (m, 30) im Internet die linksliberale türkische Zeitung Radikal entdeckt, die er „ganz cool" findet.

---

[1] www.medya-turk.net, www.gazeteoku.com, www.medya.org sind Beispiele für die türkischen Online-Medienportale, die in der Türkei sehr beliebt sind.

4.4 Kommunikative Vernetzung

Für die *kommunikative Vernetzung* mit Familienangehörigen, Geschäftspartnern, Freunden und Bekannten in der Türkei wird das Internet besonders häufig genutzt. Seda (w, 17) chattet z. B. gerne mit ihren Freunden in der Türkei über MSN. Sie fügt hinzu, dass sie sich auch „zwischendurch SMS schreiben, E-Mail schreiben", wenn sie sich bei MSN nicht treffen. Internettelefonie ermöglicht kostengünstige Kommunikation mit Webcam, die von vielen Deutschtürken häufig für die Kommunikation in die Türkei benutzt wird. Ayse (w, 47) nutzt z. B. regelmäßig MSN, um mit ihrer Tochter zu sprechen:

> In der Türkei ist meine Tochter. Mit ihr unterhalten wir uns. [...] Sie ist verheiratet und dann geblieben [...] durch [ihre] Heirat. Wir unterhalten uns mit ihr, so wie [wenn] sie nie von hier weggegangen wäre oder wenn [die] cam[2] noch an ist, als ob sie nicht von hier weggezogen wäre, kommunizieren wir mehr. Also statt dich selbst zu fragen, wie es ihr geht, ob es ihr gut oder schlecht geht, schalte die cam an und guck das selbst an. (Ayse, w, 47)

Weiter erwähnt Ayse, dass Menschen zwar am Telefon vortäuschen könnten, dass es ihnen gut geht, nicht aber vor der Kamera. Sie ist auch froh, dass sie sehen kann, wie ihre Enkelin aufwächst. Ayses Erfahrung mit Videokonferenzen zeigt, wie durch Online-Kommunikation ein kommunikativer Austausch über die alltäglichen Details im Leben voneinander stattfinden kann. Durch diese günstigen Kommunikationsmöglichkeiten verlängert sich auch die Dauer der Gespräche. Auf diese Weise ist es möglich, neben einem Austausch über die wichtigsten Ereignisse auch die Details aus dem Alltag der Kommunikationspartner zu erfahren. Eine ähnliche Beobachtung macht Georgiou (2006) in Bezug auf E-Mail-Kommunikation, bei der auch die Banalitäten, die gemeinsamen Aktivitäten und die Routinen des Alltags ausgetauscht werden können. In diesem Sinne werden transnationale Kommunikationsnetzwerke durch das Internet neben anderen Medien ein fester Bestandteil des Alltags von Migrantinnen und Migranten. Nicht alle sind begeistert von dieser Art der Austauschmöglichkeit. Yeliz (w, 40) sagt beispielsweise, dass sie sehr lange Gespräche mittels Internettelefonie als „Zeitverlust" sieht, einfach, weil ihr dafür „die Zeit fehlt". Seda (w, 17) hat das Telefonieren per Internet und Webcam ebenfalls ausprobiert, fand es aber eher „komisch" und „unangenehm", dass man die andere Seite sieht und dass sie selbst gesehen wird.

Die Aufrechterhaltung der Kommunikation mit Kontakten in der Türkei steht wiederum in einem Zusammenhang mit der kulturellen Orientierung der jeweiligen Person sowie ihrer Migrationsgeschichte. Beispielsweise identifiziert sich Ayse (w, 47) stark mit der Türkei und fliegt jährlich dorthin. Außer ihrer Tochter, die in Deutschland aufgewachsen und in die Türkei ausgewandert ist

---

[2] Sie benutzt Cam statt Webcam und spricht es türkisch aus, was gleichzeitig Glas bedeutet, und auf Türkisch für das Fenster benutzt wird. Sie macht im Verlauf des Interviews ein Wortspiel, indem sie gleichzeitig „von Fenster zu Fenster" und „von Webcam zu Webcam" andeutet.

und mit der sie fast täglich redet, hat sie mittlerweile nicht mehr viele Familienangehörige in der Türkei. Ähnlich haben Tülay (w, 26), Mehmet (m, 30) und Hakan (m, 26) durch unterschiedliche Medien regelmäßigen Kontakt mit ihren Familienangehörigen. Kemal (m, 27) sagt, dass er mit seinen Verwandten in der Türkei nichts gemeinsam habe. So meint er: „Wenn man sich so lange nicht sieht, [...] dann folgt da auch eine Distanz."

Online-Kommunikation erweitert auch die Möglichkeiten einer beruflichen Vernetzung mit Menschen in der Türkei. Yeliz (w, 40) greift zum Beispiel für ihr Reiseunternehmen neben Telefon und Fax auch auf E-Mail zurück, um mit Firmen in der Türkei zu kommunizieren. Leman (w, 36) sucht im Internet nach Kosmetiktipps oder -produkten, weil sie glaubt, dass es in der türkischen Kosmetikbranche gute Angebote gibt. Sie lernt dadurch Sachen kennen, die „man hier nicht so kennt" (Leman, w, 36). Hakan (m, 26) versucht, durch E-Mail-Kommunikation für eine türkische Firma Kontakte in Deutschland zu finden.

Während Festnetz- sowie Mobiltelefon und Face-to-face-Kommunikation immer noch sehr wichtig für diasporainterne Vernetzung sind, wird zunehmend auch das Internet auf unterschiedliche Weise benutzt, um Familienangehörige, Freunde und Bekannte in der Diaspora zu kontaktieren. Durch E-Mail, Chat oder Internettelefonie kann man Daten und Medieninhalte – wie Zeitungsartikel, Links für Videos usw. – austauschen und sich gleichzeitig über diese unterhalten. Mehmet (m, 30) berichtet, dass er mit einem Freund, der in einer anderen Stadt wohnt, per E-Mail immer wieder Videos hin und her schickt, wie z. B. Videoausschnitte aus „alten türkischen Filmen".

Zudem verringern sich durch das Internet die Kosten für Medienproduktion und -distribution. So ergibt sich ein Potenzial für die Produktion deutschtürkischer Medien. Die schon existierenden lokalen Massenmedien, die die türkische Diaspora adressieren, haben somit die Möglichkeit, ihre Programme durch Webauftritte für eine breitere Zielgruppe zugänglich zu machen. Außerdem entstehen internetbasierte Diasporaangebote, wie sogenannte Ethnoportale, die einerseits diasporische und redaktionelle Inhalte anbieten und andererseits durch Chat, Blogs und Diskussionsforen Interaktion zwischen ihren Mitgliedern ermöglichen. Online-Diasporaangebote sind besonders geeignet für die kommunikative Vernetzung der Diasporaangehörigen, die verstreut in verschiedenen Orten leben. Die Diskussionsforen der Diasporawebsites bieten auch einen Raum für diasporainterne Kommunikation, indem dort die für Diasporas relevanten Themen diskutiert werden können. Dementsprechend kann festgehalten werden, dass die Kommunikationsräume, die zum kulturellen Austausch in der Diaspora dienen, durch das Internet erweitert werden. Die Nutzung dieser Räume weist dabei wiederum nicht unbedingt demokratisierende oder emanzipatorische Tendenzen auf, sondern reflektiert vielmehr die Konflikte und Machtbeziehungen in der Diaspora. Beispielsweise finden Tülay (w, 26) und Kemal (m, 27), dass die Diskussionen in Online-Foren immer schnell zu Konflikten führen, weil immer extreme Meinungen dargestellt werden. Daher vermeiden sie es beide, diese Foren zu benutzen. Das Internet ermöglicht nicht nur die Online-Rezeption von Medieninhalten aus verschiedenen lokalen, nationalen und transnationalen Kontexten, es vereinfacht auch den internationalen Handel mit Herkunftsprodukten in dem Migrationsland, die besonders für die Diasporaangehörige von Interesse sind. Beispielsweise sind heute neben Reisen in die Türkei und den sogenannten Export-Importläden, die Produkte aus dem Herkunftsland verkaufen, Online-Diasporashops für den Erwerb türkischer Produkte von großer Bedeutung. Bücher, Musik-CDs oder Filme sind durch verschiedene Internethändler ortsübergreifend bestellbar. Diese bieten eine große Bandbreite an Produkten, wie sie viele kleine Export-Importläden nicht anbieten können. Mehmet hat beispielsweise „einen Internethandel entdeckt, der in Deutschland ist". Dort kann man „echt ohne Probleme fast alle CDs und DVDs bestellen, sind nicht sehr viel teurer als in der Türkei".

4.5 Sprachkenntnisse

Sprachkenntnisse sind wichtige Voraussetzungen bei der Aneignung von Medieninhalten aus dem Herkunfts- und Migrationsland. Diejenigen unter den Deutschtürken, die die deutsche Sprache nicht beherrschen, nutzen aus eben diesem Grund deutsche Medien nicht intensiv. Beispielsweise sagt Ayse (w, 47), dass es ihr schwer falle, auf Deutsch „Bücher zu lesen", und vermeidet es deswegen. Sie findet aber das Lesen deutscher Texte „über Internet viel einfacher". Trotzdem bevorzugt sie auch im Internet die türkischen Websites, wenn sie „geistige Sachen" sucht. Migrantinnen und Migranten zweiter und dritter Generation können nicht unbedingt fließend Türkisch. Beispielsweise hat Seda (w, 17) nicht die türkische Schule besucht, sondern sich selbst beigebracht, auf Türkisch zu lesen und zu schreiben. Sie hat besonders durch ihren Chat-Austausch über MSN mit ihren Freunden in der Türkei Übung bekommen, auf Türkisch zu schreiben. Ähnlich versucht Tülay (w, 26) „über das Internet, Kurdisch zu lernen". Medien werden demnach also dazu benutzt, Sprachkenntnisse zu verbessern. Sprachkenntnisse haben wiederum einen Einfluss darauf, wie und welche Medien benutzt werden.

5 Kulturwandel und Internetaneignung in der Diaspora

Die Betrachtung der Internetaneignung der acht Interviewpartnerinnen und -partner entlang der Analysekategorien zeigt, wie vielfältig Deutschtürkinnen und Deutschtürken hinsichtlich ihrer Lebensstile, Alltagsstrukturen, Mediennutzungspräferenzen und kultureller Orientierungen sind. Trotz dieser Vielfalt lassen sich in der Analyse allgemeine Tendenzen hinsichtlich der Rolle des Internets im Leben von Diasporaangehörigen aufzeigen.

Erstens ist festzustellen, dass es eine wechselseitige Beziehung zwischen kultureller Orientierung und Medienaneignung gibt. Alle Interviewpartnerinnen und -partner rezipieren Medien(-inhalte) aus dem Herkunfts- und Migrationsland sowie aus weiteren kulturellen Kontexten. Die kulturelle Orientierung hat jedoch Einfluss auf die Zusammensetzung der verschiedenen Angebote, die angeeignet werden. Die kulturelle Orientierung von Migrantinnen und Migranten kann sich wiederum durch die Medienaneignung verändern.

Zweitens stehen den Migrantinnen und Migranten heutzutage durch das Internet vielfältigere kulturelle Inhalte zur Verfügung, sowohl aus dem Herkunfts- und Migrationsland als auch aus dem Diasporakontext. Durch die digitalen Technologien können Daten problemlos über die Grenzen der Nationalstaaten hinweg transportiert werden. Einerseits sind dadurch mehr massenmediale Inhalte aus dem Herkunftsland verfügbar, insbesondere kleine und lokale Medien, die zuvor nicht zugänglich waren. Andererseits gibt es auch neue Medienangebote im Internet, wie zum Beispiel die türkischen Diasporaportale Vaybee oder Turkdunya. Diese Diversifizierung könnte auch zu weiteren Ausdifferenzierungen von kulturellen Orientierungen in der Diaspora führen, indem Migrantinnen und Migranten durch die Auseinandersetzung mit verschiedenen Medieninhalten individualisierte kulturelle (Medien-)Repertoires und Nutzungsmuster ausbilden.

Drittens werden durch das Internet die Möglichkeiten der interpersonalen, transnationalen Kommunikation erweitert. Online-Kommunikation ermöglicht Deutschtürken, täglich und kostengünstig mit Menschen in großer Entfernung Kontakt zu halten. Dadurch werden diese Gespräche Teil des diasporischen Alltags. Demzufolge kann von einer Veränderung der sozialen Beziehungen zwischen Personen gesprochen werden, die sich an voneinander entfernten Orten aufhalten. Medien ermöglichen Diasporaangehörigen ein Gleichzeitigkeitsgefühl, das für die Vorstellung der Diasporagemeinschaften wesentlich ist. Geographische Distanz ist immer weniger mit zeitlicher Distanz gekoppelt, weil das durch Medien vermittelte Gefühl der Synchronizität neue Formen der Koexistenz und der gemeinsamen Erfahrung ermöglicht. In diesem Sinne sind Medien notwendig, damit sich Diasporaangehörige überhaupt als Gemeinschaften vorstellen und ein Zugehörigkeitsgefühl, das unmittelbar nicht erfahrbar ist, entwickeln können (Tsagarousianou 2004: 62, Gillespie 2002: 638).

Das Internet verursacht keine revolutionäre Transformation der gesellschaftlichen Strukturen und keinen radikalen Kulturwandel in der Diaspora. Internetaneignung geschieht in bestimmten sozialen und kulturellen Kontexten und ist in diesen verankert. Die Alltagsroutinen von Menschen und ihre soziokulturellen Hintergründe haben Einfluss auf die Internetaneignung und beeinflussen den Alltag von Menschen dahingehend, dass sie ihre Kommunikationsmöglichkeiten erweitern können. Allein die Koexistenz kulturell diverser Medien trägt dahingehend zu einem Kulturwandel in der Diaspora bei, dass Migrantinnen und

Migranten in Aneignungsprozessen dazu bewegt werden, unterschiedliche Diskurse und ihre eigenen kulturellen Positionen in Frage zu stellen, miteinander zu kontrastieren und auszuhandeln (Gillespie 1995: 206). Durch das Internet ist die Vielfalt der kulturellen Ressourcen, die Migrantinnen und Migranten zur Verfügung stehen, größer als je zuvor, was sicherlich zu weiteren Hybridisierungsprozessen der Diasporakulturen beiträgt. Zudem verändert sich der Charakter von deterritorialen Kommunikationsnetzwerken von Migrantinnen und Migranten, weil durch das Internet die Möglichkeiten für transkulturelle und transnationale Kommunikation erweitert werden.

Weitere breiter angelegte Forschung zu dem hier untersuchten Gegenstand wäre sicherlich aufschlussreich, um die Vielfalt einzelner Gruppen zu reflektieren oder verschiedene Diasporagemeinschaften zu vergleichen. Des Weiteren erfordert die Beobachtung von Wandel Langzeitstudien, die solche Prozesse der Veränderung analysieren können. Vor diesem Hintergrund kann diese Fallstudie nur Tendenzen aufzeigen und ein Anfang dafür sein, die Rolle des Internets für den Kulturwandel in Diasporagemeinschaften zu verstehen.

Sowohl Diasporaangehörige als auch die Gesamtbevölkerung sind heutzutage durch die Möglichkeiten der Informations- und Kommunikationstechnologien in ihrem Alltag zunehmend mit vielfältigeren kulturellen Ressourcen konfrontiert. Zudem sind sie an transnationalen und transkulturellen Netzwerken und Vergemeinschaftungen beteiligt, die über die Grenzen von Nationalstaaten hinweg laufen. In dieser Hinsicht sind Diasporagemeinschaften ein Beispiel für die Entwicklung deterritorialer Vergemeinschaftung sowie für kulturelle Wandlungsprozesse in gegenwärtigen Gesellschaftsformen.

Literatur

Anderson, Benedikt (2006): Imagined Communities (Erste Auflage 1983). London: Verso.
Cohen, Robin (1997): Global Diasporas: An Introduction. London: UCL.
Düvel, Caroline (2010): Dimensionen des Medienkulturwandels am Beispiel digitaler Medienaneignung: Kommunikative Vernetzungen russischer Diasporaangehöriger per Mobiltelefon und Internet. In: Hepp, Andreas/Höhn, Marco/Wimmer, Jeffrey (Hrsg.) (2010): Medienkultur im Wandel. Konstanz: UVK, 227–292.
Froschauer, Ulrike/Lueger, Manfred (2003): Das Qualitative Interview: Zur Praxis interpretativer Analyse sozialer Systeme. Wien: WUV.
Georgiou, Myria (2006): Diasporic Communities Online: A Bottom-Up Experience of Transnationalism. Sarikakis, Katharine/Thussu, Daya K. (Hrsg.): Ideologies of the Internet. Cresskill, NJ: Hampton, 131–47.
Gillespie, Marie (1995): Television, Etnicity and Cultural Change. London u. a.: Routledge.
Gillespie, Marie (2002): Transnationale Kommunikation und die Kulturpolitik in der südasiatischen Diaspora. In: Hepp, Andreas /Löffelholz, Martin (Hrsg.) (2002): Grundlagentexte zur Transkulturellen Kommunikation. Konstanz: UVK, 617–643.
Hafez, Kai (2002): Türkische Mediennutzung in Deutschland. Hemmnis oder Chance der gesellschaftlichen Integration? Eine qualitative Studie im Auftrag des Presse- und Informationsamtes der Bundesregierung. Hamburg: DOI.

Hepp, Andreas (2003): Deterritorialisierung und die Aneignung von Medienidentität: Identität in Zeiten der Globalisierung von Medienkommunikation. In: Winter, Carsten/Thomas, Tanja/Hepp, Andreas (Hrsg.) (2003): Medienidentitäten: Identität im Kontext von Globalisierung und Medienkultur. Köln: Halem, 94–119.

Hepp, Andreas/Bozdağ, Çiğdem/Suna, Laura (2010): Herkunfts-, Ethno- und Weltorientierte: Aneignungstypen der kulturellen Identität und kommunikativen Vernetzung in der Diaspora. In: M&K Medien und Kommunikation 3/2010, 320–342.

Hepp, Andreas/Bozdağ, Çiğdem/Suna, Laura (2011): Mediale Migranten: Medienwandel und die kommunikative Vernetzung der Diaspora. Wiesbaden: VS.

Kissau, Katrin (2008): Zugang zur politischen Öffentlichkeit finden Deutsch-Türken (nur) im Internet (Working Paper). Online in: http://ppi.uni-muenster.de/Workingpapers.html [13.04.2009].

Klingler, Walter/Kutteroff, Albrecht (2009): Stellenwert und Nutzung der Medien in Migrantenmilieus: Ergebnisse einer repräsentativen Studie. In: Media Perspektiven 6/2009, 297–307.

Krotz, Friedrich (2005): Grounded Theory: Die Datennahe Generierung von Theorien. In: Krotz, Friedrich (2005): Neue Theorien Entwickeln: Eine Einführung in die Grounded Theory, die Heuristische Sozialforschung und die Ethnographie anhand von Beispielen aus der Kommunikationsforschung. Köln: Halem, 159–203.

Lins, Cornelia (2009): Internetnutzung von Migratinnen und Migranten in Deutschland. Ergebnisse der Sonderauswerdung des (N)ONLINER Atlas 2008. In: Hunger, Uwe/Kissau, Katrin (Hrsg.) (2009): Internet und Migration: Theoretische Zugänge und empirische Befunde. Wiesbaden: VS, 151–172.

Mayer, Ruth (2005): Diaspora: eine kritische Begriffsbestimmung. Bielefeld: transcript.

Migrationsbericht (2008): Migrationsbericht des Bundesamtes für Migration und Flüchtlinge im Auftrag der Bundesregierung. Online in: www.bamf.de/.../Migrationsberichte/migrationsbericht-2008.htm [05.12.2010].

Murt, Bengü (2008): „Sanal Dünya" – Die politische Internetsphäre der Deutschtürken. (Working Paper). Online unter: http://ppi.uni-muenster.de/Workingpapers.html [25.03.2009].

Robins, Kevin/Aksoy, Asu (2001): „Abschied von Phantomen": Transnationalismus am Beispiel des türkischen Fernsehens. In: Busch, Brigitta (Hrsg.) (2001): Bewegte Identitäten: Medien in transkulturellen Kontexten. Klagenfurt: Drava, 71–110.

Robins, Kevin/Aksoy, Asu (2003): Banal Transnationalism: The Difference that Television Makes. In: Karim, Karim H. (Hrsg.) (2003): The media of Diaspora. London u. a.: Routledge, 89–104.

Safran, William (1991): Diasporas in Modern Societies: Myths of Homeland and Return. Diaspora: A Journal of Transnational Studies 1(1), 83–99.

Silverstone, Roger/Georgiou, Myria (2003): Mapping Diasporic Minorities and Their Media in Europe: Studying the Media, Investigating Inclusion and Participation In European Societies, European And Transnational Communities. EMTEL 2. Online unter: www.lse.ac.uk/collections/ EMTEL/Minorities/Minority_framework.doc [09.11.2010].

Silverstone, Roger (2005): Introduction. In Silverstone, Roger (2005): Media, Technology and Everyday Life in Europe: From Information to Communication. Aldershot u. a.: Ashgate, 1–18.

Sinclair, John/Cunningham, Stuart (2000): Go with the Flow: Diasporas and the Media. In: Television & New Media 1/2000, 11–31.

Simon, Erk (2007): Migranten und Medien 2007. Zielsetzung, Konzeption und Basisdaten einer repräsentativen Studie der ARD/ZDF-Medienkommission. In: Media Perspektiven 9/2007, 426–435.

Trebbe, Joachim (2007): Types of integration, acculturation strategies and media use of young Turks in Germany. In: Communications: European Journal of Communication Research 32, 171–191.

Tsagarousianou, Rosa (2004): Rethinking the concept of diaspora: mobility, connectivity and communication in a globalised world. In: Westminster Papers in Communication and Culture

1/2004. London: University of Westminister, 52–65. Online unter: http://westminsteruni.dev. squiz.co.uk/__data/assets/pdf_file/0014/20219/WPCC-Vol1-No1-Roza_Tsagarousianou.pdf [09.11.2010].

Weiß, Hans-Jürgen/Trebbe, Joachim (2001): Mediennutzung und Integration der türkischen Bevölkerung in Deutschland. Ergebnisse einer Umfrage des Presse- und Informationsdienstes der Bundesregierung. Potsdam: GöfaK Medienforschung GmbH.

II. Die Aneignung von Medienkultur durch politische Akteure

Konstruktion und Aneignung kollektiver Identitäten: Eine Untersuchung am Beispiel von Attac Deutschland

Fabian Agel

1 Einleitung

In Zeiten fortschreitender Mediatisierung und Globalisierung werden von Rezipierenden immer auch Inhalte angeeignet, die zur Konstruktion von Identität verwendet werden. Identität meint dabei nicht nur die Identität von Individuen, sondern auch die Identität von Kollektiven. Besonders Gruppen, die sich über eine große räumliche Distanz erstrecken, sogenannte deterritoriale Gemeinschaften, sind bei ihrer Identitätsbildung hochgradig auf Medienkommunikation angewiesen. Ob es sich bei ihnen um ethnische, populärkulturelle, religiöse oder politische Gemeinschaften handelt, hat nur auf der Ebene der Inhalte, nicht jedoch auf der Prozessebene der Identitätskonstruktion Auswirkungen (vgl. Hepp 2006: 283ff.). Vor diesem Hintergrund geht es im vorliegenden Aufsatz darum, die zentralen Identitätsbestandteile der deterritorialen politischen Gemeinschaft Attac Deutschland zu ergründen.

Die Wurzeln von Attac liegen in Frankreich, wo im Jahr 1998 eine Organisation gegründet wurde, die eine stärkere Regulierung der Finanzmärkte forderte die „Association pour une taxation des transactions financières pour l'aide aux citoyens et citoyennes" (A.T.T.A.C). Das Themenspektrum erweiterte sich relativ schnell zu einer umfassenden Kritik an dem, was Attac die neoliberale Globalisierung nennt. In den folgenden Jahren entstanden Attac-Gruppen in vielen anderen Ländern. Attac Deutschland ging aus dem im Jahr 2000 gegründeten „Netzwerk zur demokratischen Kontrolle der internationalen Finanzmärkte" hervor. Es ist nach Attac Frankreich die mitgliederstärkste Attac-Gruppe weltweit.

Um die Aneignungsprozesse der kollektiven Identität von Attac Deutschland zu analysieren, wurde ein zweistufiges Vorgehen gewählt. Zunächst wurden für die Identität von Attac Deutschland zentrale Medieninhalte (Selbstdarstellungstexte von der Website der Organisation und das von ihr herausgegebene Buch „Alles über Attac") mithilfe der qualitativen Inhaltsanalyse untersucht. Ergänzend dazu bieten Interviews mit Attac-Aktivisten über ihre Organisation, die ebenfalls qualitativ untersucht wurden, eine andere Perspektive auf die Aneignungsprozesse. Die Ergebnisse beider Analysen sind, trotz ihrer Unterschiede, als zusammengehörige Teile der kollektiven Identität von Attac zu verstehen, die lediglich auf unterschiedlichen Betrachtungsebenen angesiedelt sind. Sie schließen sich somit weder gegenseitig aus, noch besteht eine einseitige Abhängigkeit zwischen ihnen. Durch den Vergleich der Ergebnisse beider Inhaltsanalysen können Rückschlüsse auf den Aneignungsprozess als Ganzes gezogen werden.

2 Theoretische Grundlagen: Soziale Bewegungen, (kollektive) Identität und Identitätskonstruktion

Der Untersuchungsgegenstand dieser Arbeit liegt im Bereich der Identitätskonstruktion neuer sozialer Bewegungen. Präziser formuliert handelt es sich um den Bereich der Identitätskonstruktion der politischen Gemeinschaft Attac Deutschland, die ihrerseits ein Teil der globalisierungskritischen Bewegung in Deutschland ist. Der Prozess der Identitätskonstruktion ist, wie an späterer Stelle erklärt werden wird, stets auch als Kommunikationsprozess zu begreifen. Bei sozialen Bewegungen, die sich meist über große räumliche Distanzen erstrecken, beinhaltet Kommunikation in diesem Fall immer auch Medienkommunikation. Was genau unter der Identität einer sozialen Bewegung zu verstehen ist und warum ihr im Zeitalter der Globalisierung eine zentrale Bedeutung zukommt, soll in den folgenden Abschnitten genauer erläutert werden.

2.1 Was ist kollektive Identität?

In der wissenschaftlichen Diskussion über neue soziale Bewegungen nimmt der Begriff der kollektiven Identität eine Schlüsselposition ein. Besonders in der europäischen Tradition der Bewegungsforschung, die ihren Schwerpunkt auf die Erklärung emotionaler und psychologischer Aspekte sozialer Bewegungen legte, wurde ihm stets besondere Beachtung geschenkt (vgl. Klein 2003: 13ff.). Das Hauptinteresse der US-amerikanischen Bewegungsforschung lag hingegen darin, herauszufinden, wie soziale Bewegungen durch strategisches und zweckrationales Handeln Ressourcen für ihre Zwecke mobilisieren. Seit der Annäherung der beiden Forschungstraditionen in den 1990er Jahren hat sich jedoch die Erkenntnis durchgesetzt, dass sowohl bestimmte Handlungsformen als auch kollektive Identitäten elementare Bestandteile sozialer Bewegungen sind. Ein komplettes Verständnis des Phänomens ist nur zu erreichen, wenn beide berücksichtigt werden (vgl. ebd.). Folgerichtig bezeichnet Sidney Tarrow eine kollektive Herausforderung (collective challenge), ein gemeinsames Ziel (common purpose), Solidarität (solidarity) und kollektive Identität (collective identity) als die Kerneigenschaften neuer sozialer Bewegungen (Tarrow 1998: 4).

Obwohl aber fast alle Autoren, die sich mit neuen sozialen Bewegungen beschäftigen, kollektive Identität als eine Kerneigenschaft derselben bezeichnen, existiert keine allgemein akzeptierte Definition des Begriffs. Auf dieses Problem wies Dieter Rucht bereits vor 15 Jahren hin:

Der Begriff kollektive Identität fungiert meist nur als Platzhalter für ein Phänomen, das teilweise mit anderen Kategorien wie Gemeinschaftsgeist, Wir-Gefühl, *esprit de corps* umschrieben wird und damit als vertraut erscheint. (Rucht 1995: 9; Hervorhebung im Original)

Identität beinhaltet verschiedene, jedoch miteinander verbundene Dimensionen. Johnson et al. identifizieren drei, die bei der Betrachtung sozialer Bewegungen eine Rolle spielen: 1. personale Identität (individual identity), 2. soziale Identität (public identity) und 3. kollektive Identität (collective identity) (Johnson et al. 1994: 11f.). Sie sind prinzipiell voneinander unterscheidbar, haben jedoch eine Reihe von Gemeinsamkeiten. Erstens sind sie alle fortlaufende Artikulationsprozesse, bei denen sich verschiedene Identitätsangebote zu einer Gesamtartikulation von Identität fügen (Hepp 2006: 275). D. h. verschiedene Identitätsbestandteile werden von deren Träger bzw. Trägerin permanent nach außen kommuniziert. Zweitens geschieht dies notwendigerweise immer in einem bestimmten lokalen Kontext, was bedeutet, dass Identität nicht nur prozesshaft ist, sondern auch immer eine räumliche Komponente aufweist. Die Artikulation von Identität findet immer an einem Ort und in einem bestimmten Zusammenhang statt. Die dritte Gemeinsamkeit schließlich ergibt sich aus den beiden zuvor genannten. Da Identität immer prozesshaft ist und lokal artikuliert wird, kann sie auch nichts Feststehendes, Unveränderliches sein. Friedrich Krotz weist aus diesem Grund darauf hin, dass Menschen keine Identität haben, sondern ihre Identität im kommunikativen Handeln mit anderen leben (Krotz 2003: 34). Wenn dieser Ansatz konsequent zu Ende gedacht wird, bedeutet das die Aufhebung der Trennung von Tun und Sein: „In this sense doing [...] and being (identity) are inextricably linked." (Johnson et al. 1994: 17).

Personale, soziale und kollektive Identität teilen also mehrere Gemeinsamkeiten. Dennoch gibt es einiges, das sie voneinander unterscheidbar macht. Soziale Identität (siehe SI Abb. 1) setzt sich zusammen aus verschiedenen Rollen, die einem Individuum von außen zugeschrieben werden, beispielsweise die Rolle des Vaters, des Arbeiters oder des politischen Aktivisten. Personale Identität (siehe PI Abb. 1) hingegen resultiert aus Selbsteinschätzungen des Individuums (Johnson et al. 1994: 18). Daraus folgt jedoch nicht, dass sie, wie das Wort personal suggeriert, von anderen Personen unabhängig ist. Im Gegenteil: Auch die Konstruktion von personaler Identität ist ein durch und durch sozialer Prozess (Johnson et al. 1994: 12). Schließlich vollzieht sie sich durch Kommunikation.

Soziale und personale Identität unterscheiden sich also durch ihren Ursprung, der bei ersterer außerhalb und bei letzterer innerhalb des Individuums liegt. Kollektive Identität hingegen unterscheidet sich von beiden darin, worauf sie sich bezieht: „Der Referenzpunkt kollektiver Identität [ist] [...] weder die Person noch die Rolle, sondern die Gruppe [...]" (Rucht 1995: 10). Nichtsdestotrotz muss sie aber mit den Individuen, die an ihr teilhaben, verbunden sein.

Dieses Bindeglied ist die Gruppenidentifikation (siehe GI Abb. 1), die der Sozialpsychologe Bert Klandermans als Bestandteil der sozialen Identität betrachtet:

> Kollektive Identität betrifft Kognitionen, die von Mitgliedern einer einzigen Gruppe geteilt werden, während sich soziale Identität mit Kognitionen eines einzigen Individuums bezüglich seiner Zugehörigkeit zu einer oder mehreren Gruppen befasst. Während kollektive Identität ein Gruppenmerkmal darstellt und mehr als ein Individuum einbezieht, handelt es sich bei sozialer Identität um das Merkmal eines Individuums und bezieht sich gemeinhin auf mehr als eine Gruppe. (Klandermans 1997: 47)

Daraus darf jedoch nicht geschlossen werden, dass es sich bei kollektiver Identität um eine feststehende, greifbare Sache handelt. Wie personale Identitäten sind kollektive Identitäten Artikulationsprozesse, deren Bestandteile permanent neu verhandelt werden (siehe weiße Pfeile Abb. 1):

> It [collective identity] is built through shared definitions of the situation by its members, and it is a result of a process of negotiation and „laborious adjustment" of different elements relating to the ends and means of action and its relation to the environment. By this process of interaction, negotiation and conflict over the definition of the situation, and the movements reference frame, members construct the collective „we". (Johnson et al 1994: 15)

Für kollektive Identität ist mithin nicht absoluter Einklang entscheidend, sondern, dass die am Artikulationsprozess teilnehmenden Individuen die Vorstellung teilen, eine Gemeinschaft zu sein. Deswegen verwendet Andreas Hepp den Begriff „vorgestellte Gemeinschaft" anstelle von „kollektive Identität" (Hepp 2006: 273ff.). Unabhängig von der Bezeichnung des Prozesses, besteht dieser aus zwei Bestandteilen, die theoretisch voneinander zu trennen sind: Zum einen die soziale Konstruktion kollektiver Überzeugungen als Prozess auf Gruppenebene (siehe Schnittstelle k Abb. 1) und zum anderen die Aneignung kollektiver Überzeugungen als Prozess auf der individuellen Ebene (siehe a Abb. 1).

PI = Personale Identität
SI = Soziale Identität
GI = Gruppenidentifikation

a = Aneignung
k = Konstruktionsprozess
w = Prozesshaftigkeit

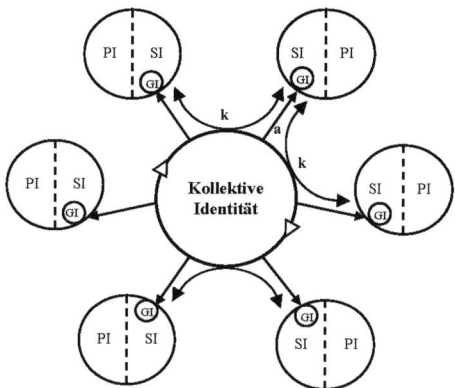

Abbildung 1: Konstruktionsprozess von kollektiver Identität, eig. Darst.

Aneignung bedeutet in diesem Zusammenhang, dass ein Individuum bestimmte Bestandteile aus dem Pool der kollektiven Identität auswählt und ihnen Priorität gegenüber anderen Bestandteilen einräumt. Die Beteiligung des Individuums an der kollektiven Identität endet jedoch nicht mit der Aneignung ihrer Bestandteile. Durch die Artikulation der angeeigneten Bestandteile, egal ob im Gespräch mit anderen, durch das Verfassen von Schriftstücken oder durch eine andere Art von Kommunikation, nimmt das Individuum seinerseits Einfluss auf die kollektive Identität.

2.2 Medienidentitäten

Nun stellt sich die Frage, wie kollektive Identitäten im Zeitalter der Globalisierung konstruiert werden. Eine Besonderheit im Zeitalter der Globalisierung ist, dass viele der zur Verfügung stehenden Identitätsangebote nicht mehr aus der direkt erfahrbaren Alltagswelt, etwa dem Face-to-face-Gespräch mit anderen Personen, stammen, sondern in Form von globalisierten Medienprodukten zur Verfügung stehen (vgl. Hepp 2006: 273). Deswegen sind kollektive Identitäten in Zeiten der Globalisierung oft auch Medienidentitäten. Das gilt auch für die kollektive Identität politischer Bewegungen – besonders, wenn sie sich über einen größeren Raum erstrecken. Ruchts stellt fest, dass die kollektive Identität kleiner Gruppen in Bewegungen meist auf der Unmittelbarkeit gemeinsamer Handlungspraxis beruht, während die kollektive Identität einer Gesamtbewegung in der Regel nur mittelbar nachvollziehbar bleibt (Rucht 1995: 14). Anstelle von „mittelbar" könnte man hier auch „medial vermittelt" sagen. Die Gestalt der medial verfügbaren Identitätsangebote kann dabei unterschiedlich sein, und sich in visuellen Symbolen und Codes (z. B. Logos, Kleidung), aber auch in bestimmten Erzählungen oder Erzählmuster äußern. In ihrer Untersuchung über die kommunikative Vernetzung der globalisierungskritischen Bewegung am Beispiel von Attac sprechen Andreas Hepp und Waldemar Vogelgesang von geteilten medialen Repräsentationen und Diskursen (vgl. Hepp/Vogelgesang 2005). Ich verwende jedoch den etwas weiteren Begriff Narration bzw. Narrationsmuster, da es mir nicht primär um die diskursive Natur der medialen Ressourcen geht, sondern um ihre Rolle als „kognitiv strukturierendes Organisationsprinzip" (Neumann 2005: 34). Damit ist gemeint, dass durch das Erzählen von Geschichten eine Fiktion geteilter Vergangenheit konstruiert wird, die für die Gemeinschaft eine Quelle von Sinn darstellt (Neumann 2005: 102).

3 Methodisches Vorgehen

Für den Entwurf und die Durchführung der Untersuchung über die zentralen Narrationsmuster von Attac Deutschland war die Triangulation das wichtigste Element. Dabei handelt es sich nicht um ein spezifisches Vorgehen, sondern um ein Konzept, das die Betrachtung eines Forschungsgegenstandes aus verschiedenen Perspektiven ermöglichen soll. Es gibt unterschiedliche Möglichkeiten, diese Multiperspektivität zu erreichen. So können etwa verschiedene Methoden angewandt oder auch unterschiedliche theoretische Zugänge gewählt werden. Der dahinter stehende Kerngedanke ist jedoch immer, dass sich die Stärken einzelner Vorgehensweisen, bei gleichzeitiger Minimierung ihrer Schwächen, ergänzen sollen (vgl. Flick 2004: 12). Uwe Flick nennt vier mögliche Arten der Triangulation: Daten-Triangulation, Investigator-Triangulation, Theorien-Triangulation und die Triangulation von Methoden (Flick 2004: 13ff.). In der vorliegenden Untersuchung wurde eine Daten-Triangulation angewendet, indem sowohl Inhalte schriftlich fixierter Quellen (Selbstdarstellungsmaterialien) als auch Interviews mit Personen (Attac-Aktivisten) als Datenquellen genutzt wurden.

Dieses Vorgehen ist in erster Linie durch den theoretischen Hintergrund der Untersuchung begründet. Die schriftlichen Datenquellen sind ein Teil der medialen Sinnangebote, auf die sich die einzelnen Attac-Aktivisten bei der Konstruktion der kollektiven Identität Attacs beziehen können. Mit Hilfe einer qualitativen Inhaltsanalyse nach Mayring wurden aus diesen die zentralen (medialen) Narrationsmuster der politischen Gemeinschaft Attac ermittelt. Auf dieselbe Art und Weise wurden anschließend in einem zweiten Schritt sechs Leitfaden-Interviews mit Attac-Aktivisten auf deren zentrale Narrationsmuster hin untersucht.

Der Leitfaden, der die Gesprächsgrundlage für die Interviews bildete, bestand aus sieben Themenblöcken. Der erste Themenblock enthielt drei Einstiegsfragen, die bei der persönlichen Erfahrung der Aktivisten ansetzten und somit für alle Interview-Partnerinnen und -partner gut zu beantworten waren. Sie sollten die Interviewpartner zum Erzählen bringen und mögliche Ansatzpunkte für weitere Fragen bieten. Der zweite Frageblock hob bereits auf das Bild ab, das die Interview-Partner von Attac haben, beinhaltete aber auch einige Fragen, die ein höheres Maß an Reflexion forderten, etwa die nach der Einschätzung der Rolle Attacs innerhalb der globalisierungskritischen Bewegung. Im dritten Frageblock ging es darum zu erfahren, ob die Interview-Partner in der Zeit ihres Engagements Veränderungen bei Attac bemerkt haben und ob diese mit bestimmten Ereignissen in Verbindung standen. Mit diesen Fragen sollte unter anderem die Einschätzung der Befragten über die Bedeutung von Events für Attac zutage gefördert werden. Der vierte Frageblock thematisierte interne Prozesse bei Attac, wie Meinungsverschiedenheiten, Entscheidungsfindung, Zusammenhalt und Ähnliches. Auch hier war es mir wichtig, wann immer möglich, bei den persönlichen Erfahrungen der Interview-Partner anzusetzen. Im fünften thematischen Block des Leitfadens ging es um die Rolle von Medienkommunikation und personaler Kommunikation der Interview-Partner im Zusammenhang mit Attac. Außerdem wurden hier die Einschätzungen der Aktivisten zum Verhältnis zwischen Attac und den Massenmedien erhoben. Der sechste Themenblock war der letzte inhaltliche. Die hier platzierten Fragen sollten die Interviewpartner zu weiteren Reflexionen über bestimmte Themen anregen, etwa die Entwicklung Attacs oder Umstände, die zur Beendigung des eigenen Engagements führen könnten. Im siebten Frageblock wurden nur noch statistische Angaben erfragt, die sich noch nicht im Laufe des Gesprächs ergeben hatten. Im Unterschied zur ersten qualitativen Inhaltsanalyse wurde jedoch bei der qualitativen Inhaltsanalyse der Interviews aufgrund der erheblich größeren Datenmenge das Computerprogramm „HyperRESEARCH 2.8" verwendet.

Die in den beiden Inhaltsanalysen ermittelten zentralen Narrationsmuster mit ihren unterschiedlichen Ausprägungen sind die Hauptergebnisse dieser Untersuchung. Allerdings lassen sich durch Gemeinsamkeiten und Unterschiede in den zentralen Narrationsmustern auch interessante Einsichten darüber gewinnen, wie die Aktivisten durch deren individuelle Aneignung die kollektive Identität Attacs konstruieren.

4 Zentrale Narrationsmuster bei Attac

4.1 Zentrale Narrationsmuster der Selbstdarstellungstexte

Im Selbstdarstellungsmaterial von Attac konnten sechs zentrale Narrationsmuster ermittelt werden: *Internationalität, Pluralität, Bewegungscharakter, Schlüsselorte/-ereignisse, Gründung/Ursprung* und *Foki der Globalisierungskritik*. Alle diese Narrationsmuster lagen in verschiedenen Ausprägungen vor.

In der grafischen Darstellung des Konstruktionsprozesses kollektiver Identität (Abb. 1) sind diese Narrationsmuster auf dem inneren Kreis zu verorten. Sie sind zusammen mit anderen Sinnangeboten der Pool, aus dem sich einzelne Aktivisten bestimmte Bestandteile der kollektiven Identität von Attac aneignen. *Internationalität* wurde erstens als messbare Größe dargestellt, indem etwa ausgesagt wurde, in wie vielen Ländern es nationale Attac-Organisationen gibt. Zweitens kam die Ausprägung Internationalität als inhaltlicher Imperativ vor. Hier wurde herausgestellt, dass Internationalität die einzig sinnvolle Möglichkeit ist, die Themen, die Attac bewegen, zu bearbeiten. Zuletzt tauchte die Ausprägung Internationalität als Projekt auf – d. h., dass Attac im Zuge seiner Aktivitäten versucht, eine neue Form von Internationalität zu schaffen.

Das Narrationsmuster *Pluralität* wies vier Ausprägungen auf: Pluralität in der faktischen Vielfalt der Mitglieder bei Attac, Pluralität als von Attac gewolltes Prinzip, Pluralität in den vom Netzwerk bearbeiteten Themen und zuletzt die Pluralität der dabei angewandten Aktionsformen. Das Narrationsmuster *Bewegungscharakter* trat in drei Ausprägungen zutage: Erstens darin, dass Attac ein Akteur innerhalb der größeren globalisierungskritischen Bewegung ist, zweitens in der netzwerkartigen Struktur von Attac, die verschiedene Akteurstypen (Einzelpersonen, Organisationen, usw.) mit einschließt und drittens in den für Bewegungen charakteristischen Vorgehensweisen des Netzwerks. Im Narrationsmuster *Schlüsselorte und -ereignisse* wurde auf die für die Entwicklung von Attac wichtigen Orte Genua und Porto Alegre, sowie auf für Attac prägnante, immer wiederkehrende Ereignisse verwiesen.

Das Narrationsmuster *Gründung/Ursprung* konkretisierte sich im Selbstdarstellungsmaterial von Attac in drei verschiedenen Ausprägungen: Erstens in einer kurzen Version, zweitens in einer etwas ausführlicheren, mittellangen Version und drittens in einer vollständigen, langen Version von Attacs Gründungsgeschichte. Im zentralen Narrationsmuster *Foki der Globalisierungskritik* wurde auf drei inhaltliche Kernaussagen des globalisierungskritischen Netzwerks Attac hingewiesen: Zum einen auf die Aussage, dass die vorherrschende Form von Globalisierung nicht die einzig mögliche sei, zum anderen wurden wachsende (finanzielle) Ungleichheiten konstatiert und zuletzt wurde auf eine zunehmende weltweite Entdemokratisierung hingewiesen.

4.2 Zentrale Narrationsmuster der Interviews

Aus der qualitativen Inhaltsanalyse der Interviews ergaben sich, vermutlich aufgrund der im Vergleich erheblich größeren Datenmenge des Untersuchungsmaterials, zehn zentrale Narrationsmuster: *Themenvielfalt, Offenheit, Vernetzung, Bildungsbewegung, Konsensdemokratie, Meinung/Linie, Radikalität, Großereignisse, Verhältnis zwischen Bundesebene und Ortsgruppenebene* und *öffentlicher Diskurs über Attac*. Diese Narrationsmuster sind Resultate aus der Aneignung von Bestandteilen der kollektiven Identität durch die Aktivisten (siehe a Abb. 1).

Das Narrationsmuster *Themenvielfalt* wies vier Ausprägungen auf. Die Themenvielfalt Attacs wurde als der Faktor gesehen, der es dem Netzwerk ermöglicht, viele verschiedene Akteure zu integrieren. Weiterhin wurde sie als dem Gegenstandsbereich der Globalisierung angemessen betrachtet. Dennoch gab es auch eine Ausprägung, die sich mit den Gefahren der großen Themenvielfalt auseinandersetzte, sowie eine, die zu einer ambivalenten Beurteilung derselben gelangte. Als Beleg für die *Offenheit* von Attac wurde unter anderem die Vielfalt der dort engagierten Akteure angeführt, während die zweite Ausprägung dieses Narrationsmusters die Möglichkeit eines Engagements auch ohne Mitgliedschaft betonte. Wie beim Narrationsmuster *Themenvielfalt* existierte zudem auch noch eine Ausprägung, die sich mit den Problemen auseinandersetzt, die aus der Offenheit resultieren. Das Narrationsmuster *Vernetzung* enthielt als Ausprägungen die geringen Vernetzungen der Attac-Ortsgruppen untereinander, vielfältige thematische Vernetzungen mit anderen politischen Gruppen und die internationalen Vernetzungen von Attac. Die Erarbeitung von neuem Wissen, die Weiterbildung innerhalb von Attac sowie die Volksbildung, d. h. die Bildung von Personen außerhalb von Attac, waren die drei Ausprägungen, die in dem Narrationsmuster *Bildungsbewegung* zu Tage traten. Das Narrationsmuster *Konsensdemokratie* hingegen konkretisierte sich nur anhand von zwei Ausprägungen. Die erste beschäftigte sich mit der Tatsache, dass die Konsensdemokratie ein elementares Prinzip Attacs ist, während die zweite das Prozesshafte dieser Art der Entscheidungsfindung in den Mittelpunkt rückte. Das Narrationsmuster *Meinung/Linie* gehörte zu denjenigen, die sich durch eine relativ große Anzahl an unterschiedlichen Momenten auszeichneten: Erstens wird das Fehlen einer Linie als Unterscheidungsmerkmal zu anderen politischen Gruppierungen, insbesondere Parteien angeführt. Folglich kann zweitens niemals eine einzelne Person für das gesamte Netzwerk Attac sprechen. Drittens ist die Akzeptanz der Meinungsvielfalt eine zwingende Voraussetzung für die Arbeit bei Attac und viertens bestehen auch ohne die Existenz einer verordneten Linie große Übereinstimmungen zwischen den Ansichten der meisten Aktivisten.

Im Narrationsmuster *Radikalität* wurde Attac erstens als Organisation aus dem gemäßigten Spektrum der globalisierungskritischen Bewegung identifiziert und zweitens wurden auch dessen Forderungen als gemäßigt beschrieben. Im Narrationsmuster *Großereignisse* wurde sowohl die Attac-interne Bedeutung derselben beschrieben, als auch die Rolle, die sie außerhalb von Attac spielen. Das Narrationsmuster *Öffentlicher Diskurs über Attac* zeichnete sich durch vier verschiedene Ausprägungen aus, die sich jedoch allesamt mit dem Verhältnis zwischen Attac und den Massenmedien beschäftigen. Die erste Ausprägung konstatierte, dass Attac die massenmediale Öffentlichkeit sucht und die zweite, dass das Netzwerk damit auch erfolgreich ist. Daraus folgte drittens, dass ein medial gezeichnetes Bild von Attac in der Öffentlichkeit existiert. Allerdings ist dieses Bild von Verzerrungen und falschen Darstellungen bestimmt. Diese

Aspekte wurden in der vierten Ausprägung des Narrationsmusters thematisiert. Das Narrationsmuster *Verhältnis Bundesebene/Ortsgruppenebene* weist ebenfalls vier Ausprägungen auf: erstens die Unterstützung der Ortsgruppen durch die Bundesstrukturen, zweitens die Tatsache, dass die Attac-Ortsgruppen von der Bekanntheit der Bundesorganisation profitieren, drittens die Schwierigkeiten, die zwischen beiden Ebenen bestehen und viertens, dass bei Attac die Entscheidungsgewalt letztlich auf der Ortsgruppenebene liegt.

4.3 Vergleich der Narrationsmuster

Eine erste triviale Feststellung ist, dass die Auswertung der Interviews mehr zentrale Narrationsmuster lieferte als die Auswertung der Selbstdarstellungstexte. Deutlich interessanter als Vergleiche rein quantitativer Art sind jedoch solche, die sich mit Unterschieden zwischen den Narrationsmustern auf inhaltlicher und struktureller Ebene befassen.

Auffällig ist zunächst, dass es für das Narrationsmuster *Internationalität*, das sich aus der Analyse der Selbstdarstellungstexte ergab, auf Seite der Interviews mit den Aktivisten keine Entsprechung gibt. Dies könnte dadurch erklärt werden, dass die Internationalität von Attac in der alltäglichen Praxis der Aktivisten, die vorwiegend in Ortsgruppen aktiv sind, keine besonders wichtige Rolle spielt. Dieser Erklärungsansatz lässt sich dadurch stützen, dass in ihrer Wahrnehmung die Internationalität in erster Linie unter dem Aspekt der internationalen Vernetzung Erwähnung findet. Diese wird jedoch aus Sicht der Ortsgruppenaktivisten hauptsächlich von der Bewegungselite, d. h. Mitgliedern des Rates, des Koordinierungskreises oder den hauptamtlichen Mitarbeitern und Mitarbeiterinnen des Bundesbüros von Attac betrieben.

Im Gegensatz zu dem Narrationsmuster *Internationalität* findet sich ein Narrationsmuster über Schlüsselereignisse bzw. Großereignisse auf beiden Betrachtungsebenen. Bei den Interviews liegt der Schwerpunkt des Narrationsmusters allerdings deutlich stärker auf Funktionen, die einzelne wiederkehrende Ereignisse für Attac haben, als auf Ereignissen, die mit bestimmten Orten (Genua, Porto Alegre) verknüpft sind. Auch hier liegt die Vermutung nahe, dass vom Standpunkt der Aktivisten aus wichtiger ist, wie Großereignisse, etwa G8-Gipfel oder Weltsozialforen, die Arbeit der Ortsgruppen mitstrukturieren, als die Bedeutung, die einzelne Ereignisse aus einer historischen Perspektive für Attac hatten. Für diese Interpretation spricht zudem, dass mit dem Narrationsmuster *Gründung/Ursprung* ein weiteres Muster mit starkem Vergangenheitsbezug in den Interviews mit den Aktivsten allenfalls am Rande vorkam.

Die einzelnen Ausprägungen des Narrationsmusters *Pluralität* finden sich hingegen alle auch in den zentralen Narrationsmustern der Aktivisten wieder. Allerdings werden sie nicht unter dem Aspekt der Pluralität subsumiert, sondern tauchen in anderen Bedeutungskontexten auf, die erneut stark von der Alltagspraxis der Aktivisten geprägt sind. Die Ausprägung, die in der Analyse der

Selbstdarstellungstexte als *Pluralität als gewolltes Prinzip* bezeichnet wurde, konkretisiert sich auf Aktivistenseite in den Narrationsmustern *Offenheit* (bezüglich der Akteursvielfalt), *Meinung/Linie* (bezüglich der Vielfalt von Ansichten), *Themenvielfalt* und *Konsensdemokratie*. Das Narrationsmuster *Bildungsbewegung* auf Aktivistenseite findet in den zentralen Narrationsmustern der Selbstdarstellungstexte nur am Rande in der Ausprägung *Pluralität der Aktionsformen* Erwähnung. Es scheint aber für die Aktivisten eine ganz zentrale Bedeutung zu haben.

Zusammenfassend kann also festgehalten werden, dass jene Aspekte, die bei der Analyse der Selbstdarstellungstexte nur Ausprägungen des übergeordneten Narrationsmusters *Pluralität* waren, bei den Aktivisten als eigenständige Narrationsmuster auftauchen. Diese weisen wiederum Ausprägungen auf, die ihre Bedeutung auf der Basis von persönlichen Erfahrungen der Aktivisten reflektieren – etwa, dass die Konsensfindung mitunter ein langwieriger Prozess sein kann.

Zu den programmatischen Punkten aus dem Narrationsmuster *Foki der Globalisierungskritik* aus der Analyse der Selbstdarstellungstexte findet sich bei den zentralen Narrationsmustern der Aktivisten keine Entsprechung. Vermutlich halten die Aktivisten sie für zu selbstverständlich, um sie explizit zu erwähnen. Ihr häufiges Auftauchen in den Selbstdarstellungstexten wiederum könnte darin begründet sein, dass sich diese auch oder sogar vornehmlich an Personen außerhalb von Attac richten und diesen als zentrale Ansichten vermittelt werden sollen.

Drei aus der Analyse der Interviews gewonnenen Narrationsmuster, die nur in diesen, nicht aber in den Selbstdarstellungstexten auftauchten, sind *Radikalität*, *öffentlicher Diskurs über Attac* und *Verhältnis Bundesebene/Ortsgruppenebene*. Die Abgrenzung Attacs von radikalen Gruppen war den Interview-Partnern sehr wichtig. In den Selbstdarstellungstexten erfolgt eine Abgrenzung vom radikalen Spektrum der globalisierungskritischen Bewegung nur an wenigen Stellen, in denen erklärt wird, dass Attac sich ausschließlich friedlicher Protestmethoden bedient. Das Narrationsmuster *Verhältnis Bundesebene/Ortsgruppenebene* ergibt sich mit den aufgeführten Ausprägungen wahrscheinlich erst aus der Perspektive derjenigen Personen, die in den Ortsgruppen aktiv sind. Das Narrationsmuster *öffentlicher Diskurs über Attac* wiederum, in dem es hauptsächlich um das Verhältnis von Attac und den Massenmedien geht, ist für einen Selbstdarstellungstext zu stark reflektierend und erfüllt somit nicht dessen primäre Intention.

Abschließend lassen sich die Haupterkenntnisse des Vergleiches der zentralen Narrationsmuster beider Datenquellen wie folgt zusammenfassen: Ein beträchtlicher Teil der Narrationsmuster bzw. deren Ausprägungen lässt sich sowohl in den Selbstdarstellungstexten als auch in den Interviews finden. Das spricht dafür, dass es bei deterritorialen politischen Gemeinschaften wie Attac in der Tat Bezüge zwischen den medial existierenden Identitätsangeboten und den von einzelnen Aktivisten artikulierten Bestandteilen kollektiver Identität gibt. Deutlich wird jedoch auch, dass es sich bei diesen Bezügen nicht um Entsprechungen im Verhältnis 1:1 handelt. Vielmehr gibt es zum Teil deutliche Unterschiede. Die meisten inhaltlichen Aussagen werden von den Aktivisten vor dem Hintergrund ihrer praktischen Arbeit in den Ortsgruppen, bzw. den Erfahrungen, die sie dort gemacht haben, strukturiert und reflektiert. Dies bedeutet, dass die Aneignung, wie Hepp betont, aktiv und kreativ vor dem Hintergrund ihrer Alltagswelt erfolgt (vgl. Hepp 2006: 246). Die zentralen Narrationsmuster der Selbstdarstellungspapiere sind als die zu einem bestimmten Zeitpunkt verfestigte Form des kommunikativen Prozesses zu sehen, den wir „kollektive Identität" nennen. An den zentralen Narrationsmustern der Interviews hingegen wird deutlich, dass diese Identitätsangebote von den Aktivisten nicht einfach in der medial vorliegenden Form übernommen, sondern durch Aneignung verändert werden. Dies ist ein deutlicher Hinweis auf die aktive Rolle der Rezipierenden im Umgang mit Medien im Sinne der Cultural Studies. Durch die erneute Artikulation der von ihnen angeeigneten Bestandteile der kollektiven Identität werden die Aktivisten nicht nur Teil der deterritorialen politischen Gemeinschaft Attac, sondern arbeiten aktiv an deren kollektiver Identität mit. Sowohl durch die Kommunikation untereinander als auch durch Kommunikation gegenüber externen Referenzgruppen verändern sie die kollektive Identität ihrer Gruppe und halten den permanenten Konstruktionsprozess der kollektiven Identität in Gang. Auf diese Weise kann neues Material in den Pool von Identitätsangeboten der kollektiven Identität von Attac eingespeist werden, das wiederum von anderen Aktivisten aufgegriffen und angeeignet werden kann.

5 Fazit

Das vorrangige Ziel dieser Untersuchung war es, die zentralen Bausteine der kollektiven Identität der deterritorialen politischen Gemeinschaft Attac, eines wichtigen Akteurs der globalisierungskritischen Bewegung in Deutschland, zu finden. Dabei ging es um diejenigen Identitätsbausteine, die in Form bestimmter Erzähl- bzw. Narrationsmuster vorliegen. Anhand dieses konkreten Beispiels sollten Erkenntnisse darüber gewonnen werden, wie Narrationsmuster von den Akteurinnen und Akteuren einer solchen Gemeinschaft angeeignet werden. Kollektive Identität wird als ein kommunikativer Prozess zwischen den an ihr beteiligten Individuen konzeptualisiert, dessen Bestandteile durch Konstruktions- und Aneignungsvorgänge ständiger Veränderung unterworfen sind.

Um diese Prozesshaftigkeit abzubilden, erfolgte die Untersuchung der zentralen Identitätsbausteine von Attac auf zwei Ebenen. Eine Inhaltsanalyse von Selbstdarstellungsmaterialien von Attac förderte sechs zentrale Narrationsmuster zutage: *Internationalität*, *Pluralität*, *Bewegungscharakter*, *Schlüsselorte und -ereignisse*, *Gründung/Ursprung* und *Foki der Globalisierungskritik*. Bei diesen handelt es sich um einen zu einem bestimmten Zeitpunkt in Textform fixierten Teil des Kommunikationsprozesses kollektiver Identität. Ein Teil deshalb, weil zu ihm auch noch andere Bestandteile als zentrale Narrationsmuster gehören, z. B. visuelle Komponenten. Zur Kontrastierung der Ergebnisse der Inhaltsanalyse der Selbstdarstellungsmaterialien wurden die Ergebnisse einer Inhaltsanalyse von Interviews mit Attac-Aktivistinnen und -Aktivisten verwendet. Aus dieser ergaben sich zehn zentrale Narrationsmuster: *Themenvielfalt, Offenheit, Vernetzung, Bildungsbewegung, Konsensdemokratie, Meinung/Linie, Radikalität, Großereignisse, Öffentlicher Diskurs über Attac* und *Verhältnis Bundesebene/Ortsgruppenebene*. Der Vergleich der Ergebnisse beider Inhaltsanalysen förderte eine Reihe von Erkenntnissen über die Konstruktion kollektiver Identität und die Aneignung dieser durch einzelne Akteure einer Gruppe zutage. Es bestehen zahlreiche Ähnlichkeiten zwischen den Narrationsmustern beider Untersuchungen, was dafür spricht, dass sich einzelne Aktivisten bestimmte, medial vorliegende Identitätsbausteine aneignen. Die Aneignung erfolgt jedoch nicht in Form einer schlichten Übernahme. Vielmehr sind bestimmte Modifikationen vor dem Hintergrund der persönlichen Erfahrung und Alltagspraxis der Aktivisten kennzeichnend für deren zentrale Narrationsmuster. Dies sind Aspekte, die dafür sprechen, dass es sich bei der kollektiven Identität von Attac um eine Medienidentität im Sinne von Hepp handelt. Allerdings ist mit der Aneignung bestimmter Narrationsmuster die Konstruktion der kollektiven Identität des Netzwerks Attac keineswegs abgeschlossen. Durch die Artikulation ihrer zentralen Narrationsmuster halten die Aktivisten den Konstruktionsprozess in Gang. Sie ergänzen und verändern die zu einem bestimmten Zeitpunkt in den Selbstverständnispapieren ausgedrückte und fixierte kollektive Identität und werden so Teil der deterritorialen politischen Gemeinschaft Attac.

Literatur

Flick, Uwe (2004): Triangulation. Eine Einführung. Wiesbaden: VS.
Hepp, Andreas (2006): Transkulturelle Kommunikation. Konstanz: UTB.
Hepp, Andreas/Vogelgesang, Waldemar (2005): Medienkritik der Globalisierung. Die kommunikative Vernetzung der globalisierungskritischen Bewegung am Beispiel von Attac. In: Hepp, Andreas/Krotz, Friedrich/Winter, Carsten. (Hrsg.): Globalisierung der Medienkommunikation. Eine Einführung. Wiesbaden: VS, 229–259.
Klandermans, Bert (1997): Identität und Protest. Ein sozialpsychologischer Ansatz. In: Forschungsjournal Neue Soziale Bewegungen. (10/3), 41–50.
Klein, Ansgar (2003): Bewegungsforschung: Quo vadis? In: Vorgänge. Zeitschrift für Bürgerrechte und Gesellschaftspolitik. (2003/4), 12–21.
Krotz, Friedrich (2003): Medien als Ressource für die Konstitution von Identität. Eine konzeptionelle Klärung auf der Basis des Symbolischen Interaktionismus. In: Hepp, Andreas/Thomas, Tanja/Winter, Carsten (Hrsg.): Medienidentitäten. Identität im Kontext von Globalisierung und Medienkultur. Köln: Halem, 27–48.
Mayring, Philipp (2008): Qualitative Inhaltsanalyse. Grundlagen und Techniken. Weinheim/Basel: UTB. 10. Aufl.

Neumann, Birgit (2005): Erinnerung, Identität, Narration. Gattungstypologie und Funktionen kanadischer Fictions of Memory. Berlin: Gruyter.

Rucht, Dieter (1995): Kollektive Identität. Konzeptionelle Überlegungen zu einem Desiderat der Bewegungsforschung. In: Forschungsjournal Neue Soziale Bewegungen. (8/1), 9–22.

Tarrow, Sidney (1998): Power in Movement. Social Movement and contentious politics. Cambridge: Cambridge University.

Soziale Bewegungen und das Social Web: Klimawandelkampagnen auf Facebook

Eliana Pegorim

1 Einleitung: Sozialer Wandel durch Facebook?

– Du schreibst gerade deine Masterarbeit über Facebook? Cool, so kannst du den ganzen Tag dort surfen, nichts tun, nur gucken was deine Freunde machen!
– Nein, eigentlich untersuche ich, wie soziale Bewegungen Facebook für Mobilisierungen und Kampagnen nutzen. Weißt du, es gibt viele Aktivistengruppen auf Facebook ...
– Wirklich? Ich kann mir nicht vorstellen, dass man auf Facebook irgendetwas „Ernstes" machen kann!

Gespräche dieser Art musste ich in den letzten Monaten häufiger führen, wenn ich auf das Thema meiner Masterarbeit zu sprechen kam. Ist Facebook wirklich nur Unterhaltung? Oder kann es auch für soziale Bewegungen genutzt werden?

Als die führende Social Network Site mit den meisten Besucherinnen und Besuchern (Nielsen 2010), ist Facebook in der Tat besser bekannt als eine Plattform, die es einem ermöglicht, Kontakte zu Freunden zu pflegen, Fotos und Links zu teilen sowie Spiele zu spielen. Facebook ist ein globales Phänomen und verfügt über 500 Millionen aktive Nutzerinnen und Nutzer (Facebook 2011) in zahlreichen Ländern, von denen viele Facebook bereits in ihren Alltag integriert haben. Obwohl es ursprünglich nicht dafür entwickelt wurde, erreicht Facebook mittlerweile unterschiedliche Zielgruppen. Dabei wird es als ein vielversprechendes Instrument genutzt, das Raum für soziale Bewegungen bietet, und dabei ermöglicht, sich für etwas einzusetzen und andere zu mobilisieren.

Facebook ist eine Plattform des sogenannten Social Webs. Das Social Web umfasst Web-Anwendungen, die dazu dienen, menschliche Interaktion zu erleichtern. Solche Anwendungen werden auch als „Web 2.0" bezeichnet: Sie basieren auf „User Generated Content", erleichtern und fördern die Zusammenarbeit, den Informationsaustausch und auch die Interaktion der Nutzer. Anstatt sich auf die technologischen Aspekte zu fokussieren, konzentriert sich das Social-Web-Konzept hierbei auf die soziale Interaktion.

Anhand von Fallstudien von Klimawandelkampagnen auf Facebook untersucht dieser Artikel aus Perspektive der Kommunikations- und Medienwissenschaft, wie soziale Bewegungen das Social Web für Kampagnen und die Mobilisierung sogenannter Fans nutzen.

2 Mobilisierung und Kampagnen im Web

Soziale Bewegungen nutzen das Internet, um ihre politischen Anliegen voranzutreiben. So mobilisieren sie ihre Anhänger für Aktivitäten, die online oder offline stattfinden. Zudem rufen sie Online-Kampagnen zu verschiedenen Themen und mit unterschiedlichen Zwecken ins Leben.

Einen theoretischen Zugang zu dem Thema liefert Sigrid Baringhorst (2009: 10). Baringhorst definiert Kampagnen als „a series of communicative activities undertaken to achieve predefined goals and objectives regarding a defined target audience in a set time period with a given amount of resources". Sie kategorisiert politische Kampagnen in vier Typen: Informations- und Bildungsarbeit (um das Bewusstsein zu stärken), Aktion (um zu mobilisieren), Rekrutierung (um neue Mitglieder zu erreichen) oder Einflussnahme (Lobby-Arbeit) (Baringhorst 2009: 11):

> Campaigns give information, but also want to gain acceptance for certain principles, causes, services and often mobilize for a particular political action like voting for a particular candidate or party, becoming a member of an organization or donating resources to an organization (Baringhorst 2009: 10).

Online-Kampagnen bieten die Möglichkeit, Strategien zu geringen Kosten umzusetzen, sie erlauben transnationale politische Mobilisierung, und, da sie weitere Möglichkeiten zur politischen Partizipation und Interaktion bieten, können sie als demokratischer als klassische Kampagnen in den Massenmedien angesehen werden (Baringhorst 2009: 18ff.). Darüber hinaus veranschaulichen web-basierte Kampagnen den Anstieg von „single-issue"-orientierten Kampagnen (Baringhorst 2009: 9), die ein Merkmal des globalen Aktivismus sind.

Ein weiteres Merkmal globaler web-basierter Kampagnen ist, dass sie längerfristig bestehen, was Wallace Lance Bennett (2003: o. S.) dazu veranlasst, sie als „permanente Kampagnen" zu bezeichnen. Mit anderen Worten: Webbasierte Kampagnen sind nicht unbedingt zeitlich befristet, aber, wie Bennett erklärt, laufen sie lange, sind nicht zentralisiert und sind somit schwieriger zu beginnen und zu beenden. Sie zeichnen sich durch polyzentrische Kommunikationsnetze aus. Diese ermöglichen es, dass sich Bürgerinnen und Bürger der Kampagne anschließen können und dass auch neue Aktivitäten oder Ziele einbezogen werden (Bennett 2003: o. S.). Bennett unterstreicht die Offenheit dieser Netze als ihre prägendste Eigenschaft. Aktivisten können durch das Sichtbarmachen eines Ziels auch die Sichtbarkeit anderer Anliegen erhöhen. Da diese Kampagnen nicht zentralisiert oder von etablierten Organisationen geführt werden, gibt es mehr Möglichkeiten für Basisbewegungen oder einzelne Personen, sie zu initiieren. Solche Entwicklungen sind auf Facebook zu beobachten, wo die Netzwerk-Struktur der Website sichtbar ist und jeder, der ein Facebook-Konto hat, die Kampagnen-Seiten sehen und an ihren Gruppenaktivitäten teilnehmen kann. Die Kampagnen, die in diesem Artikel analysiert werden, sind Beispiele für permanente transnationale Kampagnen. Bennett (2003: o. S.) argumentiert, dass Kampagnen nicht nur politische Botschaften kommunizieren, um ihre politischen Ziele zu erreichen. Sondern aufgrund ihres Vernetzungs- und Mobilisierungspotenzials könne man sie als politische Organisationen bezeichnen. In einigen permanenten transnationalen Kampagnen rücken die organisatorischen Mitglieder derart in den Hintergrund, dass sie nicht einmal mehr namentlich bekannt sind. Beispiele hierfür sind die „International Campaign against Landmines", die „Jubilee Campaign" oder die „Clean Clothes Campaign", deren Mitglieder hinter den offiziellen Kampagnennamen in Vergessenheit geraten (Baringhorst 2009: 13).

Darüber hinaus bietet das Internet – im Vergleich zu klassischen Kampagnen – mehr Möglichkeiten für Aktivistinnen und Aktivisten, in verschiedenen Städten Proteste im Rahmen einer Kampagne gegen transnationale Ziele zu organisieren. Beispielsweise können Aktivisten einen Kalender mit den geplanten Demonstrationen posten und ihn schnell und einfach aktualisieren. In seiner Untersuchung über die Umweltkampagne „Stop Climate Chaos" weist Manuel Castells (2009: 324) ausdrücklich darauf hin, dass das Internet zum einen für die Umsetzung der Medienstrategie, zum anderen für organisatorische Zwecke wichtig war.

Die wachsende Tendenz zur Visualisierung und Personalisierung der Kommunikationsstrategien in Kampagnen, wie sie auch im Fernsehen existiert (Baringhorst 2009: 15), ist im Social Web und auf Facebook ebenfalls gegenwärtig, da – wie es der Name schon verdeutlicht – jedes „Face" der Mitglieder abgebildet wird und auch andere Fotos eine große Rolle spielen. Die Tatsache, dass selbst die Administratorinnen und Administratoren der Seiten regelmäßig Fotos und Videos zu Beiträgen veröffentlichen, bestätigt diese Tendenz. Individualisierung ist ein weiteres Merkmal von Facebook: Jedes Mitglied legt ein persönliches Profil an und dies tun soziale Bewegungen ebenso.

Das Internet erleichtert auch den Informationsaustausch der Kampagnen (Baringhorst 2009: 18). Soziale Bewegungen nutzen demnach das Web, um Informationen über ein Thema zu liefern – sowohl auf der eigenen Website als auch durch Social-Web-Anwendungen wie Facebook. Castells (2009: 325) stellt diesen Sachverhalt in seiner Forschung über die Umweltbewegung folgendermaßen dar: „The Internet has extraordinarily improved the campaigning ability of environmental groups and increased international collaboration".

Die Rolle des Internets in der Antiglobalisierungsbewegung wurde von Peter Van Aelst und Stefaan Walgrave (2002) analysiert. Anhand einer Inhaltsanalyse von 17 Websites anti-neoliberaler Organisationen untersuchen sie den Beitrag dieser Websites zur kollektiven Identität, die tatsächliche Mobilisierung und die Erzeugung eines Netzwerkes von Organisationen. Die Ergebnisse zeigen, dass die meisten Websites weitgehend dazu verwendet werden, Informationen zur

Verfügung zu stellen (Aelst/Walgrave 2002: 477). Die meisten der untersuchten Websites waren jedoch nicht hochgradig interaktiv: In diesen Fällen können die Besucherinnen und Besucher zwar eine E-Mail an die Organisation senden, aber Foren oder Chat-Gruppen waren oft nicht vorhanden (Aelst/Walgrave 2002: 478). Van Aelst und Walgrave schließen daraus, dass die Websites die Mobilisierung der Aktivisten ausschließlich unterstützen sollen, beispielsweise durch die Veröffentlichung eines Kalenders mit den geplanten Ereignissen. Sie werden aber selten als ein Instrument für eine konkrete Aktion verwendet – d. h. als Mittel der Online-Aktion, wie etwa Online-Protest.

Andreas Hepp und Waldemar Vogelgesang (2005) diskutieren die Beziehung zwischen dem Internet und der kritischen Globalisierungsbewegung durch die Untersuchung kommunikativer Vernetzung innerhalb der „Attac"-Bewegung in Deutschland und ihrem europäischen Kontext. Ihre Methodik umfasste Website-Analysen und Leitfaden-Interviews (Hepp/Vogelgesang 2005: 232). Als Kontrapunkt zu Face-to-Face-Kommunikation bei globalen Ereignissen heben sie die Rolle des Internets als Form von „kommunikative[r] Verdichtung" hervor, die insbesondere durch E-Mail-Kommunikation, die Attac-Website und andere Sites entsteht, die mit der kritischen Globalisierungsbewegung verknüpft sind (Hepp/Vogelgesang: 254f.).

Eine Analyse der Websites von Organisationen verschiedener sozialer Bewegungen wurde auch von Laura Stein (2009) durchgeführt. Basierend auf den sogenannten Alternative Media Studies entwickelte sie eine Typologie der kommunikativen Funktionen, die für soziale Bewegungen relevant sind, und führte eine Inhaltsanalyse der Websites von 70 sozialen Bewegungen in den USA durch. Diese Typologie bildet auch die Grundlage des Codebuchs, das in der vorliegenden Studie verwendet wird, um die Facebook-Seiten zu analysieren.

3 Methodik

Diese Studie wendet einen Multimethodik-Ansatz an, um zu untersuchen, wie soziale Bewegungen Facebook zur Mobilisierung und für ihre Kampagnen nutzen. Zunächst wurde eine quantitative Inhaltsanalyse der Facebook-Seiten der Kampagnen durchgeführt. Anschließend wurden die Expertinnen und Experten einzelner Kampagnen interviewt, die die Strategien für die Facebook-Seiten entwickeln. Die Interview-Transkripte wurden dann qualitativ analysiert.

Eine Inhaltsanalyse kann definiert werden als „a systematic assignment of communication content to categories according to rules, and the analysis of relationships involving those categories using statistical methods" (Riffe et al. 1998: 2). Die Stichprobe für die Inhaltsanalyse bestand aus den Facebook-Seiten von drei aktuellen Klimawandel-Kampagnen. Es umfasste:

⇨ eine Kampagne der NGO Greenpeace International: „Stop Climate Change"
⇨ eine gleichnamige Kampagne der internationalen Basisbewegung „350.org "
⇨ eine Kampagne, die durch ein Bündnis von NGOs, zivilgesellschaftlichen Gruppen und Einzelpersonen organisiert wird: „TckTckTck "

Diese Kampagnen besitzen regionale, nationale und internationale Facebook-Seiten, die von der Organisation selbst oder von Mitgliedern gepflegt werden. Um den transnationalen Aspekt der sozialen Bewegung und der entsprechenden Kommunikationsstrategie darzulegen, wurden in der vorliegenden Arbeit die offiziellen internationalen englischsprachigen Facebook-Seiten untersucht.[1]

Die Klimakonferenz 2009 der Vereinten Nationen (Abk. COP 15 für „Conference of the Parties") fand zwischen dem 7. und 18. Dezember in Kopenhagen statt. Sie war ein wichtiges Ereignis für alle Klimawandel-fokussierten Umweltorganisationen, die sich für „ein faires, ambitioniertes und verbindliches" (TckTckTck 2009) Weltklima-Abkommen einsetzen. Um zu analysieren, wie soziale Bewegungen im Vorfeld der Konferenz in Kopenhagen Facebook nutzen, wurden Daten vom 7. November bis 6. Dezember erhoben.

Für die Zwecke dieser Analyse wurde jeder Post auf einer Seite als eine Analyseneinheit aufgenommen. Zunächst wurden alle Beiträge (N = 315) kodiert, einschließlich derjenigen der normalen Facebook-Nutzerinnen und -Nutzer. Da das Hauptziel dieser Studie war, zu analysieren, wie die Organisationen selbst Facebook verwenden, wurden anschließend nur Beiträge analysiert, die von der offiziellen Administration geschrieben wurden (N = 153), z. B. Beiträge des Benutzernamens „350.org".

Das Codebuch, das in der Inhaltsanalyse verwendet wurde, wurde auf der Grundlage der Typologie der Kommunikation sozialer Bewegungen von Stein (2009) erstellt, die sich auf Alternative Media Studies bezieht. Um zu untersuchen, wie soziale Bewegungen in den USA ihre Websites als Kommunikationsmittel nutzen, entwarf Stein eine Typologie, die Kommunikation in sechs Funktionen klassifiziert: „provides information; assists action and mobilization; promotes interaction and dialog; makes lateral linkages; serves as an outlet for creative expression; and promotes fundraising and resource generation" (Stein: 752f.).

Da sich die vorliegende Studie speziell auf Klimawandelkampagnen konzentriert, und da Facebook eine Social-Network-Site ist – die sich grundlegend von der Website einer Organisation unterscheidet – wurde das Codebuch um weitere Kategorien und Ausprägungen erweitert. Zum Beispiel wurden in der Kategorie „Aktion und Mobilisierung" Ausprägungen wie „Aufrufe zu Online-Aktionen auf Facebook" hinzugefügt. Die „Laterale-Verknüpfungen"-Kategorie wurde in „interne und externe Verknüpfungen" umbenannt, sodass Verbindungen inner-

---

[1] Greenpeace International: http://www.facebook.com/greenpeace.international; 350.org: http://www.facebook.com/350.org; TckTckTck: http://www.facebook.com/tcktcktck

halb von Facebook-Inhalten wie Links zu anderen Facebook-Seiten oder zu einer anderen Registerkarte (Tab) der gleichen Seite analysiert werden konnten. Links zu Social-Web-Anwendungen wie YouTube und Blogs wurden ebenfalls einbezogen.

1. Kategorie: Information
2. Kategorie: Aktion und Mobilisierung
3. Kategorie: Interaktion und Dialog
4. Kategorie: Interne und externe Verknüpfungen

Neben der Inhaltsanalyse der Facebook-Seiten wurden weitere Daten mittels Experteninterviews erhoben, um die Inhaltsanalyse zu vertiefen, zu ergänzen und zu erklären.

Die interviewten Expertinnen und Experten waren die Administratorinnen und Administratoren der untersuchten Facebook-Seiten. Sie sind diejenigen, die Inhalte auf der jeweiligen offiziellen Facebook-Seite unter dem Namen der Organisation hinzufügen. Sie sind auch für Änderungen an den Einstellungen zuständig. Neben dem Schreiben von Inhalten für die Seite sind die Administratoren ebenso an der Planung der Kampagnen und der Entwicklung der Kommunikationsstrategien beteiligt.

Die Interviews wurden mit der qualitativen Inhaltsanalysetechnik nach Philipp Mayring (2000 (1983)) transkribiert und analysiert. Nach Mayring ist diese Methode besonders für Fallstudien geeignet (Mayring 2000: 21). Im Laufe der zusammenfassenden Inhaltsanalyse wurden die relevanten Aussagen paraphrasiert, generalisiert, reduziert und wieder verallgemeinert und reduziert, bis die induktiv erzeugten Kategorien eine geeigneten Ebene der Abstraktion erreicht hatten.

4 Analyse

Die Ergebnisse der Inhaltsanalyse zeigen, dass zwar einige Kommunikationsfunktionen im Allgemeinen häufiger auftreten, jede Kampagne jedoch einen eigenen Fokus hatte. Während Greenpeace mehr externe und interne Verknüpfungen aufweist, konzentriert sich TckTckTck auf die Bereitstellung von Informationen. 350.org hatte die meisten Beiträge, die Interaktion fördern. In den folgenden Abschnitten werden die Ergebnisse der Analyse für jede Kampagne beschrieben.

Soziale Bewegungen und das Social Web

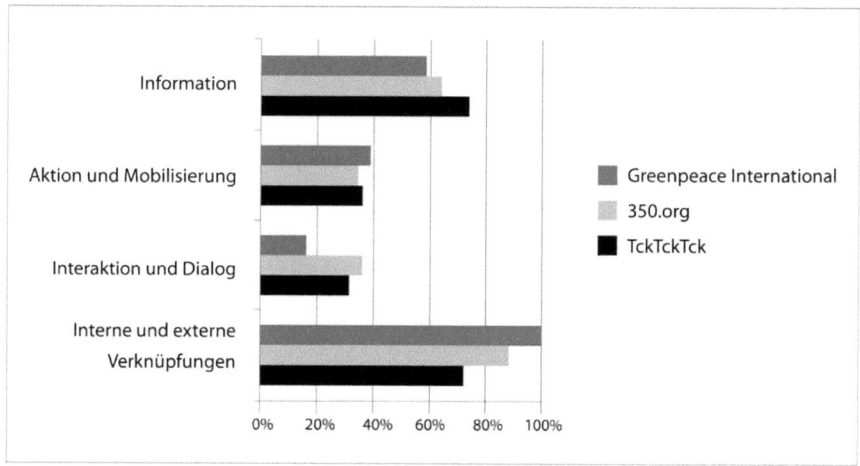

Abbildung 1: Kommunikationsfunktion/Kampagne, Mehrfachkodierung mögl., eig. Darst.

4.1 Greenpeace International: Facebook als Mobilisierungsknotenpunkt

Tabelle 1: Typen von Aktionen und Mobilisierung, eig. Darst.

	Greenpeace International		350.org		TckTckTck		Summe	
	N	Anteil	N	Anteil	N	Anteil	N	Anteil
Aufrufe zu Online-Aktionen auf Facebook	2	6,5%	7	12,1%	10	15,6%	19	12,4%
Aufrufe zu globale Offline-Aktionen	1	3,2%	10	17,2%	8	12,5%	19	12,4%
Aufrufe zu Online-Aktionen nicht auf Facebook	9	29,0%	3	5,2%	5	7,8%	17	11,1%
Keine Aktionen oder Mobilisierung	19	61,3%	38	65,5%	41	64,1%	98	64,1%
Summe	31	100%	58	100%	64	100%	153	100%

Greenpeace International nutzt Facebook in erster Linie als einen Mobilisierungsknotenpunkt und somit als ein Instrument zur Weiterleitung von Nutzerinnen und Nutzern der Facebook-Seite auf die offizielle Website von Greenpeace. So enthalten alle Beiträge einen Hyperlink (Abbildung 1) und fast ein Drittel der Beiträge enthält einen Link zu einer Cyberaktion, die außerhalb von Facebook stattfindet (Tabelle 1). Beispiele dafür sind etwa, eine Online-Petition zu unterschreiben oder eine E-Mail an Abgeordnete zu senden). Im Vergleich zu den Seiten der anderen Kampagnen wies die Greenpeace-Facebook-Seite die größte Anzahl an Beiträgen mit Links und Aufrufen zu Aktionen auf (Abbildung 1). Die Aktionen, zu denen Greenpeace auf der Facebook-Seite aufruft, sind meist online-basiert, was bedeutet, dass Facebook häufiger dazu verwendet wird, für Online-Aktionen zu mobilisieren als zur Organisation von Offline-Aktivitäten.

Durch dieses orts- und zeitunabhängige Zusammenbringen von Menschen auf der Facebook-Seite schafft Greenpeace einen zentralen Raum in einem Netzwerk. Von dort kann die Organisation die User auf eine andere Website führen, auf der sie detaillierte Informationen über ein Thema finden können. Tatsächlich diente mehr als die Hälfte der Greenpeace-Beiträge dazu, Informationen bereitzustellen. Hierbei stellt Greenpeace Informationen nicht nur zur Verfügung, um ein Problembewusstsein zu schaffen, sondern kombiniert die Informationen mit einem Link, um die Fans zu ermutigen, an einer Cyberaktion teilzunehmen. Die Informationen selbst beziehen sich weitgehend auf bestimmte Regionen, die vom Klimawandel betroffen sind. Durch die Bereitstellung dieser Informationen über bestimmte Regionen können spezifische Ziele identifiziert und konkrete Maßnahmen vorgeschlagen werden.

> It's really very easy to provide this sort of ambient information, it's sort of not in your face as an e-mail update is and it's a bit more sort of ambient, it's there on the stream. Some people even call the news feed a stream because it's something like that – it's sort of constantly there and it's flowing. (Online Organiser, Greenpeace International)

Zusätzlich stellt Greenpeace Informationen über nationale Aktivitäten oder Aktionen, die von der Kampagne organisiert werden, auf Facebook bereit. Solche Berichte ermöglichen der Organisation, mit den jüngsten Ereignissen und Errungenschaften zu werben, um Menschen zu ermutigen, teilzunehmen. In diesem Sinne kann Facebook auch als eine Form der „alternative media" (Atton 2002) verstanden werden: Greenpeace kann dort Informationen veröffentlichen, die nicht in den Mainstream-Medien verbreitet werden. Darüber hinaus können Fans aufgefordert werden, sich aktiv am gesellschaftlichen Wandel zu beteiligen. Deswegen kann Facebook zudem als eine Form von „activist media" (Waltz 2005: 3) definiert werden.

Die Priorität von Greenpeace liegt nicht unbedingt darin, mehr Fans bei Facebook zu gewinnen, sondern darin, mit Menschen in Kontakt zu treten, die bereits an Umweltschutz interessiert sind und diese zu ermutigen, sich zu informieren und zudem einen Raum zu bieten, in dem Menschen sowohl mehr über das Thema lesen als auch konkrete Maßnahmen ergreifen können. Greenpeace ist ferner der Auffassung, dass Facebook eine Plattform für Aktion sei. Dennoch hat die Analyse der Seite gezeigt, dass solche Aktionen nicht so häufig vorkommen wie Cyberactions außerhalb von Facebook (Tabelle 1). Durch die Angaben in dem einleitenden Text der Posts und einen Link, der auf eine weitere Aktionsseite verlinkt, erreicht Greenpeace zeitgleich mit einem Post zwei Ziele von Online-Aktivismus: Die Organisation sendet und empfängt Informationen (Bewusstsein/Fürsprache) und Aufrufe zu Aktionen (Organisation/Mobilisierung) (Vegh 2003: 72). Dies deutet darauf hin, dass Menschen erst informiert werden müssen um zu handeln; Greenpeace will aber nicht einfach nur informieren, sondern Aktivismus fördern und Menschen ermutigen, zu handeln.

> If we present people with a scandal or with something that is really dreadful, which we sometimes do, we always want people to have the opportunity to do something about it, we don't want people to feel helpless. (Online Comms Specialist, Greenpeace International)

Greenpeace setzt auch Links zu anderen Facebook-Inhalten, dies jedoch seltener als Links zu der eigenen Website (Tabelle 2). In der Tat führen die meisten der Verknüpfungen zu der eigenen Kampagnen-Website, insbesondere zum Blog. Das weist darauf hin, dass Greenpeace Social-Web-Anwendungen für Kampagnen nutzt, einschließlich derer, die in erster Linie auf ihren eigenen Websites verortet sind. Darüber hinaus postet Greenpeace Links zu Videos auf YouTube.

Tabelle 2: Interne und externe Verknüpfungen, eig. Darst.

	Greenpeace International		350.org		TckTckTck		Summe	
	N	Anteil	N	Anteil	N	Anteil	N	Anteil
Link zu Mainstream-Nachrichten	3	9,7%	2	3,4%	6	9,4%	11	7,2%
Link zu alternativen Nachrichten	0	0,0%	7	12,1%	2	3,1%	9	5,9%
Link zu internationalen Websites von sozialen Bewegungen, die nicht der Stichprobe entsprechen	1	3,2%	0	0,0%	1	1,6%	2	1,3%
Link zu Forschung-Websites	0	0,0%	0	0,0%	1	1,6%	1	0,7%

	Greenpeace International		350.org		TckTckTck		Summe	
Link zu der Website der Kampagne	2	6,5%	8	13,8%	11	17,2%	21	13,7%
Link zu anderen Kampagnen-Websites, nicht in der Stichprobe	0	0,0%	0	0,0%	2	3,1%	2	1,3%
Link zu YouTube	4	12,9%	9	15.5%	4	6,2%	17	11,1%
Link zu Twitter	1	3,2%	0	0.0%	0	0,0%	1	0,7%
Link zu Blogs	0	0,0%	1	1.7%	6	9,4%	7	4,6%
Link zu selbst veröffentlichten Inhalten auf Facebook	4	12,9%	18	31,0%	2	3,1%	24	15,7%
Link zu Facebook-Gruppen oder zu Websites der Kampagnen, die in der Stichprobe sind	0	0,0%	2	3,4%	0	0,0%	2	1,3%
Link zu Facebook-Events	0	0,0%	1	1,7%	0	0,0%	1	0,7%
Link zu Facebook-Applications oder -Causes	0	0,0%	0	0,0%	9	14,1%	9	5,9%
Link zu Facebook-Gruppen oder Websites der Kampagnen, die nicht in der Stichprobe sind	0	0,0%	2	3,4%	1	1,6%	3	2,0%
Link zum Blog der Kampagne	15	48,4%	0	0,0%	1	1,6%	16	10,5%
Sonstiges	1	3,2%	1	1,7%	0	0,0%	2	1,3%
Keine Links	0	0,0%	7	12,1%	18	28,1%	25	16,3%
Summe	31	100%	58	100%	64	100%	153	100%

Auf Facebook kombiniert Greenpeace drei Funktionen der Kommunikation, die zentral für soziale Bewegungen sind: Information, Mobilisierung und Vernetzung, mit einem größeren Schwerpunkt auf die beiden letzteren. Obwohl Interaktion eher selten vorkam – Greenpeace hatte nur etwa halb so viele Beiträge, die Interaktion gefördert haben als die anderen Kampagnen und hat nur selten Fans zum Kommentieren aufgefordert –, sieht Greenpeace Facebook als einen Kanal, um mit den Fans zu kommunizieren. Da Unterstützerinnen und Unterstützer von Greenpeace auf Facebook bereits ähnliche Interessen haben, muss Greenpeace die Menschen nicht direkt ermutigen, sich an der Diskussion zu beteiligen: Die Diskussionen auf der Seite erfolgen auch ohne Interaktion seitens Greenpeace.

> [They are] people who are interested in protecting the environment so that's a real affinity there with our mission and that's why they spread the word. That's why they, if you go to our Facebook page you quite often [see] people having discussions also amongst themselves, not even just asking Greenpeace a question but discussing with one another because lots of people are moving through the same path, they're journeying through the same questions. (Online Organiser, Greenpeace International)

In den Interviews erklären Greenpeace-Experten, dass sie Facebook für Kampagnen-Updates und zum Posten von Umwelt-Nachrichten verwenden. Letztere stammten weitgehend von der eigenen Website der Organisation und nicht von Mainstream- oder alternativen Medien.

4.2   350.org: Facebook als Initiator sozialer Bewegungen

Im Fall von 350.org wird Facebook als Initiator einer sozialen Bewegung genutzt und somit als kommunikativer Raum, um Menschen zu versammeln und Inhalte zu teilen, um eine Bewegung innerhalb Facebooks zu schaffen, die auch außerhalb verbreitet werden soll. Daher dient Facebook nicht nur als Kanal, über den die Organisation mit Fans kommuniziert, sondern auch als eine Plattform, mit der die User untereinander kommunizieren sollen. Sie können hierbei Ideen und Strategien diskutieren, Aktionen organisieren und sich auch gegenseitig dazu motivieren, Maßnahmen zu ergreifen – und im Zuge dieses Prozesses eine Gemeinschaft bilden. Dadurch werden Fans Träger der Botschaft der Kampagne.

> It helps climate champions follow an age-old organizing principle to „meet people where they're at". Well, people are online, and more specifically, on Facebook. (Internet Director, 350.org)

Die 350.org-Facebook-Seite hatte mehr Beiträge, die Interaktion gefördert haben, als andere Kampagnen (Abbildung 1). Über ein Drittel der Beiträge auf der Seite von 350.org zielte darauf ab, Interaktion und Dialog zu fördern, indem Fans dazu aufgefordert wurden, Beiträge zu kommentieren und Strategien zu diskutieren (Tabelle 3). Dieses Vorgehen ermöglicht den Aufbau einer Gemeinschaft, die auf einer horizontalen und dialogischen Form der Kommunikation basiert. Durch die Förderung der Interaktion ermutigt 350.org auch indirekt zur Aktion, da Fans dort Netzwerke bilden, Ideen austauschen und Aktionen organisieren können.

> Using Facebook for campaigning helps transcend a classic psychological barrier that prevents people from taking action on an issue: an individual doesn't feel compelled to participate if they think might be the only ones. They don't want to go out on a limb. (Internet Director, 350.org)

Solche Aktivitäten ermöglichen 350.org, eine soziale Bewegung auf Facebook zu schaffen. Allerdings war vorgesehen, dass die Bewegung nicht auf den Online-Bereich beschränkt werden sollte, sondern auch in der „realen Welt" aktiv wird. Die Analyse der 350.org-Facebook-Seite zeigte, dass sie die gleiche Anzahl von Offline- wie Online-Aktionen hatte, was darauf hindeutet, dass beide als gleich wichtig für die Organisation angesehen werden (Tabelle 3). 350.org nutzt das Potenzial der Online-Aktion, will aber auch, dass die Menschen auf die Straße gehen und dort protestieren.

Tabelle 3: Interaktion und Dialog, eig. Darst.

	Greenpeace International		*350.org*		*TckTckTck*		*Summe*	
	N	Anteil	N	Anteil	N	Anteil	N	Anteil
Fordert die Menschen zum Kommentieren auf	5	16,1%	13	22,4%	16	25,0%	34	22,2%
Erläutert Strategien online	0	0,0%	5	8,6%	0	0,0%	5	3,3%
Online-Pools und Umfragen	0	0,0%	0	0,0%	3	4,7%	3	2,0%
Erläutert organisatorische Fragen online	0	0,0%	1	1,7%	0	0,0%	1	0,7%
Selbstbeobachtung von Bewegungsaktivitäten	0	0,0%	1	1,7%	0	0,0%	1	0,7%
Sonstiges	0	0,0%	1	1,7%	1	1,6%	2	1,3%
Keine Interaktion oder Dialog	26	83,9%	37	63,8%	44	68,8%	107	69,9%
Summe	31	100%	58	100%	64	100%	153	100%

Facebook verbindet somit Online- und Offline-Domains. 350.org verwendet Facebook, um Aktionen zu organisieren, die offline stattfinden, und anschließend Fotos von dem Event hochzuladen, sodass sie online für Menschen verfügbar sind, die nicht an dem Event teilnehmen konnten.

> We really wanted people to get engaged in their own communities away from their computers and we tried to use a lot of what we did online in Facebook to get people excited about October 24th and attending a real world event and being able to be part of one of these incredible pictures and things that can't really happen just on the computer. (Internet Director, 350.org)

350.org hatte mehr Aufrufe zu globalen Offline-Aktionen als die anderen untersuchten Kampagnen (Tabelle 1). 350.org ist eine junge Bewegung, die sich auf die Organisation globaler Ereignisse konzentriert. Natürlich finden auch globale Ereignisse lokal statt, aber das Ziel ist, dass sich Menschen auf der ganzen Welt vor Ort am selben Tag organisieren, um den globalen Charakter der Kampagne lokal zu machen.

Fast zwei Drittel der Beiträge von 350.org haben Informationen bereitgestellt (Abbildung 1), und die meisten von ihnen berichteten über Regionen, die vom Klimawandel betroffen sind. Dies bestätigt den Einsatz von Facebook als eine Form alternativer Medien: Die Organisation veröffentlicht Geschichten von Menschen, die sonst nicht gehört würden und versucht, bei Fans ein Gefühl der Solidarität zu erzeugen. Mittels Hervorhebung bestimmter Regionen zeigt die Organisation Schäden, die durch den Klimawandel verursacht werden. Zudem präsentiert sie den Klimawandel als ein unmittelbares, konkretes Phänomen, anstatt es als fern und abstrakt abzubilden.

Um eine Bewegung auf Facebook ins Leben zu rufen, veröffentlicht 350.org Inhalte, schlägt Maßnahmen vor, und bietet Verknüpfungen zu anderen Seiten und Gruppen. Die häufigsten Hyperlinks auf der 350.org-Seite gab es zu selbstveröffentlichten Inhalten auf Facebook (Tabelle 2), da im Rahmen dieser mehr Informationen zu finden sind als in den kurzen Beiträgen auf der Pinnwand. Somit wird Facebook als eine Plattform verwendet, auf der Inhalte veröffentlicht werden. Die Facebook-Community kann dort über Aktionen lesen und muss sich nicht an eine externe Website wenden. Dies wiederum unterstützt die Nutzung von Facebook als Initiator einer sozialen Bewegung.

4.3 TckTckTck: Facebook als informatives vernetzendes Werkzeug

TckTckTck nutzt Facebook informativ-vernetzend und somit als ein Werkzeug, um die Aufmerksamkeit auf die Arbeit der TckTckTck-Partner[2] und die Umweltbewegung zu lenken, um Bewusstsein über den Klimawandel zu schaffen

---

[2] TckTckTck Partner sind u. a.: Health and Environment Alliance, World Vision, Save the Children, Chinadialogue, Oxfam, Avaaz.org, Amnesty International, WWF. (TckTckTck 2009: o. S.)

und um eine Verbindung von Menschen untereinander und mit den TckTckTck-Partnern herzustellen. Die Organisation arbeitet mit Facebook, um die Bemühungen der Partner zu bündeln. Letztlich zielt sie darauf ab, Menschen zu ermutigen, die folgende Forderung zu unterschreiben: „I am ready for our leaders to sign a globate climate deal in Copenhagen that is fair, ambitious and binding" (TckTckTck 2009: o. S.).

Um dieses Ziel zu erreichen, bietet TckTckTck viele Informationen. Unter allen Kampagnen, die in dieser Studie analysiert wurden, verwendet TckTckTck Facebook am häufigsten, um zu informieren – über 70 Prozent der Beiträge von TckTckTck sind dieser Funktion zuzuordnen (Abbildung 1). Durch die Berichterstattung über Ereignisse und Aktionen, die von Partnern organisiert werden, und durch die Veröffentlichung von Artikeln über den Klimawandel informiert die Organisation die Menschen über die aktuellen Aktivitäten ihrer Partner. Sie ermutigt die Menschen, mit ihnen in Verbindung zu treten und an den Aktionen teilzunehmen. Die Diskussion über den Klimawandel auf Facebook wird erleichtert, weil dort Menschen über ein ernstes Thema in einer offeneren Weise und ohne Druck sprechen können.

> So it's not like preaching down from on high but here is what is going on, it's serious but we're trying, we have tried every other way and now we're trying to have a little fun with it and see if we can entice people with a good feeling rather than scaring them. (New Media Coordinator, TckTckTck)

Als eine Kampagne, die eine globale Allianz von zahlreichen Partnern umfasst, könnte man erwarten, dass TckTckTck mehr Links als die anderen Kampagnen aufweisen würde, um Facebook-Nutzerinnen und -Nutzer auch auf Partner-Websites zu verweisen. Überraschenderweise jedoch hat TckTckTck weniger Links als die anderen Kampagnen. Dennoch enthalten mehr als 70 Prozent der Posts Links, was eine nicht unerhebliche Anzahl darstellt (Abbildung 1).

TckTckTck hatte die gleiche Anzahl an Links zu der Website der Organisation und zum eigenen Blog wie zu anderen Facebook-Seiten, -Gruppen, -Events oder -Anwendungen (Tabelle 2). Dies zeigt, dass die Facebook-Nutzung von TckTckTck auf einer detaillierten Strategie beruht. Um ihr Kampagnen-Ziel zu erreichen, verbreitet die Organisation die Arbeit der Partner nicht nur durch das Bereitstellen von Links, sondern auch durch die Veröffentlichung von Inhalten und die Nutzung anderer Facebook-Inhalte. TckTckTck verwendet auch andere Social-Web-Anwendungen für die Kampagne und verweist bei mehr als 20 Prozent der Beiträge auf solche Anwendungen (Tabelle 2).

> So, if there's a particularly good video that we've wanted a lot of people to see by posting on Facebook and getting some conversations there, then somebody comments on that and their friends who may not be fans of Tck have the opportunity to see it as well. (New Media Coordinator, TckTckTck)

TckTckTck initiiert zudem Online-Aktionen bei Facebook. Allerdings organisiert das Netzwerk keine lokalen Aktionen. Seine Absicht ist es, das Web zu nutzen, genauer gesagt das Social Web, um die Aufmerksamkeit auf die Arbeit der Partner zu ziehen, um Menschen zu vernetzen und um Fans dazu zu veranlassen, die Kampagnen-Forderung zu unterschreiben. TckTckTck hat daher weit mehr Aufrufe zu Online- als für Offline-Aktionen gestartet und hat demgemäß die größte Anzahl von Online-Aktionen auf Facebook im Vergleich zu den anderen Kampagnen (Tabelle 1).

Diese im Vergleich zu anderen Kampagnen vielseitigere Strategie von TckTckTck in der Nutzung von Facebook-Inhalten kann auch in den Posts beobachtet werden, die die Organisation schreibt, um die Interaktion zu fördern. Fast ein Drittel der Beiträge zielt darauf ab, Interaktion und Dialog zu fördern (Abbildung 1). Neben dem Vorgehen, Fans zum Schreiben von Kommentaren zu animieren, entwickelt die Organisation Abstimmungen und Umfragen – beispielsweise zu der Frage, wie viele Aktionen im Vorfeld der Konferenz in Kopenhagen seitens der Fans durchgeführt werden könnten. Zudem stellte die Organisation den Fans offene Fragen über das Kommentarfeld, zum Beispiel dazu, welche Art von Nachrichten sie sich von TckTckTck aus Kopenhagen wünschen. Solche Pools und Fragen förderten die Interaktion, und stellten gleichzeitig eine wichtige Rückmeldung für die Organisation dar, mit der sie ihre Kommunikation anpassen konnte.

Die Kampagne förderte auch Community-Building-Aktivitäten, um Menschen zu vernetzen und ihre persönlichen Netzwerke zu erweitern. Wenn Fans Fragen posteten, beantwortete TckTckTck sie oft direkt auf der Seite, in der Hoffnung, dass dies eine größere öffentliche Diskussion generiert. Ein Aspekt der Mobilisierung und der Kampagnen auf Facebook ist, dass Facebook-Nutzerinnen und -Nutzer erwarten, dass das Kampagnen-Team direkt in das Gespräch einbezogen wird. TckTckTck benutzte dies als eine Strategie, um zu verhindern, dass Fans das Interesse verlieren.

> We were actually part of the community, by being engaged in, being involved in the conversation rather than being the people who own the house where people gather. (New Media Coordinator, TckTckTck)

5 Fazit

Obwohl jede Kampagne sich auf einen anderen Bereich konzentrierte und ihre eigenen Strategien und Taktiken für den Einsatz von Facebook hatte, können einige gemeinsame Kommunikationsmuster identifiziert werden.

Soziale Bewegungen nutzen Facebook für Mobilisierung und ihre Kampagnen durch das Bereitstellen von Informationen, durch Organisieren und Fördern von Online- und Offline-Aktionen, durch Fördern der Interaktion und des Community-Buildings, durch Verlinken auf andere Inhalte auf Facebook und externen Websites und durch Unterstützen organisatorischer Tätigkeiten und Ziele.

Einige dieser Aktivitäten waren zwar bereits Teil des Kommunikationsrepertoires der sozialen Bewegungen, sie nehmen aber auf Facebook eine neue Gestalt an, die sich durch eine ganz andere Atmosphäre von offiziellen Websites unterscheidet. Denn hier finden sich Interessierte nicht nur ein, um Aktivisten zu werden, sondern auch aus anderen Gründen. Neben dem Unterstützen weiterer Online- und Offline-Aktionen nutzen soziale Bewegungen Facebook als Plattform, um Aktionen umzusetzen. Dadurch vergrößert sich ihr Repertoire an kollektiven Aktionen.

Während die Ergebnisse dieser Fallstudien für Facebook gelten und Einblicke in die Nutzung des Social Web geben, können die Ergebnisse nicht unbedingt auf alle Anwendungen übertragen werden. Der Begriff des Social Webs umfasst eine Vielzahl von Anwendungen, mit denen unterschiedliche Nutzungen und Eigenschaften einhergehen. In der Tat unterstützen Social Network Sites ein derart breites Spektrum von Interessen und Praktiken, dass auch hier nicht davon ausgegangen werden kann, dass die hier aufgeführten Auswertungsergebnisse für alle gelten. Auf der einen Seite könnten andere Social Network Sites, die grundsätzlich für die breite Öffentlichkeit bestimmt sind, auch von sozialen Bewegungen in ähnlicher Weise genutzt werden. Auf der anderen Seite haben die Social Network Sites mit einer Business-Orientierung wie Xing oder Reise-Sites wie Couchsurfing eine andere Struktur und somit nicht die gleichen Möglichkeiten für soziale Bewegungen.

Gleichwohl bieten die Ergebnisse dieser Forschung einen Einblick in die Nutzung des Social Webs, die mit anderen Social Network Sites in weiteren Studien verglichen werden können. Die Tatsache, dass die Kampagnen Links zu anderen Social-Web-Anwendungen setzen, wie zu Blogs oder zu YouTube, zeigt, dass sich die Organisationen mit solchen Anwendungen selbst vernetzen und nutzen. Gleichzeitig hat jede dieser Technologien ihre eigenen Merkmale, die spezifische Interessen und Praktiken unterstützen.

Das Social Web kann als eine wichtige Ressource für soziale Bewegungen dienen. Weitere Forschung ist notwendig, um den Umfang zu erkunden, in dem das Social Web in anderen Kampagnen verwendet wird und welche anderen Anwendungen einbezogen werden. Wissenschaftlerinnen und Wissenschaftler können auch die Erforschung der Kommunikation sozialer Bewegungen und deren Nutzung von neuen Medien erweitern, indem sie die Nutzung von Facebook durch soziale Bewegungen aus der Sicht der Nutzerinnen und Nutzer untersuchen. Durch Online-Umfragen, Inhaltsanalysen der Facebook-Seiten oder Interviews kann untersucht werden, wie Fans mit einer Kampagne interagieren und in welchem Umfang sie Online- und Offline-Aktionen unterstützen. YouTube und Twitter sind weitere interessante Forschungsthemen, für die auf die Ergebnisse dieses Artikels zurückgegriffen werden kann. Denn diese Social-Web-Anwendungen sind, wie diese Untersuchung ergeben hat, oft in die Kommunikationsstrategien der Kampagnen einbezogen: So gab es auf den analysierten Facebook-Seiten eine große Anzahl von Links zu YouTube. Auch die interviewten Experten erwähnten, dass sie Twitter nutzen. Jede Social-Web-Anwendung hat ihre eigenen Merkmale, aber sie alle bauen auf die Beteiligung der Nutzer, Interaktion und User Generated Content.

Wenngleich Facebook eine gewinnorientierte, kommerzielle Plattform ist, bietet sie dennoch einen interessanten Raum für Kampagnen und Mobilisierung, der, wie in diesem Artikel dargelegt wurde, durchaus von den sozialen Bewegungen genutzt wird.

Die Geschwindigkeit, mit der sich Facebook entwickelt, stellt allerdings eine wesentliche Herausforderung für die Forschung dar. Facebook-Funktionalitäten ändern sich ständig und möglicherweise ist es ein Trend, der zurückgeht oder auch innerhalb von ein paar Jahren verschwindet. Diese Studie stellt dennoch einen explorativen Schritt dar, hin zu einem Verständnis, welche Rolle dieses Phänomen in der heutigen Gesellschaft spielt.

Ich begann diesen Artikel mit der Wiedergabe eines Gesprächs, das ich in der Art in den vergangenen Monaten oft geführt habe. Ich gehe davon aus, dass ich auch zukünftig weiterhin die gleiche Antwort erhalten werde, wenn mich jemand dazu befragt. Aber zumindest habe ich jetzt mehr Argumente, sie zu widerlegen.

Literatur

Atton, Chris (2002): Alternative media. London: Sage.
Baringhorst, Sigrid (2009): Introduction: Political Campaigning in Changing Media Cultures – Typological and Historical Approaches. In: Baringhorst, Sigrid/Kneip, Veronika/Niesyto, Johanna (Hrsg.), (2009), Political Campaigning on the Web. Bielefeld: Transcript. 9–30.
Bennett, Wallace Lance (2003): Communicating Global Activism: Strengths and Vulnerabilities of Networked Politics. Information, Communication & Society, 6 (2). http://depts.washingzumn.edu/gcp/pdf/newcomglobalactivism.pdf [25.11.2009]
Castells, Manuel (2009): Communication Power. Oxford: Oxford University.
Facebook (2011): Statistics. http://www.facebook.com/press/info.php?statistics [09.10.2010].
Hepp, Andreas/Vogelsang, Waldemar. (2005): Medienkritik der Globalisierung. Die kommunikative Vernetzung der globalisierungskritischen Bewegung am Bespiel von Attac. In: Hepp, Andreas/Krotz, Friedrich/Winter, Carsten. (Hrsg), (2005): Globalisierung der Medienkommunikation. Eine Einführung. Wiesbaden: VS, 229259.
Mayring, Philipp (2000): Qualitative Inhaltsanalyse: Grundlagen und Techniken. Weinheim: Dt. Studienv. 7. Auflage (1983).
Nielsen (2010): Global Audience Spends Two Hours More a Month on Social Networks than Last Year, http://blog.nielsen.com/nielsenwire/global/global-audience-spends-two-hours-more-a-month-on-social-networks-than-last-year/ [19.03.2010].
Riffe, Daniel/Lacy, Stephen/Fico, G. Frederik (1998): Analyzing Media Messages: Using Quantitative Content Analysis in Research. Lawrence Erlbaum Associates: Mahwah.
Stein, Laura (2009): Social Movement Web Use in Theory and Practice: a Content Analysis of US Movement Websites. New Media & Society, 11 (5), 749–771.
Tcktcktck (2009): TckTckTck. http://tcktcktck.org/ [10.11.2009].

Van Aelst, Peter/Walgrave, Stefaan (2002): New Media, New Movements? The Role of the Internet in shaping the „Anti-Globalization" Movement. Information, Communication & Society. 5:4, Routledge, 465–493.

Vegh, Sandor (2003): Classifying Forms of Online Activism. In: McCaughey, Martha/Ayers, Michael D. (Hrsg.) Cyberactivism: Online Activism in Theory and Practice. New York: Routledge, 71–95.

Waltz, Mitzi (2005): Alternative and Activist Media. Edinburgh: Edinburgh University.

Die Wahrnehmung Europas in deutschen und polnischen Online-Foren am Beispiel der Europawahl 2009

Olga Mecking

1   Einleitung

In diesem Beitrag werden europäische Akteure in den Fokus genommen. Der Begriff der Öffentlichkeit spielt in diesem Zusammenhang eine große Rolle, wobei in der Forschung zu diesem Thema das Publikum bis jetzt weitgehend unberücksichtigt blieb. Dies gilt insbesondere im Falle von transnationalen Gebilden, wie zum Beispiel der EU. Dabei entsteht jede Öffentlichkeit nur unter Mitarbeit des Publikums. Aus diesem Grund ist es wichtig, zu untersuchen, auf welche Art und Weise europäische Themen angeeignet werden. Parallel dazu wächst für die Politik die Bedeutung des Internets. Politische Akteure, unter anderem auch Bürgerinnen und Bürger, kommunizieren über politische Themen und tun dies nicht nur im direkten Gespräch miteinander, sondern auch durch Nutzung neuer Medien, wie des Internets. So stellt sich die Frage, wie das Internet Öffentlichkeiten verändern kann. In Bezug auf die Bedeutung des Publikums werden insbesondere solche Internetangebote interessant, in denen Nutzerinnen und Nutzer ihre Meinungen zu verschiedenen Themen äußern können. Internetforen bieten die Möglichkeit zu einem solchen diskursiven Meinungsaustausch und stehen daher im Folgenden im Fokus.

Dieser Artikel nimmt sowohl die Rolle des Publikums in der europäischen Öffentlichkeit als auch die steigende Bedeutung des Internets in der Politik in den Blick. Mit Hilfe einer qualitativen Inhaltsanalyse wurde ermittelt, wie Nutzerinnen und Nutzer Europa wahrnehmen und sich darüber in Foren unterhalten. Dabei wurde ein transkultureller Vergleich zwischen den beiden Ländern Polen und Deutschland durchgeführt. Das erste Kapitel umfasst den für die Studie relevanten Forschungsstand. Eingangs wird die aktuelle Forschung zur europäischen Öffentlichkeit vorgestellt. Dazu wird zunächst der Begriff der Öffentlichkeit eingeführt und gezeigt, wie er auf transnationale Gebilde wie die EU übertragen werden kann. Dabei wird ein Modell europäischer Öffentlichkeit vorgeschlagen, das die Art und Weise berücksichtigt, wie sich Publika europäische Themen aneignen. Weiter stellt sich die Frage, welchen Einfluss das Internet auf die Öffentlichkeit hat. Danach werden die Forschungsfragen und das Forschungsinteresse näher beschrieben. Im nächsten Kapitel erfolgt die Vorstellung der verwendeten Methode. Die Ergebnisse der Studie werden im Anschluss daran präsentiert. Zuletzt wird ein Fazit gezogen, das sich speziell auf Fragen der Aneignung konzentriert, aber auch versucht, die Ergebnisse in einen breiteren Kontext zu stellen.

2 Forschungsstand: Europa, sein Publikum und das Internet

Öffentlichkeit kann gesehen werden als „network of communicating information and points of view" (Habermas 1996: 360) oder als „Artikulationsort von Meinungen und Themen der Bürgerschaft und diverser Interessenorganisationen" (Gerhards/Neidhardt 1999: 40). Ein anderer Ansatz beschreibt Öffentlichkeit als ein Forum, auf dem Informationen und Meinungen ausgetauscht werden (Plake/Jansen/Schuhmacher 2001: 28). Mit der EU-Erweiterung wurde die Frage nach einer transnationalen Öffentlichkeit wichtig, also nach einer Öffentlichkeit, die über den nationalen Bezugsrahmen ausgeht (Tobler 2006: 120).

Unter den vielen möglichen Modellen europäischer Öffentlichkeit[1] erscheint zunächst das von Cathleen Kantner und anderen entwickelte Modell (vgl. u. a. Kantner 2006) zur Berücksichtigung des Publikums am besten geeignet. Es geht von verschiedenen Teilöffentlichkeiten aus. Diese können sich ausbilden, wenn dieselben Themen zum gleichen Zeitpunkt unter denselben Relevanzgesichtspunkten diskutiert werden (Kantner 2006: 148). Diese Sichtweise unterscheidet sich von anderen insoweit, als dass sie einen Ansatzpunkt vorschlägt, der die Komplexität der EU wahrnimmt und zu erfassen versucht. Daran ist allerdings zu kritisieren, dass weder die verschiedenen kulturellen Kontexte, in denen solche Kommunikationen stattfinden, noch die Rolle des Publikums genügend berücksichtigt werden (Lingenberg 2010: 114). Aus diesem Grund wird ein Konzept europäischer Öffentlichkeit vorgeschlagen, das auf der Sichtweise der Teilöffentlichkeiten aufbaut, und das europäische Öffentlichkeit

> als translokales Netzwerk themen- und ereigniszentrierter Teilöffentlichkeiten begreift, das durch europäische Diskurse konstruiert wird und genau dann existiert, wenn eine Synchronität und Konvergenz diskutierter Themen und Argumenten anzutreffen ist, und wenn die von den Folgen europäischer Entscheidungen Betroffenen diese Folgen wahrnehmen und in entsprechende Diskurse eintreten (Lingenberg 2008: 51).

Europäische Öffentlichkeit entsteht also dann, wenn sich um bestimmte Themen und Ereignisse ein Publikum bildet, das von diesen Ereignissen betroffen ist, und über diese kommuniziert. Solche Diskurse finden in bestimmten kulturellen Kontexten statt[2] und können in den verschiedenen EU-Ländern anders angeeignet werden. Sie können sowohl durch Face-to-Face-Kommunikation als auch unter Nutzung neuer Medien stattfinden, wie zum Beispiel des Internets (vgl. van Os 2008: 39). Dieser neue Aspekt der Öffentlichkeitsforschung lässt die Frage aufkommen, wie das Internet Öffentlichkeiten beeinflussen kann.

---

[1] Insbesondere meine ich hier das Modell einer einzigen europäischen Öffentlichkeit, das der Europäisierung nationaler Öffentlichkeiten, und das der Teilöffentlichkeiten.
[2] Zur Bedeutung von Kultur und den Cultural Studies allgemein siehe z. B. Hall 2002.

Bisherige Öffentlichkeitsforschung konnte einen positiven Einfluss des Internets auf politische Kommunikation feststellen: „The added value of the Internet should particularly be sought in facilitating citizens' ability to broaden their knowledge about political opinions and views existing in the society" (van Os 2008: 118). Jedoch hängt das politische Engagement nicht von den technischen Voraussetzungen ab, „sondern von der Art der darin stattfindenden Kommunikationen" (Lingenberg 2008: 61).

Im Falle einer europäischen Öffentlichkeit im Internet konnte gezeigt werden, dass politische Akteure aus verschiedenen Ländern im Internet über europäische Themen kommunizieren, was als Hinweis auf eine europäische Öffentlichkeit gesehen werden kann: „[...] our interpretation of the European public sphere, emphasizing that political actors, including citizens, are engaged in political communication about Europe, either directly or through media or Internet-based communication" (van Os 2008: 39).

Für den Aspekt von Öffentlichkeit sind Internetforen deswegen interessant, weil ihre hauptsächliche Funktion darin besteht, Diskussionen zu verschiedenen Themen zu ermöglichen. Auch ist die Zugangshürde für die Nutzerinnen und Nutzer in Vergleich zu anderen Medien niedriger (vgl. Witschge 2009: 80f.).

Was die europäische Öffentlichkeit in Internetforen angeht, empfinden die Nutzer Online-Foren, auch Internetforen genannt, allgemein im Vergleich zu anderen Medien als eine offene Kommunikationssphäre, in der sie in verschiedenen Sprachen ihre Meinungen äußern, und mit Anderen austauschen können (Wright 2007: 1170ff.). Allerdings ist Kommunikation in Internetforen nicht frei von Machtverhältnissen. Diese zeigen sich zum Beispiel in der Art der Foren-Moderation sowie in der Tatsache, dass Internetforen von Organisationen oder Institutionen gepflegt werden. Ferner muss die empfundene Offenheit der Internetforen kritisch gesehen werden, da nicht alle Stimmen und Meinungen das gleiche Gewicht im Forum haben (Witschge 2009: 80ff.). Die Tatsache, dass Internetforen von ihren Nutzern als offen und frei bezeichnet werden, macht sie allerdings für die Öffentlichkeitsforschung besonders interessant (Poell 2009: 243).

Das Vorhaben dieser Studie war es, europäische Öffentlichkeit in deutschen und polnischen Online-Foren zu erforschen. Erstens ermöglichte dies, die europäische Öffentlichkeit zu untersuchen und dabei die Rolle des Internets zu berücksichtigen. Zweitens handelte es sich um Internetangebote, bei denen Bürgerinnen und Bürger miteinander diskutieren können. Drittens konnte dadurch ein interkultureller Vergleich zwischen deutschen und polnischen Online-Foren durchgeführt werden. Zugleich wurde die europäische Öffentlichkeit in Polen untersucht, einem EU-Land, das bis jetzt relativ wenig erforscht worden ist. Die Forschungsfrage, die die Untersuchung leitete, lautete: Wie kommunizieren Nutzerinnen und Nutzer in deutschen und polnischen Online-Foren über Europa? Das Erkenntnisinteresse kann in weitere Fragen aufgefächert werden: Fühlen sich Nutzer von Europa betroffen? Kann eine Konvergenz von Themen und Argumenten festgestellt werden? Welche Unterschiede lassen sich zwischen deutschen und polnischen Kommentaren erkennen? Was ist dabei auf die spezifischen Merkmale des Mediums Internet zurückzuführen?

3 Methodisches Vorgehen: Qualitative Untersuchung von Online-Foren

Um europäische Öffentlichkeit zutreffend zu erfassen, wurde auf eine Analysemethode zurückgegriffen, die von Swantje Lingenberg (Lingenberg 2008: 43ff.) für die Untersuchung von Publikumsmeinungen entwickelt wurde. Nach ihrer Definition europäischer Öffentlichkeit spielt der Aspekt der Betroffenheit des Publikums von europäischen Ereignissen eine große Rolle. Im ersten Schritt wurde also die gefühlte Betroffenheit der Nutzerinnen und Nutzer von den Wahlen, sowie von den Entscheidungen des Europaparlaments und anderer europäischer Institutionen untersucht. Zweitens wurde analysiert, ob eine Konvergenz von Themen und Argumenten zu finden ist. Schließlich wurden die kulturellen Unterschiede zwischen den beiden EU-Ländern Polen und Deutschland berücksichtigt. Diese Kategorien sind als Voraussetzungen für die Existenz einer europäischen Öffentlichkeit zu sehen. Ihnen wurde zum Zwecke dieser Untersuchung eine neue hinzugefügt, in der die Bedeutung des Internets für die dort stattfindenden Debatten untersucht wird. Die Ergebnisse wurden in Anlehnung an Mayring (Mayring 2000: 42ff.) ausgewertet.

Die untersuchten Kommentare entstammen Forendiskussionen zu Artikeln aus Internetausgaben etablierter Zeitungen.[3] Diese Entscheidung liegt darin begründet, dass die Nutzer auch online auf bekannte Angebote zurückgreifen (vgl. Hepp 2006: 222). Fokussiert wurden zwei polnische Zeitungen (die Qualitätszeitung „Gazeta Wyborcza" – www.wyborcza.pl und die Boulevardzeitung „Fakt" – www.fakt.pl), sowie zwei deutsche (Süddeutsche Zeitung – www.sueddeutsche.de und die Bild-Zeitung – www.bild.de).[4] Der Untersuchungszeitraum erstreckte sich über zwei Monate, vom 11.04.2009 bis zum 10.06.2009, also im zeitlichen Zusammenhang mit den Europawahlen im Jahr 2009. Der gewählte Zeitraum kann damit erklärt werden, dass das Interesse der Medien an europäischen Themen in Verbindung mit wichtigen europäischen Ereignissen deutlich ansteigt (de Vreese 2005: 181). Die meisten Artikel zu den Europawahlen sind in dem genannten Zeitraum erschienen, was auch das verstärkte Interesse der Nutzer in diesem Zeitraum erklärt.

---

[3] Es handelt sich hier um Kommentare, die direkt unter den Artikeln auf den Internetseiten der Zeitungen zu finden waren. So konnten Artikel gefunden werden, von denen nur diejenigen berücksichtigt wurden, die sich ausdrücklich mit den Europawahlen beschäftigten. Ein weiteres Auswahlkriterium war, dass zu dem Artikel Kommentare vorhanden werden mussten.

[4] Hier wurden bewusst zwei Qualitäts- und zwei Boulevardzeitungen ausgewählt. Dabei stellte sich heraus, dass die Qualität der Zeitungen keinen Einfluss auf die Diskussionen hatte. Aus diesem Grund wird dieser Aspekt nicht weiter verfolgt.

Im ersten Schritt wurde auf den Websites der Zeitungen das Stichwort „Europawahlen" eingegeben. Aus den angezeigten Treffern wurden 49 Artikel ausgesucht.[5] Danach erfolgte eine Selektion der Kommentare, von denen sich 183 als relevant erwiesen.[6] Die Form der Foren unterschied sich je nach Zeitung. So stellten die Gazeta Wyborcza, die Süddeutsche Zeitung und die Bild-Zeitung Communities zur Verfügung, wo auch die Forendiskussionen stattfanden. Die Kommentare waren dann unter den jeweiligen Artikeln zu sehen. Bei der Fakt hatten die Foren die Form eines Newsboards, wo die Nutzerinnen und Nutzer ihre Kommentare abgeben konnten, aber keine Profile etc. einrichten mussten. Für diese Studie spielte dieser Unterschied allerdings keine Rolle.

4 Ergebnisse: Die Wahrnehmung Europas in deutschen und polnischen Online-Foren

Die Kommentare wurden auf vier Analyseebenen bzw. Kategorien erfasst. Im ersten Schritt wurde die gefühlte Betroffenheit der Nutzerinnen und Nutzer untersucht. Dann wurden eventuelle Konvergenzen von Themen und Argumenten erfasst. Drittens wurden die kulturellen Unterschiede untersucht. Zuletzt wurde analysiert, welche Rolle das Internet in den Diskussionen spielt. Diese Kategorien erlaubten es, die mögliche Existenz europäischer Öffentlichkeit in den Internetforen festzustellen.

4.1 Gefühlte Betroffenheit und gegenseitige Interdependenzen zwischen den EU-Ländern

Mit der Kategorie Betroffenheit wird gemessen, inwieweit sich die Nutzerinnen und Nutzer von den Europawahlen beeinflusst fühlen. Dieser Einfluss kann sowohl positiv als auch negativ sein. Dabei handelt es sich auch darum, ob die Nutzer breitere Zusammenhänge zwischen den verschiedenen EU-Ländern erkennen. Ebenfalls wurden Überlegungen dazu, welche direkten oder indirekten Folgen die Wahlen haben würden, dieser Kategorie zugerechnet.

Die Nutzer nahmen einen *direkten Einfluss europäischer Institutionen und Beschlüsse auf ihr Leben* wahr. Sie hatten den Eindruck, dass sich diese Beschlüsse sowohl negativ als auch positiv auf ihr Leben auswirkten: „Die EU hat für den kleinen Mann abgesehen von der Inflation große Nachteile" (Heinrich2006, SZ-Forum).

Andere Nutzer bezogen sich dabei auf die Rolle und Bedeutung des Europaparlaments. Während einige auf die subjektiv empfundene Unwichtigkeit dieser

---

[5] Einige Artikel erwähnten zwar die Europawahlen, konzentrierten sich aber auf die nationale Politik. Diese wurden ausgelassen.

[6] Da es die große Anzahl der Kommentare nicht erlaubte, alle zu untersuchen, wurde eine Auswahl getroffen. Die ausgewählten Kommentare sind als Beispiele für die vier herausgearbeiteten Kategorien zu sehen.

Institution hinwiesen: „Die lächerlichen Debatten über Salz im Brot und Gurkenkrümung [...],der bekannte -geplante 20 Millionen -Import --aus dem afrikanischen Kontinent--u.s.weiter"[7] (Cashca, SZ-Forum), machten andere darauf aufmerksam, dass das Europaparlament doch wichtige Entscheidungen treffen kann:

> [...] Zweitens, wenn die Verabschiedung des EU-Haushaltes [...] und viele andere Initiativen, wenn das für dich unwichtige Bestimmungen des Parlaments sind, was ist dann für dich wichtig? (mcza.pl, GW-Forum, Übers. d. Verf.)

Es wurden auch *Interdependenzen zwischen den EU-Ländern* bemerkt, und Probleme erwähnt, die die gesamte EU betreffen:

> Ich würde die Nein-Stimmen in Frankreich und Irland nicht als EU-Skeptiker bezeichnen. Nur weil man gegen eine schlechte EU ist, bedeutet das noch lange nicht, dass man gegen die EU ist (red7cater, SZ-Forum)

Der Einfluss der EU-Länder aufeinander wurde klar wahrgenommen und reflektiert..

Eine weitere Ausprägung der gefühlten Betroffenheit bildeten die *Folgen der Wahlen*. Eine davon war, dass im Falle einer niedrigen Wahlbeteiligung populistische oder rechtsradikale Parteien an die Macht kommen könnten, oder dass die Bürgerstimmen noch weniger in der EU wahrgenommen werden. Hier wurde die niedrige Wahlbeteiligung als Niederlage der Demokratie gesehen:

> Das Schlimmste was heute passieren könnte, wäre ein hoher Anteil an Nichtwählern/innen. Denn diejenigen scheinen nicht einzurechnnen, daß damit [...] Extremisten (Rechts oder Links) mit unerwünschten Zuwächsen rechnen können [...]. (BernieMuc, Bild-Forum).

Andererseits bedeutete eine geringe Wahlbeteiligung, dass nur diejenigen gewählt haben, die sich für Politik interessierten:

> Diese 13% das sind fast vier Millionen Wähler. Sie können erklären, wen sie wählen werden, und ihre Wahl rechtfertigen. Andere, die zu den Wahlen gezwungen worden sind, die wählen „den ersten aus der Liste Nr. 1", oder „den über den sie im Radio geredet haben" [...]. (Jazmig, GW-Forum, Übers. d. Verf.)

Der Aspekt der gefühlten Betroffenheit wurde aus den Kommentaren sichtbar. Hier zeigte sich der direkte Einfluss der EU auf das Leben ihrer Bürger, die verschiedenen Interdependenzen zwischen den Ländern und die möglichen Folgen der Wahlen. Diese Kategorie ist insofern wichtig, als sie sich auf die Nutzer, also auf die Ebene der Aneignung bezieht. Ebenfalls ist die Betroffen-

---

[7] Anm. d. Verf.: Alle Kommentare wurden ohne Veränderungen übernommen. Bei der Angabe der Nutzernamen wurde keine Anonymisierung durchgenommen. Der Grund dafür war, dass diese Kommentare als ein Teil einer Öffentlichkeit gesehen werden, vergleichbar zum Beispiel mit veröffentlichten Leserbriefen (Witschge 2009: 88).

heit in allen ihren Ausprägungen als eine der Voraussetzungen für eine europäische Öffentlichkeit zu sehen (vgl. Lingenberg 2008).

4.2 Konvergenz von Themen und Argumenten

Die zweite Untersuchungsebene war die Konvergenz von Themen und Argumenten. Hier ging es um die Frage, ob in den polnischen und deutschen Forendiskussionen ähnliche Themen gefunden werden konnten, und ob die Nutzer für oder gegen die Wahlen gleiche Argumente finden.

Das erste wichtige Thema bildeten die Gedanken um die *Gestalt und Zukunft Europas*. Europa wurde als zu groß, kompliziert, und bürgerfern wahrgenommen, sodass die Bürgerbeteiligung deutlich erschwert wird: „Die Menschen in Europa haben diesen ineffektiven Mammut in Brüssel satt" (kritischer Michel, SZ-Forum).

Andere dagegen deuteten darauf hin, dass die EU äußerst komplex ist, was nicht unbedingt negativ gesehen werden muss: „[...] Aber natürlich kann Europa nie deutsch, französisch oder britisch sein. Es wird immer mehr und anders sein" (Bruximator, SZ-Forum). Hier wurde darauf hingewiesen, dass Europa keine lose Verbindung von Nationalstaaten ist, sondern eine neue Form von Staatlichkeit.

Zudem thematisierten die Nutzerinnen und Nutzer eine *zunehmende Globalisierung und Kommerzialisierung Europas*. Damit war gemeint, dass Europa, wie auch der Rest der Welt, einer Reihe von globalen Prozessen wie zum Beispiel der Kommerzialisierung oder der Globalisierung ausgesetzt ist. Ein wichtiger Aspekt bildete dabei die Kooperation zwischen Politik und Industrie, die in erster Linie ihre eigenen Interessen verfolgen: „[...] Hier wird von einem Küngel aus Politik und Wirtschaft, die sich als Elite verstehen, die Demokratie mißbraucht" (Dagobert1, SZ-Forum).

Eine andere Ausprägung dieser Kategorie war, dass die EU in einem Preis-Leistungsverhältnis gesehen wurde: „Die EU entwickelt sich zum Geldverbrenner ohne Wirkung.[...] Ich frage mich : Was tun sie- was leisten sie für ihr Geld? Nicht viel, was entscheidend wäre" (Cashca, SZ-Forum). Die Nutzer hatten also das Gefühl, für Europa zahlen zu müssen und verlangten dafür mehr Leistung.

Daneben beschäftigten sich die Nutzerinnen und Nutzer mit *Wegen zur Demokratisierung Europas*. Hier wurde sichtbar, dass die Nutzer sich viele Gedanken darüber machten, wie man die Lage in der EU verbessern könnte und äußerten ihre eigenen Vorschläge und Ideen dazu:

> Wir brauchen mehr Demokratie und mehr Bürgernähe. Deshalb ist es wichtig, dass wir uns alle statt nur zu meckern, endlich für wirkliche Verbesserungen einsetzen.[...] Außerdem wäre eine Direktwahl der Europaabgeordneten der richtige Weg, um endlich mehr Bürgernähe zu schaffen. (andreas.blau88, SZ-Forum)

Auch auf den polnischen Online-Foren konnten solche Verbesserungsvorschläge erfasst werden:

> Europa braucht eine Integration, aber eine demokratische. Wenn die Wähler gegen die verschiedenen Arten des Lissabon-Vertrages abstimmen, sollte man das lassen, denn dieser Vertrag erfasst sichtbar nicht die Bedürfnisse der Einwohner Europas. (Timoszyk, GW-Forum, Übers. d. Verf.)

Mit Verbesserung der Lage in der EU sind die Bekämpfung des Demokratiedefizits und eine verstärkte Rolle der Bürgerinnen und Bürger gemeint.

Ein weiteres Thema in den Foren war die *doppelte Rolle der traditionellen nationalen Medien in ihrer Information- und Legitimationsfunktion*. Die Nutzerinnen und Nutzer kommentierten die Qualität und die Art der Berichterstattung sowie den Einfluss der Medien auf die Europawahlen. Viele kritisierten die europafreundlichen Beiträge: „Was ist das? Parteiagitation. Die Regierungspartei hat in der GW umsonst Werbung" (Sztaj-ger, GW-Forum, Übers. d. Verf.).

Für andere dagegen bildeten die Medien eine wichtige Informationsquelle, die über die Europawahlen berichtet und so ihre Publika über die Funktionsweise der Europäischen Union aufklärt. Informieren gehört zu den Pflichten, die traditionelle Medien erfüllen sollen:

> Und das öffentlich-rechtliche Fernsehen? Ist eine Informationskampagne nicht eine Aufgabe der TVP[8]? [...] Natürlich wird es so eine Kampagne nicht geben, denn die Leitung der TVP ist antieuropäisch eingestellt, aber diese Offensichtlichkeit befreit uns nicht davon, vom öffentlich-rechtlichen Fernsehen die Erfüllung der öffentlichen Pflicht zu erwarten. (Jk1962, GW-Forum, Übers. d. Verf.)

Die steigende Bedeutung der Medien im Allgemeinen wurde ebenfalls wahrgenommen:

> Vor unseren Augen kommt es zum Ende der Gewalteinteilung nach Montesquieu. Das Parlament, die Administration und die Gerichte werden in immer größerem Maße durch Medien ersetzt. (Oldnick5, GW-Forum, Übers. d. Verf.)

Die traditionellen Medien bildeten ein wichtiges Diskussionsthema. Dies zeigt, dass Medieninhalte von den Nutzern nicht einfach konsumiert, sondern kritisch reflektiert und angeeignet werden. Diskutiert wurden fast alle wichtigen Themenfelder der europäischen Debatte: die Zukunft und Form Europas, Wege zur Demokratie und die doppelte Rolle der Medien. Diese Themen waren sowohl in polnischen als auch in deutschen Foren zu finden, also kann von einer Konvergenz der Themen die Rede sein.

Die Argumentationen über die Wahlen ließen sich in pro und contra einteilen. Das erste Argument für die Teilnahme an der Wahl war die Tatsache, dass die *Wahlen als Bürgerpflicht und -privileg* gesehen wurden. Die Europawahlen wurden somit in die Reihe anderer Wahlen eingeordnet und als ein Privileg

---

[8] TVP: Telewizja Polska, Anm. d. Verf.

demokratischer Länder gesehen, von dem man unbedingt Gebrauch machen soll, und das nicht offensichtlich ist:

> Sei froh, daß es ein Wahlrecht gibt. In anderen Ländern werden Menschen auf dem Weg zur Wahlurne gedemütigt oder sogar umgebracht, sofern sie überhaupt wählen dürfen. (BernieMuc, Bild-Forum)

Wichtig war auch die aktive Rolle des Bürgers, der nur durch seine Stimme Einfluss auf das politische Geschehen nehmen kann: „Mensch, geh' wählen, nimm dein Schicksal selbst in die Hand, wenn du es nur kannst! […]" (November 84, GW-Forum, Übers. d. Verf.).

Des Weiteren wurde erwähnt, dass durch die Beteiligung an den Europawahlen Parteien belohnt oder bestraft werden können: „[…] Ganz wichtig ist, den Parteien, die das Großkapital unterstützen und die Verbindung zur Basis verloren haben, abzustrafen […]" (Tarocko, Bild-Forum). Auch die polnischen Nutzer waren derselben Meinung: „[…] Man muss gehen und die Euroskeptiker wählen. Nur das wird uns ermöglichen, die Zeit der Banditen in dieser Organisation zu beenden […] :-)" (swan_ganz, GW-Forum, Übers. d. Verf.). Die Macht des Bürgers wurde von diesen Nutzern sehr deutlich zum Ausdruck gebracht, und positiv betrachtet.

Wenn es um die Argumente gegen die Wahlen geht, bildete die *allgemeine Politikverdrossenheit der Bürgerinnen und Bürger* einen davon. Sowohl europäische als auch nationale Politiker wurden sehr negativ eingeschätzt, und als korrupt, verlogen und untüchtig bezeichnet. Viele Nutzer wollten solche Politiker durch ihre Stimme nicht unterstützen und entschieden sich, die Wahlen zu boykottieren:

> Aus jeder deutschen Partei sind Europaparlamentarier in der Mitgliedsliste dieses dubiosen Pensionsfonds zu finden. So Leute kann ich nicht wählen, dieses korrupte Pack gehört davongejagt. (Hartwig.Lein, SZ-Forum)

Diese Unzufriedenheit mit der Politik war ebenfalls in den polnischen Foren zu sehen:

> Aus diesen und anderen Gründen beginne ich mich in meiner Heimat nicht zu Hause zu fühlen. Nicht wie ein Subjekt, sondern wie ein Objekt. Wie ein kleines Teil in der Wahlmaschine. Deswegen werde ich am 9. Juni 2009 nicht an den Wahlen teilnehmen. Das ist mein privater Protest […]. (Oldnick5, GW-Forum, Übers. d. Verf.)

Die Argumente gegen die Wahlen bauten oft auf der Enttäuschung mit der Politik im Allgemeinen auf, bezogen sich aber ebenfalls auf die empfundene Machtlosigkeit der Bürger in der EU.

Auch wenn es um die Argumentationsweise ging, waren sich die polnischen und deutschen Kommentare im Großen und Ganzen einig. Dabei fiel auf, dass viele der vorgebrachten Argumente pro Europawahl auch für andere Wahlsituationen angewandt werden konnten. Gegenargumente bezogen sich jedoch meistens konkret auf die Europawahlen. Die Einteilung in Europakritiker und Europabefürworter deckte sich zwar nicht mit der Einteilung in Wahlgegner oder Wahlbefürworter, aber es ist anzumerken, dass europafreundliche Nutzer im Allgemeinen wählen gehen wollten. Dagegen gingen die Meinungen der Europagegner auseinander: Während die einen an den Wahlen teilgenommen haben, um etwas an der EU zu verändern, oder durch ihre Stimme ihre Kritik zu äußern, boykottierten die anderen die Wahlen oder wählten ungültig. Abschließend kann man sagen, dass in den untersuchten Internetforen eine Konvergenz von Themen und Argumenten zu finden war, da auf den polnischen und deutschen die gleichen Themen und Argumente angesprochen worden sind. Somit ist auch die zweite Voraussetzung für die europäische Öffentlichkeit erfüllt.

4.3   Kulturelle Differenzierung der Aneignung und Lokalisierung

Kulturelle Unterschiede spielen bei der Untersuchung europäischer Öffentlichkeit eine große Rolle und sind dabei nicht als ein Hindernis, sondern als ihr wichtiger Teil zu sehen. Auch in den untersuchten Foren waren viele relevante kulturelle Unterschiede zu finden.

In Bezug auf Themen ist der *Einfluss der Kirche auf die polnische Politik* die erste Besonderheit. Die Macht der katholischen Kirche wurde wahrgenommen und zum Ausdruck gebracht:

> Und ich frage mich, was hat der Glaube mit Politik zu tun? Weder Rabbiner, noch Muftis, noch orthodoxe Priester äußern sich über die Politik, und die von der katholischen Kirche reden ständig darüber, wen man wählen soll. (Cygan37, GW-Forum, Übers. d. Verf.)

Dagegen sahen die Anhänger der katholischen Kirche Europa als verdorben und unmoralisch an.

> Aber mich spricht die Meinung des Episkopates mehr an, als dieser eingebildeten Euroenthusiasten. Ohne Werte, die auf dem Dekalog basieren, wird die EU sehr schnell zu Sodom und Gomorrha [...]. (Ed200816, GW-Forum, Übers. d. Verf.)

Auf den deutschen Foren war nur die Bemerkung zu finden, dass Kirchgänger äußerst disziplinierte Wahlgänger seien, die aus Gewohnheit wählen gingen.

Die Themen der Form und Zukunft der EU sowie deren Kommerzialisierung wurden zwar in den beiden Ländern erwähnt, aber anders interpretiert. In Polen herrschte eine Angst vor Ausbeutung, allerdings in dem Sinne, dass Polen seine Identität, seine Traditionen und seine Unabhängigkeit aufgeben müsste. Polen fühlt sich in der EU isoliert, und hat deswegen Angst davor, überwältigt zu werden:

> So eine Paranoia, wie sie uns die EU gespendet hat, habe ich mir früher gar nicht vorgestellt. Eine dreiste Kolonisierung Polens für ein Paar lächerliche Mrd. Euro netto jährlich, bei der Öffnung des Landes auf westliches Kapital [...] und das ohne Krieg, bei Dankbarkeit der Kolonisierten [...]. (Ewa1-23, GW-Forum, Übers. d. Verf.)

Andererseits waren einige Nutzer der Meinung, dass die EU die einzige Rettung für Polen sei: „Wenn nicht die EU, was dann? [...] Seht ihr, werte ‚Patrioten' nicht, dass Polen ohne die EU nichts bedeutet?" (Freitag23, GW-Forum, Übers. d. Verf.). Dagegen wünschten sich die deutschen Nutzer mehr Einfluss ihres Landes auf die europäische Politik:

> Deutschland größter und wirtschaftlich stärkster Mitgliedsstaat der EU-27.[...]Bei Nettozahlungen und Rang der deutschen Sprache gilt es nachzuarbeiten[...].Wenn D. 99 Abgeordnete im EP hat, sollte man erwarten, dass die sich mehr angriffig in Szene setzen. (Zielsicher, SZ-Forum)

Auch herrschte keine Einwilligung zur EU-Erweiterung, insbesondere zum Türkeibeitritt: „Ich habe gewählt schon alleine aus dem Grund das die Türkei nicht in die EU gehört" (Zauberer, Bild-Forum). Hier war ebenfalls eine Angst vor Ausbeutung zu sehen, diese wurde aber anders interpretiert. Die deutschen Nutzer waren der Meinung, dass Deutschland nicht mehr für die ärmeren EU-Länder zahlen musste, und es herrschte das Gefühl, dass es nicht die Leistung von der EU bekommt, die es verdient:

> europa wenn ich das schön höre warum sollte das gut sein für deutschland? was haben andere länder die in der eu sind für deutschland gemacht? nichts haben die gemacht unser staat ist immer der dumme der hilft immer mit geldern die nicht da sind und wer darfs ausbaden? der steuerzahler der von seinem mikrigen lohn immer mehr abdrücken muss [...]. (svenz, Bild-Forum)

Es gibt allerdings einen Aspekt, der beiden Ländern gemeinsam ist und zugleich als kulturspezifisch beschrieben werden kann. Es handelt sich um einen *Rückbezug auf die totalitäre kommunistische Vergangenheit beider Länder*. Sowohl die polnischen als auch die deutschen Nutzer bezeichnen die EU als einen totalitären Staat:

> Auf den zweiten Blick können Sie wählen, was immer Sie wollen. An der Struktur, der Politik und der Entwicklung Europas wird das ungefähr soviel ändern wie die Wahlen in der damaligen DDR an der Herrschaft der Partei. (AndiDD, SZ-Forum)

Damit stimmten auch viele Äußerungen polnischer Nutzer überein:

> Die letzten stalinistischen Ideen der EU ärgern mich immer mehr. Ich weiß nicht, wer Informationen darüber braucht, dass ich meiner Tante einen Brief schreibe, aber bestimmt kein demokratischer Staat [...]. (Patman, GW-Forum, Übers. d. Verf.)

Viele Nutzer zogen diesen Vergleich, weil sie in der Funktionsweise der EU viele Merkmale eines totalitären Staates erkannt haben.

Die Argumentationen für oder gegen die Wahlen ähnelten sich. Trotzdem wurden manche Aspekte der Wahlen anders betont. Zum Beispiel, während es sich in Deutschland bei der Wahl der Parteien um das Gegensatzpaar etabliert/alternativ handelte, war es in Polen die Wahl zwischen den europafreundlicher und europakritischen Parteien. Das lag daran, dass die deutschen Bürgerinnen und Bürger von den großen Parteien enttäuscht waren und nach anderen Möglichkeiten gesucht haben: „man sollte zur wahl gehen aber dabei bedenken das es andere partaien gibt wie die CDU/SPD/FDP" (lassiter55, Bild-Forum).

In Polen sind die Parteien PiS[9] (europakritisch) und PO (europafreundlich) junge Parteien, also noch nicht etabliert. Dagegen konnten sie sich in ihren Programmen durch ihre Beziehung zu Europa von anderen Parteien absetzen:

> Die Wahl eines Euroenthusiasten zum Europäischen Parlament ist ungünstig, weil er sich nicht um die Interessen Polens kümmern wird, sondern allem zustimmen wird, was ihm andere zum Unterschreiben geben. (Ichmordy, GW-Forum, Übers. d. Verf.)

Dieses Zitat konzentriert sich zwar auf Kritik von Euroenthusiasten, aber es wird daraus sichtbar, dass diese eine der Alternativen sind.

Bezüglich der kulturellen Unterschiede ist festzustellen, dass zwar eine Konvergenz von Themen und Argumenten stattgefunden hat. Die Unterschiede waren aber nicht zu übersehen, und auf die verschiedenen kulturellen Kontexte, sowie die unterschiedliche politische Situation der polnischen und deutschen Nutzerinnen und Nutzer zurückzuführen. Die polnischen Nutzer erwähnten Aspekte der Wahlen, die in den deutschen Foren nicht vorkamen: den Einfluss der Kirche, Angst vor Verlust der eigenen Unabhängigkeit und die Einteilung der Argumentationen nach europafreundlich/europakritisch. In Deutschland dagegen wurde die eventuelle EU-Erweiterung erwähnt, insbesondere der Türkei-Beitritt, und die Argumentationen verliefen entlang der Linie etablierte/alternative Parteien. Auch erwarteten die deutschen Diskussionsteilnehmer angesichts des starken finanziellen Engagements ihres Landes von der EU mehr Leistung.

Anhand dieser Kategorie wird deutlich, dass Publika in den verschiedenen europäischen Ländern aufgrund ihrer jeweiligen kulturellen, politischen und sozialen Situation anders über Europa kommunizieren können. Diese Unterschiede machen einen wichtigen Aspekt europäischer Öffentlichkeit aus.

4.4   Die Rolle des Internets in den Diskussionsforen

Eine weitere Ebene der Untersuchung bildete die Rolle des Internets in den Forendebatten. Die *zunehmende Rolle des Internets in der Politik* war hier nicht zu übersehen und bildete ein wichtiges Gesprächsthema. Insbesondere stand dieses Medium in Abgrenzung zu anderen traditionellen Medien, wie zum Beispiel Zeitungen oder Rundfunk. Die Nutzerinnen und Nutzer sahen das Internet als ein globales, von Machtverhältnissen unabhängiges Medium, in dem sie selber aktiv nach Informationen suchen konnten und mussten. So bekamen Bürgerinnen und Bürger eine Möglichekeit, ihre Meinungen zu äußern, und nach Informationen zu suchen, die außerhalb des etablierten Mediensystems stehen:

---

[9]   PiS: Prawo i Sprawiedliwość (poln. Recht und Gerechtigkeit), PO: Platforma Obywatelska (poln. Bürgerplattform)

Mag ja alles stimmen, aber wer sich für Politik interessiert, hat doch viele Möglichkeiten. [...] Das Europa Parlament hat eigene Webseiten, sowie jede Partei bei der ich die wichtigen Grundsatzprogramme und Kernaussagen finde. Außerdem bieten heute auch viele Politiker Blogs an, wo man eigene Anfragen zur Meinungsfindung vorbringen kann [...]. (BernieMuc, Bild-Forum)

Das Internet wurde als ein globales Medium gesehen, sodass es als störend und isolierend empfunden wurde, wenn Menschen Angebote in ihrer eigenen Sprache nutzen:

> Eine Internetisolierung durch Gadu-gadu, nasza-klasa, oder blip[10] führt dazu, dass es für die Polen immer schwieriger wird, mit Menschen, die in anderen Ländern wohnen, Gedanken auszutauschen. (kosmiczny_swir, GW-Forum, Übers. d. Verf.)

Internetkommunikation bedeutete für die Nutzer, dass sich Menschen auf der ganzen Welt miteinander verständigen können. Internet hatte also eine verbindende Funktion. Da die traditionellen Medien eher kritisch betrachtet wurden, wurde es als Hoffnung für eine größere Bürgerbeteiligung gesehen.

Die *formellen Merkmale der Forenkommunikation* waren ein weiterer Aspekt, der aber hier nur angerissen wird. Es konnten in den Diskussionen einige Merkmale gefunden werden, die für die Kommunikation auf Internetforen typisch sind. Beispielsweise waren die Aussagen relativ kurz. Die Nutzerinnen und Nutzer sagten gleich ihre Meinung, und taten es oft sehr direkt.

Bei internetbasierter Kommunikation fallen zudem Körpersprache und außersprachliche Zeichen weg. Deswegen versuchten die Nutzer, diese fehlenden Aspekte der Kommunikation mit Hilfe des Computers auszugleichen. Dies taten sie durch Verwendung von Emoticons (zum Beispiel ☺), und kreativer Nutzung von Tastaturzeichen (€U, ReGIERungspolitiker, POlitycy[11]). Dies erlaubte ihnen, Gemütszustände auszudrücken und Nähe zu schaffen. Dadurch konnten sie zudem zeigen, wenn ihre Aussage ironisch gemeint war oder ihre politische Meinung bekanntgeben.

Neben der Möglichkeit, ihre Meinung zu äußern, konnten die Nutzer eine Reihe von anderen Tätigkeiten ausführen. Sie konnten Links zu anderen Websites angeben (zum Beispiel Wikipedia-Seiten und Sites anderer Medienanbieter), auf Kommentare anderer antworten, Fragen stellen und Themen für weitere Diskussionen angeben. Die Kommunikation auf den Internetforen unterscheidet sich also von Face-to-Face-Kommunikation. Dabei haben die Nutzer von den spezifischen Merkmalen der Forenkommunikation Gebrauch gemacht, um über Europa diskutieren zu können.

---

[10] Gadu-gadu ist ein polnischer Kommunikator, ähnlich wie Skype. Nasza Klasa (poln. „Unsere Klasse") erinnert an StudiVZ und Blip ist die polnische Antwort auf Twitter.

[11] Mit „€U" wird auf die kommerziele Dimension der EU hingewiesen. Das Wort „ReGIERungspolitiker" bezieht sich auf die Habgier der Regierung. „POlitycy" dagegen ist ein Wortspiel und meint die Politiker der polnischen Partei PO. Alle drei Ausdrücke dienen dazu, Kritik an der Politik auszuüben.

5 Fazit

Die Ergebnisse der vorliegenden Studie zeigen, dass sich die Nutzerinnen und Nutzer von der EU und ihren Entscheidungen betroffen fühlten, und die Folgen der Wahlen auf ihr Leben wahrnahmen. Es konnte außerdem eine Konvergenz von Themen und Argumenten festgestellt werden. Weiter fanden die untersuchten Diskussionen in spezifischen kulturellen und lokalen Kontexten der Nutzer statt. Diese Unterschiede wurden ebenfalls untersucht und sollten nicht als Gefahr für die europäische Integration, sondern eher als ein positiver und wichtiger Aspekt derselben gesehen werden. Dabei kamen interessante kulturelle Unterschiede zwischen den Kommentaren polnischer und deutscher Nutzer zum Vorschein. Letztendlich fand diese Kommunikation in Internetforen statt und diese Tatsache spiegelte sich auch in der Form der Diskussionen wider. Nicht nur bildete das Internet ein wichtiges Diskussionsthema, sondern das Medium hatte auf die Art und Weise, wie debattiert wurde, einen großen Einfluss.

Ziel der Studie war es, polnische und deutsche Forenkommentare über Europa im Hinblick auf eine europäische Öffentlichkeit hin zu untersuchen. Die Untersuchungsergebnisse sprechen, nach der angenommenen Definition, deutlich für die Existenz einer solchen. Dies ist insoweit erstaunlich, dass sich europäische Öffentlichkeit auch in einem neuen EU-Land wie Polen finden ließ, und dass das Internet eine so große Rolle gespielt hat. Ferner zeigt diese Studie, dass Europa auch beim Publikum auf Resonanz gestoßen ist, und die Nutzer dazu bewogen hat, ihre Meinungen zu äußern. Insofern ist die Ebene der Aneignung berücksichtigt. Die Nutzer lasen Artikel auf den Internetseiten etablierter Zeitungen, und schrieben ihre Kommentare dazu. Trotz dieser optimistischen Ergebnisse ist anzumerken, dass Studien zur europäischen Öffentlichkeit je nach Methode, Untersuchungsdesign, Theorie und Ansatz zu unterschiedlichen Ergebnissen kommen können. Auch die Machtverhältnisse wurden hier nicht erwähnt. Ferner wurde eine qualitative Inhaltsanalyse durchgeführt. Diese Untersuchungsmethode wurde ursprünglich für die Untersuchung von Face-to-Face-Kommunikation oder traditionellen Medien (wie zum Beispiel Zeitungen) konzipiert. Dabei wird oft auf die Notwendigkeit neuer Analyseverfahren bei Internetangeboten hingewiesen.

Einen Ansatzpunkt für zukünftige Forschung bildet also die Entwicklung einer Methodik zur Untersuchung von Online-Foren und ähnlicher Internetangebote. Dies ist besonders deswegen von entscheidender Bedeutung, als dass die Rolle des Internets für die europäische Politik zunimmt. Wichtig wird es auch sein, neben etablierten Internetangeboten auch solche Angebote erfassen zu können, deren Inhalte vorwiegend durch Nutzer generiert werden, wie es bei Online-Foren und Blogs der Fall ist, auch im Falle europäischer Themen.

Literatur

De Vreese, Claes (2005): Off-line: The 2004 European parliamentary elections on television news in the enlarged Europe: Information Policy. http://www.banducci.com/ip_2005.pdf [26.02.2011].

Gerhards, Jürgen/Neidhardt, Friedhelm (1999): Strukturen und Funktionen moderner Öffentlichkeit: Fragestellungen und Ansätze. In: Möller-Doohm, Stefan/Neumann-Braun, Klaus (Hrsg.): Öffentlichkeit, Kultur, Medienkommunikation. Beiträge zur Medien- und Kommunikationssoziologie. Oldenburg: BIS, 31–89.

Habermas, Jürgen (1996): Between Facts and Norms. Contributions to a Discourse Theory of Law and Democracy. Cambridge, Massachusets: MIT.

Hall, Stuart (2002): Die Zentralität von Kultur. Anmerkungen über die kulturelle Revolution unserer Zeit. In: Hepp, Andreas/Löffelholz, Martin (Hrsg.): Grundlagentexte zur transkulturellen Kommunikation. Konstanz: UVK, 95–117.

Hepp, Andreas (2006): Transkulturelle Kommunikation. Konstanz: UVK.

Kantner, Cathleen (2006): Die thematische Verschränkung nationaler Öffentlichkeiten in Europa und die Qualität transnationaler politischer Kommunikation. In: Imhof, Kurt et al. (Hrsg.): Demokratie in der Mediengesellschaft. Wiesbaden: VS, 145–160.

Lingenberg, Swantje (2008): Europäische Öffentlichkeit aus Publikumssicht. Ein pragmatischer Ansatz mit Fallstudien zur europäischen Verfassungsdebatte: DFG-Projekt Öffentlichkeit in der EU. http://www.sfb597.uni-bremen.de/homepages/lingenberg/downloads/Europaeische_Oeffentlichkeit_aus_Publikumssicht.pdf [26.02.2011].

Lingenberg, Swantje (2010): Europäische Öffentlichkeit aus Publikumssicht. Ein pragmatischer Ansatz. Wiesbaden: VS.

Mayring, Philipp (2000): Qualitative Inhaltsanalyse. Grundlagen und Techniken. Weinheim: Deutscher Studienv.

Plake, Klaus/Jansen, Daniel/Schuhmacher, Birgit (2001): Öffentlichkeit und Gegenöffentlichkeit im Internet. Wiesbaden: Westdt.

Poell, Thomas (2009): Conceptualizing forums and blogs as public sphere. In: van den Boomen, Marianne et al. (Hrsg.): Digital Material: Tracing New Media in Everyday Life and Technology. Amsterdam: Amsterdam University, 239–251.

Tobler, Stefan (2006): Konfliktinduzierte Transnationalisierung nationaler und supranationaler Öffentlichkeitsarenen. Indikatoren einer europäischen Öffentlichkeit. In: Langenbucher, Florian/Latzer, Michael (Hrsg.): Europäische Öffentlichkeit und medialer Wandel. Eine interdisziplinäre Perspektive. Wiesbaden: VS, 107–130.

Van Os, Renée (2008): Communicating Europe Online: An explanatory investigation of the Europeanization of political communication on the Web. Doktorarbeit an der Universität Nijmegen, http://repository.ubn.ru.nl/bitstream/2066/72801/1/72801_commeuon.pdf [26.02.2011].

Witschge, Tamara (2008): Examining online public discourse in context: a mixed method approach. Javnost-The Public http://media.web.britannica.com/ebsco/pdf/32/32754187.pdf [26.02.2011].

Wright, Scott (2007): A virtual European public sphere? The Futurum discussion forum. Journal of European Public Policy. http://pdfserve.informaworld.com/418396_731269813_783633083.pdf [26.02.2011].

III. Die Aneignung von Medienkultur durch Medienakteure

Redaktionskultur in Deutschland am Fallbeispiel der Frankfurter Allgemeinen Zeitung und der Bild-Zeitung

Stefanie Trümper

1   Einleitung

Es ist 10.30 Uhr. Die Redaktion versammelt sich zur Besprechung der nächsten Zeitungsausgabe. „Bitte stellen Sie sich doch kurz vor und sagen Sie uns, was Sie hier heute eigentlich machen wollen." „Mein Name ist Stefanie Trümper und ich bin heute hier, um die Redaktionskultur dieser Zeitung zu untersuchen." Lautes Gelächter und der Kommentar „Na, da können wir Ihnen ja einiges bieten!" waren die Reaktionen der Anwesenden. Möglicherweise wäre es weniger abstrakt gewesen zu sagen: „Ich möchte heute beobachten und verstehen, *wie* Sie hier Journalismus machen und *warum* Sie so arbeiten, wie Sie arbeiten." Denn genau so lässt sich das Forschungsinteresse der Studie, die in diesem Beitrag vorgestellt wird, umgangssprachlich formulieren.

Es handelt sich dabei um eine vergleichende Untersuchung der Redaktionskulturen der beiden deutschen Tageszeitungen Frankfurter Allgemeine Zeitung (FAZ) und Bild-Zeitung (BILD). Die forschungsleitende Frage ist, welche Praktiken und Prozesse spezifisch für die Arbeitsweisen in den Zeitungsredaktionen sind und wie sich darüber deren Redaktionskultur manifestiert.

Dem Interesse einer Kulturanalyse folgend, wird dabei erstens davon ausgegangen, dass sich Kultur in sozialen Praktiken, also dem menschlichen Handeln, äußert und zweitens gilt es, nach den Bedeutungen, die diesem Handeln zugeschrieben werden, zu suchen (vgl. Hörnig/Reuter 2008: 112f.). Kultur wird somit als Konstrukt und Methode zur Untersuchung journalistischen Handelns herangezogen, was bedeutet, dass die journalistische Praxis als kulturelle Praxis analysiert wird. Der Gegenstand Redaktionskultur ist definiert als „die *Gesamtheit der Deutungsmuster, die sich im Denken und in Diskursen, Praktiken und den journalistischen Produkten einer Redaktion äußern*" (Brüggemann 2011: 54, Herv. i. O.).

Bezogen auf den Kreislauf der Medienkultur sind Redaktionen und damit auch deren Kultur Teil der Artikulationsebene *Produktion* (vgl. Hepp 2005).[1] Gleichzeitig bedingen aber auch die anderen Artikulationsebenen (Repräsentation, Aneignung, Regulation und Identifikation) die journalistische Praxis. So kann z. B. angenommen werden, dass das politische Mediensystem eines Lan-

---

[1]   vgl. auch die Einleitung zu diesem Sammelband.

des, aber auch das Publikum und dessen Präferenzen Auswirkungen darauf haben, wie Journalisten bestimmte Themen bearbeiten und darstellen. In diesem Beitrag werden zunächst auf theoretischer Ebene die Implikationen einer kulturorientierten Journalismusforschung diskutiert. Dabei ist das Ziel, Redaktionskultur als Verbindungsstück zwischen den strukturellen Aspekten einer Redaktion, den redaktionellen Abläufen bzw. Prozessen, dem Handeln der Akteure und den äußeren, kulturellen Einflüssen zu konzeptionalisieren. Anschließend werden Methode und Umsetzung der qualitativ angelegten empirischen Untersuchung skizziert. Die Ergebnisdarstellung wird in Form einer vergleichenden Betrachtung der beiden Fälle vorgenommen. In der abschließenden Diskussion wird auf die jeweiligen Besonderheiten der Redaktionskulturen von FAZ und BILD eingegangen und im Hinblick auf künftige Forschung ein kurzer Ausblick gegeben.

2 Theoretische Überlegungen

2.1 Grundzüge einer kulturorientierten Journalismusforschung

Innerhalb der Journalismusforschung wird stellenweise die Frage diskutiert, warum die Journalistik in Deutschland keine Kulturwissenschaft ist, was im Kern darauf hindeutet, dass die Analyse kultureller Aspekte des Journalismus (noch) nicht sehr verbreitet ist (vgl. Raabe 2005: 17; Pöttker 2004; Pätzold 2002).

Diese Feststellung markiert auch den Beginn der theoretischen Überlegungen der vorliegenden Studie. Ausgangspunkt auf dem Weg einer Konzeptionalisierung von Redaktionskultur bilden Ansätze der Zeitungswissenschaft und Soziologie der ersten Hälfte des 20. Jahrhunderts. Was bei dieser Spurensuche auffällt, ist vor allem die Präsenz kulturtheoretischer Erklärungsmuster für die gesellschaftliche Rolle von Presse und Journalismus sowie die Art der redaktionellen Arbeitsweisen. Exemplarisch hierfür sind die Überlegungen von Emil Löbl (1903), Max Weber (1911, 2001) und Otto Groth (1928, 1960, 1962) zu nennen. Alle drei befassen sich in ihren Ausführungen an vielen Stellen mit den Verbindungslinien zwischen Kultur und Presse bzw. Journalismus.

Bezogen auf die Analyse des Zeitungswesens und entsprechend auch Zeitungsredaktionen wird dabei grundsätzlich von einer wechselseitigen Beeinflussung von Presse und Gesellschaft bzw. Kultur ausgegangen (vgl. Löbl 1903: 282ff.; Weber 2001: 316; Groth 1960: 36 & 83). Dieser Sachverhalt zeigt sich beispielsweise darin, dass bei der journalistischen Produktion eine, wenn auch an ökonomischen Zielen ausgerichtete, Orientierung an den Rezipienten und deren Präferenzen stattfindet. Darüber hinaus wird die Aneignung journalistischer Inhalte seitens der Rezipienten als aktiver Prozess erachtet (vgl. Löbl 1903: 223). Außerdem, dies betont vor allem Groth, ist von einer wechselseitigen Beziehung zwischen Produzenten und Publikum auszugehen, die sich u. a.

in der „Mitarbeit des Publikums" am Produktionsprozess ausdrückt (z. B. Leserbriefe und Amateurfotographen) (Groth 1962: 96ff.).

Bezüglich der Redaktionen wird auf die Wichtigkeit einer Untersuchung der journalistischen Akteure und des Einflusses individueller Handlungen und Einstellungen auf die redaktionellen Strukturen hingewiesen (vgl. Weber 2001: 322; Groth 1928: 395).

Überdies lassen sich bei Löbl mit der Skizzierung der „drei Haupt- und Grundformen des Journalismus" Hinweise auf verschiedenartige redaktionelle Kulturen finden. Er unterscheidet diesbezüglich zwischen individualistischen, parteilichen und ökonomisch orientierten Zeitungen (vgl. Löbl 1903: 256ff.). Schließlich betont vor allem Weber die Notwendigkeit einer kulturellen Kontextualisierung von Presse und Journalismus, womit die Beziehung der Zeitung zu ökonomischen, politischen und gesellschaftlichen Kontexten gemeint ist (vgl. Weber 1911: 44ff.).

2.2 Stand der Redaktionsforschung in Deutschland

Die angedeuteten kulturorientierten Perspektiven auf Presse und Journalismus haben lange Zeit in der deutschsprachigen Journalismus- und Redaktionsforschung kaum theoretische und empirische Weiterentwicklung erfahren. Stattdessen hat sich nach dem Zweiten Weltkrieg eine systemtheoretisch-funktionalistische Sichtweise auf den Gegenstand Journalismus etabliert. Bei der Untersuchung von Redaktionen führte diese Orientierung schließlich zu einer deutlichen Fokussierung auf die strukturellen Aspekte des Journalismus sowie Überbetonung des professionellen journalistischen Handelns. Vernachlässigt wurde hingegen die Frage, inwieweit äußere Kontextfaktoren, individuelle Merkmale, Einstellungen und das soziale Handeln journalistischer Akteure die Strukturbildung von Journalismus und Redaktionen beeinflussen (vgl. Brosda 2008: 58; Raabe 2005a: 64ff.).

Ausgangspunkt der empirischen Redaktionsforschung in Deutschland markiert die Studie von Manfred Rühl (1979 [1969]) „Die Zeitungsredaktion als organisiertes soziales System". Es sind vor allem das Herausdefinieren der sozial handelnden Subjekte, das Trennen zwischen journalistischem und außerjournalistischem Handeln sowie die geschlossene Systemvorstellung (System-Umwelt-Differenz), die in den an Rühls Arbeit anknüpfenden Studien zwar kritisiert, aber perspektivisch beibehalten werden (vgl. Schulz 1974: 38ff.; Dygutsch-Lorenz 1971: 19). Auch in der weiteren Entwicklung der Redaktionsforschung steht die Analyse von Redaktionen als organisierte soziale Systeme im Mittepunkt, wobei aber Modifikationen in den Herangehensweisen festzustellen sind. Exemplarisch hierfür sind die Studien von Ulrich Hientzsch (1990), Klaus-Dieter Altmeppen (1999) und Thorsten Quandt (2005). Sie ergänzen die systemtheoretische Perspektive dahingehend, dass die wechselseitige Beeinflussung von strukturellen Faktoren *und* journalistischem Handeln in die Untersuchungen integriert werden.[2]

Hinsichtlich äußerer Einflussfaktoren auf den Journalismus vergleicht Frank Esser (1998), basierend auf einem Mehrebenenmodell, deutsche und britische Zeitungsredaktionen miteinander. Die Redaktionen und journalistischen Akteure werden dabei nicht isoliert, sondern in Bezug auf ihre historisch-kulturelle und rechtlich-normative Einbettung betrachtet.[3] Ein weiteres Beispiel in Richtung kultureller Kontextualisierung ist die Studie von Dani Wintsch (2006), in der auf Basis der Ethnomethodologie die soziale Praktik des „Doing News" und der Alltag von Videojournalisten einer Nachrichtenredaktion untersucht werden. Hierbei werden in gleichem Maße der Journalist als Akteur und dessen Einbettung in den Redaktionskontext sowie in den weiteren sozialen Kontext in die Untersuchung mit einbezogen.

Insgesamt ist dennoch festzustellen, dass die Berücksichtigung der *Wechselseitigkeit* zwischen dem Handeln der Akteure, den strukturellen oder organisationsbezogenen Aspekten sowie weiteren kulturellen Kontexten innerhalb der Journalismus- und Redaktionsforschung ein analytisches Problem darstellt. Gleichzeitig gibt es aber mittlerweile auch verschiedene theoretische Konzeptionen, wie die erwähnte Wechselseitigkeit untersucht werden kann (vgl. Löffelholz 2004: 57ff.; Raabe 2005; Lünenborg 2008). Eine aus dem Repertoire solcher integrativen Herangehensweisen ist die Wiederherstellung kulturorientierter Perspektiven auf Journalismus.

2.3 Kulturorientierte Ansätze zur Erforschung journalistischer Praxis

Diejenigen Forscher, die sich aktuell um eine explizit kulturorientierte Journalismusforschung bemühen, beziehen sich in ihrer Argumentation häufig auf Otto Groth oder Max Weber, vor allem aber auf die Cultural Studies (vgl. Lünenborg 2005: 23; Raabe 2005: 199ff.). Diese Perspektive hat innerhalb der Journalismusforschung Ansätze hervorgebracht, in denen Journalismus und letztlich auch Redaktionen als Bestandteile von Populär- oder Alltagskultur betrachtet werden. Durch diesen Blickwinkel rücken zusehends Fragen des prozessualen Zusammenhangs zwischen medialer und journalistischer Produktion, den Medientexten und dem Rezeptionshandeln in den Mittelpunkt des Forschungsinteresses (vgl. Lünenborg 2008: 275). Die Cultural-Studies-orientierte Journalismusforschung hat somit, im Unterschied zu systemtheoretischen Ansätzen, ein breiteres Ver-

---

[2] Hientzsch (1990) arbeitet mit kybernetischen Ansätzen, Altmeppen (1999) greift auf die Strukturationstheorie von Anthony Giddens zurück und Quandt (2005) verwendet bei seiner Analyse von Online-Redaktionen eine akteursbasierte Netzwerkanalyse.

[3] Ähnliche Modelle bezüglich der analytischen Berücksichtigung von äußeren Einflussfaktoren auf den Journalismus finden sich bei Weischenberg (1994), Shoemaker/Reese (1991) sowie in der synoptischen Darstellung bei Hanitzsch (2009).

ständnis für den Gegenstand entwickelt. Dies zeigt sich darin, dass Journalismus als bedeutungsproduzierendes Textsystem verstanden wird, das eine bestimmte Form von Wissen oder Wirklichkeitskonstruktionen produziert (vgl. Hartley 1996: 31ff.; Klaus/Lünenborg 2000: 195). Gemäß diesem Verständnis von Journalismus erfolgt keine funktionale oder normative Unterscheidung zwischen Information und Unterhaltung bzw. Boulevard- und Qualitätsjournalismus. Vielmehr wird davon ausgegangen, dass das Publikum „über den Sinn und die Verwendung der angebotenen [....] Güter" entscheidet (Renger 2000: 441).

2.4 Kulturelle Kontextualisierung des Journalismus

Wird Journalismus also als bedeutungsproduzierendes Textsystem verstanden, gilt es zu klären, wie die durch den Journalismus entstehenden Mediendiskurse mit den Arbeitsweisen in der Redaktion verknüpft sind. Um eine solche kulturelle Kontextualisierung von Journalismus und Redaktionen empirisch umzusetzen, hat sich die vorliegende Studie an der international vergleichenden Journalismusforschung orientiert. Selbige erfasst das Verhältnis von Journalismus und Kultur konzeptionell mit „Journalismuskultur" (vgl. Hanitzsch 2007; Mancini 2008; Zelizer 2005) oder „journalistischer Kultur (vgl. Machill 1997; Kopper 2003; Kunelius/Ruusunoksa 2008).

Diese Konzepte betrachten Journalismus nicht ausschließlich als Beruf mit eigenen Routinen und Arbeitspraktiken, sondern als eingebettet in die allgemeine Kommunikationskultur eines Landes, die stellenweise auch mit dem Begriff „cultural air we breath" umschrieben wird (vgl. Mancini 2008: 149; Preston 2009: 110f.). Bezogen auf die Produktion umschreibt dieses Bild, dass Journalisten dahingehend sensibilisiert sind, was gesagt und geschrieben werden kann und was gesellschaftlich nicht akzeptiert ist. Darüber hinaus atmen Journalisten aber auch die Luft ihrer Berufswelt ein und eignen sich so die professionelle Praxis des Journalismus an (vgl. Schudson 2005: 190; Mancini 2008: 157f.). Zu dieser professionellen Journalismuskultur zählen z. B. Regeln wie die Trennung von Kommentar und Nachricht, praktische Routinen wie die Art der Nachrichtenauswahl oder der Umgang mit Quellen. Auch der Grad an journalistischer Autonomie bezogen auf politische Mediensysteme, Medienmärkte und Besitzstrukturen sowie das Selbstverständnis von Journalismus können als Aspekte der professionellen Journalismuskultur erachtet werden (vgl. Hallin/Mancini 2004: 33ff.; Klaus/Lünenborg 2000: 202; Deuze 2005).

2.5 Kulturproduktion – Produktionskultur – Redaktionskultur

Neben einer kulturellen Kontextualisierung von Journalismus einerseits lässt sich andererseits aber auch die journalistische *Praxis* als kulturelle Praxis analysieren. Diesbezüglich können die Gedanken von Keith Negus und Paul du Gay et al. zu den Themen Kulturproduktion (*production of culture*) und Produktionskulturen (*cultures of production*) auf Journalismus und Redaktionen übertragen werden. Bezogen auf die Kulturproduktion ist dann erstens davon auszugehen, dass Organisationen, und als solche sind Medienunternehmen und die darin vorhandenen Redaktionen zu fassen, nicht als jeweils in sich geschlossene Systeme betrachtet werden können (vgl. Negus 2002: 115). Zum anderen können Journalisten, dies impliziert der Begriff *Kulturvermittler*, als Produzenten von Kultur in der Gesellschaft erachtet werden (vgl. Bourdieu 1989: 563; du Gay et al. 1997: 62; Negus 2000: 244f.). Drittens ist zu bemerken, dass sämtliche die journalistische Produktion betreffenden Praktiken und Prozesse als kulturelle Phänomene betrachtet werden müssen (vgl. du Gay et al. 1997: 7).

Im Hinblick auf das Thema Produktionskulturen ist zu beachten, dass sich selbige nicht nur innerhalb eines Unternehmens konstituieren. Hinsichtlich der dort arbeitenden Personen ist davon auszugehen, dass auch deren persönliche alltagspraktische Erfahrungen in die Produktion mit einfließen (vgl. du Gay 1997: 293). Bezogen auf die in Redaktionen tätigen Journalisten ist demnach zu berücksichtigen, dass sie ihre Identität, „ihre kulturellen Orientierungen und ‚Weltsichten' nicht morgens an der Redaktionsgarderobe abgeben" können (Raabe 2005a: 74). Dies führt letztlich zu der Frage, ob und inwieweit trotz organisatorischer Verfasstheit und ökonomischer Zielsetzungen eines Unternehmens Raum für Autonomie, Individualität und Kreativität der Mitarbeiter bleibt. An dieser Stelle wird deutlich, dass es bei der Vorstellung von Produktionskulturen darum geht, das Augenmerk auf die Handlungsfähigkeit (*agency*) von Individuen in einem strukturellen oder organisatorischen Kontext zu legen (*constraint on creative practices*) (vgl. Negus 1997: 69; Giddens 1984: 77ff.; Weder 2008).

Michael Brüggemann (2011) zufolge lässt sich die Produktionskultur des Journalismus am besten als Redaktionskultur erfassen, weil Redaktionen die zentrale Schaltstelle bei der Produktion journalistischer Inhalte sind. In diesem Zusammenhang argumentiert Brüggemann, dass Redaktionskultur nicht gleichzusetzen ist mit äußeren Einflussfaktoren, die auf die journalistische Arbeit einwirken und sich in den journalistischen Produkten widerspiegeln. Vielmehr erweise sich Redaktionskultur „als die für eine konkrete Medienorganisation spezifische Überlappung von Deutungsmustern aus verschiedenen Kontexten (z. B. die des Verlags, des Mediensystems, der politischen Diskurskultur im jeweiligen Land)" (Brüggemann 2011: 55).

Überdies haben Redaktionen im Umgang mit äußeren Einflüssen ihre eigenen spezifischen Traditionen ausgebildet, die vermutlich den stärksten Faktor darstellen, wie Redaktionen auf diese Einflüsse reagieren. Zur Analyse von Redaktionskulturen schlägt Brüggemann, in Anlehnung an die Geschichte der Kulturtheorie, daher ein Konzept von Kultur vor, das analytisch vier verschiedene Ebenen der Artikulation kultureller Deutungsmuster unterscheidet: das Denken, die Diskurse, die Praktiken und die Artefakte.

Die im Folgenden vorgestellte empirische Untersuchung der Redaktionskulturen von FAZ und BILD orientiert sich in Anlage und Methodik an diesen Vorschlägen. Mit Ausnahme der Artefakte, die sich z. B. mittels einer Inhaltsanalyse journalistischer Produkte untersuchen ließen, wird der Versuch unternommen, Denken, Diskurse und Praktiken der Journalisten kategorisch zu ermitteln.

3 Studiendesign

Das Interesse für eine Untersuchung des Phänomens Redaktionskultur entstand im Wesentlichen im Zusammenhang der Mitarbeit in dem DFG-Teilprojekt *Die Transnationalisierung von Öffentlichkeit am Beispiel der EU* im Sonderforschungsbereich 597 *Staatlichkeit im Wandel* an der Universität Bremen und der Jacobs University. Eine Teilstudie dieses Projekts untersuchte die Zusammenhänge zwischen Redaktionskulturen und der Europa- und Auslandsberichterstattung von Tageszeitungen in sechs verschiedenen europäischen Ländern.[4]

Die hier dargestellte empirische Analyse fokussiert die Redaktionskulturen der beiden deutschen Tageszeitungen FAZ und BILD mittels der folgenden Forschungsfrage: Welche Praktiken und Prozesse sind spezifisch für die Arbeitsweisen in den beiden Zeitungsredaktionen und wie manifestiert sich darüber deren Redaktionskultur? Im Zentrum der Untersuchung stehen dabei vor allem die Politikredaktionen, was jedoch Rückgriffe auf andere Redaktionen (z. B. Wirtschaft und Feuilleton) nicht ausschließt.

Die Studie ist bezüglich der Datenerhebung und -auswertung qualitativ angelegt und folgt einem vergleichenden Fallstudiendesign. Fallorientierte Herangehensweisen kennzeichnen sich im Unterschied zu variablenorientierten Herangehensweisen durch das Arbeiten mit kleinen Fallzahlen (vgl. Ragin 1987: 16f.; Jahn 2006: 163; Brüggemann 2011: 52). Eine fallorientierte Herangehensweise erweist sich bei der Untersuchung von Redaktionskulturen deswegen als sinnvoll, weil hierbei vor allem die Gesamtheit kultureller Deutungsmuster und ihre komplexe Verwobenheit interessieren.

Bezüglich der untersuchten Fälle handelt es sich um eine bewusste Auswahl von zwei unterschiedlichen Zeitungen. Die Annahme der Unterschiedlichkeit resultiert im Wesentlichen aus dem alltagspraktischen Vorwissen, dass BILD und FAZ dem Produkt bzw. ihrer Erscheinungsform nach verschieden sind. Dies kann im Prinzip zu der Annahme führen, dass deren Redaktionskulturen auch unterschiedlich sein müssen. Diesbezüglich wurde jedoch dem Postulat

---

[4] Weiterführende Informationen zu dem Sfb 597 B3-Projekt sowie bisherige Ergebnisse finden sich bei Hepp et al. (2011), Lingenberg et al. (2010) und unter http://www.zemki.uni-bremen. de/forschung/transnationalism-of-the-public-sphere.html [21.05.2011]. Die in diesem Beitrag dargestellten Ergebnisse stammen aus einer Masterarbeit (Trümper 2010). Das Datenmaterial wurde im Rahmen des B3-Projekts erhoben und sekundär ausgewertet. Hinsichtlich der verwendeten Methodologie erfolgte vor allem eine Auseinandersetzung mit dem Redaktionskulturkonzept von Michael Brüggemann (2011).

gefolgt, dass sich Unterschiede, Gemeinsamkeiten sowie Spezifika nur mittels eines Vergleichs identifizieren lassen und nicht durch Wissen, Vorannahmen und Erwartungen des Forschers. Da Redaktionskultur als Zusammenspiel von journalistischen Praktiken, Arbeitsprozessen, redaktionellen Strukturen und subjektiven Bedeutungszuweisungen seitens der Journalisten verstanden werden kann, wurde bei der Datenerhebung eine Triangulation unterschiedlicher qualitativer Methoden vorgenommen. Auf diese Weise sollten die verschiedenen Artikulationsebenen von Kultur analytisch zusammengebracht werden (vgl. Brüggemann 2011: 56; Flick 2008: 41f.). Bei den Methoden handelt es sich um Redaktionsbeobachtung (passivteilnehmende Beobachtung), leitfadengestützte, halbstandardisierte Experteninterviews und Forschungstagebücher.

Als Experten wurden Redakteure erachtet, die eine leitende Position besetzen oder über längere Berufserfahrung bei der Zeitung verfügen und daher übergeordnete Aspekte, die die Zeitung und die Redaktion betreffen, reflektieren können. Die Datenerhebung erfolgte im Herbst 2008 sowie im Januar 2009. Die in Tabelle 1 aufgeführten Daten sind vor dem Hintergrund zu bewerten, dass geplant war, bei beiden Zeitungen eine fünftägige Redaktionsstudie durchzuführen. Der Zugang zu den Redaktionen erwies sich jedoch als schwierig, weswegen schließlich auf die jeweiligen Angebote seitens der Zeitungen eingegangen wurde. Bei der FAZ wurden aufgrund der Einschränkungen hinsichtlich einer Redaktionsbeobachtung mehr Interviews geführt als bei der BILD, wo eine eintägige Beobachtung möglich war.

Tabelle 1: Übersicht über den Datenkorpus[5], eig. Darst.

	FAZ	BILD
Art des Redaktionsaufenthalts	Redaktionsrundgang	Redaktionsbeobachtung
Interviews mit Redakteuren	4 (Interview Nr. 1–4)	2 (Interview Nr. 5–6)
Beobachtungsprotokolle (Arbeitspraktiken & Konferenzen)	–	13 (Protokoll Nr. 1–13)
Forschungstagebücher	1 (Tagebuch Nr. 3)	2 (Tagebuch Nr. 1–2)

---

[5] Aufgrund der geringen Anzahl an Interviews und um eine Re-Identifizierung der interviewten und beobachteten Personen weitgehend auszuschließen, wurde bei Zitationen auf Angaben wie Namen und konkrete Position der Interviewpartner verzichtet. Stattdessen erfolgte eine Nummerierung des Datenmaterials (siehe: Tabelle 1). Geschlecht und Alter der Interviewpartner waren nicht Gegenstand der Analyse.

Die Auswertung der Daten erfolgte mittels des grundlegenden Modells der zusammenfassenden qualitativen Inhaltsanalyse nach Mayring (2008) und einer Auswertungsmethode aus der Grounded Theory, dem axialen Kodieren (vgl. Strauss/Corbin 1990: 75ff.). Ziel der Auswertung war, nach dem Prinzip der induktiven Kategorienbildung ein Kategoriensystem zu entwickeln, das auf beide Fälle anwendbar ist. Mittels Explikation wurde bei einigen Textpassagen zusätzliches Material herangezogen (z. B. Broschüren, Websites, Dokumente, Organigramme, E-Mail-Korrespondenzen). Auf diese Weise konnten die folgenden fünf Hauptkategorien für den Vergleich gebildet werden:

1. *Der organisatorische Rahmen der redaktionellen Arbeit* beschreibt die Strukturaspekte der redaktionellen Arbeit.
2. *Die redaktionellen Arbeitspraktiken* beschreiben das Handeln der Akteure im redaktionellen Kontext.
3. *Die arbeitsbezogene Identität* beschreibt die individuellen Einstellungen der Akteure.
4. *Die kollektiven Orientierungsmuster* beschreiben das institutionalisierte Wissen bzgl. der inhaltlichen Gestaltung und Ausrichtung der Zeitung.
5. *Die Journalismuskultur als Bezugsrahmen* beschreibt die Bezugnahmen auf äußere, kulturelle Einflüsse, z. B. Mediensystem, -markt und Ideologie.

4 Ergebnisdarstellung

Die beiden Fälle wurden, dem Forschungsdesign folgend, zunächst einzeln und in ihrer Gesamtheit entlang der Hauptkategorien betrachtet. Daran anschließend erfolgte nach derselben Logik ein Vergleich beider Fälle. Die zentralen Ergebnisse des Vergleichs werden im Folgenden dargestellt.

4.1 Organisatorischer Rahmen der redaktionellen Arbeit

Die *unternehmerische Organisationsform* hat für die Manifestation der Redaktionskultur bei beiden Zeitungen eine hohe, wenn auch jeweils unterschiedliche Bedeutung. Bei der FAZ prägt die Besitzstruktur der Zeitung, bei der es sich um eine Stiftung als Mehrheitsgesellschafterin handelt, das Gefühl von Schutz vor Übernahmen durch andere Verlage bzw. Medienkonzerne.[6] Darüber hinaus werden mit dieser Unternehmensform seitens der Redaktion vor allem journalistische Freiheit und ein hohes Maß an Zeit bei der Gestaltung der Zeitung sowie ökonomische Sicherheit assoziiert (vgl. Interview 1; Interview 2). Bei der BILD hingegen ist die Axel-Springer-Verlags AG explizit richtungsweisend für die

---

[6] 93,7 Prozent der Geschäftsanteile der Frankfurter Allgemeine Zeitung GmbH werden von der FAZIT-Stiftung gehalten. Weitere Gesellschafter sind die fünf Herausgeber (6,3 Prozent) (E-Mail Korrespondenz mit dem Leiter der Unternehmenskommunikation; vgl. auch Manager-Magazin.de 2002; Sjurts 2005: 47 f.).

journalistische Inhaltsproduktion. Die redaktionellen Praktiken werden vor allem durch den ökonomischen Erfolg der Zeitung geprägt, der sich zum einen in den Auflagenzahlen widerspiegelt. Zum anderen ist das Thema Marktposition im Redaktionsalltag durch die Orientierung am sogenannten Zitate-Ranking präsent. Dabei handelt es sich um die Anzahl der Zitationen der BILD durch andere Medien (vgl. Interview 5; Protokoll 10).

Hinsichtlich der *redaktionellen Ressourcen* lässt sich eine Ähnlichkeit zwischen den beiden Zeitungen ausmachen. Beide Redaktionen können im Kontext der Arbeit jeweils auf eine für sie sehr bedeutsame Ressource zurückgreifen und betonen damit ihr jeweiliges Alleinstellungsmerkmal in der deutschen Presselandschaft. Im Fall der FAZ sind dies die fest angestellten 60 Inlands- und 40 Auslandskorrespondenten und bei der BILD die in Deutschland verteilten 20 Außenredaktionen, wodurch die regionale Präsenz der Zeitung gewährleistet wird. Hinzu kommt, dass die jeweils dort produzierten Inhalte stellenweise auch für die bundesweite Ausgabe verwendet werden. Diese Art der Wiederverwertung von Inhalten führt entsprechend zu einer Minimierung des Zeit- und Rechercheaufwandes (vgl. Interview 5).[7]

In der *räumlichen Organisation* der beiden Redaktionen zeigen sich deutliche Unterschiede. Bei der FAZ verweist die räumliche Trennung über die einzelnen Stockwerke hinweg darauf, dass die Redaktionen jeweils individuell und unabhängig voneinander arbeiten (vgl. Tagebuch 3; Interview 4). Im Gegensatz dazu zeigt sich in der räumlichen Organisation der BILD, dass hier dem Prinzip der Kollektivität gefolgt wird. Dies drückt sich zum einen darin aus, dass sich die Politik- und Wirtschaftsredaktion die Räumlichkeiten teilen. Zum anderen ist der Produktionsraum (Newsroom) das verbindende Element aller Redaktionen (vgl. Protokoll 5).

Werden diese unterschiedlichen räumlichen Organisationskonzepte mit den Zeitungsprodukten in Verbindung gebracht, spiegeln sie sich darin jeweils wider. Die FAZ weist eine klare thematische Gliederung in den Zeitungsteilen bzw. Büchern auf und setzt bewusst auf die Trennung der einzelnen redaktionellen Inhalte. Bei der BILD steht das koordinierte Zusammenfügen von Inhalten im Mittelpunkt. Die Zeitung erscheint, mit Ausnahme der jeweils beiliegenden Regionalteile, als Gemeinschaftsprodukt ohne thematische Kennzeichnungen der einzelnen Seiten.

Anhand der *Ressortorganisation* lassen sich ebenfalls Unterschiedlichkeiten ausmachen. Die FAZ folgt hier dem Prinzip, dass jede Redaktion intern für sich und mit ihren eigenen personellen Ressourcen arbeitet, sodass kaum Kooperationen zwischen den Redaktionen stattfinden. Dies zeigt sich vor allem daran,

---

[7] Die Angaben über die Anzahl der FAZ-Korrespondenten stammen aus einer E-Mail-Korrespondenz mit einem der Interviewpartner (21.11.2008). Die Zahlen bezüglich der Außenredaktionen der BILD wurden mittels des Impressums der Zeitung sowie eines Organigramms der BILD-Redaktion nachvollzogen.

dass bei der Frage der Themenzuordnung selten darüber verhandelt wird, welche Redaktion das Thema bearbeitet. Begünstigt durch das Platzangebot in der Zeitung verhält es sich so, dass die einzelnen Redaktionen dasselbe Thema aus unterschiedlichen Blickwinkeln beleuchten können:

> Wenn wir sagen, wir möchten einen Kommentar schreiben zu den Dienstleistungsrichtlinien und die Politik sagt, sie möchte auch einen schreiben [...], haben wir am nächsten Tag eben zwei Kommentare zu dem Thema in der Zeitung. Und das ist, glaube ich, in anderen Zeitungen nicht der Fall (Interview 4).

Im Unterschied dazu lässt sich bei der BILD feststellen, dass sie deutlich auf die Kooperation zwischen den Redaktionen setzt. Der Grund für die engen Absprachen zwischen den Redaktionen ist, dass die Logik der BILD keine direkten und indirekten Themendopplungen in der jeweiligen Ausgabe zulässt. Zudem ist der Platz in der Zeitung auch deutlich beschränkter als bei der FAZ. Eine weitere Kooperationslinie zeigt sich bei der BILD zwischen Print- und Onlineredaktion. Damit wird neben der crossmedialen Verwertung von Inhalten vor allem das übergeordnete Ziel der Zeitung, möglichst oft und viel von anderen Medien zitiert zu werden, verfolgt (vgl. Protokolle 4 & 10; Interview 5).

Bezüglich der *formalen Arbeitsrollen* unterscheiden sich die beiden Zeitungen dahingehend, dass die FAZ im Gegensatz zur BILD keinen Chefredakteur hat. Was die *Expertenrollen* im Sinne thematischer Expertisen einzelner Akteure betrifft, so haben sie in beiden Redaktionen die gleiche Bedeutung. Sie dienen im redaktionellen Kontext vornehmlich dazu, dass bestimmte Themen besser eingeschätzt und bearbeitet werden können.

Bei der Betrachtung der *Hierarchie* entlang der Arbeitsrollen fallen hingegen zunächst einmal deutliche Unterschiede auf. Die BILD hat mehr vertikale Hierarchieebenen mit dem Chefredakteur an der Spitze, der gleichzeitig auch Herausgeber der Zeitung ist. Demgegenüber ist die Redaktion der FAZ auf horizontaler Ebene ausdifferenzierter und ihre Führungsspitze besteht aus fünf Herausgebern, was auf eine kollegiale Verfassung hindeutet.

Wird allerdings berücksichtigt, dass bei der FAZ die Herausgeber die Leitung einzelner Redaktionen innehaben, fungieren sie im Prinzip jeweils auch als eine Art Chefredakteur: „Das ist praktisch so, dass die Funktion, die sonst ein Chefredakteur hat, bei der FAZ die fünf Herausgeber haben" (Interview 4; vgl. Interview 2).

Abgesehen von dieser partiellen Ähnlichkeit wirken sich die hierarchischen Strukturen auf die redaktionellen Arbeitspraktiken und -prozesse der Zeitungen aber unterschiedlich aus. Bei der FAZ ist der Raum für argumentative Diskussionen im Kontext von Themenentscheidungen größer als bei der BILD. Das liegt vor allem daran, dass die Herausgeber der FAZ im Gegensatz zum Chefredakteur der BILD einen situativen Führungsstil pflegen, der sich darin ausdrückt, dass sie nicht kontinuierlich in den Redaktionen präsent sind, um die Entscheidungsprozesse zu lenken. Zudem haben sie auch keine Stellvertreter, was bedeutet, dass bei ihrer Abwesenheit die Produktion der Zeitungsteile nicht stillsteht (vgl. Interview 3; Interview 4). Bei der BILD hingegen fokussieren sich sämtliche Akteure auf den Chefredakteur oder einen seiner Stellvertreter. Weil er sämtliche Abläufe lenkt, führt dies dazu, dass eher weniger diskutiert, dafür aber schnelle Entscheidungen getroffen werden.

Mit Blick auf die *Konferenzen* weisen beide Zeitungen eine ähnliche Mischung aus redaktionsinternen und redaktionsübergreifenden Konferenzen auf. Bei der FAZ sind aufgrund der inhaltlichen Eigenständigkeit der Redaktionen die internen Konferenzen bedeutsamer als bei der BILD, wo die inhaltliche Abstimmung aller Redaktionen maßgeblich ist. Beide Zeitungsredaktionen nutzen überdies den Rahmen der Konferenzen zu Zwecken der Repräsentation ihrer Arbeit, indem sie in regelmäßigen Abständen Besucher daran teilhaben lassen (z. B. Schülergruppen, Parlamentarier, DAX-Vorstände) (vgl. Protokoll 11; Interview 2).

4.2 Redaktionelle Arbeitspraktiken

Werden die redaktionellen Arbeitspraktiken beider Zeitungen verglichen, lassen sich in der Mehrzahl keine bedeutsamen Unterschiede ausmachen. In beiden Fällen sind die Tätigkeiten durch die jeweiligen Arbeitsrollen (z. B. Redakteure, Ressortleiter) geregelt.

Was sich jedoch unterscheidet, ist die Art und Weise, wie die Tätigkeiten seitens der Akteure beschrieben werden. Bei der FAZ fiel diesbezüglich auf, dass die Interviewpartner ihre eigenen Tätigkeiten sowie die ihrer Kollegen relativ strukturiert skizzieren konnten. Darüber hinaus gab ein Interviewpartner an, dass sich die FAZ-Redakteure selbstständig in die redaktionellen Arbeitsabläufe einbringen und nicht auf Anweisungen warten (vgl. Interview 3). In diesem Zusammenhang verwiesen die interviewten Akteure auf ihre individuellen Fähigkeiten und thematischen Expertisen gewissermaßen als Momente der Arbeitsstrukturierung.

Bei der BILD hingegen erwähnten die Interviewpartner, dass die jeweiligen Arbeitspraktiken von Tag zu Tag variieren. Dies hängt einerseits mit der sich über den Tag hinweg verändernden Themenlage zusammen und andererseits damit, dass sich die Tätigkeiten maßgeblich aus den Entscheidungen und Vorgaben des Chefredakteurs ableiten (vgl. Interview 6; Interview 5). Hinzu kommt, dass die Akteure bei ihren Arbeitspraktiken immer das Gesamtprodukt BILD im Blick haben, mit dem jeden Tag ein maximaler Erfolg erzielt werden soll. Das *Aushandeln von Konflikten* gestaltet sich in beiden Redaktionen unterschiedlich. Bei der FAZ bedarf es keiner aktiven Austragung des Konflikts einer doppelten Themenbearbeitung. Vielmehr löst sich dieser Konflikt durch das institutionalisierte Wissen, dass die Option auf Themendopplungen generell besteht. Im Gegensatz dazu werden aber innerhalb der Redaktionen Konflikte, wie z. B. das individuelle Kämpfen für bestimmte Themen, aktiv ausgetragen:

Dann sagen alle: „Herrschaftszeiten, heute ist Herr Obama gewählt worden und du kommst mir mit Georgien" [...] dann werde ich noch mal zum Nachrichtenchef gehen und sagen, [...], das ist mindestens ein guter Dreispalter [...], ich würde das, sozusagen, weitergeben und dafür kämpfen, was ich richtig finde. (Interview 1)

Bei der BILD ist die bedeutsamste Konfliktlinie dadurch markiert, dass auf der einen Seite ein Überangebot an Themenideen besteht und auf der anderen Seite ein Mangel an Platz in der Zeitung. Dieser Konflikt wird seitens der Redaktion als ein wesentliches Merkmal des Boulevardjournalismus erachtet und ist somit ein manifester Teil der Arbeit. Ausgehandelt wird er insbesondere im Kontext der vormittäglichen Redaktionskonferenz, wo über Themen- und Platzzuschläge diskutiert wird. Bereits im Vorfeld finden diesbezüglich in den einzelnen Redaktionen Unterhaltungen darüber statt, wie die Themen- und Überschriftenvorschläge präsentiert werden müssen, damit sie nicht „abgeschmettert" werden (Protokoll 9).

4.3 Arbeitsbezogene Identität des Journalisten

Die Art der *Einordnung der eigenen Position im redaktionellen Gefüge* erfolgt bei den interviewten Personen beider Zeitungen jeweils auf unterschiedliche Weise. Bei der FAZ ist die Abgrenzung der eigenen Position gegenüber anderen Redaktionsmitgliedern deutlich ausgeprägter als bei der BILD. Insbesondere ein Interviewpartner betont hierbei, dass er sich aufgrund seiner Position den regelgeleiteten Abläufen in der Redaktion entziehen und seinem persönlichen Arbeitsrhythmus folgen kann (vgl. Interview 3). Bei der BILD findet die Einordnung der eigenen Position nicht auf individueller Ebene statt, sondern ist am gemeinsamen Produkt und den Regeln des Entstehungsprozesses ausgerichtet, der als kollaborativ empfunden wird (vgl. Interview 5).

Was den *beruflichen Werdegang* der interviewten Personen betrifft, spielt er auf unterschiedliche Weise in deren aktuelle Berufssituation hinein. Die FAZ-Akteure beziehen sich auf frühere Beschäftigungsverhältnisse bei anderen Zeitungen und betonen dabei die Besonderheit, dass die FAZ keinen Chefredakteur hat. Bei der BILD beziehen sich die Akteure auf ihr professionelles Netzwerk, das sie im Kontext ihrer Karriere bei anderen Zeitungen aufbauen konnten und das für ihre aktuelle berufliche Situation noch immer bedeutsam ist.

Im Zusammenhang des *individuellen journalistischen Selbstverständnisses* lassen sich hingegen Gemeinsamkeiten identifizieren. Sowohl ein FAZ- als auch ein BILD-Redakteur wählten dazu die Metapher des Nachrichten- bzw. News-Junkies, was im Kern auf eine Art geteiltes journalistisches Selbstverständnis hindeutet. Weiter wird das individuelle Selbstverständnis jeweils durch Bezugnahme auf die Zeitung beschrieben. Bei der BILD äußert sich dies durch Wir-Bezüge: „Wir betreiben als Büro Nachrichtenjournalismus. Uns geht es darum, Nachrichten als Erste zu haben, politische Trends als Erste zu sehen [...]" (Interview 5). Bei der FAZ erfolgt die Beschreibung durch Identifikation mit der Zeitung: „[Ich] sehe mich als Teil dieser FAZ, die versucht, ernsthaft das Wichtige vom Unwichtigen zu unterscheiden [...]" (Interview 1).

4.4 Kollektive Orientierungsmuster in der Redaktion

Bei den kollektiven Orientierungsmustern lassen sich zwischen den beiden Zeitungen deutliche Gemeinsamkeiten ausmachen. Die *explizite Selbstbeschreibung* erfolgt jeweils anhand der *politischen Tendenz* der Zeitung, die in beiden Fällen als konservativ-liberal definiert wird. Diesbezüglich wird auch betont, dass sich die politische Tendenz lediglich anhand der Kommentare, nicht aber in der Zeitungsberichterstattung insgesamt identifizieren lässt (vgl. Interview 5; Interview 1). Das Kommentariat besteht sowohl bei der FAZ als auch bei der BILD aus wenigen Personen und entsprechend wird das Verfassen von Kommentaren in beiden Fällen als exklusive Tätigkeit erachtet.

Was das *informelle Selbstverständnis* beider Redaktionen anbelangt, ähneln sich FAZ und BILD zumindest in der Art der Abgrenzung zu anderen Zeitungen. Die FAZ versteht sich als Weltzeitung, womit insbesondere die Wahrnehmung der Zeitung im Ausland gemeint ist. Sie vergleicht sich nicht mit anderen nationalen Qualitätszeitungen, sondern orientiert sich hinsichtlich der Politik- und Wirtschaftsberichterstattung vor allem an anderen Qualitätszeitungen im europäischen Raum (u. a. FT, Le Monde und NZZ) (vgl. Interview 1; Interview 4). Die BILD orientiert sich ebenfalls nicht an anderen deutschsprachigen Boulevardzeitungen. Als Begründung dafür wird die regionale Begrenztheit sämtlicher deutscher Boulevardzeitungen angebracht, wohingegen die BILD einen überregionalen Fokus hat.

> Wir vergleichen uns, also unsere politische Berichterstattung, in der Tat mit jener der FAZ. Also wir gucken morgens nicht in die B.Z.: „Was hat denn die?", wir aus der Politik gucken in die FAZ: Was hat denn die? (Interview 5)[8]

Was die generelle journalistisch-inhaltliche Ausrichtung betrifft, unterscheidet sich das informelle Selbstverständnis beider Zeitungen wiederum. Die FAZ orientiert sich in erster Linie an dem Gedanken, ein Informationsmedium zu sein. Dabei wird nicht das Ziel verfolgt, exklusive Themen zu generieren, sondern eher eine analytische Betrachtung von Themen vorzunehmen. Des Weiteren werden unterhaltsame Elemente in der Berichterstattung in Bezug auf Genres und Sprache als Störfaktoren erachtet. „Es ist [...] nicht so, dass wir jetzt einen Preis gewinnen wollen, wer die meisten Clownreden bringt, das ist nicht unser Charakter." Die FAZ wolle in erster Linie ein „dröges Informationsmedium" bleiben, weil die Leser genau dies von der Zeitung erwarteten (Interview 3).

---

[8] Die B.Z. ist eine Boulevardzeitung aus Berlin und erscheint im Verlag B.Z. Ullstein GmbH/ Axel Springer AG.

Die BILD hingegen orientiert sich deutlich an dem Gedanken, schneller und serviceorientierter zu sein als andere Zeitungen. Ziel dabei ist, den Lesern exklusive Informationen anzubieten und komplexe politische Sachverhalte anschaulich zu vermitteln. Diese Punkte werden von den Interviewpartnern als Gründe für den ökonomischen Erfolg der Zeitung erachtet (vgl. Protokoll 11; Interview 6).

Bezüglich der *Publikumsorientierung* und der *Themenpräferenzen* unterscheiden sich die beiden Redaktionen. Die FAZ orientiert sich hinsichtlich der Themenauswahl nicht am Publikum und dessen Wünschen, sondern primär an der eigenen journalistischen Expertise.

> Wir gucken nicht so sehr, was angeblich die Leser, die es nämlich gar nicht gibt, also ich meine, den Leser gibt es nicht. [...]. Wir sagen: was glauben wir, wird den Gang der Dinge in Europa oder in der Welt maßgeblich verändern? Und wenn wir das in unserer elitären Überheblichkeit für wichtig halten, dann muten wir das dem Leser zu. (Interview 1)

Obgleich das Wissen über die Bedürfnisse der Leser nach nationalen und regionalen Bezügen existiert, liegt der Fokus der Politikberichterstattung deutlich auf Themen aus dem Ausland. Für die BILD hingegen ist die Orientierung an den Interessen der nationalen Leserschaft maßgeblich:

> Also berichtet wird über Regionen, die aus gutem Grund, aus nachvollziehbarem Grund den deutschen Normalbürger angehen sollten. Dazu zählt Afghanistan, weil da deutsche Soldaten rumlaufen. Dazu zählt Amerika, weil das immer noch die einzig verbleibende Supermacht ist. Dazu zählt aber auch so was wie London, wenn dort die Börse kracht oder der Finanzmarkt in die Knie geht, [...], dann fragen wir, was wird als Nächstes in die Knie gehen? Und so leitet es sich ab. (Interview 5)

Vor allem mit Blick auf politische Themen aus dem Ausland entscheidet die Frage, ob sich eine kulturelle Nähe zu Deutschland herstellen lässt, darüber, ob das Thema in der Zeitung platziert wird. Überdies versteht sich die BILD als „Anwalt des kleinen Mannes" (Interview 6) und entsprechend scheint das Hineinversetzen in den Alltag der Menschen eine wesentliche Strategie zu sein, um bei den Lesern das Gefühl der Betroffenheit zu generieren.

4.5 *Journalismuskultur als Bezugsrahmen*

Bei der FAZ konnten deutlich mehr Hinweise auf *journalismuskulturelle Kontexte* identifiziert werden als bei der BILD. Diesbezüglich wurden einerseits die Einflüsse des globalen Medienmarktes erwähnt, insbesondere der Faktor Medienkrise und deren negative Auswirkungen auf die redaktionellen Ressourcen der FAZ. Andererseits wird von zwei Redakteuren die Zugehörigkeit zum deutschen Mediensystem in punkto politischer Unabhängigkeit im Vergleich zu anderen Ländern als vorteilhaft empfunden (u. a. Frankreich und Großbritannien) (vgl. Interview 1; Interview 2). Auf der Ebene der Sprachkultur hingegen wies ein Redakteur darauf hin, dass sich die FAZ explizit nicht der literarischen

Tradition des deutschen Journalismus verbunden fühlt. Vielmehr wird sich bezüglich des Sprach- und Zeitungsstils eher am angloamerikanischen faktenzentrierten Nachrichtenjournalismus orientiert (vgl. Interview 1).

Bei der BILD konnte lediglich der Hinweis auf Unterschiede zwischen deutschem und britischem Boulevardjournalismus identifiziert werden. Hier erfolgte seitens beider Interviewpartner die Bemerkung, dass die SUN in ihrer politischen Berichterstattung tendenziöser sei als deutsche Boulevardzeitungen insgesamt und, „[...], dass dort viele Dinge laufen, die Sie in einer deutschen Boulevardzeitung so nicht machen können" (Interview 6). Dieser Sachverhalt verweist im weitesten Sinne darauf, dass es mit Blick auf die Art der Darstellung von Themen ideologische Übereinkünfte und Grenzen gibt, die die Journalisten verinnerlicht haben.

5 Fazit und Ausblick

Die vorliegende Studie hat mittels einer kulturtheoretischen Perspektive auf Journalismus die Redaktionskulturen der Zeitungen FAZ und BILD miteinander verglichen. In der Gesamtheit zeigen die Ergebnisse, dass sich die beiden Zeitungen in punkto Organisationsform, Produktionspraktiken und Orientierungs- bzw. Identifikationsmuster weitestgehend unterscheiden.

Bei der FAZ sind, vermittelt durch die dahinter stehende Stiftung, die auffälligsten Muster der Gedanke der Freiheit bei der Gestaltung von Inhalten, das Gefühl eines geringen ökonomischen Drucks seitens des Verlags sowie Flexibilität im Umgang mit den Ressourcen Platz und Zeit. Typische Muster der BILD sind die Orientierung an den ökonomisch-strategischen Zielsetzungen des Verlags, das kontinuierliche Aufrechterhalten der Marktposition der Zeitung und das Streben nach Themenexklusivität. Die jeweilige Organisationsform prägt in beiden Fällen somit die Produktionspraktiken und redaktionellen Prozesse sowie die arbeitsbezogene Identität der Journalisten.

Die Redaktionskultur der FAZ kennzeichnet sich durch individualistische Tendenzen. Sowohl räumlich als auch inhaltlich arbeiten die einzelnen Redaktionen unabhängig voneinander. Zudem sind die Redakteure deutlich auf sich selbst und ihre thematischen Expertisen fokussiert. Die Redaktionskultur der BILD hingegen ist geprägt durch die Orientierung am kollektiven Gestaltungsprozess des Gesamtproduktes und am ökonomischen Erfolg der Zeitung. Selbiger wird wiederum durch die Vorgaben des Chefredakteurs und die aktuelle Nachrichtenlage strukturiert, weswegen individuelle Themenpräferenzen der Akteure in den Hintergrund treten.

Bezüglich der Identifikations- bzw. Orientierungsmuster versteht sich die FAZ als „Weltzeitung" und misst der Auslandsberichterstattung einen entsprechend hohen Stellenwert bei. Die Interessen und Meinungen der Leser spielen bei der inhaltlichen Gestaltung der Zeitung eine eher untergeordnete Rolle. Die BILD hingegen sieht sich als Zeitung in und für Deutschland, weswegen die

Orientierung an den Wünschen der nationalen Leserschaft auch entsprechend stark ausgeprägt ist und in der Mehrzahl über national-politische Themen berichtet wird.

Was die Bezugnahme auf die allgemeine Journalismuskultur anbelangt, werden seitens der FAZ die Einflüsse des internationalen Medienmarktes und des politischen Mediensystems in Deutschland reflektiert. Die BILD bezieht sich diesbezüglich darauf, welchen Einfluss ideologische Übereinkünfte und Grenzen bei der Darstellung von Themen auf das redaktionelle Handeln haben.

Die Vielzahl an Unterschieden führt notwendigerweise zu einer genaueren Betrachtung der ermittelten Gemeinsamkeiten. Zum einen existiert in beiden Fällen ein geteiltes professionelles Verständnis von Journalismus hinsichtlich der Trennung von Nachrichten und Kommentaren. Zum anderen fällt auf, dass die Akteure ihr persönliches journalistisches Selbstverständnis ausschließlich in Anlehnung an jenes der Zeitung und nicht durch den Blick auf sich selbst explizieren. Die Gemeinsamkeiten werfen schlussendlich die Frage auf, ob es sich dabei um Ausprägungen einer national spezifischen Produktionskultur des Journalismus handelt. Aufgrund des nationalen Fokus der Untersuchung lässt sich dieser Aspekt jedoch nicht eindeutig beantworten.

Zur Klärung dieser Frage und damit auch besseren theoretischen Integration der Ergebnisse hätte an dieser Stelle ein Abgleich mit existierenden länderspezifischen Mediensystem- und Journalismusanalysen oder Journalistenbefragungen eine sinnvolle Ergänzung dargestellt.

Mit Blick auf künftige Forschung können diesbezüglich aber auch vor allem transnational vergleichende Untersuchungen von Redaktionskulturen eine Anschlussmöglichkeit darstellen. Auf diese Weise ließe sich dann ein differenzierteres Verständnis über national spezifische oder transnational geteilte Muster journalistischer Produktionskulturen gewinnen (vgl. Hepp et al. 2011).

Abschließend ist anzumerken, dass die gewonnen Ergebnisse als Momentaufnahmen zu betrachten sind. Redaktionen und damit auch deren Kulturen sind keineswegs statisch, sondern immer auch Ausdruck und Ergebnis von Wandlungsprozessen im Journalismus. Daher erscheint es sinnvoll, dass Redaktionskulturforschung auch Aspekte wie beispielsweise sich verändernde Arbeitsbedingungen und Berufsbilder im Journalismus im Blick behält und vor diesem Hintergrund die Entwicklungen der journalistischen Praxis sowie journalistische Deutungsmuster analysiert.

Literatur

Altmeppen, Klaus-Dieter (1999): Redaktionen als Koordinationszentren. Beobachtung journalistischen Handelns. Opladen u. a.: Westdt.

Bourdieu, Pierre (1989): Die feinen Unterschiede. Kritik der gesellschaftlichen Urteilskraft. 3. Aufl. [Nachdr.] Frankfurt am Main: Suhrkamp.

Brosda, Carsten (2008): Diskursiver Journalismus. Journalistisches Handeln zwischen kommunikativer Vernunft und mediensystemischem Zwang. Wiesbaden: VS.

Brüggemann, Michael (2011): Journalistik als Kulturanalyse: Redaktionskulturen als Schlüsselkonzept zur Erforschung journalistischer Praxis. In: Jandura, Olaf/Quandt, Thorsten/Vogelgesang, Jens (Hrsg.) (2011): Methoden der Journalismusforschung. Wiesbaden: VS, 47–65.

Deuze, Mark (2005): What is journalism?: Professional identity and ideology of journalists reconsidered. In: Journalism. Vol. 6 (4)/2005, 442–464.

du Gay, Paul (1997): Organizing identity: Making up people at work. In: du Gay, Paul (Hrsg.): Production of Cultures/Cultures of production. London u. a.: Sage, 285–322.

du Gay, Paul/Hall, Stuart/Janes, Linda/Mackay, Hugh/Negus, Keith (1997): Doing Cultural Studies. The Story of the Sony Walkman. London u. a.: Sage.

Dygutsch-Lorenz, Ilse (1971): Der Rundfunk als Organisationsproblem. Ausgewählte Organisationseinheiten in Beschreibung und Analyse. Düsseldorf: Bertelsmann Universitätsv.

Esser, Frank (1998): Die Kräfte hinter den Schlagzeilen. Englischer und deutscher Journalismus im Vergleich. Freiburg u. a.: Alber.

Flick, Uwe (2008): Triangulation: Eine Einführung. 2. Aufl. Wiesbaden: VS.

Giddens, Anthony (1984): Die Konstitution der Gesellschaft. Grundzüge einer Theorie der Strukturierung. Mit einer Einführung von Hans Joas. Frankfurt u. a.: Campus.

Groth, Otto (1928): Die Zeitung. Ein System der Zeitungskunde (Journalistik) Bd. 1. Mannheim u. a.: Bensheimer.

Groth, Otto (1960): Die unerkannte Kulturmacht. Grundlegung der Zeitungswissenschaft (Periodik). Bd. 1. Das Wesen des Werkes. Berlin: de Gruyter & Co.

Groth, Otto (1962): Die unerkannte Kulturmacht. Grundlegung der Zeitungswissenschaft (Periodik). Bd. 4. Das Werden des Werkes (2). Berlin: de Gruyter & Co.

Hallin, Daniel C./Mancini, Paolo (2004): Comparing Media Systems. Three Models of Media and Politics. Cambridge u. a.: Cambridge University.

Hanitzsch, Thomas (2009): Zur Wahrnehmung von Einflüssen im Journalismus. Komparative Befunde aus 17 Ländern. In: M&K. Jg. 57. H. 2, 153–173.

Hanitzsch, Thomas (2007): Journalismuskultur: Zur Dimensionierung eines zentralen Konstrukts der kulturvergleichenden Journalismusforschung. In: M&K. Jg. 55, H. 3, 372–389.

Hartley, John (1996): Popular Reality. Journalism, Modernity, Popular Culture. New York u. a.: Arnold.

Hepp, Andreas/Brüggemann, Michael/Kleinen-von Königslöw, Katharina/Lingenberg, Swantje/ Möller, Johanna (2011): Politische Diskurskulturen in Europa. Die Mehrfachsegmentierung europäischer Öffentlichkeit. Wiesbaden: VS (in Vorbereitung).

Hepp, Andreas (2005): Medienkultur. In: Hepp, Andreas/Krotz, Friedrich/Winter, Carsten (Hrsg.): Globalisierung der Medienkommunikation. Eine Einführung. Wiesbaden: VS, 137–162.

Hientzsch, Ulrich (1990): Journalismus als Restgröße. Redaktionelle Rationalisierung und publizistischer Leistungsverlust. Wiesbaden: Deutscher Universitätsv.

Hörning, Karl/Reuter, Julia (2008): Doing Material Culture. Soziale Praxis als Ausgangspunkt einer „realistischen" Kulturanalyse. In: Hepp, Andreas/Winter, Rainer (Hrsg.): Kultur – Medien – Macht. Cultural Studies und Medienanalyse. 4. Aufl. Wiesbaden: VS, 109–123.

Jahn, Detlef (2006): Einführung in die vergleichende Politikwissenschaft. Wiesbaden: VS.

Klaus, Elisabeth/Lünenborg Margreth (2000): Der Wandel des Medienangebots als Herausforderung an die Journalismusforschung: Plädoyer für eine kulturorientierte Annährung. In: M&K. Jg. 48, H. 2, 188–211.

Kopper, Gerd (2003): Journalistische Kultur in Deutschland. In: Kopper, Gerd/Mancini, Paolo (Hrsg.): Kulturen des Journalismus und politische Systeme. Berlin: Vistas, 109–130.

Kunelius, Risto/Ruusunoksa, Laura (2008): Mapping Professional Imagination. On the potential of professional culture in the newspapers of the future. In: Journalism Studies. Vol. 9, No. 5, 662–678.

Lingenberg, Swantje/Möller, Johanna/Hepp, Andreas (2010): Doing Nation. Journalistische Praktiken der Nationalisierung Europas. TranState Working Paper No. 140. Bremen.

Löbl, Emil (1903): Kultur und Presse. Berlin: Duncker & Humblot.

Löffelholz, Martin (2004): Einführung in die Journalismustheorie. Theorien des Journalismus. Eine historische, metatheoretische und synoptische Einführung. In: Löffelholz, Martin (Hrsg.): Theorien des Journalismus. Ein diskursives Handbuch. 2., vollständig überarbeitete und erweiterte Auflage. Wiesbaden: VS, 17–63.

Lünenborg, Margreth (2005): Journalismus als kultureller Prozess. Wiesbaden: VS.

Lünenborg, Margreth (2008): Journalismus in der Mediengesellschaft. In: Winter, Carsten/Hepp, Andreas/Krotz, Friedrich (Hrsg.): Theorien der Kommunikations- und Medienwissenschaft. Grundlegende Diskussionen, Forschungsfelder und Theorieentwicklungen. Wiesbaden: VS, 269–289.

Machill, Marcel (Hrsg.) (1997): Journalistische Kultur. Rahmenbedingungen im internationalen Vergleich. Opladen: Westdt.

Manager-Magazin.de (2002): Die „FAZ" stiftet Verwirrung. Online verfügbar: URL: http://www.manager-magazin.de/magazin/artikel/0,2828,219425,00.html [13.03.2011].

Mancini, Paolo (2008): Journalism Cultures. A Multi-Level Proposal. In: Hahn, Oliver/Schröder, Roland (Hrsg.): Journalistische Kulturen. Internationale und interdisziplinäre Theoriebausteine. Köln: Halem, 149–167.

Mayring, Philipp (2008): Qualitative Inhaltsanalyse. Grundlagen und Techniken. 10. Aufl. Weinheim u. a.: Beltz.

Negus, Keith (1997): The production of culture. In: du Gay, Paul (Hrsg.): Prodution of culture/cultures of production. London u. a.: Sage, 67–104.

Negus, Keith (2000): Music divisions. The recording industry and the social mediation of cultural production. In: Curran, James (Hrsg.): Media Organisations in Society. London: Arnold, 240–254.

Negus, Keith (2002): Identities and industries: the cutural formation of aethetic economies. In: du Gay, Paul/Pryke, Michael (Hrsg.): Cultural Economy. Cultural analysis and commercial life. London u. a.: Sage, 115–131.

Pätzold, Ulrich (2002): Die Journalistik in kulturwissenschaftlicher Perspektive. Kulturbezogene Ansätze von Medientheorien. In: Eurich, Claus (Hrsg.): Gesellschaftstheorie und Mediensystem. Interdisziplinäre Zugänge zur Beziehung von Medien, Journalismus und Gesellschaft. Münster u. a.: Lit, 31–42.

Pöttker, Horst (2004): Journalistik als Kulturwissenschaft? Episoden einer Annäherung. In: Schnell, Ralf (Hrsg.): Zeitschrift für Literaturwissenschaft und Linguistik. H. 133. Konzeptionen der Medienwissenschaften II. Stuttgart u. a.: Metzler, 66–90.

Preston, Paschal (2009): Making the News. Journalism and News Cultures in Europe. London u. a.: Routledge.

Quandt, Thorsten (2005): Journalisten im Netz. Eine Untersuchung journalistischen Handelns in Online-Redaktionen. Wiesbaden: VS.

Raabe, Johannes (2005) Die Beobachtung journalistischer Akteure. Optionen einer empirisch-kritischen Journalismusforschung. Wiesbaden: VS.

Raabe, Johannes (2005a): Struktur – Handlungspraxis – Kultur. Zur Analyse von sozialen Prozessen im Journalismus. In: Behmer, Markus/Blöbaum, Bernd/Scholl, Armin/Stöber, Rudolf (Hrsg.): Journalismus im Wandel. Analysedimensionen, Konzepte, Fallstudien. Wiesbaden: VS, 61–83.

Ragin, Charles R. (1987): The Comparative Method. Moving beyond Qualitative and Quantitative Strategies. Berkely u. a.: University of California.

Renger, Rudi (2000): Populärer Journalismus. Nachrichten zwischen Fakten und Fiktion. Innsbruck u. a.: Studien.-Verl.

Rühl, Manfred (1979 [1969]): Die Zeitungsredaktion als organisiertes soziales System. Überarbeitete und erweiterte zweite Auflage. Freiburg (Schweiz): Universitätsv.

Shoemaker, Pamela J./Reese, Stephen D. (1991): Mediating the message: theroies of influences on mass media content. New York: Longman.

Schudson, Michael (2005): Four Approaches of the Sociology of News. In: Curran, James/Gurevitch, Michael (Hrsg.): Mass Media and Society. 4th Edition. London: Hodder Arnold, 172–197.

Schulz, Rüdiger (1974): Entscheidungsstrukturen der Redaktionsarbeit. Eine vergleichende empirische Analyse des redaktionellen Entscheidungshandelns bei regionalen Abonnementzeitungen unter besonderer Berücksichtigung der Einflussbeziehungen zwischen Verlag und Redaktion. Diss. Universität Mainz.

Sjurts, Insa (2005): Strategien der Medienbranche: Grundlagen und Fallbeispiele. 3., überarbeitete und erweiterte Auflage. Wiesbaden: Gabler.

Strauss, Anselm L./Corbin, Juliet (1996): Grounded Theory: Grundlagen Qualitativer Sozialforschung. Weinheim: Beltz.

Trümper, Stefanie (2010): Redaktionskultur in Deutschland am Fallbeispiel der Frankfurter Allgemeinen Zeitung (FAZ) und der Bild-Zeitung (BILD). Unveröffentlichte Master-Arbeit an der Universität Bremen.

Weber, Max (1911): Geschäftsbericht von Professor Dr. Max Weber, Heidelberg. In: Deutsche Gesellschaft für Soziologie (Hrsg.): Verhandlungen des Ersten Deutschen Soziologentages. Tübingen: J. C. B. Mohr (Paul Siebeck), 39–62.

Weber, Max (2001): Vorbericht über eine vorgeschlagene Erhebung über die Soziologie des Zeitungswesens. In: Pöttker, Horst (Hrsg.): Öffentlichkeit als gesellschaftlicher Auftrag. Klassiker der Sozialwissenschaft über Journalismus und Medien. Konstanz: UVK, 316–325.

Weder, Franziska (2008): Produktion und Reproduktion von Öffentlichkeit: Über die Möglichkeiten, die Strukturationstheorie von Anthony Giddens für die Kommunikationswissenschaft nutzbar zu machen. In: Winter, Carsten/Hepp, Andreas/Krotz, Friedrich (Hrsg.): Theorien der Kommunikations- und Medienwissenschaft. Grundlegende Diskussionen, Forschungsfelder und Theorieentwicklungen. Wiesbaden: VS, 345–361.

Weischenberg, Siegfried (1994): Journalismus als soziales System. In: Merten, Klaus./Schmidt, Siegfried J./Weischenberg, Siegfried (Hrsg.): Die Wirklichkeit der Medien. Eine Einführung in die Kommunikationswissenschaft. Opladen: Westdt, 427–454.

Wintsch, Dani (2006): Doing News – Die Fabrikation von Fernsehnachrichten: Eine Ethnografie videojournalistischer Arbeit. Wiesbaden: VS.

Zelizer, Barbie (2005): The Culture of Journalism. In: Curran, James/Gurevitch, Michael (Hrsg.): Mass Media and Society. 4. Aufl. London: Hodder Arnold, 198–214.

eSport im TV: Fernsehaneignung einer Computerspielkultur

Janina Maric

1   eSport und Mediensport

Heutzutage sind wir mit einer zunehmenden Ausdifferenzierung von Computerspielkulturen konfrontiert. Diese produzieren sowohl computerspielbezogene Praktiken (z. B. „Modding", „Machinima") als auch soziale Formen (z. B. „Clans", „Gilden"). Vor diesem Hintergrund lässt sich eSport (elektronischer Sport) als eine Computerspielkultur begreifen, die das organisierte und wettkampfmäßige Computerspielen hervorbringt. Konkret sind es Computerspiele wie z. B. der Ego-Shooter „Counter Strike", die Echtzeitstrategiespiele „Warcraft" und „Starcraft" oder die Fußballsimulation „FIFA", die populäre eSport-Disziplinen darstellen. Neben Online-Medien schenkten bereits drei Fernsehsender (MTV, DSF, Giga) dieser Computerspielkultur Aufmerksamkeit und berichteten regelmäßig über eSport-Wettkämpfe. Die dadurch entstandenen eSport-Fernsehsendungen werden im Folgenden mit Hilfe einer Inhaltsanalyse untersucht und als Aneignung des eSports durch das Fernsehen betrachtet. Bevor allerdings diskutiert wird, wie sich das deutsche Fernsehen diese Computerspielkultur aneignet, wird zunächst vorgestellt, wie Medien sich Sport(-kultur) aneignen.

Sport ist fester und allgegenwärtiger Bestandteil unserer Kultur. Ob als Zeitungsartikel, Radiobeitrag, Fernsehbericht, Website oder Public Viewing – in Form von „Mediensport" begegnet er uns tagtäglich und fast überall. Sport in den Medien ist sowohl wirtschaftlich als auch kulturell erfolgreich. Er stellt wichtige Bedeutungsressourcen bereit und besitzt Identifikations- und Vergemeinschaftungspotential.

Der Mediensport*text* ist mehr als die bloße Abbildung eines Sportspiels. Er ist zugleich Interpretation als auch Produktion von (Medien-)Sportereignissen. Ein Medientext ist zudem nicht nur das Resultat bestimmter Produktionspraktiken, Ideologien und institutionellen Strukturen, sondern auch bestimmter Aneignungspraktiken. Dementsprechend ermuntert der Mediensporttext nicht nur die Aneignung von Rezipienten, sondern verweist indirekt bereits auf die Aneignungspraktiken der Produzenten. Denn auch Medienakteure eignen sich Kultur und Sport an.

Sport und Kultur lassen sich allerdings nicht trennen, wie auch Ronald Hitzler (1995: 162) bemerkt, wenn er resümiert: „Kultur ist nicht (nur) das Andere, das den Sport ‚prägt' [...], vielmehr ist der Sport Sport, weil und indem er Kultur (und in modernen Gesellschaften auch eine Kultur) ist". Ein Mediensporttext verweist also nicht nur auf die Aneignung und Produktion von Sport, sondern auch von Kultur. Er ist aber nicht deren bloße Abbildung, sondern bereits gestaltender Teil von Medien- sowie einer Mediensportkultur.

Medientext*analysen* ermöglichen es, die „kulturellen Muster" (Hepp 2009) aufzudecken, die Sport als Kultur und als Mediensportkultur charakterisieren. Bisherige Mediensportforschung identifiziert bereits bestimmte Körperinszenierungen als bedeutsame Muster des Mediensporttexts. Eine Frage, der ich im Folgenden nachgehe, ist, inwiefern diese Muster im eSport-Fernsehtext zu finden sind.

Neben dem menschlichen Körper nehmen im eSport auch Kommunikations- und Informationstechnologien eine wichtige Rolle ein. Daher ist zum einen von Erkenntnisinteresse, wie der eSport-Fernsehtext die *Körper-Technologie-Beziehung* verhandelt, also die Beziehung zwischen menschlichem Körper, Hardware und Computerspiel (siehe Abbildung 1).

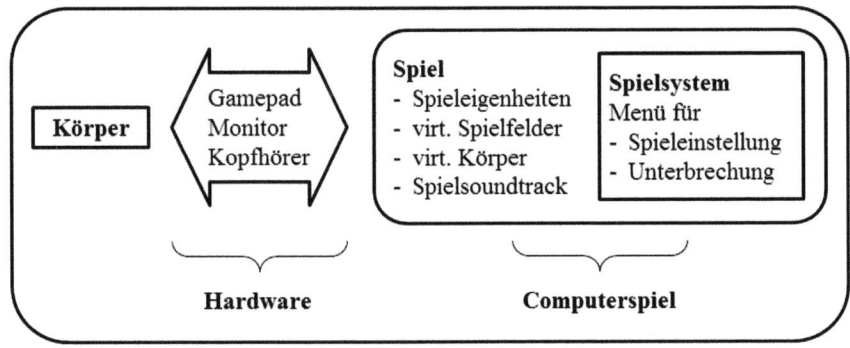

Abbildung 1: Körper-Technologie-Beziehung beim eSport-Fernsehtext, eig. Darst.

Zum anderen ist von Interesse, wie die Komponenten Körper, Hardware und Computerspiel inszeniert werden. Es soll untersucht werden, inwieweit der eSport-Fernsehtext in diesem Zusammenhang auf die Aneignung von Mediensportkonzepten wie beispielsweise einem körperzentrierten Leistungsbegriff hinweist. Der eSport-Fernsehtext kann dadurch als Fernsehaneignung einer Computerspielkultur diskutiert werden. Als Medientext stellt er aber immer auch einen „produzierbaren Text" im Sinne von John Fiske (2003) dar, also einen Text der Populärkultur, an den von Seiten der Rezipierenden mehrere Bedeutungen und Lesarten herangetragen werden können. Bevor wir uns jedoch der Analyse des eSport-Fernsehtexts zuwenden, ist es zunächst notwendig, die Inszenierungsmuster des Mediensports zu identifizieren. Denn diese dienen als Vergleichsfolie für die anschließende Diskussion des eSport-Fernsehtexts.

2 Zentrale Ergebnisse der Mediensporttext-Analysen

Der Mediensporttext stellt nur *eine* „Artikulationsebene" (Hepp 2004: 187) von Medienkultur dar. Das Forschungsfeld Mediensport zeichnet sich dadurch aus, dieser Ebene besondere Aufmerksamkeit zu schenken. Der Medientext ist daher im Vergleich zu dessen Produktion und Aneignung der meistbearbeitete Untersuchungsbereich. In Bezug auf bisherige Textanalysen fällt zudem auf, dass sich das wissenschaftliche Augenmerk insbesondere auf den Fernsehsport richtet.

Im Sinne der Cultural Studies interessieren sich Auseinandersetzungen dafür, welche Machtverhältnisse ein Medientext abbildet. Zentral ist dabei die Frage nach dem Geschlechterverhältnis, wobei ein asymmetrisches Verhältnis festgestellt wird (Kinkema/Harris 2000: 37). Dementsprechend schenkt der Mediensporttext vornehmlich dem männlichen Körper Aufmerksamkeit. Wie bedeutsam Mediensport für die Konstruktion und Vermittlung geschlechtsspezifischer Identitäten ist, macht Garry Whannel (2002) deutlich. Ihm zufolge ist Sport untrennbar mit Männlichkeit verwoben: „Sport confers and confirms masculinity; an interest in sport problematises femininity" (Whannel 2002: 10). Sport ist demnach nicht nur zentral für die Vermittlung und Bestätigung von Männlichkeit, sondern bereits das Interesse an Sport kann im Widerspruch zu weiblicher Identität stehen.

2.1 *Sportliche Leistung als männliche Leistung*

Zentrale Ergebnisse bisheriger Forschung machen deutlich, dass sportliche Leistung vornehmlich als *männliche* Leistung konstruiert wird. Deutsche und US-amerikanische Forschung kommt zu dem Schluss, dass der männlich konnotierte Körper nicht nur häufiger, sondern auch häufiger in Bewegung abgebildet wird, was als Betonung der sportlichen Leistungsfähigkeit diskutiert wird (siehe z. B. Carlisle Duncan/Messner 2000: 174ff., Hartmann-Tews/Rulofs 2002: 118ff.). Im Gegensatz dazu wird der weibliche Sportakteur als statisch und bewegungsarm inszeniert, was wiederum als eine Degradierung des sportlichen Könnens zugunsten physischer Attraktivität verstanden wird (ebd.). Allerdings gibt es auch Ansätze dafür, die Darstellung des männlichen Sportlers in Bewegung als eine Sexualisierung und als eine Konstruktion körperlicher Attraktivität anzusehen (z. B. Rowe 2004: 157ff.).

Mary Jo Kane und Helen Jefferson Lenskyj (2000) stellen zudem fest, dass der Mediensporttext körperliche Kontakte und Interaktionen vornehmlich im Männersport fokussiert, während er diese im Frauensport systematisch verdeckt (Kane/Jefferson Lenskyj 2000: 194).

Sportteams und einzelne Akteure mit regionalen oder nationalen Identitäten auszustatten, stellt eine weitere zentrale Mediensport-Inszenierung dar. Der Körper von Sportler und Sportlerin wird dadurch zu einer Projektionsfläche für territoriale Identität. Nach David Rowe (2004) kann eine solche Darstellung nicht nur das territoriale Zugehörigkeitsgefühl der Zuschauer adressieren. Der Fernsehtext kann dadurch auch suggerieren: „what is happening on screen actually matters"(Rowe 2004: 172).

Entsprechend der vom Medientext konstruierten Geschlechterhierarchie wird insbesondere den männlichen Sportakteuren im Kontext des Mannschaftssports die Rolle zugestanden, eine Nation zu repräsentieren (Rowe/McKay/Miller 2000: 126f.). Bei der Konstruktion des nationalisierten Körpers handelt es sich dementsprechend vornehmlich um den männlich konnotierten Kollektivkörper einer Sportmannschaft.

2.2 Geschlechtsübergreifende Kommerzialisierung

Die Betrachtung der Kommerzialisierung führt zu einer Identifizierung gegenläufiger Tendenzen in Bezug auf das unausgewogene Geschlechterverhältnis. Studien implizieren beispielsweise, dass aufgrund der angestrebten Zielgruppenerweiterung eine Zunahme an Frauensportrepräsentationen in den Medien zu verzeichnen ist (Sabo/Jansen 2000: 202ff.).

Nach Ilse Hartmann-Tews und Bettina Rulofs (2002) wird der Körper für Sportler und Sportlerin gleichermaßen zum wichtigsten Kapital einer Sport-Vermarktung (Hartmann-Tews/Rulofs 2002: 124). Guido Zurstiege (2004) und Garry Whannel (2002) machen darauf aufmerksam, dass die (Medien-)Öffentlichkeit im Kontext des männlich konstruierten Körpers neben der sportlichen Leistungsfähigkeit zunehmend auch der körperlichen Attraktivität Bedeutung beimisst (Zurstiege 2004: 96f., Whannel 2002: 70ff.). Dies kann als Ergebnis einer fortschreitenden Kommerzialisierung gelesen werden, die dazu führt, dass das Prinzip „sex sells" auch für die Darstellung männlicher Sportakteure an Relevanz gewinnt.

Daneben dient die Kommerzialisierung einer Personalisierung der Sportakteure (Schierl 2004b: 111f.). Diese werden mit einzelnen Produkten in Verbindung gebracht. Obwohl die Beziehung zwischen Sportstar und Kommerzialisierung hervorsticht, ist der Forschungsbestand zu Sportwerbung gering (Kinkema/Harris 2000: 40).

2.3 Körperzentrierter Leistungsbegriff

Sportliche Leistung wird vom Medientext nicht nur als männliche, sondern auch als unabhängig vom technologischen Fortschritt präsentiert. Stattdessen wird sie durch den bedingungslosen Einsatz des Körpers, der Bereitschaft zur körperlichen Konfrontation, sowie dem Durchhalten auch bei widrigen Umständen erklärt. Die Betonung körperlicher Verletzungen wird von Don Sabo und Sue Curry Jansen (2000: 209) als ein zentrales Strukturmerkmal des Mediensports identifiziert, das sie konkret als „pain principle" bezeichnen. Dieses Prinzip basiert auf einer geschlechtsspezifischen Wertvorstellung, die in Bezug auf

Männer einen Zusammenhang zwischen dem Erdulden von Schmerzen und dem Gewinn an Charakterstärke konstruiert. In diesem Sinne fokussiert der Mediensporttext körperliche Schmerzen, Strapazen, bis hin zu Verletzungen des männlichen Sportlers. Gemäß dem Schmerzprinzip von Sabo und Jansen (2000: 209) wird nur derjenige als Identifikationsfigur inszeniert, der trotz einer körperlichen Verletzung auf das Sportfeld zurückkehrt.

Im Gegensatz dazu wird die körperliche Versehrtheit der Athleten im Kontext der Paralympics vom Mediensporttext verdeckt (Schierl 2004a: 156ff.). Es ist also vor allem die körperliche Verletzung *als Resultat des Sportspiels*, die durch Inszenierungsstrategien eine erhöhte Aufmerksamkeit erhält. Nach Barbara Ränsch-Trill (2004: 84f.) impliziert der Mediensporttext durch die Fortsetzung des Sportspiels mit den verletzten Sportakteuren, dass Gewalt und Verletzung ohne ernsthafte Konsequenzen bleiben. Ihr zufolge kann solch eine Form der Körperkonstruktion auch als eine Befriedigung des Voyeurismus gelesen werden, die „ästhetisches Vergnügen" (Ränsch-Trill 2004: 84) bereiten kann.

2.4 Cyborg-Athlet und technologiefreie Körper

Der Fokus auf den Körper und die Konstruktion eines *körperzentrierten Leistungsbegriffs* haben zur Folge, dass die Rolle der Sporttechnologien in Textanalysen kaum Aufmerksamkeit erhält. Es fehlen zudem Untersuchungen, die sich explizit mit der Beziehung zwischen Körper und Technologie im Mediensporttext beschäftigen.

Technische Neuerungen in Bezug auf Übertragungstechnologien werden thematisiert, um das Argument der Körperinszenierung zu stützen. Der zunehmende Verlust an Distanz zum Körper des Sportakteurs wird beispielsweise als eine ästhetische Entwicklung gesehen, die erst durch den technischen Fortschritt hochqualitativer Kameras möglich wird (Leder 2004: 40ff.).

Technologie wird im modernen Sport aber nicht nur zur medialen Vermittlung eingesetzt, sondern ist bereits in Sportstätten, im Training, als Ausrüstung oder Sportgerät vorhanden. Die fortschreitende Technologisierung des Leistungssports wird allerdings von Medientextstudien kaum berücksichtigt. Inspiriert von Donna Haraways „Cyborg Manifesto" (1985), wird in Sportstudien bereits der „Cyborg-Athlet" diskutiert (siehe z. B. Butryn/Masucci 2003, Cole 1993, Miah 2003). „Cyborg" wird als Metapher herangezogen, um die veränderte Beziehung zwischen Körper und Technologie zu analysieren. Allerdings setzen sich allein Ted Butryn und Matthew Masucci (2003) explizit mit einem Medientext (einem Buch) auseinander. Ihre Analyse der Autobiografie des Radsportlers Lance Armstrong macht die widersprüchlichen Cyborg-Identitäten des Leistungssportlers sichtbar. Butryn und Masucci (2003) kommen zu dem Schluss, dass aufgrund der immer noch vorherrschenden „Blut, Schweiß und Tränen"-Ideologie des Leistungssports die Selbst-Technologisierung des Athleten nur implizit artikuliert werden kann.

Der Mangel an Studien, die die Beziehung zwischen Körper und Sporttechnologien beleuchten, impliziert, dass Technologie vom Medientext zugunsten des Körpers ausgeblendet wird. Für die Analyse des eSport-Fernsehtexts wird die Betrachtung dieser Beziehung allerdings wesentlich.

3 Methodik: Fernsehanalyse von eSport-Sendungen

Die Analyse des eSport-Fernsehtexts legt das Augenmerk zum einen darauf, wie der Medientext das Verhältnis von menschlichem *Körper, Hardware* und *Computerspiel* konstruiert. Zum anderen wird untersucht, inwiefern der Fernsehtext sich Inszenierungsstrategien aus dem Mediensport aneignet.

Das Erkenntnisinteresse impliziert bereits ein besonderes Verständnis vom Mediensporttext. Es wird davon ausgegangen, dass dieser nicht einfach Sport abbildet, sondern an der Gestaltung einer (Medien-)Sportkultur beteiligt ist. Das von Lothar Mikos (2003) vorgeschlagene Methodenmodell der Fernsehanalyse bietet sich somit an, da Fernsehtexte hier als Kommunikationsangebote und im Sinne von Fiske als „produzierbare Texte" konzipiert werden (Mikos 2003: 19ff.).

Fokus der Fernsehanalyse ist die Identifikation der textuellen Strategien, die Bedeutungsbildung und Fernseherleben mitbestimmen. Da es sich beim Fernsehtext jedoch um einen produzierbaren Text handelt, können immer nur die potentiell möglichen Bedeutungen herausgearbeitet werden.

3.1 eSport im deutschen Fernsehen

Eine regelmäßige eSport-Fernsehberichterstattung wurde von den Spartensendern Giga digital[1], DSF[2] und MTV[3] angeboten. Vorreiter ist der Sender Giga, der bereits im Jahr 2004 begann, regelmäßig über eSport zu berichten. Mit der Digitalisierung im Jahr 2005 entstand Giga digital und der Bezahlsender Giga 2. Giga digital fokussiert mit verschiedenen Sendeformaten die eSport League (ESL).

DSF strahlte erstmals im Jahr 2006 eine Sendung zu eSport aus. Die wöchentliche DSF-Sendung „Screen Shot" berichtete ein Jahr lang über die Wettkämpfe der eSport Bundesliga (ESBL). Die Berichterstattung über die ESBL wurde anschließend von dem Sender MTV weitergeführt, der sich mit der Sendung „Game One" dieser Liga widmet.

Das Besondere am eSport-Fernsehtext ist, dass dieser zu Zeiten der Ausstrahlung im Fernsehen gleichzeitig auch online verfügbar ist: die DSF-Sendung

---

[1] Der Sendebetrieb für Giga (digital) wurde im März 2009 eingestellt, das Internetportal Giga.de wird allerdings weitergeführt.

[2] Im April 2010 schlossen sich der Fernsehsender DSF und das Internetportal Sport1.de zusammen. Der gemeinsame neue Name lautet Sport1.

[3] Im Oktober 2010 gibt MTV bekannt, dass der Fernsehsender ab Januar 2011 auf Bezahlfernsehen umgestellt wird.

wird als Download, die Giga-Sendung als Videostream und die MTV-Sendung als Video-on-Demand angeboten. Zudem handelt es sich bei dem eSport-Fernsehtext ausschließlich um eine Nachberichterstattung. Eine deutschsprachige Live-Berichterstattung wird im eSport bisher nur durch Online-Medien gewährleistet.

Der Erhebungszeitraum für die Datensicherung begann August 2006 und endete Juni 2007. Dies ermöglichte. sowohl DSF-Sendungen als auch MTV-Sendungen einzubeziehen, die einander im Jahr 2007 ablösen.

3.2 Forschungsprozess

Im Gegensatz zu Mikos' Vorschlag (2003), die Einschränkung des Materials bereits vor der Datensicherung vorzunehmen, wurde zunächst ein Korpus von 14 DSF- (August 2006 bis November 2006), 6 MTV- (Mai 2007 bis Juni 2007) und 24 Giga-Sendungen (September 2006 bis Oktober 2006, Mai 2007 bis Juni 2007) gesichert.

Im Anschluss an die Materialsicherung und -sichtung wurde eine Schlüsselsequenz identifiziert. Diese setzt sich aus „Vorbereitung", „Darstellung" und „Nachbereitung" des Computerspiel-Wettkampfs zusammen (siehe Abbildung 2).

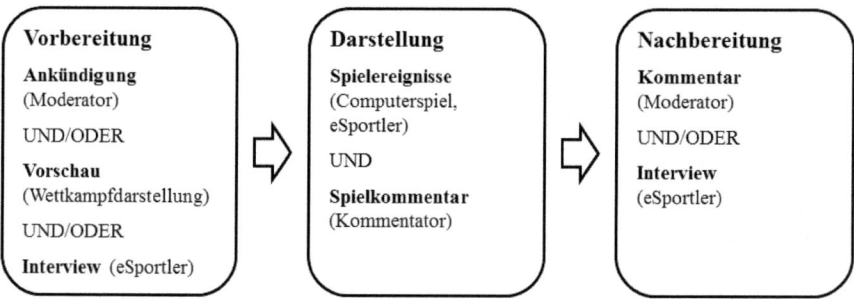

Abbildung 2: Schlüsselsequenz des Computerspiel-Wettkampfs, eig. Darst.

Mit Hilfe der Schlüsselsequenz wurde aus den Giga-Sendungen die „Best of Intel Friday Night Game" (Best of IFNG)-Sendung für eine Analyse ausgewählt. Gegenstand der empirischen Untersuchung sind folglich die DSF-Sendung „Screen Shot", die MTV-Sendung „Game One" und die Giga-Sendung „Best of IFNG".

Neben der Schlüsselsequenz ist den drei Fernsehsendungen gemeinsam, dass es sich um wöchentliche Formate handelt, die zusammenfassend über mehrere Wettkämpfe der vorherigen Woche berichten. Die Giga-Sendung berichtet jedoch nicht nur über Wettkämpfe der Fußballsimulation „FIFA", sondern auch des Ego-Shooters „Counter Strike" und des Strategiespiels „Warcraft". DSF widmet die gesamte Sendezeit dem Thema FIFA-Wettkampf, wohingegen die MTV-Sendung neben eSport auch Konsolen- und Freizeitspiele thematisiert. Da DSF und MTV sich in Bezug auf eine Wettkampfberichterstattung auf das Spiel FIFA beschränken, konzentriert sich auch die Analyse der Giga-Sendung auf die Darstellung des FIFA-Wettkampfes. Zudem werden Sendungen berücksichtigt, die aus dem gleichen Zeitraum wie die MTV- und die DSF-Beispiele stammen. Beides dient dazu, die Vergleichbarkeit zu erhöhen. Dies bedeutet einerseits eine Begrenzung der Analyse, da andere Computerspiele nicht einbezogen werden. Andererseits ermöglicht ein solcher Fokus erst den direkten Vergleich der einzelnen Texte, wodurch aufgezeigt werden kann, welche Muster der Inszenierung *senderspezifisch* und welche *senderübergreifend* angeeignet werden.

Eine erste Sichtung des Materials machte darauf aufmerksam, dass im Lauf der DSF-Sendung Inszenierungsformen (z. B. Vorstellung der eSportler) und Settings (Studio, Kulisse) verändert werden. Daher wurden gezielt Sende-Beispiele ausgewählt, die diesen Wandel widerspiegeln.

Ziel der Auswahlkriterien war es, sowohl die Vielfalt des eSport-Fernsehtexts zu berücksichtigen, als auch, die Vergleichbarkeit der einzelnen Texte zu ermöglichen. Mit Hilfe solcher Kriterien wurden jeweils vier Beispiele für die MTV- und die DSF-Sendung bestimmt, die sich für eine intensive qualitative Analyse eignen. Die Giga-Sendung ist mit einer Stunde Sendezeit doppelt so lang wie die halbstündigen MTV- und DSF-Sendungen. Daher wurde das Giga-Sample auf drei Beispiele eingeschränkt.

Die Bestimmung einer Schlüsselsequenz stellt einen zentralen Arbeitsschritt dar, da sie sowohl die Reduktion des Materials als auch anschließenden Vergleich der Analyseergebnisse ermöglicht. Zusätzlich gewährleistet sie eine fokussierte Analyse, wodurch die von Mikos (2003) identifizierte Gefahr einer endlosen Analyse bereits im Vorfeld vermindert wird.

Die gesicherte Datenbasis wurde in einem nächsten Schritt anhand von detaillierten Protokollen beschrieben. Diese geben in schriftlicher Form sowohl das Gesehene als auch das Gehörte wieder. Die Materialbeschreibung dient dazu, die audiovisuellen Komponenten der Sendungen zitierbar zu machen. Zudem werden die Textstrategien und Bedeutungsangebote bereits sichtbar. Jedoch werden diese noch nicht bewertet.

Moderator/Kommentator, eSportler und *Computerspiel* stellen die Hauptebenen der Analyse dar. Diese wurden zunächst getrennt voneinander betrachtet, um anschließend in ihrer Beziehung untereinander beleuchtet zu werden. Mit der Frage nach der Körper-Technologie-Beziehung war ein Fokus der Untersuchung die Beziehung zwischen den *Akteuren* (eSportler, Moderator/Kommentator) und der *Technologie* (Hardware, Computerspiel). Obwohl die Analyse insbesondere die Schlüsselsequenz betrachtet, wurde jeweils die gesamte Sendung als Kontext berücksichtigt.

4 Analyseergebnisse: Inszenierungsmuster im eSport-Fernsehtext

Die Fernsehanalyse ermöglichte, die Muster der Darstellung und insbesondere die Darstellung der Körper-Technologie-Beziehung herauszuarbeiten. Mit Hilfe eines anschließenden Vergleichs wurde zudem untersucht, welche Muster *senderspezifisch* und welche *senderübergreifend* angeeignet werden. Im Folgenden werden die zentralen Ergebnisse dieses Vergleichs diskutiert und bereits in Bezug zum Forschungsstand Mediensport gesetzt.

4.1 Senderübergreifende Aneignungen

Zunächst fällt auf, dass eSport in typische Muster der Sportberichterstattung eingebettet wird. Ähnlich wie beim Fernsehsport werden die Rollen des Moderators und des Kommentators relevant. Während der Moderator Interviews führt, sowie den Wettkampf ankündigt und nachbereitet, begrenzt sich die Rolle des Kommentators auf die sprachliche Begleitung der Wettkampfdarstellung. Die Präsentation des Wettkampfes besteht senderübergreifend aus den gleichen Elementen. Dementsprechend wird auch von einer „Schlüsselsequenz" gesprochen, die aus den Bausteinen „Vorbereitung", „Darstellung" und „Nachbereitung" des Wettkampfes besteht (siehe Abbildung 2). Gemeinsam ist den eSport-Fernsehsendungen zudem die Aneignung des Codes Sieg-Niederlage. Folglich basiert die eSport-Wettkampfdarstellung auf der Frage, wer gewinnen wird und dem Versprechen, darauf eine Antwort zu geben. Dieser Code stellt auch ein zentrales Strukturmerkmal des Mediensporttexts dar (Schwier 2004: 20f.).

4.1.1 Geschlechterkonstruktionen: Das Fehlen der eSportlerin

eSportlerinnen werden senderübergreifend nicht abgebildet, die Rolle des eSport-Akteurs wird allein männlichen Computerspielern vorbehalten. Auf der Ebene der Berichterstattung kann zudem eine geschlechterspezifische Hierarchie aufgezeigt werden. DSF und Giga präsentieren an der Seite eines männlichen Moderators jeweils eine weibliche Moderatorin, aber keine Kommentatorin. Die Relevanz der körperlichen Attraktivität zeigt sich darin, dass die Rolle des körperlich unsichtbaren Kommentators bei MTV, Giga und DSF eine männlich konnotierte Aufgabe bleibt.

Den Moderatorinnen wird zudem jeweils ein männlicher Experte an die Seite gestellt. Dieser wird aufgrund von vorherigen Tätigkeiten als respektierter Fachmann inszeniert. Im Gegensatz zu ihm können sich die Berichterstatterinnen nicht auf Erfahrungen berufen, die ein Expertenwissen im Bereich Sport oder Computerspiel implizieren. Sowohl bei der DSF- als auch bei der Giga-

Moderatorin handelt es sich stattdessen um professionelle Vorführdamen mit Miss-Titeln. Beide verfügen dadurch in erster Linie über Referenzen, die körperliche Attraktivität anstelle von Fachwissen bescheinigen. Daher können sie auch nicht an Expertengesprächen teilnehmen. Sie verbildlichen stattdessen die von Rowe (2004) identifizierte dominante Ideologie, die weibliche Akteure als „passive, dependent women" (Rowe 2004: 147) konstruiert.

Das Fehlen der DSF-Moderatorin ab dem 17.10.2006 hinterlässt vor diesem Hintergrund auch keine Expertenlücke, sondern fällt der Orientierung am Fußball-Kontext zum Opfer. Dadurch verweist die DSF „Screen Shot"-Sendung auf eine Entwicklung hin zur weiblichen Abwesenheit, die von MTV als Nachfolger der DSF-Berichterstattung weitergeführt wird, denn bei der Sendung „Game One" werden Frauen von Beginn an nicht repräsentiert. Der Fernseh-eSport wird damit sowohl auf der Ebene *eSportler* als auch auf der Ebene *Moderator/Kommentator* von Männerdarstellungen dominiert.

4.1.2 Gezielte Kommerzialisierung: im Computerspiel und am eSportler

Sportakteure mit Hilfe der Kommerzialisierung zu *personalisieren*, stellt neben der Geschlechterkonstruktion eine weitere Charakteristik des Fernsehsports dar (Schierl 2004b: 111f.). Der Fokus auf den einzelnen Akteur ermöglicht, das Sportspiel weniger austauschbar und stattdessen personalisierter darzustellen. Wie Kommerzialisierung zu einer Personalisierung des eSportlers beitragen kann, macht das Beispiel des telefonierenden Wettkampfteilnehmers deutlich, dessen Sponsor ein Hersteller für Telekommunikationsgeräte ist. Die Tatsache, dass der eSportler während des Wettkampfs telefoniert, erlaubt bereits, den Wettkampf als „Kuriosum des Spieltages" (DSF-Sendung[4] vom 17.10.2006) und damit als besonders hervorzuheben. In darauffolgenden Wettkämpfen kann der telefonierende eSportler als „Berliner Telefonmann" (DSF-Sendung vom 07.11.2006) individualisiert und das Mobiltelefon zu seinem Markenzeichen werden. Das Mobiltelefon steht damit gleichzeitig für eine *Personalisierung* und auch für eine *Kommerzialisierung* des eSportlers.

Kommerzialisierungsmaßnahmen beinhalten außerdem eine *Anpassung* des Sportspiels an die mediale Übertragung. Mediensportforschung macht in diesem Zusammenhang insbesondere auf Regelanpassungen aufmerksam, die dazu dienen, das Sportspiel zu dynamisieren, um dadurch den Übertragungswert zu steigern (siehe Hattig 1994: 303ff., Pilz 2002: 257ff.). Eine Erhöhung des Wettkampftempos wird auch bei dem eSport-Fernsehtext relevant, da es sich senderübergreifend um einen zusammenfassenden Ausschnitt handelt. MTV sticht allerdings durch das höchste Schnitt-Tempo und den Einsatz von Populärmusik hervor, die eine zusätzliche Dynamisierung ermöglichen. Trotz der senderüber-

---

[4] „DSF-Sendung" bezieht sich immer auf die Sendung „Screen Shot".

greifenden Dynamisierung gibt es folglich graduelle Unterschiede zwischen den Sendungen.

Darüber hinaus fällt auf, dass MTV und DSF die Präsenz der Sponsoren nicht auf Hintergrundkulisse und eSportler-Kleidung beschränken, sondern auch die Trikots der virtuellen Spieler mit einbeziehen. Computerspieleigenheiten wie Spielsoundtrack und Trikots der virtuellen Mannschaft werden folglich bereits zugunsten der Kommerzialisierung und als Resultat der Fernsehaneignung verändert. Ebenso basiert die Team-Identität bei MTV und DSF teilweise nur auf der Sponsorenunterstützung. Dies hat zur Folge, dass die Sponsoren den Team-Namen der virtuellen Mannschaft prägen (z. B. „AEG Soccer Warriors", „Arcor Electric Eleven", „EuroPoker Pocket-Rockets"). Kommerzialisierung ist damit im eSport-Fernsehtext auf verschiedenen Ebenen präsent.

Während bei DSF Sponsoren wie Fußballvereine oder Telefongesellschaften vertreten sind, die auch ein computerfremdes Publikum ansprechen können, handelt es sich bei Giga ausschließlich um Soft- und Hardwarehersteller, die bereits Computernutzer und -spieler adressieren. Im Gegensatz zum Mediensport ist die Kommerzialisierung im eSport-Fernsehtext also zielgerichteter, da ein Hauptaugenaugenmerk auf Technik und Technologie gelegt wird, wodurch insbesondere eine technikaffine Zielgruppe erreicht werden kann.

4.1.3 Konstruktion territorialer Identität

Sportakteure mit territorialen Identitäten auszustatten, wird von Rowe (2004: 172) als eine wichtige Strategie des Medientexts erkannt, um das Publikum anzusprechen. Da der eSport-Fernsehtext ausschließlich nationale Turniere überträgt, wird insbesondere die regionale Zugehörigkeit auf der Ebene des *eSportlers* etabliert. Die Giga-Sendung „Best of IFNG" nutzt diese, um eine Verbindung zum anwesenden Publikum herzustellen. Beispielsweise wird bei einer Veranstaltung in München darauf hingewiesen, bei welchen Wettkampfteilnehmern es sich um Bayern handelt: „[...] haben wir übrigens zwei Bayern im Duell, Corugnoll aus München gegen Fire quasi aus Würzburg" (Giga-Sendung[5] vom 01.06.2007).

DSF thematisiert neben regionaler auch die nationale Identität. Sie dient jedoch dazu, den eSportler mit dem Profi-Fußball zu verbinden: „[eSportler griechischer Herkunft] schien sich zu besinnen, dass seine Griechen ja im echten Fußball Europameister geworden sind, auch aufgrund ihrer Kampfkraft" (DSF-Sendung vom 26.09.2006). Die Konstruktion territorialer Identitäten kann folglich auch dazu dienen, auf andere Mediensporttexte wie den Fußballsporttext zu verweisen, und eine Verbindung zwischen (Fußball-)Sport und eSport zu konstruieren. Sie erhält somit als intertextuelle Strategie eine neue Funktion für

---

[5] Mit „Giga-Sendung" ist hier immer die wöchentliche Giga-Sendung „Best of Intel Friday Night Game" gemeint.

struieren. Sie erhält somit als intertextuelle Strategie eine neue Funktion für den eSport-Fernsehtext.

4.1.4 Darstellung von Emotionen als Technologie-Befreiung

Die Inszenierung von Wettkampfemotionen beinhaltet senderübergreifend eine momentane Unterbrechung der *eSportler-Hardware-Beziehung*. Die Abwendung des Blicks, das Hochwerfen der Arme, bis hin zum Aufspringen können als Körperaktivitäten erkannt werden, die zugleich emotionale Reaktionen vermitteln als auch die Verbindung zwischen Körper und Hardware unterbrechen.

Allerdings unterscheiden sich die Sendungen graduell darin, wie stark sie den Körper von der Hardware befreien und folglich, wie intensiv sie die Emotionen inszenieren.

4.2 *Senderspezifische Aneignungen: Fußballsport, Jugendsport, Szenesport*

eSport wird zwar senderübergreifend als Leistungssport verstanden, das Thema Computerspielwettkampf wird jedoch innerhalb des jeweiligen *Sender-Kontexts* lokalisiert. MTV verortet das wettkampfmäßige Computerspiel im Jugend- und Freizeitkontext des Senders und der „Game One"-Sendung, die neben eSport auch die Freizeitaktivität Konsolenspiel thematisiert. DSF betont den Fußballaspekt und versteht diesen als zentralen Bezugspunkt. Giga präsentiert eSport stattdessen als ernsthaften Wettkampf- und Elitesport einer Computerspielszene.

Eine noch gezieltere Annäherung an das Vorbild Fußball kann bei DSF insbesondere ab dem 03.10.2006 beobachtet werden. Ab diesem Zeitpunkt bildet ein Fußballstadion die Hintergrundkulisse der Moderation. Zwei Wochen später verlässt die Co-Moderatorin die Sendung, die von da an allein von Männern mit Fußballbezug geleitet wird, nämlich Giovanni Zarrella (Hobby-Fußballer) und Thorsten Knippertz (Fußballstadionsprecher). Fußballstadion und Fußballinteressierte werden bei DSF folglich als geeignete Elemente einer eSport-Berichterstattung angesehen.

Im Gegensatz dazu heben Giga und MTV das Computerspiel hervor. MTVs „Game One" beschäftigt sich insbesondere mit dem Konsolenspiel im Jugend- und Freizeitkontext. Die MTV-Moderatoren verstehen sich als Freizeitspieler und distanzieren sich von einer ernsthaften Wettkampfhaltung. Stattdessen greifen sie auf Humor, Parodie und Jugendsprache zurück. eSportler werden gemäß diesem informellen Jugendkontext mit ihrem Vornamen oder einer Abkürzung dessen adressiert. Bei DSF werden Computerspieler hingegen wie Sportler mit Vor- und Nachnamen adressiert.

Giga versucht vornehmlich, die wettbewerbsorientierte Computerspielszene anzusprechen. Die männlichen Moderatoren und Kommentatoren benutzen dementsprechend Szenebegriffe und stellen aktive oder ehemalige Szenemitglieder dar. Sie verfügen über Szenenamen, verwenden diese auch zur gegenseitigen Adressierung und nennen im Gegensatz zu MTV und DSF auch die Szenenamen der eSportler. Entsprechend der jeweiligen Einbettung des eSports werden auch die *Körper-Technologie-Beziehungen* senderspezifisch ausgehandelt. Im Folgenden werden diese vorgestellt und in Bezug auf ihre Senderspezifik beleuchtet.

4.2.1 DSF: Bewegte Körper und Ästhetisierung der Fußball-Simulation

Entsprechend der Lokalisierung im Fußballsport wird die *Körper-Hardware-Beziehung* bei DSF als instrumentelle Werkzeug-Beziehung interpretiert. Ein besonderes Augenmerk wird auf die Gamepad-(Hand-Eingabegerät)-Interaktion gelegt. Diese wird im Einklang mit dem gewählten Sportkontext wie eine Sportgerät-Interaktion präsentiert.

Obwohl die Hardware-Verbindung körperliche Bewegung einschränkt, konzentriert sich die DSF-Sendung darauf, einen *Körper in Aktion* zu inszenieren. Zum einen ermöglicht die Naheinstellung, die Bewegung der Hände im Kontext der Gamepad-Interaktion zu isolieren und dadurch hervorzuheben. Diese Körperrepräsentation kann mit dem Zoom auf Fuß und Ball, wie sie beim Fernsehfußball zu finden ist, verglichen werden.

Zum anderen kann das Aufstehen des eSportlers während einer Gamepad-Interaktion demonstrieren, dass der aktive Körper den Bewegungsraum innerhalb des Hardware-Rahmens erweitern kann. Neben der Bewegung der Hände kann DSF damit die Aktivität des gesamten Körpers innerhalb der Technologie-Beziehung aufzeigen.

Gesten der Erschöpfung, die eine Ermüdung der Hände inszenieren, werden bei DSF zusätzlich genutzt, um die Intensität der körperlichen Aktivität sichtbar zu machen. Sie verweisen auf das von Sabo und Jansen (2000) identifizierte Schmerzprinzip. Da diese Gesten nicht nach, sondern während des Wettkampfs gezeigt werden, kann im Sinne des Schmerzprinzips demonstriert werden, dass der körperlich erschöpfte eSportler den Wettkampf trotz Widrigkeiten fortführt. Auch wenn die Gefahr einer körperlichen Verletzung im eSport kaum besteht, kann zumindest der Sieg über körperliche Strapazen impliziert werden, wodurch der eSportler ähnlich wie der Sportler als Identifikationsfigur präsentiert werden kann.

Die *eSportler-Hardware-Beziehung* wird zudem allein bei DSF auch auf Sprachebene thematisiert und mit Spielaktionen verknüpft: „holt er [der eSportler] den richtigen Finger endlich aus der Hosentasche, setzt ihn aufs Gamepad und macht den Ausgleich" (DSF-Sendung vom 17.10.2006). Dadurch kann bei DSF die Relevanz der Gamepad-Interaktion zusätzlich hervorgehoben werden und erklärt werden, wie diese dem eSportler ermöglicht, zum Spielakteur zu werden.

Der Fokus auf die Hardware-Interaktion, kombiniert mit körperlicher Anstrengung, ermöglicht DSF eine Aneignung des körperzentrierten Leistungsbegriffs, da die körperliche Leistungsfähigkeit des eSportlers innerhalb der Hardware-Interaktion und damit innerhalb des formalen Wettkampfrahmens verortet werden kann. Leistungsfähigkeit kann damit im Gegensatz zu MTV und Giga im Sinne eines Sportbegriffs etabliert werden, der auf einer *körperlichen* Aktivität innerhalb des formalen Wettkampfrahmens beruht.

Daneben werden bei DSF und auch bei Giga Gesten der mentalen Anstrengung sichtbar. Die körperliche Anspannung aufgrund des konzentrierten Spielens wird durch demonstrativ verstärke Atemzüge inszeniert. Diese Geste steht für eine Erweiterung des Schmerzprinzips, da sportliche Leistung nicht mehr nur auf den Körper begrenzt bleibt. Stattdessen gewinnen im eSport auch mentale Fähigkeiten wie die Konzentration an Bedeutung. Dementsprechend werden bei DSF sowohl *körperliche* Vorbelastungen wie zum Beispiel Schlafmangel (siehe DSF-Sendung vom 17.10.2006) als auch *mentale* in Form von gleichzeitigen Leistungsanforderungen in Studium oder Schule thematisiert. Beispielsweise kann der eSportler während des Interviews nach dem Wettkampf diese nennen, um eine Beeinträchtigung der Wettkampfleistung zu formulieren: „ich hab nicht so richtig ins Spiel gefunden, lag wahrscheinlich daran, dass ich gestern äh 'ne Prüfung in meinem Studium hatte" (DSF-Sendung vom 26.09.2006).

Im Vergleich zu den anderen Sendern legt DSF zudem den stärksten Fokus auf eine Ästhetisierung der *Computerspiel-Darstellung*. Während sich Ästhetisierungen im Fernsehsport oft in einer Inszenierung des menschlichen Körpers manifestieren und im Männersport insbesondere den menschlichen Körper in Aktion betreffen, hebt der DSF-Kommentator die Spielaktionen *virtueller Spieler* als ästhetisches Element hervor. Wie beim Fernsehsport erhält in diesem Zusammenhang das Torereignis mit Hilfe der Wiederholung und der Zeitlupe eine besondere Aufmerksamkeit.

Neben Sprechpausen und bildhaften Vergleichen verweist der DSF-Kommentator insbesondere bei der Torwiederholung explizit darauf, dass der Anblick dieser Computerspielsequenzen ein ästhetisches Vergnügen bereithält:

> In der Zeitlupe dieser perfekte Spielzug mit optimalen Abschluss noch einmal wunderbar anzusehen zum mit der Zunge schnalzen für alle eSport-Fans, da passte wirklich alles (DSF-Sendung vom 12.09.2006)

Insbesondere bei der DSF-Sendung wird die *Computerspiel-Darstellung* auch genutzt, um positive Teambeziehungen zu konstruieren. Eine Gegenüberstellung von Spieler-Interaktion und Einzelaktion wird bei DSF zu einem dominanten Muster. Diese Repräsentationen werden mit Hilfe des Computerspiels vermittelt. Körperkontakte innerhalb des virtuellen Teams werden als positive Interaktionen präsentiert, die das gemeinsame Teilen von Sieg und Niederlage zum Ausdruck bringen. Eine solche zweiteilige Darstellung kann bis zu 140 Frames dauern. Giga reduziert indessen die Abbildung teilweise auf Aktion *oder* Interaktion und gestattet diesen Elementen eine zeitliche Präsenz von sechs bis sieben Frames. Die von DSF bevorzugten Elemente der Darstellung präsentieren allerdings das Computerspiel als Fußball-Simulation (Stadion-Soundtrack, virtuelle Mannschaft). DSF verfolgt also nicht nur mit Hilfe des Kommentars, sondern auch hinsichtlich der Spieldarstellung eine Annäherung an den Fußball.

In Bezug auf die *eSportler-Computerspiel-Beziehung* kann bei DSF festgestellt werden, dass die emotionale Reaktion der virtuellen Spieler mit der Abbildung des eSportlers ergänzt wird. Durch Einblendung des eSportlers in das Computerspiel werden der menschliche und der virtuelle Körper simultan gezeigt, wie sie ähnliche Bewegungen und Gesten von Jubel oder Niederlage ausführen. Der menschliche Körper erhält dadurch einen virtuellen Doppelgänger. Eine solche Verdoppelung mit Hilfe des virtuellen Spielers stellt eine neue Form der Ästhetisierung dar. Zudem kann dadurch der eSportler mit seiner virtuellen Mannschaft verbunden werden, als dessen Kapitän DSF ihn auch bei der Spielervorstellung inszeniert.

Mit Hilfe von Fußball-Simulation und Einblendungen kann DSF den Wettkampf als Teamsport vermitteln, auch wenn keine menschlichen Teams, sondern nur zwei virtuelle Mannschaften gegeneinander antreten.

Während der Fokus auf die *Körper-Hardware-Interaktion* einen körperzentrierten Leistungsbegriff konstruiert, vermittelt die *Computerspiel-Darstellung* Aspekte des Teamsports, und auch die Ästhetik der Spielaktionen. DSF präsentiert dadurch eine Wettkampfinszenierung, die insbesondere den bewegten Körper hervorhebt, unabhängig davon, ob es sich dabei um einen menschlichen oder virtuellen Körper handelt.

4.3 MTV: Entgrenzte Körper und das Computerspiel als Cyberspace

Die Betrachtung der *eSportler-Computerspiel-Beziehung* macht deutlich, dass dem menschlichen Körper bei MTV keine Grenzen gesetzt werden. Dieser ist zugleich im Spiel als auch außerhalb des Spiels anwesend und aktiv: „Da haute es ihn nicht nur vor Freude vom Stuhl, sondern motivierte ihn noch zu dieser Ballparade" (MTV-Sendung vom 30.05.2007). Die auf Sprachebene konstruierte Verknüpfung von Aktionen vor dem Bildschirm mit Aktionen im Spiel verbindet den Körper des eSportlers nicht nur direkt mit dem Computerspiel FIFA, sondern lässt ihn auch dort aktiv werden. Durch die sprachliche und bildliche Abwesenheit der Hardware rückt der frei bewegliche Körper in den Vordergrund. Das Computerspiel wird zu dessen „Cyberspace" im Sinne von virtuellem Erlebnisraum.

Im Gegensatz zu DSF wird bei MTV nicht eine Ästhetisierung des Computerspiels präsentiert. Das Spiel wird sowohl auf visueller als auch auf sprachlicher Ebene als medialer Erlebnisraum des eSportlers konstruiert. Die *Computerspiel-Darstellung* ist folglich immer auch eine Darstellung der *eSportler-*

Computerspiel-Beziehung. Zum einen werden Spieldarstellungen durch Einblendungen des aktiven eSportlers ergänzt und dessen Aktivität durch zusätzliche Dynamiken wie die graduelle Vergrößerung der Einblendung betont. Zum anderen sind im Gegensatz zu DSF und Giga die emotionalen Ausrufe der eSportler während des Wettkampfs stets hörbar. Der Originalsoundtrack, der Stadiongeräusche vermittelt, wird zudem durch jugendliche Populärmusik ersetzt. Diese, kombiniert mit den Rufen der eSportler, impliziert eine Eroberung des Spielraums durch den jugendlichen Computerspieler. Zusätzlich wird durch den Kommentator ein Körper konstruiert, der sich frei durch den Erlebnisraum Spiel bewegt und dort handelt:

> Ganz im Gegensatz zu Michael, der machte das Drei-zu-Null und der wollte gar nicht mehr aufhören und bolzte sogar noch sein viertes Tor. Alex legte zum Schluss nochmal los, schaffte den Ehrentreffer aber trotzdem nicht mehr" (MTV-Sendung vom 26.05.2007).

Eine solche *Körper-Technologie-Beziehung* ist jedoch eine Fantasie, die Slavoj Žižek (1997: 133) als „without lack and obstacle [...] in the virtual space" und damit als eine Fantasie grenzenloser Autonomie beschreibt.

Auch auf Ebene der *Moderatoren* wird eine solche utopische *Körper-Technologie-Beziehung* gewählt, sobald sie neue Spiele vorstellen oder testen. Die Körper der Moderatoren werden in das Spiel eingeblendet oder in nachgestellten Computerspielsettings aktiv. Beispielsweise werden bei der Spielvorstellung „Virtual Skipper" (Segelbootsimulation) Ausschnitte aus dem Computerspiel mit einer realen Segelbootfahrt der Moderatoren kombiniert (MTV-Sendung vom 16.05.2007).

Die Analyse der *Körper-Hardware-Beziehung* macht deutlich, dass MTV insbesondere die Befreiung von der Hardware inszeniert. Eine dramatisierte Befreiung wird für die Darstellung einer gesteigerten Emotionalität genutzt, beispielsweise indem der eSportler das Gamepad vor Freude in die Luft oder aus Ärger in die Ecke wirft. Bei MTV wird die Fähigkeit des Computerspielers folglich nicht mehr nur in einer Leistungsproduktion innerhalb des Wettkampfrahmens gesehen. Stattdessen wird insbesondere die Loslösung von der Hardware exponiert und die emotionale Performanz des eSportlers mit Spielaktivitäten in Beziehung gesetzt.

Im Gegensatz zu DSF, Giga und zu Mediensportdarstellungen trennt MTV auch nicht mehr die Elemente Emotion und Wettkampfleistung. Während bei Giga und DSF Emotionen eine Wettkampfunterbrechung bedeuten, kann der eSportler bei MTV vor Freude von seinem Stuhl fallen und gleichzeitig ein Tor schießen. MTV erzielt dadurch eine Subversion des ernsthaften Wettkampfs, da der Fokus auf spielunabhängige Aktivitäten wie beispielsweise dem Freudentanz gelegt werden kann. Der eSportler wird dadurch als ein grenzenloser Körper interpretiert, der gleichzeitig innerhalb und außerhalb des Computerspiels präsent ist: „Grund genug für einen kleinen Tanz, den führte Nico auch auf dem Rasen auf" (MTV-Sendung vom 12.05.2007). Die kontinuierliche Präsenz eines emotionalen Körpers jenseits einer Hardware-Interaktion kann als eine Überwindung des formalen Wettkampfrahmens angesehen werden. Folglich kann von der MTV-Darstellung ein Wettkampfbegriff, der ausschließlich die Leistungsproduktion *innerhalb* des Wettkampfrahmens fokussiert, hinterfragt werden.

Der MTV-Kommentator sticht zudem durch die Verwendung eines Vokabulars hervor, das eine gesteigerte Aggressivität impliziert: „Hauptsache den anderen platt machen" (MTV-Sendung[6] vom 12.05.2007), „Einfach mal grob drauf ballern" (MTV-Sendung vom 16.05.2007), „Diese Ball-Bombe" (MTV-Sendung vom 16.05.2007).

Dieses Vokabular wird in Kombination mit einer Emotionalisierung zu einer bewussten Übertreibung des wettbewerbsorientierten Individualismus, wodurch die Ernsthaftigkeit des Wettkampfs parodiert werden kann. Leistungssport wird dementsprechend bei MTV als eine Form unterhaltsamer, jugendlicher Auseinandersetzung präsentiert.

Auch der von Mediensportforschung identifizierte Trendsport verfolgt eine Provokation des Wettkampfprinzips. MTV unterscheidet sich jedoch vom Trendsport, indem der bereits erwähnte Code Sieg-Niederlage beibehalten wird. Nach Jürgen Schwier (2004) unterwandert Trendsport diesen Code, da „das Motto *Just for fun* an die Stelle des *Just for win* tritt" (Schwier 2004: 20). Das Spaßprinzip wird bei MTV zwar vermittelt, indem Wettkampfanstrengungen ausgeblendet und emotionale Performanz fokussiert werden. Gleichzeitig bleibt aber auch der Kontrast zwischen Sieg und Niederlage erhalten, der bei MTV zudem für eine Emotionalisierung genutzt wird.

4.3.1 Giga: Cyborg-Athleten und das Computerspiel als interaktives System

Die *Körper-Technologie-Beziehung* bei Giga kann mit Hilfe der Cyborg-Metapher beschrieben werden. Eine solche Körperinszenierung verweist auf die Verschmelzung von Körper und Hardware-Technologien. Die Analyse dieser Beziehung zeigt, dass die von Giga gewählte Darstellung nicht wie bei DSF und MTV auf der Vermittlung von körperlicher Aktivität basiert. Stattdessen bleibt der mit Hardware verbundene Cyborg-Körper fast statisch. Der auf den Monitor gerichtete Blick, die Abschottung der Ohren durch Kopfhörer sowie die Verbindung von Hand und Eingabegerät zeichnen die Inszenierung des *Cyborg-Athleten* aus. Eine solche Körperinszenierung betont den Einfluss der Technologie auf den Körper und bildet einen Gegensatz zu der DSF- und MTV-Darstellung.

Während DSF allein das Gamepad fokussiert und dieses als Sportgerät interpretiert, zeigt die Giga-Sendung alle Komponenten des Hardware-Rahmens und dies sowohl auf *eSportler-* als auch auf *Moderatoren*-Ebene. Cyborg-Athlet und

---

[6] Mit „MTV-Sendung" ist immer die wöchentliche MTV-Sendung „Game One" gemeint.

Cyborg-Moderator bleiben aufgrund der intensiven Technologie-Beziehung für ihr Umfeld un-ansprechbar und somit in gewisser Hinsicht abwesend. Der mit Technologie interagierende Cyborg-Moderator unterbricht die Kommunikation mit dem Umfeld, indem der Blick auf den Monitor statt in die Kamera gerichtet wird und die Hand mit einem Eingabegerät interagiert statt ein Mikrofon zu halten. Da die Sinnesorgane eines Cyborg-Moderators mit der Hardware verschmolzen sind, wird ein zweiter von Hardware befreiter Moderator notwendig, der die Kommunikation mit Publikum und Kamera aufrechterhält.

Auf Ebene des *eSportlers* wird diese Technologie-Verbindung als relativ starke Verbindung inszeniert, die noch nach dem Wettkampf andauert und durch Emotionen immer nur teilweise, aber nie vollständig aufgelöst werden kann. Im Gegensatz zu MTV und DSF wird bei Giga beispielsweise eine Niederlage allein durch das Abwenden der Augen von dem Monitor dargestellt.

Die Leistung des eSportlers wird dementsprechend nicht anhand der Körperaktivitäten gemessen. Stattdessen beruht sie einerseits auf der Fähigkeit, die Hardware-Beziehung trotz des Umfelds und der Wettkampfemotionen ohne Unterbrechung fortzuführen, und andererseits darauf, den Computerspielanforderungen gerecht zu werden. Die Formulierung von Spieleigenheiten der jeweiligen FIFA-Version kann als eine Form der *Computerspiel-Darstellung* gesehen werden, die das Computerspiel als interaktives System mit bestimmten Charakteristika interpretiert. Die Formulierung von Spieleigenheiten dient auch dazu, die Cyborg-Leistung bewerten zu können.

Cyborg-Identitäten werden bereits während der Wettkampfvorbereitung konstruiert, denn die einzelne Vorstellung der eSportler enthält nicht nur menschliche Eckdaten wie Alter, Name und Team-Zugehörigkeit, sondern auch Cyborg-Daten wie genaue Angaben über die benutzte Hardware.

Bei der Analyse der *Computerspiel-Darstellung* fällt auf, dass Giga im Gegensatz zu DSF und MTV nicht nur die Fußball-Simulation des Computerspiels, sondern auch die Ebene *Spielsystem* und *Spieleigenheit* präsentiert. Mit Hilfe der Spieleigenheit kann beispielsweise FIFA 2007 von anderen Spielen innerhalb und außerhalb der Spielserie FIFA abgegrenzt werden. Zudem kann dadurch, wie bereits erwähnt, die Cyborg-Leistung identifiziert werden. Spieleigenheiten werden vornehmlich auf sprachlicher Ebene repräsentiert.

Die *eSportler-Computerspiel-Beziehung* wird allein bei Giga auch als Mensch-System-Interaktion präsentiert. Die visuelle Darstellung des Spielsystems in Form von textbasierten Menüs und Dialogfeldern macht bereits auf die Interaktionsmöglichkeiten aufmerksam. Sie zeichnet sich dadurch aus, dass sie weder auf die Repräsentation von menschlichen noch von virtuellen Körpern zurückgreift. Das Computerspiel wird bei Giga dadurch nicht wie bei DSF als bloße Fußballsimulation oder wie bei MTV als fantastischer Erlebnisraum interpretiert, sondern als ein *interaktives System* verstanden, mit dem der Cyborg-Athlet kommunizieren kann. Mensch-System-Interaktionen werden zudem von den Moderatoren/Kommentatoren erwähnt. Sie werden dazu genutzt, die Aktivitäten der eSportler auf dieser Ebene zu vermitteln und teilweise zu interpretieren:

„beginnen wir mit der zweiten Halbzeit. Hier werden noch kurz Änderungen im Spielsystem vorgenommen" (Giga-Sendung vom 11.05.2007)

„jetzt werden hier kurz Änderungen gemacht, scheinbar lief es schon ma' nich so wie er's [eSportler] wollte" (Giga- Sendung vom 01.06.2007)

Der Spielkommentator verweist dadurch nicht nur auf eine zweite Ebene des Computerspiels, sondern identifiziert diese auch als relevante Ebene des Wettkampfs, auf der der Cyborg-Athlet handeln kann.

Die Repräsentation von beinahe statischen Cyborg-Athleten, die auch mit abstrakteren Systemen wie dem Spielsystem interagieren, stellt eine konkrete Alternative zu Mediensportinszenierungen dar. Eine solche Sport-Repräsentation kann zudem die bevorzugte Mediensportdarstellung eines männlich konnotierten Körpers in Aktion hinterfragen.

5 Zusammenfassung: Fernsehaneignung einer Computerspielkultur

Die Analyseergebnisse machen deutlich, dass eSport senderübergreifend als Wettkampfsport verstanden und präsentiert wird. Der eSport-Fernsehtext enthält das Oppositionspaar „Sieg-Niederlage" und thematisiert die Leistungsproduktion der männlichen Wettkampfteilnehmer.

Senderübergreifend wird auch die Macht einer hierarchischen Geschlechterordnung erkennbar. Frauen werden allein in der Rolle der Moderatorin repräsentiert und im Gegensatz zum männlichen Moderator/Kommentator wird ihnen kein Expertenstatus gewährt.

Kommerzialisierung ist ebenfalls senderübergreifend relevant. Jugendliche Computerspieler werden in den eSport-Sendungen immer auch als Werbeträger präsentiert. Die beworbenen Produkte begrenzen sich dabei nicht nur auf die benutzte Spielsoftware und Hardware, sondern umfassen auch spielferne aber immer noch technikaffine Produkte, z. B. aus dem Bereich Telekommunikation und Elektrogeräte. Bei DSF und MTV erhalten Unternehmen sogar innerhalb der virtuellen Spielwelt eine Präsenz. Bei DSF können zudem spielferne Produkte wie das Mobiltelefon einer Personalisierung des eSportlers dienen. Bei Giga werden Hardware-Produkte bereits als Teil der eSportler-Identität präsentiert. Kommerzialisierung im eSport-Fernsehtext ist folglich omnipräsent und gezielt auf seine technikaffine Zielgruppe ausgerichtet.

eSport wird allerdings senderspezifisch in unterschiedliche Kontexte eingebettet. Diese können als Fußballsport, Jugendsport und Szenesport beschrieben werden. Sie stehen in einem engen Zusammenhang mit dem jeweiligen Senderprofil. Auffallend ist, dass insbesondere die Körper-Technologie-Beziehung mit

Hilfe dieser kulturellen Kontexte ausgehandelt wird. Hier rekurriert der eSport-Fernsehtext auf verschiedenartiges kulturelles Wissen: DSF übersetzt die Körper-Technologie-Beziehung mit Hilfe der Sportgerät-Metapher, MTV greift auf eine Cyberspace-Fantasie zurück und Giga präsentiert den Cyborg-Athleten. Dies führt dazu, dass der Fernsehtext unterschiedliches und widersprüchliches Wissen über die Körper-Technologie-Beziehung produziert.

Ebenso wird die Leistung des eSportlers senderspezifisch interpretiert und präsentiert. Während DSF noch einen körperzentrierten Leistungsbegriff vermittelt, formuliert MTV bereits dessen Parodie, und Giga bietet mit Hilfe eines technologieorientierten Leistungsbegriffs sogar eine Alternative.

Der eSport-Fernsehtext verweist also nicht einfach auf die Aneignung von Mediensportstrategien, sondern ebenso auf eine senderspezifische Lokalisierung in unterschiedliche kulturelle Kontexte und damit auf Hybridität, wodurch auch widersprüchliches Wissen über die Körper-Technologie-Beziehung produziert wird. In seiner Hybridität macht der eSport-Fernsehtext also deutlich, dass sich Fernsehakteure die Computerspielkultur eSport zwar *senderübergreifend* als Leistungssport aneignen, diesen allerdings *senderspezifisch* in Fußball-, Jugend- oder Szenesport ausdifferenzieren. Neben einer Fernsehaneignung ist also auch eine Fernseh*sender*aneignung zu berücksichtigen.

Literatur

Butryn, Ted M./Masucci, Matthew A. (2003): It's Not About The Book. A Cyborg Counternarrative of Lance Armstrong. In: Journal of Sport and Social Issues, 2003, 2, 124–144.

Carlisle Duncan, Margaret/Messner, Michael A. (2000): The Media Image of Sport and Gender. In: Wenner, Lawrence A. (Hrsg.): MediaSport. London u. a.: Routledge, 170–185.

Cole, Cheryl L. (1993): Resisting the Canon. Feminist Cultural Studies, Sport, and Technologies. In: Journal of Sport and Social Issues, 1993, 17. 77–97. Online-Publikation. http://jss.sagepub.com/content/17/2/77 [18.10.2010].

Fiske, John (2003): Television Culture. London u. a.: Routledge.

Haraway, Donna J. (1985): A manifesto for cyborgs. Science, technology, and socialist feminism in the 1980s. In: Socialist Review 1985, 80, 65–107.

Hartmann-Tews, Ilse/Rulofs, Bettina (2002): Die Bedeutung von Geschlechterkonstruktionen in der Sportberichterstattung. In: Schwier, Jürgen (Hrsg.): Mediensport. Ein einführendes Handbuch. Hohengehren: Schneider, 125–150.

Hattig, Fritz (1994): Fernsehsport. Im Spannungsfeld von Information und Unterhaltung. Butzbach-Griederl: Afra.

Hepp, Andreas (2004): Netzwerke der Medien. Medienkulturen und Globalisierung. Wiesbaden: VS.

Hepp, Andreas (2009): Transkulturalität als Perspektive. Überlegungen zu einer vergleichenden empirischen Erforschung von Medienkulturen. In: Forum Qualitative Sozialforschung/Forum: Qualitative Social Research, 10(1), Art. 26. Online Publikation: http://nbn-resolving.de/urn:nbn:de:0114-fqs0901267 [18.10.2010].

Hitzler, Ronald (1995): Ist Sport Kultur? In: Winkler, Joachim/Weis, Kurt (Hrsg.): Soziologie des Sports. Opladen: Westdt, 153–163.

Kane, Mary Jo/Jefferson Lenskyj, Helen (2000): Media Treatment of Female Athletes. Issues of Gender and Sexualities. In: Wenner, Lawrence A. (Hrsg.): MediaSport London u. a.: Routledge, 186–201.

Kinkema, Kathleen M./Harris, Janet C. (2000): MediaSport Studies. Key Research and Emerging Issues. In: Wenner, Lawrence A. (Hrsg.): MediaSport, London u. a.: Routledge, 27–54.

Leder, Dietrich (2004): Vom Verlust der Distanz. Die Geschichte der Fußballübertragungen im deutschen Fernsehen. In: Schierl, Thomas (Hrsg.): Die Visualisierung des Sports in den Medien. Köln: Halem, 40–81.

Miah, Andy (2003): Be Very Afraid. Cyborg Athletes, Transhuman Ideals and Posthumanity. In: Journal of Evolution and Technology, 2003, 13. Online-Publikation: http://jetpress.org/volume 13/miah.html [18.10.2010].

Mikos, Lothar (2003): Film- und Fernsehanalyse. Konstanz: UVK.

Pilz, Gunter (2002): Sport, Medien und Gewalt. In: Schwier, Jürgen (Hrsg.): Mediensport. Ein einführendes Handbuch. Hohengehren: Schneider, 243–262.

Ränsch-Trill, Barbara (2004): Voyeurismus des Mediensports. Über das ästhetische Problem der Darstellung von Gewalt in der Sportberichterstattung. In: Schierl, Thomas (Hrsg.): Die Visualisierung des Sports in den Medien. Köln: Halem, 82–95.

Rowe, David (2004): Sport, Culture and the Media. The Unruly Trinity. 2. Auflage Berkshire: Open University.

Rowe, David/McKay, Jim/Miller, Toby (2000): Come Together. Sport, Nationalism, and the Media Image. In: Wenner, Lawrence A. (Hrsg.): MediaSport. London u. a.: Routledge, 119–133.

Sabo, Don/Jansen, Sue Curry (2000): Prometheus Unbound. Construction of Masculinity in Sports Media. In: Wenner, Lawrence A. (Hrsg.): MediaSport. London u. a.: Routledge, 202–217.

Schierl, Thomas (2004a): Ästhetisierung als produktpolitisches Instrument medial vermittelten Sports. In Schierl, Thomas (Hrsg.): Die Visualisierung des Sports in den Medien. Köln: Halem, 135–163.

Schierl, Thomas (2004b): Ökonomische Aspekte der Sportberichterstattung. In: Schauerte, Thorsten/Schwier, Jürgen (Hrsg.): Die Ökonomie des Sports in den Medien. Köln: Halem, 105–126.

Schwier, Jürgen (2004): Trendsportarten. Entwicklung, Inszenierung und mediale Verwertung. In: Schauerte, Thorsten/Schwier, Jürgen (Hrsg.): Die Ökonomie des Sports in den Medien. Köln: Halem, 11–38.

Whannel, Garry (2002): Media Sports Stars. Masculinities and Moralities. London: Routledge.

Žižek, Slavoj (1997): The plague of fantasies. London u. a.: Verso.

Zurstiege, Guido (2004): Was soll es bedeuten? Frauen, Männer und Medien-Sport. In: Schierl, Thomas (Hrsg.): Die Visualisierung des Sports in den Medien. Köln: Halem, 96–110.

Die Charakteristik medienkritischer Diskurse: Wenn Medien über Medien in Medien berichten

Marlis Torka

1 Einleitung

In einer von Medien bestimmten Gesellschaft wirken die bestehenden Medienangebote als Vermittler von Informationen und als moderne Diskussionsforen. Sie ermöglichen einen Austausch von Gedanken und Meinungen. Doch dass Medien selbst zum Gegenstand ihrer Berichterstattung werden, kommt nicht häufig vor. Noch seltener findet in den Medien ein Diskurs über medien*kritische* Berichterstattung statt. Eine Ausnahme ist das Medienmagazin ZAPP des öffentlich-rechtlichen Norddeutschen Rundfunks (NDR), das als medienkritische Instanz fungiert.

In der empirischen Fallstudie, die in diesem Aufsatz vorgestellt wird, werden zwei ZAPP-Berichte als Analysegrundlage genommen. Auf dieser Basis wird untersucht, wie sich medienkritische Berichterstattung im Rahmen eines intertextuellen und intermedialen Metadiskurses konstituiert und wie diese öffentlich kommuniziert wird.

Im ersten ZAPP-Bericht vom 17. Juni 2009 wird die Problematik der Nebenbeschäftigungen von Fernsehjournalistinnen und -journalisten thematisiert. Dabei wird die Frage aufgeworfen, ob die journalistische Unabhängigkeit und Objektivität bei der Überschneidung der beruflichen Tätigkeit mit der Nebentätigkeit noch gewährleistet ist. Der zweite ZAPP-Bericht vom 24. Juni 2009 thematisiert die (Medien-)Reaktionen nach dem ersten Beitrag, bei denen insbesondere öffentlich-rechtliche Fernsehjournalisten am medialen Pranger stehen.

Das Forschungsinteresse besteht darin, aufzuzeigen, wie dieses Thema weiter medial aufbereitet wird und so zu ermitteln, *was* und *wie* berichtet wird, wenn die Medien über sich selbst berichten. In Anlehnung an die Ausführungen von Andreas Hepp zum „Kreislauf der Medienkultur" spielen bei der Vermittlung dieser Sichtweise von Medienkultur drei Artikulationsebenen eine Rolle, die bei der vorliegenden Fallstudie Anwendung finden. Die Ebene der Produktion setzt bei der Vermittlung der Produktionsstrukturen und -prozesse von Medienprodukten an, gefolgt von der Ebene der diskursiven Repräsentationen (der Darstellung der Medienprodukte) sowie der Ebene der Aneignung von Medienprodukten. Die Medienprodukte repräsentieren dabei, „eingebettet in Diskurse, bestimmte Zusammenhänge, die von den Rezipierenden aktiv ‚zu eigen' gemacht [...] werden" (Hepp 2008b: 126). Bei der Medienproduktion und -repräsentation sowie der Medienaneignung wäre eine reflektierte und kritische Auseinandersetzung mit den Medienprodukten wünschenswert. Dafür bedarf es jedoch bestimmter Medienangebote, die sich einem medien- und damit auch selbstkritischen Umgang mit Medienthemen verschreiben, und die darüber hinaus die Rezipierenden anleiten. Solch ein Medienangebot ist das Medienmagazin ZAPP. Zusätzliche Brisanz birgt dieses Verhältnis zwischen den Rezipierenden und den Medienangeboten auch deshalb, da es sich um medienkritische Berichterstattung handelt – also um die Kritik an den Medien selbst in ihrer Vermittlungsfunktion.

Die vorliegende Fallstudie setzt demgemäß bei den Ebenen der Produktion und der Repräsentation an und geht davon aus, dass selbige die Möglichkeiten der Aneignung sowie der Auseinandersetzung mit der Berichterstattung beeinflussen. In diesem Zusammenhang wird untersucht, mit welchen Grundlagen die Rezipierenden von Seiten der Medienakteure konfrontiert werden und wie diese Grundlagen beschaffen sind. Entsprechend stehen bei der Betrachtung von Form und Inhalt die Muster medienkritischer Berichterstattung sowie die Bezüge innerhalb derselben (Intertextualität) im Mittelpunkt. Im übertragenen Sinne geht es somit um die *Aneignungsbedingungen*, die Rezipierende medienkritischer Inhalte vorfinden. Medienkritische Berichterstattung stellt dabei eine besondere Herausforderung für die Vermittlung seitens der Medienakteure und für die Aneignung seitens der Rezipierenden dar, weil die Produzenten in diesem Fall selber Gegenstand und Thema ihrer Produkte sind.

Auf Grundlage dieser Überlegungen besteht das verfolgte Erkenntnisinteresse in der Untersuchung von Diskursmustern journalistischer Metaberichterstattung und der im Rahmen dieser Metaberichterstattung öffentlich kommunizierten Medienkritik.

Die Verbindung von Form und Inhalt medienkritischer Berichterstattung wird mittels standardisierter als auch qualitativer Methoden aufgezeigt. Bei der Analyse der Berichterstattung, die nach Ausstrahlung der ZAPP-Beiträge stattfand, wird zwischen der regionalen und überregionalen Presse sowie zwischen Print- und Online-Mediendiensten unterschieden. Indem die Bezugsebenen der Medienangebote untereinander herausgestellt werden, werden zugleich die Verbindungen bzw. Intertextualität der Medienangebote innerhalb ihrer Berichterstattung dargelegt. Die Visualisierung der Verweisebenen und der damit einhergehenden Intertextualität vollzieht sich entlang von Zeitachsen und Prozessketten. Außerdem wird untersucht, wie sich Medienkritik bzw. medienkritische Berichterstattung innerhalb der Gesamtberichterstattung konstituiert. Hierbei rücken vor allen Dingen die Themenvielfalt und die Art und Weise, wie Medienkritik in den Medien zum Ausdruck gelangt, in den Fokus. Mithilfe einer qualitativen Inhaltsanalyse, die das Bilden eines Kategoriensystems ermöglicht, wird das gesamte Themenspektrum der Berichterstattung abgebildet. Des Weiteren besteht ein Interesse darin, hervorzuheben, ob man entsprechend der Themenvielfalt von mehreren Diskursen bzw. einem Metadiskurs reden kann und inwiefern dieser zum Ausdruck gelangt. Hierbei werden der Form des Diskurses entsprechende Diskurscharakteristika gebildet, die verschiedene Textmerkmale integrieren. Eine Zusammenführung der Form (Intertextualität, Diskurscharakteristika) und des Inhaltes wird auf Grundlage von Diskursmustern vollzogen, die das Gesamtbild des Metadiskurses darlegen.

2 Forschungsstand und Begriffsherleitung

2.1 Medienkritik

Kritik wird im Verständnis von Knut Hickethier „als diskursstiftendes und Analyse betreibendes und einforderndes Element" definiert (1997: 66). *Medienkritik* wird hier in Erweiterung zu der Definition von Hickethier als eine zugleich verantwortungsbewusste und -bewusstmachende Möglichkeit der Medienakteure verstanden, der Öffentlichkeit Sachverhalte über Medien zu vermitteln, zu denen sie ohne weiteres keinen direkten Zugang hätten. Eine prägnante, jedoch thematisch sehr umfassende Definition von Medienkritik lässt sich bei Sonja Ganguin finden, die Medienkritik als „das kritische Wahrnehmen, Decodieren, Analysieren, Reflektieren und Beurteilen von Medien, ihren Inhalten, Formaten, Genres und Entwicklungen" ansieht (2006: 71). Ein ähnliches Bestimmungsraster ist bei Siegfried J. Schmidt zu finden, der Medienkritik als Dreierfolge der Leistungsstufen Medienbeobachtung, Medienbeschreibung und Medienbewertung *von* Medien *in den* und *mit den* Medien versteht (2005: 22).

Hervorzuheben ist in diesem Zusammenhang ebenso die Sichtweise von Ralph Weiß, bei dem der Bewertungsgrad von Medienkritik in den Fokus rückt. Er erachtet Medienkritik als bedeutungsstiftend für die Gesellschaft und führt an, dass Medienkritik einen Beitrag zur öffentlichen Selbstverständigung der Gesellschaft erbringen kann, sofern entsprechende Bewertungen zur Urteilsbildung angeboten werden (2005: 22).[1] Medienkritik zeichnet sich daher durch ihren Bewertungscharakter hinsichtlich der Medienprodukte wie auch der medialen Apparate aus (Schanze 2001: 8).

Diese Entstehungszusammenhänge müssen allerdings um eine ausführende Komponente ergänzt werden, denn die Leistungsfolgen werden von individuell handelnden oder institutionell organisierten Akteuren erbracht. Deutlich wird dies bei Maja Malik, die die Akteure selbst „als Strukturbereich eines Funktionssystems [ansieht] und [...] damit kommunizierende Personen als Bestandteile des Systems" konzipiert (2004: 64). Wenn Medienkritik nun von Medien öffentlich kommuniziert wird, sind die Medienakteure diejenigen, die die aufgeführten Leistungen erbringen müssen und – als Bestandteil des Mediensystems – als „Handlungsträger journalistischer Kommunikationen und Entscheidungen" fungieren (Malik 2008: 65).

---

[1] Zum Kontext der „Medienkritik als kulturelle Selbstverständigung" vgl. auch Kreimeier 1997: 48 sowie Hickethier 1997: 62.

Überdies wird Medienkritik als Bezugsgröße einer möglichen Beurteilung und Bewertung gesellschaftlicher Vorgänge, vor allem im Kontext einer mediatisierten Gesellschaft, immer wichtiger, da Medien bei der Informationsbeschaffung und Beurteilungsgrundlage gesellschaftlicher Sachverhalte zunehmend in den Vordergrund rücken (Hepp 2008a: 67). Der Bedeutungsgewinn der Medien als gesellschaftliche Institutionen führt dazu, dass das Mediensystem als zentrale Infrastruktur der modernen Gesellschaft und auch in der Öffentlichkeit als dominierende Bewertungskomponente angesehen wird (ebd.: 67). Aufgrund der starken Institutionalisierung von Medien gilt Medienkritik zudem als Vermittlungs- und Kontrollinstanz von Medienangeboten. Sie erschließt sich durch ihre Beobachtungs- und Forumsfunktion sowie durch die Übernahme von gesellschaftlicher Verantwortung. Damit einhergehend wird zugleich ein Forum für Medientransparenz und -aufklärung bereitgestellt (Choi 1999: 86, Weiß 2005: 19f., Wunden 2005: 22, Alsdorf 2007: 30).

In diesem Zusammenhang ist Medienkritik auch ein Reflexionsinstrument, weil sie zur Entwicklungsförderung des gesellschaftlichen Bewusstseins, der Wahrnehmung und des Verständnisses öffentlicher (Medien-)Kritik sowie zur Förderung medieneigener Transparenz und Glaubwürdigkeit beiträgt (Hillebrandt 2005: 33). Deswegen kann auch von einer Doppelfunktion der Medienkritik gesprochen werden: Zum einen leistet journalistische Medienkritik in ihrer gesellschaftlichen Funktion eine „systemübergreifende, öffentliche Kommunikation über Journalismus" (Malik 2004: 19). Zum anderen stellt sie eine „systeminterne Instanz der Selbstthematisierung" und ein „systeminternes Instrument der Selbstregulierung" dar (ebd. 2004: 141).

Als Kriterienkatalog bzw. Bewertungsraster lassen sich vor diesem Hintergrund nun folgende Aspekte zusammenfassen, die Medienkritik verstehen als

⇨ verantwortungsbewusste und -bewusstmachende Vermittlungsinstanz,
⇨ Medienwahrnehmung/-beobachtung, Medienanalyse/-beschreibung sowie Medienreflexion/-beurteilung,
⇨ Instanz der Fremd- und Selbstbeobachtung und damit auch als Kontrollinstanz sowie als Instrument der Selbstregulierung und/oder
⇨ Bezugs- und Bewertungsgröße gesellschaftlicher Vorgänge und damit als öffentliches Forum

Um jedoch medienkritische Inhalte in den Medien öffentlich zu kommunizieren, bedarf es hinsichtlich dieser *Kritik der Medien* auch *Medien der Kritik* (Kleiner/Nieland 2006: 147). ZAPP als ein solches Medienangebot der Kritik und Initiator von medienkritischen Diskursen in der Medienberichterstattung gilt im Kontext Kleiners und Nielands als „Motor, Organisator und Filter dieser selbstproblematisierenden und selbstbeschreibenden Diskurse der Gesellschaft über die Gesellschaft in der Gesellschaft" (2006: 143). Bezüglich des Medienjournalismus initiiert ZAPP als Medienmagazin diese Diskurse somit als *Diskurse von Medien über Medien in den Medien.*

2.2 Metadiskurs und Intertextualität

Der Begriff *Diskurs* wird in Anlehnung an Hickethier als „Erzeugung von ‚Redegewißheiten' über die Medien und ihre Aufgaben und Funktionen" verstanden, die unweigerlich „das Fundament für das Selbstverständnis sowohl der Produzenten als auch der Nutzer" bilden (1997: 62). Der Journalismus bietet in diesem Sinne eine Plattform zur Entwicklung bzw. zum Erhalt solcher Diskurse (Malik 2004: 66). Der Begriff *Metadiskurs* umfasst des Weiteren die darauf folgende Berichterstattung über das jeweilige Thema. Darunter fallen nicht nur Bezugsebenen innerhalb eines Mediensegments, sondern *medienübergreifend* unterschiedliche Formen der Berichterstattung auf verschiedenen Übertragungs- und Empfangswegen (ebd.: 100, 124). Dabei handelt es sich dann um eine Zirkulation oder eine Verknappung von Diskursen (Mills 2007: 72f., 75). Ein Diskurs, zudem verstanden als eine Gruppierung von Äußerungen innerhalb eines bestimmten sozialen Kontextes, steht allerdings „immer in einem interdiskursiven Kontext" (Keller 2007: 75). Diesem Netzwerkcharakter der Diskursformationen entsprechend, stellt sich der Metadiskurs als Summe der Einzeldiskurse dar (Keller 2007: 75, Kreimeier 1997: 48).

Die Bezugsebenen innerhalb der Diskurse werden als *Intertextualität* bezeichnet. John Fiske unterscheidet in seinem Intertextualitätskonzept zwischen den Dimensionen horizontale und vertikale Intertextualität. Die für diese Studie entscheidende *vertikale Intertextualität* umfasst eine Dreigliederung der Texte in primäre, sekundäre und tertiäre Texte. Dabei umschreibt sie vornehmlich die Beziehung zwischen primären Texten und darauf folgenden Texten anderer (Gattungs-)Art, den sekundären Texten, die sich jedoch explizit auf erstere beziehen (Fiske 1987: 108, Luginbühl et al. 2002: 20). Die damit einhergehende sogenannte *sekundäre Intertextualität* bezeichnet zum einen das Hinzufügen weiterer Genres, Personen und Inhalte zum Diskurs. Zum anderen wird damit die Verbindung zwischen Texten verschiedener Gattungen verdeutlicht. Die sekundäre Intertextualität umschließt demnach die Bezugsebenen zwischen Primär- und Sekundärtexten wie auch zwischen den Sekundärtexten untereinander. Diese Bezüge untereinander – und dies kann als das Erscheinungsbild eines Metadiskurses bezeichnet werden – vollziehen sich im Verhältnis, in Koalition, im Kontrast oder in Opposition zu anderen Diskursen (Mills 2007: 12). Diskurse gelten somit als Schauplätze öffentlicher Auseinandersetzungen.

Entsprechend Fiskes Definition gelten bei der hier vorliegenden Analyse die den Diskurs auslösenden und weiterführenden Berichte des Medienmagazins ZAPP als Primärtexte, während die Artikel der darauf folgenden Berichterstattung als Sekundärtexte bezeichnet werden.

Da in diesem Aufsatz untersucht wird, wie sich medienkritische Berichterstattung im Rahmen eines intertextuellen und intermedialen Metadiskurses konstituiert und wie diese öffentlich kommuniziert wird, werden die Zweige der Medieninhaltsforschung, der Intertextualitätsforschung sowie der Diskursforschung miteinander verbunden. Einen Überblick über den aktuellen Forschungsstand zu geben, gestaltet sich deswegen als schwierig, da es bisher keine empirischen Untersuchungen gibt, die diese Forschungsfelder und somit die medienkritische Berichterstattung, die Intertextualität sowie die Metaberichterstattung und Charakteristik des Metadiskurses betreffend vereinen. Nach einer entsprechenden Recherche und Berücksichtigung, dass es sich bei der vorliegenden Studie um eine Analyse medienkritischer Berichterstattung handelt, die vom aktuellen Forschungsstand der einzelnen Wissenschaftsbereiche unabhängig und somit von anderen Untersuchungen losgelöst ist, wird – aufbauend auf der Definition der Begriffe Medienkritik, Metadiskurs und Intertextualität – ein größerer Stellenwert dem Analysegang sowie den entsprechenden Analyseergebnissen zuteil.

3 Methodik

Mit der Analyse wird das Ziel verfolgt, charakteristische Aussagen über die bestehende Kritik der Medienkritik und damit die Selbstthematisierung der Medien abzuleiten und sie im diskursanalytischen Umfeld zu verorten (Choi 1999: 111ff., Mayring/Hurst 2005: 439). Das standardisierte und inhaltsanalytische Ablaufmodell, das bei dieser Untersuchung angewendet wird, orientiert sich an einem festgelegten Materialumfang.

Dieser beinhaltet erstens die zwei Beiträge des NDR-Medienmagazins ZAPP mit einer Gesamtlänge von zusammen 25:06 Minuten. Entsprechend des verfolgten Erkenntnisinteresses, das Medienecho auf die beiden ZAPP-Beiträge möglichst vielseitig und vollständig wiederzugeben, wurden zweitens Artikel aus den folgenden drei Mediensegmenten in das Untersuchungsdesign mit aufgenommen: 15 Artikel überregionaler Presseberichterstattung, 9 Artikel regionaler Presseberichterstattung und 13 Artikel von vier Online- und Print-Mediendiensten. Der Untersuchungszeitraum und entsprechend der Publikationszeitraum richtet sich nach der Ausstrahlung der beiden ZAPP-Beiträge (17. Juni und 24. Juni 2009). Ausgehend davon besteht die Grundgesamtheit aus insgesamt 39 journalistischen Texten, die in diesem Zeitraum erschienen sind[2] (siehe Tabelle 1).

---

[2] Zwecks Vereinheitlichung der Texte werden diese mit den Abkürzungen T1-T39 versehen und in die Auswertung aufgenommen.

Tabelle 1: Übersicht über den Datenkorpus, eig. Darst.

Mediensegment	Medienangebot	Abkürzung	Text-Nummerierung
Überregionale Presseberichterstattung	Bild am Sonntag BamS	BamS	T14, T15,
	Der Spiegel	Spiegel	T17, T25
	Der Tagesspiegel	TS	T19, T24
	Die Tageszeitung	taz	T21
	Focus	Focus	T16
	Frankfurter Allgemeine Zeitung	FAZ	T26
	Frankfurter Rundschau	FR	T22
	Süddeutsche Zeitung	SZ	T12, T13, T18, T20, T23
Regionale Presseberichterstattung	Berliner Zeitung	BZ	T3, T5, T10
	Hamburger Abendblatt	HA	T6,
	Hannoversche Allgemeine Zeitung	HAZ	T4, T7,
	Lausitzer Rundschau	LR	T11
	Märkische Allgemeine Zeitung	MAZ	T9
	Neue Presse	NP	T8
Print- und Online-Mediendienste	dwdl.de (Online)	dwdl	T28, T29, T31, T32, T35, T37
	kress.de (Online)	kress	T27, T33, T38, T39
	epd Medien (Print)	epd	T30, T34
	Funkkorrespondenz (Print)	fk	T36

Es lässt sich nicht auf eine Allgemeingültigkeit der Erkenntnisse für medienkritische Berichterstattung bzw. Diskurse schließen, da die Fragestellung ausschließlich im Rahmen einer Fallstudie behandelt und somit als *punktuelle Auseinandersetzung* angesehen wird. Eine Übertragbarkeit der Erkenntnisse bei vergleichbaren Kontextbedingungen journalistischer Metadiskurse ist dennoch möglich.

Die anzuwendende Analyse der Metaberichterstattung über die Nebenverdienste öffentlich-rechtlicher Journalisten erfolgt durch eine standardisierte und eine qualitative Analyse. Die standardisierte Auswertung untersucht dabei die Beziehungen zwischen den Diskursbeiträgen bzw. -formationen, in diesem Sinne die Bezüge der Medien zueinander, und folgt hierbei dem Intertextualitätskonzept Fiskes (Fiske 1987: 108ff.). Die Texte stellen dabei die materialisierten diskursiven Praktiken dar. Sie sind die Basis für die zu untersuchenden (Diskurs-)Muster und Strukturen. Die Interdiskursivität und Rekonstruktion von Diskursen und Diskursformationen bedingend, werden die Analyseergebnisse einzelner Texte schließlich auf den Metadiskurs aggregiert. Demnach wird nicht „pro Text [...] von einer in sich konsistenten und geschlossenen Sinn- und Fallstruktur" (Keller 2007: 75) ausgegangen, sondern von einem Sinnzusammenhang aller Texte und ihrer Beziehungen untereinander. Demnach stehen die Kontextualisierung der einzelnen Texte und die Intertextualität des gesamten Materials im Vordergrund, da

> nur eine interpretative Analyse, die auch „zwischen den Zeilen" liest und Verbindungslinien zwischen Diskursbeiträgen zieht, der diskursanalytisch zentralen Prämisse gerecht werden [kann], dass die Bedeutung eines Textes nicht in diesem Text selbst, sondern in den Beziehungen besteht, die Diskursbeiträge untereinander und zu anderen Diskursen eingehen. (Schwab-Trapp 2004: 171)

In der standardisierten Auswertung wird folglich der Kontext der Berichterstattung näher betrachtet und die sekundäre Intertextualität aufgeschlüsselt, indem Diskursformationen via Prozessketten und Zeitachsen dargestellt werden.

Im Zuge der qualitativen Auswertung wird der Diskurs als Forschungsgegenstand begriffen. Die Diskursanalyse stellt dementsprechend die Forschungs*perspektive* dar, während die Inhaltsanalyse die Methode bezeichnet (vgl. Keller 2007: 8). Nach der Analyse der Textinhalte, die auf die standardisierte Auswertung folgt, wird entsprechend der Strukturierung angesprochener Themenfelder ein Kategoriensystem gebildet, das aus Kategorien sowie Unterkategorien (Ausprägungen) besteht. Die Analysetechnik der Zusammenfassung nach Mayring dient als Grundlage der qualitativen Inhaltsanalyse (Mayring 2007: 59ff.), mit der der Mediendiskurs untersucht wird. Als letzter Auswertungsschritt steht die Interpretation der Analyseergebnisse hinsichtlich bestehender Diskurscharakteristika und -muster an.

4 Analyse

4.1 Standardisierte Auswertung: Die Bezugsebenen medienkritischer Berichterstattung

Zunächst werden im Zuge einer standardisierten Auswertung des Untersuchungsmaterials die Ebene der sekundären Intertextualität und damit die Bezugsebenen zwischen den Primärtexten und Sekundärtexten sowie den Sekundärtexten untereinander aufgeschlüsselt. Dies wird anhand von Zeitachsen und Prozessketten sowie einer Einordnung der Medienangebote in der regionalen und überregionalen Presseberichterstattung sowie den Mediendiensten visualisiert. Um aufzuzeigen, wie die Berichterstattung als Ganzes zusammenhängt, werden mehrere Darstellungsebenen zusammengeführt. Abbildung 1 zeigt zunächst die zeitliche Abfolge der Medienberichte unterteilt nach Mediensegmenten.

Die ZAPP-Berichte sind in ihrer Funktion als Primärtexte gräulich hervorgehoben. Die Phase der Hauptberichterstattung erfolgt im Zeitraum vom 19. bis zum 24. Juni 2009 bei der überregionalen Presse. Insbesondere die Süddeutsche Zeitung könnte man – beurteilend nach der Häufigkeit ihrer Berichte sowie den Zeitpunkten ihrer Veröffentlichung – als mediales Zugpferd bezeichnen. Die regionale Presseberichterstattung vollzieht sich schwerpunktmäßig nach dem ersten ZAPP-Bericht im Zeitraum vom 20. bis zum 23. Juni 2009, wobei hier die Berliner Zeitung und die Hannoversche Allgemeine Zeitung durch mehrmaliges Aufgreifen des Themas dominierende Stellungen einnehmen. Die Mediendienste greifen die Thematik zwar erstmals am 20. Juni 2009 auf, der Schwerpunkt ihrer Berichterstattung liegt jedoch im Zeitraum ab dem 24. Juni 2009. Daher ist es sinnvoller, in diesem Fall bereits von einer Nachberichterstattung zu sprechen, die sich zusammen mit der überregionalen Presseberichterstattung auch als Feuilleton-Diskussion bezeichnen lässt. Hervorgehoben sei in diesem Zusammenhang nochmals die Süddeutsche Zeitung, die mit fünf von 37 Sekundärtexten neben den 10 Texten der Online-Dienste dwdl.de (6) und kress.de (4) den Großteil der Gesamt-Medienberichterstattung ausmacht. Um die Bezüge der Medienangebote darzustellen, werden alle Verweise der Texte untereinander mit richtungsweisenden Pfeilen gekennzeichnet.

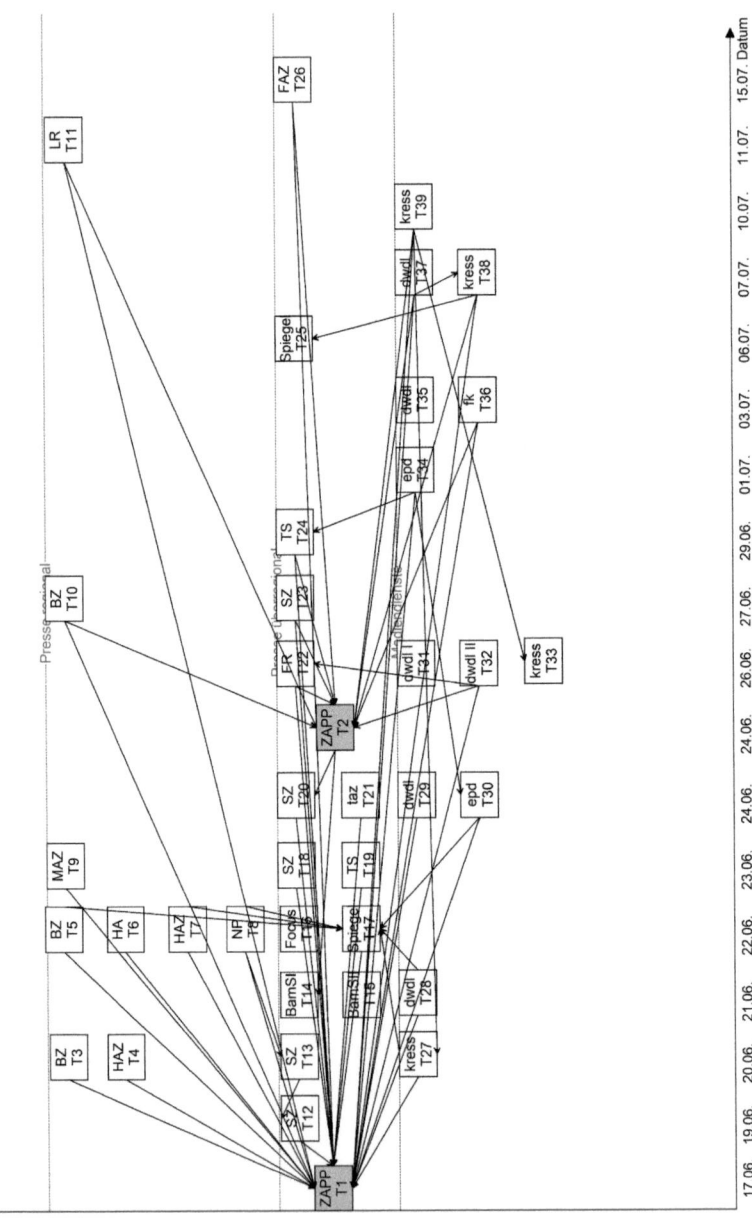

Abbildung 1: Bezugsebenen medienkritischer Berichterstattung, eig. Darst.

Da ein erhöhtes Verweis-Aufkommen zu beiden ZAPP-Beiträgen (ZAPP I und ZAPP II) vorliegt und nur in 9 der 37 Sekundärtexte nicht auf einen oder beide ZAPP-Beiträge verwiesen wird, wurden die Verweise zu beiden Primärtexten entfernt und durch gebündelte Textbausteine ersetzt, um so die Sekundärtextverweise vereinfacht betrachten zu können. Abbildung 2 verdeutlicht demnach, dass 17 Sekundärverweise ausgehend von 13 Medienangeboten vorliegen[3]. Die Sekundärtexte folgen dabei keinem bestimmten Muster. Sowohl die verweisenden Texte als auch die Texte, auf die verwiesen wird, wurden zu unterschiedlichen Zeitpunkten veröffentlicht und stammen aus der regionalen und überregionalen Presse sowie den Mediendiensten. Während also auf beide ZAPP-Beiträge insgesamt 40 Mal verwiesen wird, wird bei den Bezügen zu Sekundärtexten nur auf 12 von 37 möglichen Medienangeboten verwiesen[4]. Dies spricht für eine ausgeprägte originäre Quellennennung seitens der berichtenden Medienangebote. Während auf alle anderen Sekundärtexte ausschließlich einmalig Bezug genommen wird, sticht des Weiteren der Spiegel vom 22. Juni 2009 heraus. Auf diesen wird sechsmal verwiesen.

---

[3] Die gebündelten Texte stehen oberhalb der Einzelmedien. Die neun Texte, die dagegen nicht auf die Primärtexte verweisen, sind dunkelgrau eingefärbt.

[4] Die Anzahl der Verweise (N=40) basiert auf der Kodierung der Nennung eines der beiden Primärtexte. Bei nicht eindeutiger Zuordnung wurde ein Verweis auf beide Primärtexte kodiert. So ergibt sich eine 29-malige Nennung von ZAPP I und eine 11-malige Nennung von ZAPP II.

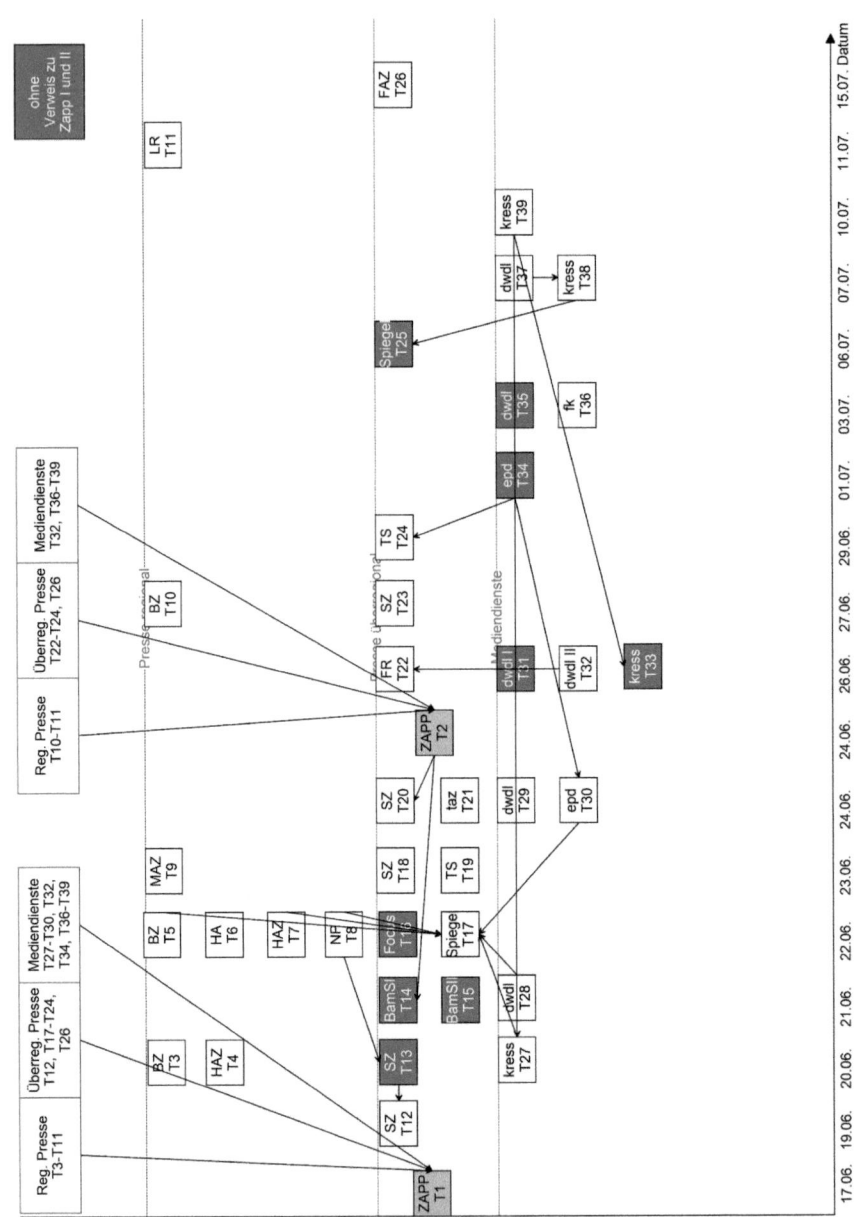

Abbildung 2: Bezugsebenen ohne Primärverweise, eig. Darst.

Die Intertextualität der Berichterstattung kommt innerhalb der Berichterstattung auch sprachlich zum Ausdruck. So wird die Berichterstattung, die sich aus den Bezügen ergibt, medienübergreifend als „Debatte" oder „Diskussion" bezeichnet. In diesem Zusammenhang kann auch von einer Verweisebene zweiter Ordnung gesprochen werden, da die sekundäre Intertextualität selbst Gegenstand der Berichterstattung ist.

Zusammenfassend führt die standardisierte Auswertung zu zwei Ergebnissen, die das Erscheinungsbild des Metadiskurses betreffen. Zum ersten gibt es eine erkennbare Phase der Haupt- und Nachberichterstattung. In beiden Phasen dominiert die überregionale Presse. Die regionale Presse berichtet nur anfangs über die Thematik. Die Mediendienste greifen das Thema erst mit zeitlicher Verzögerung auf, sind dann jedoch in der Phase der Nachberichterstattung sehr präsent. Zum zweiten verweisen alle Medienangebote mit Ausnahme von neun Texten auf die beiden ZAPP-Berichte. Bei den Sekundärtexten untereinander sind vergleichsweise wenige Bezüge zu finden. Durch die Aufschlüsselung der sekundären Intertextualität wird zugleich die Bezugnahme der einzelnen Elemente des Systems auf sich selbst (basale Selbstreferenz) dargestellt. In den bisherigen Ausführungen wurde somit aufgezeigt, wie journalistische Kommunikation an vorangegangene journalistische Kommunikation anschließt und welche Medienangebote daran beteiligt sind.

4.2 Qualitative Auswertung: Kritik an der medienkritischen Berichterstattung

Die qualitative Inhaltsanalyse ermöglichte es, die folgenden vier Kategorien bzw. Themenfelder zu bilden: *Tabus, Genehmigungspraxis, Akteure* und *Kritikpunke*.

Die Kategorie *Tabus* (K1) ergibt sich durch die beiden Ausprägungen *Tabuthema* ($K1_a$) und *Tabubruch* ($K1_b$). Inhaltlich werden dort die gegensätzlichen Positionen integriert, die auf der einen Seite das Thema als Tabu beschreiben und aufzeigen, dass Stellungnahmen von Betroffenen größtenteils die Ausnahme sind. Auf der anderen Seite wird dargelegt, dass sich diese Einstellung im Verlauf der Themenentwicklung und ihrer Aufbereitung durch die Medien ändert und sich mehr Personen, auch Betroffene, zu Wort melden. Im Zuge dessen werden einerseits die Nebentätigkeiten gerechtfertigt, andererseits wird Kritik an der Personalisierung der Medienberichterstattung geübt. Stellt $K1_a$ somit den eher zurückhaltenden Umgang mit dem Thema als Tabuisierung dar, beschreibt $K1_b$ den offensiven Umgang mit dem Thema, vergleichbar mit dem Versuch einer Legitimierung der Nebentätigkeiten.

Die Kategorie *Genehmigungspraxis* (K2) erschließt sich durch Aussagen zum Ist-Zustand der aktuellen Genehmigungspflicht und durch einen Ausblick auf eine mögliche (Um-)Orientierung der Genehmigungspraxis, der als Soll-Zustand bezeichnet werden kann. Zudem zeigt sich eine sogenannte Grauzone, die verdeutlicht, dass die Genehmigungspraxis trotz der rechtlichen Rahmenbedingungen undurchschaubar wirkt. So ergibt sich die Kategorie *Genehmigungspraxis* (K2) aus drei Ausprägungen. Die erste Ausprägung *Genehmigungspflicht* (K2$_a$) bündelt alle Aussagen zur grundsätzlichen Zulässigkeit von Nebentätigkeiten, zu der Genehmigung durch Dritte und zum bestehenden Problembewusstsein der öffentlich-rechtlichen Anstalten hinsichtlich ihrer Genehmigung von Nebentätigkeiten. Demnach sind diese Genehmigungsverfahren verpflichtend und die Nebentätigkeiten bei Genehmigung zulässig. Die öffentlich-rechtlichen Sender lassen ein Problembewusstsein erkennen und versuchen, die Nebentätigkeiten durch mehrstufige Genehmigungsverfahren über mehrere Hierarchieebenen abzusichern. Die zweite Ausprägung *Grauzone* (K2$_b$) ist durch Unzulänglichkeiten und Relativierungen der Problematik gekennzeichnet. Denn „nicht alles, was vielleicht rechtlich erlaubt ist, ist auch moralisch akzeptabel" (T30: 37). Die Problematik wird als eine Frage von Ethik und Moral diskutiert. Als Beispiele können hierbei die unverhältnismäßigen Honorarhöhen angeführt werden, sowie die Tatsache, dass Nebentätigkeiten nicht prinzipiell verboten werden können und nur begrenzt zu prüfen sind, da sie rein rechtlich dem Privatbereich zugeordnet werden. Auch der Pressekodex, der zwar für alle Journalisten gelten könnte, was aber aufgrund der freiwilligen Verpflichtung nicht der Fall ist, ist hier keine Lösung. Die dritte Ausprägung *(Um-)Orientierung* (K2$_c$) umfasst den Diskussionsbedarf innerhalb der öffentlich-rechtlichen Rundfunkanstalten und die Forderungen seitens externer Personen und Institutionen. Neben weiteren grundsätzlichen Forderungen nach einer besseren und strengeren Antragsprüfung und Genehmigungspraxis, mit der vermieden werden kann, dass journalistische Maßstäbe beeinträchtigt werden, nehmen Vorschläge zu Kodizes einen großen Teil der Berichterstattung ein. Dies gilt ebenso für die Forderung nach einem höheren Maß an Transparenz und Offenheit bei den Genehmigungsverfahren.

Die Kategorie *Akteure* (K3) umfasst sowohl in der Berichterstattung namentlich genannte Personen als auch diejenigen, die namenlos bleiben und nur ihrer Arbeit entsprechend sowie durch Verallgemeinerungen in die Medienbranche eingeordnet werden. Die erste Ausprägung *Personen* (K3$_a$) wird durch zwei Sachverhalte dominiert. Zum einen werden von ZAPP im Auslöserbericht beispielhaft sechs öffentlich-rechtliche Journalisten mit nachweisbaren Nebentätigkeiten benannt, die im Laufe der weiteren Berichterstattung wiederholt thematisiert werden. Zum anderen sticht die teilweise plakativ anmutende Zur-Schau-Stellung des ARD-Journalisten Tom Buhrow hervor. Dass Buhrow für eine ausgefallene Veranstaltung ein Ausfallhonorar in unbekannter Höhe bekommen haben soll, führt zu einer Fokussierung, die zugleich mit einer Personalisierung der Berichterstattung einhergeht. Verstärkt wird dies dadurch, dass Honorare von bis zu 20.000 Euro für Auftritte von Buhrow und einigen seiner Kolleginnen und Kollegen gezahlt werden, was auf ARD-interne wie auch externe Kritik stößt. In der zweiten Ausprägung *Gruppen* (K3$_b$) werden die betroffenen Personen in Berufsgruppen eingeordnet. Hier geht es in erster Linie um die Personengruppe der öffentlich-rechtlichen Journalisten. Dabei lässt sich jedoch eine Differenzierung ausmachen. Demnach werden insbesondere Fernseh-Nachrichtensprecher betrachtet, die nun im Mittelpunkt des medialen Interesses stehen. Zugleich wird diese Fokussierung jedoch kritisiert und gefordert, auch die privaten Sendeanstalten und Verbände zu berücksichtigen. In diesem Zusammenhang wird von verschiedenen Seiten darauf aufmerksam gemacht, dass die Debatte um Nebenverdienste viele betrifft und es sich dabei um eine Problematik handelt, von der alle Journalisten betroffen sind.

Der Begründungszusammenhang der Kategorie *Kritikpunkte* (K4) kann als der inhaltlich relevanteste der gesamten Kategorienbildung angesehen werden. Während die Kategorien *Genehmigungspraxis* (K2) und *Akteure* (K3) zwar die meisten Nennungen im Material aufweisen, zählen die in der Debatte angebrachten Kritikpunkte zu den Schlüsselaspekten, da sie die Brisanz der Nebentätigkeiten offenbaren. Hier sind die *mangelnde Distanz* und die Gefahr des Verlustes der journalistischen Objektivität, die *mangelnde Transparenz und Glaubwürdigkeit* sowie *drohende Interessenkollisionen* zu nennen. Die erste Ausprägung *Mangelnde Distanz* ($K4_a$) zeigt ein Spannungsfeld auf, das verdeutlicht, warum Nebentätigkeiten Probleme im journalistischen Berufsalltag verursachen können. Durch das Buchen von Unternehmen, Banken und Verbänden und die damit einhergehende Abhängigkeitssituation mit den Vertragspartnern und Personen öffentlicher Relevanz wird die journalistische Objektivität und Unabhängigkeit der Medienberichterstattung in Frage gestellt. In der Debatte für eine sogenannte saubere Berichterstattung und für den Verzicht auf Nebentätigkeiten wird nun zugunsten der Wahrung journalistischer Distanz appelliert. Somit könnte man sich dem Eindruck verwehren, eine Beeinflussung von Interessenverbänden läge vor. An diese Möglichkeiten und Gefahren anschließend gibt es jedoch auch Stimmen, die weder eine grundsätzliche Instrumentalisierungsgefahr noch eine Gegensätzlichkeit von kritischer sowie unabhängiger Berichterstattung und den Nebentätigkeiten sehen. Ob nun ein Verlust der journalistischen Unabhängigkeit und kritischen Distanz vorliegt oder nicht, müsse demnach von Einzelfall zu Einzelfall geklärt werden. Die zweite Ausprägung *Mangelnde Transparenz und Glaubwürdigkeit* ($K4_b$) beschreibt ähnlich wie die Ausprägung zuvor ein Spannungsfeld der bestehenden Problematik: das Abwägen zwischen der journalistischen Glaubwürdigkeit auf der einen Seite und den Nebentätigkeiten auf der anderen Seite. Um nicht den Anspruch an eine glaubwürdige Berichterstattung zu verlieren, wäre es fatal, wenn die Nebenbeschäftigungen die Glaubwürdigkeit der Journalisten und damit auch die der Sendungen und Sender gefährden würden. Insofern geht es auch um die Glaubwürdigkeit der gesamten Medienbranche. Um einem drohenden Verlust an dieser entgegenzuwirken, wäre entweder ein Verzicht auf Nebenbeschäftigungen oder mehr Transparenz als ein Maß der Offenheit ein Fortschritt. Erreicht werden könnte dies dadurch, dass die Honorare offengelegt werden. Zusammenfassend ist festzustellen, dass eine Wirkungskette von drei Faktoren gegeben sein müsste, um den Argumenten der Kritiker wirksam entgegenzutreten: So könnte journalistische Glaubwürdigkeit durch ein hohes Maß an Transparenz erreicht werden. Dies wiederum könnte durch ein Offenlegen, im besten Fall durch das Veröffentlichen der Nebeneinkünfte gelingen. Die dritte Ausprägung *Drohende Interessenkollision* (K4c) schließt an die Abwägungen der ersten beiden Ausprägungen an. Sie bündelt alle Aussagen, die mögliche Interessenkonflikte und Image-Beschädigungen aufgrund der Nebentätigkeiten thematisieren und die als Folge der mangelnden Distanz sowie der mangelnden Transparenz und Glaubwürdigkeit angesehen werden können. Die angesprochenen Interessenkonflikte basieren auf einer Störung des Berufsverhältnisses, ausgelöst durch die Debatte um Nebentätigkeiten. So sehen sich Redakteurinnen und Redakteure der betroffenen Sendungen und Verantwortliche der betroffenen Sender mit der Gefahr eines Imageschadens bedroht.

Medienkritik als Kritik *von* Medien *an* Medien *in* Medien konstituiert sich im Rahmen dieser vier Kategorien. Sie äußert sich durch das Handeln in medialen Kontexten und durch das reflexive Beobachten medialer Akteure, Inhalte und Produkte sowie deren Rahmenbedingungen. Durch Medienwahrnehmung, -analyse und -bewertung leistet Medienkritik einen Beitrag zur öffentlichen Selbstverständigung der Gesellschaft, da sie bei der Bewertung der Nebenbeschäftigungen Missstände aufzeigt und diese analysiert. Demgemäß stellt die medienkritische Berichterstattung dar, welche Problematik mit den Nebentätigkeiten einhergeht (K4 *Kritikpunkte*), worauf diese Problematik im institutionellen Kontext basiert (K2$_a$ *Genehmigungspflicht*, K2$_b$ *Grauzone*) und wer die betroffenen Journalisten und Beteiligten der Debatte sind (K3 *Akteure*). Sie fungiert dabei als Vermittlungs- und Kontrollinstanz, da nach der Bestandsaufnahme der Problematik auf mögliche Auswege bzw. (Um-)Orientierungen eingegangen wird (K2$_c$ *(Um-)Orientierung*). Es wird ersichtlich, dass die medienkritische Berichterstattung eine Beobachtungs- und zugleich Forumsfunktion aufweist. Denn es wird nicht nur der Ist-Zustand der Situation erläutert (K2$_a$ *Genehmigungspflicht*), sondern es werden auch Pro- und Contra-Argumente aufgezeigt, die für bzw. gegen Nebentätigkeiten sprechen (K1$_b$ *Tabubruch*, K4 *Kritikpunkte*). Plädiert wird dabei für eine größtmögliche Medientransparenz und -aufklärung. Von einer gesellschaftlichen Verantwortungsübernahme kann insofern gesprochen werden, als dass mögliche Folgen der Nebenbeschäftigungen wie der Verlust der journalistischen Glaubwürdigkeit und Objektivität für das System Journalismus sowie für die Gesellschaft im Allgemeinen aufgezeigt werden (K4 *Kritikpunkte*). Schlussfolgernd ist im Sinne eines Ursachen-Wirkungs-Zusammenhangs zu konstatieren, dass der Bedeutungsschwerpunkt bei den Kategorien *Genehmigungspraxis* (K2) und *Kritikpunkte* (K4) auszumachen ist. Demnach können diese beiden Kategorien als äußerst relevant eingestuft werden, da sie den Diskurs mit seinen wichtigsten Facetten aufgreifen. Die Kategorien *Tabus* (K1) und *Akteure* (K3) besitzen hingegen einen eher kontextualisierenden Charakter für die Berichterstattung selbst und für die Rezipierenden der Medienangebote. Die Medienkritik konstituiert sich zwar bei allen Kategorien, doch sie entfaltet in den Kategorien *Genehmigungspraxis* (K2) und *Kritikpunkte* (K4) ihre größte Wirkungskraft.

Im Verlauf der Berichterstattung zeigen sich zudem die drei Dimensionen der journalistischen Selbstbeobachtung und werden von der Metaberichterstattung umschlossen. Die *basale Selbstreferenz* erschließt sich dadurch, dass sich Kommunikation an vorangegangene journalistische Kommunikation anschließt. *Reflexivität* besteht aufgrund der Kommunikation über Kommunikation, da über einzelne Medien, Akteure, Vorgänge sowie Wirkungsverhältnisse und Zusammenhänge diskutiert wird. Kommunikation über das System und damit *Reflexion* besteht, da die Debatte Problematiken der Genehmigungspraxis des öffentlich-rechtlichen Systems und der Nebentätigkeiten in der Medienbranche im Allgemeinen aufzeigt (vgl. Malik 2004: 124).

4.3 Diskurscharakteristika und -muster: Die kritische Eigenleistung der Medienangebote

Über die inhaltliche Auswertung des vorliegenden Materials hinaus und somit nach der Darlegung der inhaltlichen Ebene der Berichterstattung, wird genauer betrachtet, *wie* berichtet wurde. Werden die ermittelten Übereinstimmungen bei den Textmerkmalen entsprechend ihrer Aussagen gebündelt, entstehen zusammenfassende Charakteristika, die den Diskurs medienübergreifend bestimmbar machen. Über das Material hinweg lassen sich sechs solcher *Diskurscharakteristika* ausmachen, die den Stil der Berichterstattung wiedergeben:

⇨ Der *kritisch-reflektierende* Stil ergibt sich durch eine kritische Eigenleistung der Autoren. Hierbei handelt es sich um einen sachlich und hinterfragend geschriebenen Text, bei dem zwischen mehreren Optionen der Thematik abgewägt wird. Es wird sowohl negative wie positive Kritik aufgezeigt und es werden Positionen von Betroffenen und Nicht-Betroffenen beleuchtet, indem verschiedene Perspektiven mit Für-und-wider-Argumenten betrachtet werden.

⇨ Der *kritisch-demonstrative* Stil dagegen offenbart zwar auch eine kritische Eigenleistung, doch sticht hier vor allem eine nicht sachliche Schreibweise heraus, die sich dadurch äußert, dass vornehmlich Missstände und somit nur negative Konsequenzen, entweder der Nebenbeschäftigungen oder der Berichterstattung, aufgezeigt werden. Hier kann auch von Stimmungsmache gesprochen werden.

⇨ *Deskriptiv-konstatierend* sind die Texte, die sich vornehmlich darauf beschränken, bereits erwähnte Aspekte aus den ZAPP-Berichten oder anderen

Texten zu wiederholen. Hier sticht heraus, dass der Fokus meist auf das Nennen von Namen der Betroffenen und auf die Höhe der Honorare gelegt wird.

⇨ *Kontextualisierende* Berichterstattung erfasst die Hintergründe der Thematik. Die Texte gehen auf die Kontexte der Problematik ein, wie beispielsweise den Ist-Zustand der Genehmigungspflicht und bereits bekannte Wiederholungsfälle der vergangenen Jahre. Dabei wird aufgezeigt, dass es sich bei den Nebentätigkeiten um ein altes Streitthema handelt. Auch werden bei der Kontextualisierung Vergleiche angestellt, wie z. B. hinsichtlich früher geäußerter Forderungen, die Nebenbeschäftigungen von Politikern und die Höhe von Manager-Gehältern offenzulegen.

⇨ Beim *ironisierenden* Stil wird die Debatte um Nebenbeschäftigungen ironisch-zugespitzt dargestellt. Dieser zeichnet sich zudem durch einen sehr bissigen Ton der Autoren aus.

⇨ Beim *monosemierenden* Stil wird die Perspektive eines direkt oder nicht direkt Betroffenen in Form einer meist einseitigen Meinungsäußerung zur Thematik Stellung genommen. Diese äußert sich durch entweder nur positiv oder negativ gerichtete Aussagen über Nebenbeschäftigungen, sowie durch ein Bewerten der Debatte an sich.

Aufgrund der Vielfalt an Text-Merkmalen sind einem Text oftmals mehrere Diskurscharakteristika zuzuordnen. Hierbei lassen sich medienübergreifend Parallelen feststellen. Diese zeigen sich daran, dass ein kritisch-demonstrativer Stil immer mit einer ironisierenden Schreibweise verbunden ist und dass ein kritisch-reflektierender Stil meist auch kontextualisierende Merkmale aufweist.

Zudem wurde untersucht, inwiefern sich die Diskurscharakteristika den vier Kategorien und deren Ausprägungen zuordnen lassen. Unabhängig von den Medienangeboten und somit medienübergreifend sind vergleichbare Ergebnisse zu erkennen. So ist festzustellen, dass kategorienübergreifend ein kritisch-reflektierender Stil dominiert. Das Diskurscharakteristikum deskriptiv-konstatierend überwiegt dagegen bei den Ausprägungen *Tabuthema* (K1$_a$), *Genehmigungspflicht* (K2$_a$) und *Personen* (K3$_a$). Kontextualisiert wird vor allem bei den Ausprägungen *(Um-)Orientierung* (K2$_c$), *Gruppen* (K3$_b$), *Mangelnde Distanz* (K4$_a$) und *Mangelnde Transparenz und Glaubwürdigkeit* (K4$_b$). Bei der Kategorie *Kritikpunkte* (K4) ist bei allen Medienangeboten der kritisch-reflektierende sowie der kontextualisierende Stil dominierend.

Ebenso ist es möglich, bestimmte Diskurscharakteristika bestimmten Medienangeboten zuzuordnen. In beiden ZAPP-Berichten dominiert ein kritisch-reflektierender Stil. Ausnahmen bilden die Ausprägungen *Tabuthema* (K1$_a$), *Genehmigungspflicht* (K2$_a$) und *Personen* (K3$_a$), die eher deskriptiv-konstatierende Elemente aufweisen. Die regionale Presseberichterstattung drückt sich durch ein nahezu ausgeglichenes Verhältnis aller Diskurscharakteristika aus, weist jedoch einen leicht dominierenden deskriptiv-konstatierenden wie kritisch-reflektierenden Stil auf. In der überregionalen Presse dominiert das Diskurscharakteristikum kritisch-reflektierend. Hervorzuheben ist hierbei, dass die überregionale Presse einen hohen Grad an kontextualisierenden Elemente aufweist, die sich in den Ausprägungen (K2$_c$) *(Um-)Orientierung*, (K3$_b$) *Gruppen* sowie in den beiden Ausprägungen (K4$_a$) *Mangelnde Distanz* und (K4$_b$) *Mangelnde Transparenz und Glaubwürdigkeit* der Kategorie (K4) *Kritikpunkte* festmachen lassen. Außerdem gibt es bei der überregionalen Presse mit vier Zuordnungen einen vergleichsweise hohen Anteil an monosemierenden Berichten. Die Mediendienste erreichen fünf Zuordnungen solcher Art. Bei ihnen ist grundsätzlich jedoch der kritisch-reflektierende Stil kategorienübergreifend dominierend. Ironisierende und kritisch-demonstrative Diskurscharakteristika lassen sich, wie auch in der regionalen Presseberichterstattung, nicht zuordnen.

Angesichts der bisherigen Ausführungen zu den Zusammenhängen zwischen den Diskurscharakteristika und den Kategorien einerseits sowie den Medienangeboten andererseits lassen sich zwei Typen von Diskursmustern festhalten, die die Zusammenhänge zwischen Inhalt und Form der Berichterstattung beschreiben. Deutlich werden die Zusammenhänge durch die entsprechenden Zuweisungen des Diskurscharakteristikums kritisch-reflektierend, das sowohl bei der Untersuchung der Darstellung der Inhalte als auch bei der Gesamtbetrachtung der Berichterstattungsart der Medienangebote dominierend auftritt und demgemäß hervorzuheben ist.

Das *Diskursmuster I* vollzieht sich somit zwischen den Diskurscharakteristika und den Kategorien. Entsprechend der aufgezeigten Zuordnungen beschreibt dieses Diskursmuster die Berichterstattungsart auf Ebene des Inhalts und wird *medienübergreifend* als *Kritische Reflexion der Inhalte* bezeichnet. Das *Diskursmuster II* vollzieht sich zwischen den Diskurscharakteristika und den Medienangeboten und stellt deren Eigenarten heraus. Somit beschreibt dieses Diskursmuster die Berichterstattungsart auf Ebene der Medienangebote und wird aufgrund dessen *kategorienübergreifend* als *Dominanz des Kritischen* betitelt. Beide Kritik-Begriffe sind an das Diskurscharakteristikum kritisch-reflektierend angelehnt.

Der Unterschied besteht somit zwischen den unterschiedlichen Betrachtungsperspektiven. An das Diskursmuster I wird medienübergreifend auf Grundlage der Kategorien herangegangen, an das Diskursmuster II kategorienübergreifend auf Basis der Medienangebote. Beide Diskursmuster vereinen die Ebenen von Inhalt und Form und beinhalten somit alle Auswertungsergebnisse. Zusammenfassend lassen sich die Zuordnungen wie auch Zusammenhänge zwischen den Diskurscharakteristika, den Ausprägungen sowie Kategorien und den Medienangeboten in Abbildung 3 verdeutlichen.

Tabelle 2: Zusammenhänge der Diskurscharakteristika, eig. Darst.

Kategorie	Diskursmuster II	Ausprägung	Diskursmuster I (Medienübergreifende Zuordnung)	Diskursmuster I (Kategorienübergreifende Zuordnung)	ZAPP	Regionale Presse	Überregionale Presse	Mediendienste
Tabus (K1)	deskriptiv-konstatierend / kritisch-reflektierend			deskriptiv-konstatierend / kritisch-reflektierend	deskriptiv-konstatierend / kritisch-reflektierend	deskriptiv-konstatierend / kritisch-reflektierend	kritisch-reflektierend	kritisch-reflektierend
		Tabuthema (K1a)	deskriptiv-konstatierend		deskriptiv-konstatierend	deskriptiv-konstatierend	–	–
		Tabubruch (K1b)	kritisch-reflektierend		kritisch-reflektierend	–	kritisch-reflektierend	kritisch-reflektierend
Genehmigungspraxis (K2)	kritisch-reflektierend							
		Genehmigungspflicht (K2a)	deskriptiv-konstatierend / kritisch-reflektierend		deskriptiv-konstatierend	–	deskriptiv-konstatierend / kritisch-reflektierend	kritisch-reflektierend
		Grauzone (K2b)	kritisch-reflektierend		–	kritisch-reflektierend	kritisch-reflektierend	kritisch-reflektierend
		(Um-)Orientierung (K2c)	kritisch-reflektierend (kontextualisierend)		kritisch-reflektierend	kritisch-reflektierend	kritisch-reflektierend (kontextualisierend)	kritisch-reflektierend (kontextualisierend)
Akteure (K3)	kritisch-reflektierend (kontextualisierend)							
		Personen (K3a)	deskriptiv-konstatierend (monosemierend) / kritisch-reflektierend		deskriptiv-konstatierend	deskriptiv-konstatierend / kritisch-reflektierend	deskriptiv-konstatierend (monosemierend) / kritisch-reflektierend	deskriptiv-konstatierend (monosemierend) / kritisch-reflektierend
		Gruppen (K3b)	kritisch-reflektierend (kontextualisierend)		kritisch-reflektierend (kontextualis.)	–	kritisch-reflektierend (kontextualisierend)	–
Kritikpunkte (K4)	kritisch-reflektierend (kontextualisierend)							
		Mangelnde Distanz (K4a)	kritisch-reflektierend (kontextualisierend)		kritisch-reflektierend	kritisch-reflektierend	kritisch-reflektierend (kontextualisierend)	kritisch-reflektierend
		Mangelnde Transparenz und Glaubwürdigkeit (K4b)	kritisch-reflektierend (kontextualisierend)		kritisch-reflektierend	kritisch-reflektierend	kritisch-reflektierend (kontextualisierend)	kritisch-reflektierend
		Drohende Interessenkollision (K4c)	kritisch-reflektierend		kritisch-reflektierend	kritisch-reflektierend	kritisch-reflektierend	–

5 Bezugnahme, Kritik und Reflexion als Eigenarten des Metadiskurses

Das Interesse dieser Studie bestand darin, zu untersuchen, wie sich medienkritische Berichterstattung im Rahmen eines intertextuellen und intermedialen Metadiskurses konstituiert und wie sie öffentlich kommuniziert wird.

Dabei wurde untersucht, auf Basis welcher Diskursmuster dies geschieht. Dazu wurde Medienkritik im Kreislauf der Medienkultur nach Hepp auf Ebene der Produktion und Repräsentation verortet und nach ihrer Aneignung durch die Medienakteure gefragt. So wurden mittels einer qualitativen Inhaltsanalyse die medienkritische Berichterstattung des TV-Magazins ZAPP sowie Sekundärtexte in Presse und Mediendienste untersucht. Im Zentrum der Analyse standen dabei die Themenvielfalt, die Diskurscharakteristika und -muster sowie die Intertextualität.

Als ein zentrales Ergebnis kann festgehalten werden, dass sich die *medienkritische Berichterstattung* nicht nur aufgrund der grundsätzlichen Thematik ergibt, also den Nebentätigkeiten öffentlich-rechtlicher Fernsehjournalisten. Sondern sie konstituiert sich vielmehr in den Details der Berichterstattung. Die zehn Ausprägungen verweisen auf die thematische Vielfalt, die mit der Berichterstattung und der Problematik um die Nebenbeschäftigungen einhergehen.

Die Analyse der vier Themenfelder *Tabus*, *Genehmigungspraxis*, *Akteure* und *Kritikpunkte* hat ergeben, dass es nicht um ein pauschales Verurteilen oder Verteidigen der Nebentätigkeiten geht, sondern darum, die Ursachen und möglichen Folgen differenziert zu veranschaulichen und sich damit auseinanderzusetzen, sowie darum, verschiedene Positionen und Meinungen aufzuzeigen.

Die sechs *Diskurscharakteristika*, mittels dener die Berichterstattungsart näher beschrieben wurde, zeigen, dass die Journalistinnen und Journalisten das Thema vornehmlich aus einer kritisch-reflektierenden, zum Teil aber auch deskriptiv-konstatierenden sowie kontextualisierenden Perspektive angehen. Auf dieser Grundlage konnten dominierende Diskursmuster ermittelt werden. Diese *Diskursmuster* vereinen die Diskurscharakteristika mit den Inhalten und den Medienangeboten und beschreiben somit die Zusammenhänge zwischen Inhalt und Form. Das Diskursmuster I *Kritische Reflexion der Inhalte* hebt die Zuordnung der Diskurscharakteristika *kritisch-reflektierend* und *kontextualisierend* zu den einzelnen Themenfeldern hervor, wobei hier keine Unterscheidung zwischen den Medienangeboten vorgenommen wurde. Somit spiegelt dieses Diskursmuster wider, dass nahezu alle vier genannten Themenfelder kritisch-reflektierend und ein Großteil dieser zudem kontextualisierend betrachtet werden. Das Diskursmuster II *Dominanz des Kritischen* sagt aus, dass auch die Medienangebote in der Einzelbetrachtung, also sowohl ZAPP als auch die regionale und überregionale Presse sowie die Mediendienste, themenübergreifend kritisch an die Thematik herangehen. Somit ergibt sich die kritische Reflexion der Inhalte (Diskursmuster I) nicht aufgrund einer Dominanz bestimmter Medienangebote, sondern medienübergreifend. Das Diskursmuster II stellt somit eine Ergänzung zum Diskursmuster I dar, da sich beide aus unterschiedlichen Betrachtungsperspektiven – zum einen medienübergreifend auf Ebene des Inhalts und zum anderen kategorienübergreifend auf Ebene der Medienangebote – der Berichterstattung nähern und einander somit gegenseitig bedingen. In beiden Fällen dominieren die Berichterstattungsmerkmale *Kritik* und *Reflexion*.

Der *Metadiskurs* ergibt sich schlussfolgernd zum einen durch die Kombination beider Diskursmuster mit den Auswertungsergebnissen der inhaltlichen Berichterstattung. Denn durch diese werden sowohl die Inhaltsebene wie auch die Diskurszusammenhänge miteinander verbunden. Diese Kombination besteht auf Basis eines interdiskursiven Kontextes (*Intertextualität*), der sich durch den gesamten Verlauf der Berichterstattung zieht. Hierbei ist der Metadiskurs als Gesamtdiskurs zu verstehen. Bei den Diskursformationen wurden die (Einzel-)Diskurse aus den Aussagenzusammenhängen rekonstruiert, um so die Struktur des Gesamtdiskurses aufzuzeigen. Zum anderen konstituiert sich der Metadiskurs auf Basis einer vornehmlich kritisch-reflektierenden Berichterstattungsart. Da sich die Diskurscharakteristika sowohl kategorien- bzw. themen- als auch medienübergreifend auf die Inhalte übertragen und damit umfassend abbilden lassen, ist es möglich, von einer Metaberichterstattung beziehungsweise einem Metadiskurs zu sprechen. Zudem entsprechen die Ergebnisse der theoretischen Fundierung, nach der Metadiskurse als medienübergreifende Kommunikationen zu verstehen sind und sich aus Sub- und Einzeldiskursen ergeben.

Das Aufzeigen des interdiskursiven Kontextes und somit der sekundären Intertextualität im Sinne Fiskes ist im Kreislauf der Medienkultur nach Hepp der Ebene der Produktion zuzuordnen, da sie auf die Produktionspraktiken der Medienakteure verweist, die sich in Form der Bezugnahmen unter den Medienangeboten darstellt. Die inhaltliche und formale Auswertung des Materials und damit die ermittelte Themenvielfalt der medienkritischen Berichterstattung, auf deren Basis dann die Diskurscharakteristika gebildet wurden, zeigt die Repräsentation der Medienkritik.

Die Diskursmuster sind dagegen in beiden Ebenen zu verorten, da sie sowohl die Medienangebote und deren Intertextualität als auch die Themenfelder und deren Charakteristika vereinen. Das Zusammenspiel der beiden Diskursmuster bildet somit die Basis für die Aneignung der Medienkritik durch die Rezipierenden. Da die Diskursmuster jedoch durch Entscheidungs- und Produktionskompetenzen seitens der Medienakteure entstehen, wird die Aneignung durch die Rezipierenden durch die Medienakteure, die in den Diskurs mit einbezogen sind, zu einem großen Teil mitbestimmt.

Die Aneignung der Berichterstattung *über Medien* findet also zuallererst durch die Medienakteure statt, die sie zum Gegenstand erneuter Berichterstattung *über Medien* und *in den Medien* machen. Durch diese eigentümliche Mischung aus Aneignung und Produktion wird schlussendlich die Ausgangssituation für eine kritische und reflektierte, vor allem aber öffentliche Auseinandersetzung mit den Medieninhalten im Rahmen des Gesamtdiskurses geschaffen.

Literatur

Alsdorf, Jörg (2007): Medienethik und Medienkritik. Wege zu einer politischen Philosophie der Medien. Saarbrücken: VDM, 15–50.

Choi, Kyung-Jin (1999): Medien-Selbstberichterstattung als Medienjournalismus. Selbstreferentielle Themen der Medienseiten in überregionalen Tages- und Wochenzeitungen. Münster: Lit.

Fiske, John (1987): Television Culture. London: Methuan, 108–128.

Ganguin, Sonja (2006): Das „Kritische" an der Medienkritik. In: Niesyto, Horst/Rath, Matthias/Sowa, Hubert (Hrsg.): Medienkritik heute. Grundlagen, Beispiele und Praxisfelder. München: kopaed, 71–87.

Hepp, Andreas (2008a): Netzwerke der Medien – Netzwerke des Alltags: Medienalltag in der Netzwerkgesellschaft. In: Thomas, Tanja (Hrsg.): Medienkultur und soziales Handeln. Wiesbaden: VS, 63–91.

Hepp, Andreas (2008b): Kulturtheorie in der Kommunikations- und Medienwissenschaft. In: Winter, Carsten/Hepp, Andreas/Krotz, Friedrich (Hrsg.): Theorien der Kommunikations- und Medienwissenschaft. Grundlegende Diskussionen, Forschungsfelder und Theorieentwicklungen., Wiesbaden: VS, 125–126

Hickethier, Knut (1997): Medienkritik – öffentlicher Diskurs und kulturelle Selbstverständigung. In: Weßler, Hartmut et al. (Hrsg.): Perspektiven der Medienkritik. Die gesellschaftliche Auseinandersetzung mit öffentlicher Kommunikation in der Mediengesellschaft. Darmstadt: Westdt, 59–69.

Hillebrandt, Claudia (2005): Das Fernsehen im Spiegel der Printmedien – Konturen der Berichterstattung. In: Weiß, Ralph (Hrsg.): Zur Kritik der Medienkritik. Wie Zeitungen das Fernsehen beobachten. Düsseldorf: Vistas, 33–81.

Keller, Reiner (2007): Diskursforschung. Eine Einführung für SozialwissenschaftlerInnen. 3. aktual. Aufl., Wiesbaden: VS.

Kleiner, Marcus S./Nieland, Jörg-Uwe (2006): Diskurs und Praxis: Zur Institutionalisierung von Medienkritik in Deutschland. In: Becker, Barbara/Wehner, Josef (Hrsg.): Kulturindustrie reviewed. Ansätze zur kritischen Reflexion der Mediengesellschaft. Bielefeld: transcript, 143–183.

Kreimeier, Klaus (1997): Kritik des Fernsehens oder Lob des Fernsehens? In: Weßler, Hartmut et al. (Hrsg.): Perspektiven der Medienkritik. Die gesellschaftliche Auseinandersetzung mit öffentlicher Kommunikation in der Mediengesellschaft. Darmstadt: Westdt, 48–59.

Luginbühl, Martin et al. (2002): Medientexte zwischen Autor und Publikum. Intertextualität in Presse, Radio und Fernsehen. Zürich: Seismo, 8–27.

Malik, Maja (2004): Journalismusjournalismus. Funktion, Strukturen und Strategien der journalistischen Selbstthematisierung. Wiesbaden: VS.

Mayring, Philipp/Hurst, Alfred (2005): Qualitative Inhaltsanalyse. In: Mikos, Lothar/Wegener, Claudia (Hrsg.): Qualitative Medienforschung. Ein Handbuch. Konstanz: UVK, 436–445.

Mayring, Philipp (2007): Qualitative Inhaltsanalyse. Grundlagen und Techniken. 9. Aufl., Weinheim u. a.: Beltz.

Mills, Sara (2007): Der Diskurs. Begriff, Theorie, Praxis. Stuttgart: UTB.

Schanze, Helmut (2001): Einleitung: Medienwertung – Wertungshandeln. In: Bolik, Sibylle/Schanze, Helmut (Hrsg.): Medienwertung. München: Fink, 7–21.

Schmidt, Siegfried J. (2005): Zur Grundlegung einer Medienkritik. In: Hallenberger, Gerd/Nieland, Jörg-Uwe (Hrsg.): Neue Kritik der Medienkritik. Werkanalyse, Nutzerservice, Sales Promotion oder Kulturkritik? Köln: Halem, 21–41.

Schwab-Trapp, Michael (2004): Methodische Aspekte der Diskursanalyse. Probleme der Analyse diskursiver Auseinandersetzungen am Beispiel der deutschen Diskussion über den Kosovokrieg. In: Keller Rainer et al. (Hrsg.): Handbuch Sozialwissenschaftliche Diskursanalyse, 2. Aufl., Wiesbaden: VS, 169–197.

Weiß, Ralph (2005): Wozu eine Kritik der Medienkritik? In: Weiß, Ralph (Hrsg.): Zur Kritik der Medienkritik. Wie Zeitungen das Fernsehen beobachten. Düsseldorf: Vistas, 17–33.

Wunden, Wolfgang (2005): „Kritik" als Tugend? Ein Versuch zur Moral der Mediengesellschaft. In: Grimm, Petra/Capurro Rafael (Hrsg.): Tugenden der Medienkultur. Zu Sinn und Sinnverlust tugendhaften Handelns in der medialen Kommunikation. Stuttgart: Steiner, 13–31.

Über die Autorinnen und Autoren

Fabian Agel, M.A., arbeitet derzeit als Public-Relations-Volontär in Flensburg. Zuvor hat er Medienkultur an der Universität Bremen und Kommunikationswissenschaft und Philosophie an der Universität Erfurt studiert. Forschungsinteressen: Politische Kommunikation, Medienidentitäten, Soziale Bewegungen. Veröffentlichung: „Netzwerk Berlin. Informelle Interpenetration von Politik und Journalismus" (mit Eike Mark Rinke, Michael Schlachter et al., München 2006) – als Bachelor-Arbeit ausgezeichnet mit dem Förderpreis für junge Kommunikationswissenschaftler 2005 der Thüringer Landesmedienanstalt.

Çiğdem Bozdağ, M.A., ist Doktorandin und Wissenschaftliche Mitarbeiterin am Zentrum für Medien-, Kommunikations- und Informationsforschung (ZeMKI) an der Universität Bremen. Zuvor hat sie im DFG-Projekt „Integrations- und Segregationspotenziale digitaler Medien am Beispiel der kommunikativen Vernetzung von ethnischen Migrationsgemeinschaften" gearbeitet. Davor hat sie Medienkultur an der Universität Bremen und Politikwissenschaften und internationale Beziehungen an der Boğaziçi Universität in Istanbul/Türkei studiert. Veröffentlichungen (Auswahl): „Diasporic media as the ‚focus' of communicative networking among migrants" (mit Andreas Hepp und Laura Suna, Basingstoke 2011, in Vorbereitung); und „Mediale Migranten. Medienwandel und die kommunikative Vernetzung der Diaspora" (mit Andreas Hepp und Laura Suna, Wiesbaden 2011); sowie „Herkunfts-, Ethno- und Weltorientierte: Aneignungstypen der kulturellen Identität und kommunikativen Vernetzung in der Diaspora (mit Andreas Hepp und Laura Suna, in: M&K 2010) – ausgezeichnet von der DGPuK als bester kommunikationswissenschaftlicher Zeitschriftenaufsatz 2010.

Monika Elsler, M.A., ist Wissenschaftliche Mitarbeiterin am Zentrum für Medien-, Kommunikations- und Informationsforschung (ZeMKI) an der Universität Bremen. Dort arbeitet sie in dem DFG-Projekt „Die Transnationalisierung von Öffentlichkeit am Beispiel der EU: Reaktionen der Bürger" des Sonderforschungsbereichs 597 „Staatlichkeit im Wandel". Forschungsinteressen: Europäische Öffentlichkeit sowie Religion und Medien. Daneben ist sie als Freie Lektorin (VFLL) mit dem Schwerpunkt Wissenschaftslektorat tätig. Zuvor hat sie Medienkultur an der Universität Bremen und Modern Languages and Intercultural Communication an der Syddansk Universitet/Dänemark studiert.

Louisa Karbautzki, M.A., ist Wissenschaftlerin am Institut für Informationsmanagement Bremen GmbH (ifib) und am Zentrum für Medien-, Kommunikations- und Informationsforschung (ZeMKI) an der Universität Bremen. Dort widmet sie sich derzeit in verschiedenen Projekten der empirischen Forschung und Evaluation sowie praktischen Beratung im Umgang mit Informationen und Medien in Bildungskontexten. Ihre Arbeits- und Forschungsschwerpunkte sind: Digitale Medien, Web 2.0/Social Media und Interaktionsdesign. Zuvor hat sie Medienkultur an der Universität Bremen und Digitale Medien an der Universität Bremen und der Hochschule für Künste Bremen studiert. Ihre Master-Arbeit wurde nominiert für den Bremer Studienpreis 2010.

Sarah Kumpf, M.A., arbeitet derzeit als Journalistin für Radio Bremen (ARD). Zuvor hat sie Medienkultur an der Universität Bremen und Angewandte Literatur- und Kulturwissenschaften, sowie Journalistik und Politik an der Universität Dortmund studiert. Veröffentlichung: „‚Ich bin aber nicht so ein Freak.' Distinktion durch Serienaneignung" (in: Eichner, Susanne/Mikos, Lothar/Winter, Rainer. Wiesbaden 2011, in Vorbereitung).

Janina Maric, M.A., ist Doktorandin und Stipendiatin am Kolleg ComDigMed (Communication and Digital Media) der Universität Erfurt. Zuvor hat sie Medienkultur an der Universität Bremen und Medien und Französisch an der University of North London in London/England studiert. Veröffentlichung: „Das Spiel mit dem Medium" (Buchrezension in: Ästhetik und Kommunikation 2006); sowie „Electronic Sport: deconstructing territorial belonging and reinforcing gender bias" (in: Journal of Media and Communication 2011, in Vorbereitung). Forschungsinteressen: Mediensoziologie, Cultural Studies, Gender Studies, Computerspielkulturen, insbesondere eSport, Sportkommunikation und digitale Medien.

Olga Mecking, M.A., arbeitet derzeit freiberuflich als Übersetzerin (deutschpolnisch). Zuvor hat sie Medienkultur an der Universität Bremen und Germanistik an der Universität Warschau (Polen) studiert. Forschungsinteressen: Erzählforschung, Europäische Öffentlichkeit, transkulturelle Kommunikation. Veröffentlichung: „‚Beyond the Game'?! Die World Cyber Games 2008 in Köln als populäres Spielevent der Computerspielindustrie (mit Jeffrey Wimmer et al., in: Hepp, Andreas/Höhn, Marco/Vogelgesang, Waldemar. Wiesbaden 2010).

Eliana Pegorim, M.A., arbeitet derzeit als Communication Consultant Digital bei iProspect Austria & Adriatics/Aegis Media Central Services in Wien/Österreich. Zuvor hat sie Medienkultur an der Universität Bremen, Media and Globalisation an der Nottingham Trent University/England und Kommuni-kationswissenschaft mit Schwerpunkt Journalistik an der Universidade Federal do Rio de Janeiro (UFRJ)/Brasilien studiert. Forschungsinteressen: Politische Kommunikation, digitale Medien, transnationale und transkulturelle Kommuni-kation. Veröffentlichungen: „‚Beyond the Game'?! Die World Cyber Games 2008 in Köln als populäres Spielevent der Computerspielindustrie (mit Jeffrey Wimmer et al., in: Hepp, Andreas/Höhn, Marco/Vogelgesang, Waldemar. Wiesbaden 2010); sowie „YouTube: vídeos, memória e construção coletiva no ciberespaço"

respaço" (deutsch: „YouTube: Videos, Erinnerungen und kollektive Konstruktion im Cyberspace") (Rio de Janeiro 2006).

Martin Schlütter, M.A., arbeitet derzeit als Web-Editor für ein Online-Magazin. Zuvor hat er Medienkultur an der Universität Bremen und Medien- und Kulturwissenschaft an der Heinrich-Heine-Universität in Düsseldorf und der Universidad de Salamanca in Spanien studiert. Forschungsinteressen: Medienaneignung und transkulturelle Kommunikation.

Lisa Schwarzien, M.A., arbeitet derzeit als PR-Beraterin bei der Bremer Agentur DIALOG PR, wo sie sich unter anderem mit dem Aufbau und der Strategieentwicklung für Social-Media-Auftritte von Unternehmen befasst. Zuvor hat sie Medienkultur an der Universität Bremen und Medien- und Kulturwissenschaft an der Heinrich-Heine-Universität in Düsseldorf studiert.

Marlis Torka, M.A., arbeitet derzeit als Junior-Beraterin bei aexea – communication. content. consulting in Stuttgart. Hier ist sie in der Online-Kommunikation und im Corporate Publishing tätig. Ihre Aufgabenfelder liegen in der Beratung und Konzeption sowie in der Redaktion und Produktion. Zudem ist sie Redakteurin der Wochenzeitung GOOD NEWS – Gute Nachrichten aus Stuttgart, die von der RlvS Verlagsgesellschaft mbH herausgegeben wird. Zuvor hat sie Medienkultur an der Universität Bremen und Politik, Wirtschaft, Gesellschaft/Medienwissenschaft an der Ruhr-Universität Bochum studiert.

Stefanie Trümper, Dipl.-Journ. & M.A., ist Wissenschaftliche Mitarbeiterin und Doktorandin am Institut für Journalistik und Kommunikationswissenschaft an der Universität Hamburg sowie im Exzellenzcluster „Integrated Climate System Analysis and Prediction" (CliSAP) (Forschungsgruppe „Public Discourses on Climate Change"). Forschungsinteressen: kulturorientierte und vergleichende Journalismusforschung, journalistische Erinnerungskultur, journalistische Risiko- und Katastrophenberichterstattung. Zuvor hat sie Medienkultur an der Universität Bremen, Fachjournalistik an der Hochschule Bremen sowie Medien- und Kommunikationswissenschaft an der Universität Helsinki studiert. Veröffentlichungen: „Journalisten und das Thema Klimawandel: Typik und Probleme der journalistischen Konstruktionen von Klimawandel" (mit Irene Neverla, in: Neverla, Irene/Schäfer, Mike. Wiesbaden 2011, in Vorbereitung); „‚Beyond the Game'?! Die World Cyber Games 2008 in Köln als populäres Spielevent der Computerspielindustrie (mit Jeffrey Wimmer et al., in: Hepp, Andreas/Höhn, Marco/Vogelsang, Waldemar. Wiesbaden 2010); sowie „‚Weblog is watching you'. Auf der Suche nach neuen Formen öffentlicher Medienkritik und ihrer Einbindung in den Journalismus" (Hamburg 2008).

Stichwortverzeichnis

Alltag 93
  Domestizierung 92, 93
  Haushalt 93, 100
  Kommunikationsgewohnheit 56
  Medienroutinen 109
  Nutzungskonstellationen 94
Aneignung 10, 11, 93
  Alltag 109
  Bedeutungsproduktion 107
  Kulturproduktion 178
  Partizipation 85
  Produktionskulturen 178
  Redaktionskultur 178
  Rezeption, Nutzung 11
Computerspiel
  als Cyberspace 207
  als interaktives System 209, 210
  Cyborg-Athlet 197, 209
  -kultur 211
Diskurs 219
  Bezugsebenen 219, 223
  -charakteristika 231, 234, 235
  Deutungsmuster 178
  Diskursivität 41
  Intertextualität 219, 223, 236
  Kritik 217
  Medienkritik 217, 230
  Meta- 219, 227, 236
  Metaberichterstattung 222, 236
  -muster 231, 233, 235
  Praktiken 178
Habitus
  Ästhetik 20
  Distinktion 21
  Geschmack 21
Handeln 173
  Alltag 58
  Habitus 21, 44
  kulturelle Praktik 19, 101

religiöse Praktik 50
soziale Praktik 173
Identität
  Individualisierung 69
  kollektive 124, 125, 127, 134
  Medien- 127, 135
  personale 125
  -sangebote 127, 134
  -sarbeit 28, 30
  -skonstruktion 127, 135
  soziale 125
Inszenierung
  Privatsphäre 99
  Selbstdarstellung 65
  -smuster 201
Journalismusforschung 175
  empirische 175
  kulturorientierte 174, 176
  Redaktionskultur 173, 178
  Zeitungswissenschaft 174
Kommunikation 141
  horizontale 147
  Internet- 167
  Online- 57, 114, 116
  politische 157
  polyzentrische 138
  -skultur 177
  transkulturelle/-nationale 113, 117
Kommunikationstechnologie 103
  skypen 98
  Videotelefonie 90, 91
Kultur 10, 173, 178
  (professionelle) Journalismus- 177
  Computerspiel- 193
  kulturelle Orientierung 110, 111
  kulturelle Unterschiede 164
  Mediatisierung 10

Mediensport-	194	Glaube	39
-wandel	10	individuelle	43
Massenmedien	39, 111, 131	Interesse an Religion	36, 39
Fernseh-/Radiogottesdienste	35	Konfession	50
Fernsehserien	19	religiöses Interesse	36, 39
Medienkultur	10, 11	Social Web	74, 137, 152
Bedeutungsressourcen	11	Hashtag	76
Medienreligion	35	Microblogging	75
emotional-involviert	42, 46	Social Network Site	55, 137, 152
kritisch-distanziert	42, 44	Status-Update	80
Religionsformat	40	Tweets, Re-Tweets	78, 80
religiöses Format	40	Web 2.0	57, 73
Mediensport, eSport	193	Soziale Bewegungen	124, 138, 147
Körperzentriertheit	196, 206	Aktivismus	138, 145
-kultur	198	Kampagnen	138
Schmerzprinzip	197, 205	Mobilisierung	151
Technologiefreiheit	197	User Generated Content	137, 153
-text	193, 198, 201	Produser, Produsage	74, 85
Öffentlichkeit	156	Vergemeinschaftung	69
europäische	156	Bindungen, ties	68, 69
Internet-	157	deterritoriale	123, 133
Teil-	156	Diaspora	104
Religion		Distinktion, Positionierung	19
institutionalisierte	36	kommunikative Vernetzung	113
medienvermittelte	39	Narrationsmuster	128, 129
populäre	38	Netzwerk	55
unsichtbare	37	soziales Kapital	68
Religiosität	36	Vernetzung	55

MIX
Papier aus verantwortungsvollen Quellen
Paper from responsible sources
FSC® C105338

If you have any concerns about our products,
you can contact us on
ProductSafety@springernature.com

In case Publisher is established outside the EU,
the EU authorized representative is:
**Springer Nature Customer Service Center GmbH
Europaplatz 3, 69115 Heidelberg, Germany**

Printed by Libri Plureos GmbH
in Hamburg, Germany